[개정판]

청소년복지론

| 이세형 저 |

양 성 원

머리말

청소년복지론을 처음 집필했던 때가 2020년이다. 3년이 지나서야 청소년복지론 개정판을 발간하게 되었다. 개정판에는 책을 출간하고, 부족한 부분들을 기록하고, 새롭게 바뀐 법과 제도, 정책을 비롯하여 청소년복지 현장에 대한 주요 이슈를 추가하였다. 특히, 6차 청소년육성기본계획이 수립되고, 새로운 정부가 들어서면서 청소년복지에 대한 기조가 변화되었다. 이러한 달라진 부분들을 개정판에서 다루었다.

이제 청소년복지는 미래세대에 대한 돌봄과 투자의 관점을 넘어 지속 가능한 사회를 위한 중요한 인구집단이다. 이러한 청소년을 위해 청소년복지는 더욱 견고하게 설계되고 운영되어야 한다. 개정판에서는 이를 위해 최신 데이터를 기반으로 내용을 보완하였다.

최근 우리 사회를 비롯한 전 세계는 빠르게 변화하고 있다. 생성형 인공지능과 4차 산업혁명이라는 단어는 이미 친숙하고 익숙한 단어가 되어버린지 오래다. 이렇게 변화된 환경 속에서 본 교재는 이러한 사회적 변화와 시대적 흐름에 맞춰 작성되었다. 이를 위해 청소년복지에 대한 기본기를 충분히 학습해야 한다.

이 책은 총 3개 분야 13장으로 구성되어있다.

제1부 청소년복지에 대한 기초에서는 청소년에 대한 이해를 바탕으로 청소년복지론의 이해와 이와 관련한 청소년복지 관련법과 행정을 돕기위한 내용이 수록되었다. 최근 달라진 청소년 인구의 특성을 비롯하여 최신 트랜드를 반영하였다.

제2부 청소년복지의 실제에서는 최근 우리 사회에서 주요하게 발생하는 청소년의 정신건강 문제, 인터넷 중독, 성관련 문제와 가출, 청소년과 폭력, 진로에 대해서 다루고 있다. 2부 역시 최신 트랜드를 반영하여 내용을 구성하였다.

제3부 청소년복지의 접근방법에서는 청소년복지 정책과 주요하게 다뤄지는 다문화 청소년정책과 나아가 향후 청소년복지 접근방법과 청소년복지의 발전방향과 과제 등으로 구성되었다. 3부에서도 6차 청소년육성기본계획과 다양한 청소년정책의 최신 트랜드를 반영하였다.

이 책은 앞서 제시한 것처럼 청소년복지의 기본적인 이해를 돕고자 집필되었다. 따라서 사회복지사를 준비하는 학생이나 청소년복지에 관심있는 이들에게 도움이 될 것이다. 이 책은 필자의 사회복지 전달체계에서의 현장경험과 청소년복지론에서 주요하게 필요하다는 것들을 기반으로 하여 이미 훌륭한 저서들의 저작을 요약 및 정리한 부분도 많았다. 본서의 미흡한 부분은 온전히 저자의 몫이며, 이러한 부분은 꾸준히 수정・보완해 나갈 것이다.

2024년 2월

저자 이세형

차 례

Part 01 청소년복지에 대한 기초

chapter 01 청소년에 대한 이해 / 11

chapter 02 청소년복지의 이해 / 61

chapter 03 청소년복지 관련법과 행정 / 89

Part 02 청소년복지의 실제

chapter 04 청소년과 정신건강 / 113

chapter 05 청소년 인터넷 중독 / 135

chapter 06 청소년과 성 / 163

chapter 07 청소년과 가출 / 191

chapter 08 청소년과 폭력 / 207

chapter 09 청소년과 진로 / 235

Part 03 청소년복지의 접근방법

chapter 10 청소년복지정책 / 269

chapter 11 다문화청소년 정책 / 299

chapter 12 청소년복지 접근방법 / 315

chapter 13 청소년복지의 발전방향과 과제 / 371

youth welfare | part

01

청소년복지에 대한 기초

contents

youth welfare | chapter 01

청소년에 대한 이해

[학습목표]

1. 청소년과 청소년기에 대한 개념을 학습한다.
2. 청소년복지 대상별 현황에 대해 확인한다.
3. 청소년을 둘러싼 주요 사회환경에 대해 알아본다.

1. 청소년의 개념과 특성

1) 청소년의 개념

청소년에 대한 정의나 개념은 현대 서구 사회에서 가장 먼저 등장하였다. 과거의 농업사회에서 청소년이라는 개념은 존재하지 않았다. 그러다 농업사회에서 산업화로 변해 가면서 많은 사람들의 노동력이 필요하게 되었고, 이로 말미암아 청소년이라는 용어가 등장하기 시작하였다. 산업화 이전에는 대부분의 아이들이 가사일과 노동에 참여하였는데, 당시의 아이들은 오늘날의 아이들과 달리 노동을 위한 예비 인력 수준으로 인식되었다. 다시 말해, 청소년은 산업혁명 이후 노동에 종사하기 시작하였다. 이와 같이 청소년의 개념은 시대적 상황과 국가의 제도 및 문화에 따라 다양하게 정의될 수 있어 합의된 정의를 내리기가 쉽지 않다. 또한, 이러한 사회적 상황에서 오늘날 아이들에게서 드러난 각종 문제는 당시에 쉽게 확인되지 않았다.

깨알 tip. 청소년의 정의를 알아봅시다.

청소년(靑少年)은 어린이와 청년의 중간 시기이다. 흔히 '청소년'이라 하면(이하 연령은 전부 만 나이로) 14세 이상 20세 미만인 사람을 말하며, 통상 중학교와 고등학교의 시기에 해당된다. 청소년에 대한 연령 규정은 법령이나 규범에 따라 다르며, 대한민국의 「청소년 기본법」에는 9세에서 24세 사이의 사람이지만, 타 법률에서 청소년에 대한 적용을 다르게 정의할 필요가 있는 경우에는 따로 규정한다.

그러나 청소년의 보호와 규제를 목적으로 하는 「청소년 보호법」에서는 19세 미만(19세가 되는 해의 1월 1일을 맞이한 사람은 제외한다)을 청소년으로 정의하고 있다.

청소년에 대응하는 영어 단어로 사춘기를 뜻하는 puberty, 14세~19세를 이르는 teenage가 있다. 영어의 어미에 -teen이 들어가는 숫자가 13~18이므로 teenage라고 하며 이 시기는 청소년기 및 사춘기와 거의 일치한다. 즉 2차 성징이 나타나면서부터 성장이 급속화되는 2차 급속성장기의 성장이 끝나 성인이 되기 전의 연령을 이르는 말이다. 그러나 사회, 문화 및 법적 규정은 각각 조금씩 나이의 차이를 보인다. 10대의 청소년을 연령단계로 나눠 16세 이하를 로우틴(low teen), 17세 이상을 하이틴(high teen)이라고 부르기도 한다. 이 구분은 청년심리학에 있어서 청년전기·청년중기와 대응한다.

출처: 위키백과 사전.

청소년의 개념은 미성숙한 아동기에서 성숙한 성인기로 전환하는 시기로 정의할 수 있다. 이러한 청소년기는 신체적인 부분을 비롯하여 인지적, 심리적, 사회적 변화의 과정을 수반한다. 또한 청소년은 신체적으로 성숙하여 생식능력을 갖추게 될 뿐만 아니라 인지적으로도 성숙하여 보다 나은 의사결정에 참여하게 되고 이는 독립적으로 자신의 미래에 대한 관심을 갖는 계기가 되기도 한다. 그러나 청소년기의 시작 시점과 언제부터 성인기로 명확히 접어드는지를 정의하는 견해는 학자마다 다르다.

〈표 1-1〉 나라별 청소년과 아동연령과 근거법률

국가	관련법	구분	연령구분
미국	「연방 청소년정책 조정에 관한 법률 2009(Federal Youth Coordination Act of 2009)」	청소년	24세 이하
	「가출청소년법(Runaway and Homeless Youth Act)」	청소년	21세 이하
	「인력투자법(The Workforce Investment Act)」	청소년	14세 이상 21세 이하
	「아동온라인보호법(Children's Online Privacy Protection Act)」	아동	13세 미만
영국	「아동 · 청소년법(Children and Young Persons Act 2008)」	아동	12세 미만
		청소년	12세 이상 18세 미만
	「성범죄법(SexualOffences Act 2003)」	아동	13세 미만
		청소년	18세 미만
일본	「소년법」	청소년	20세 미만
	「미성년자음주금지법」		
	「미성년자흡연금지법」		
	「형법」	형사미성년자	14세 미만
	「아동복지법」	아동	18세 미만
독일	가족 · 노인 · 여성 · 청소년부	청소년	12~27세
	연방청소년협의회		
	「청소년 보호법」	아동	14세 미만
		청소년	14세 이상 18세 미만
유엔(UN) 세계보건기구(WHO)	국제협약	청소년	15~24세

청소년과 관련해 우선적으로 살펴볼 것은 청소년에 대한 정의이다. 일반적으로 청소년은 "아동에서 성인으로 발달하는 과정에 있는 사람"이라고 정의하고 있으며, 세계보건기구(WHO)에서는 "청소년은 10~19세에 있는 사람"이라고 정의하고 있다. 또한 우리나라의 「청소년 보호법」의 경우 청소년은 19세 미만의 사람이라고 보고 있다.

오늘날 청소년들은 이전 세대의 청소년들에 비해 더 많고, 복잡한 사회적 요구에 직면해 있다. 또한 빠르게 변화하고 있는 사회 상황에 따른 다양한 유혹에 노출되어 있기도 하다. 그래서 청소년기는 흔히 '혼돈의 시기'로도 불린다. 신체적으로는 성인의 수준에 도달하고 있지만, 성인과 같이 취급되지 않고 있기 때문에 더 많은 어려움을 호소하기도 한다.

청소년기에 이르면 부모와 주변 어른들에게 의지했던 태도나 자세에서 벗어나 스스로 판단하고, 어른처럼 행동하려고 하지만 아동이나 어른 어느 쪽에도 속하지 못하고 주변인으로서의 특성을 강하게 표출하기 쉽다. 그래서 청소년기는 성년기에의 과도기로 부적응의 시기라고 일컬어질 정도로 정서적 불안정을 경험하기도 한다. 그러나 청소년은 한 사회의 거울이며, 동시에 사회의 축소판이라고 할 수 있다. 그들을 보면 한 사회의 미래를 조망해 볼 수 있고, 그들을 통해서 한 사회의 역량을 가늠할 수 있다. 많은 학자들이 아동기와 청소년기, 청소년기와 성인기를 구분하는 다양한 경계를 제시하고 있다. 어느 경계가 정확한 것인지에 대하여 논의하기보다는 청소년기를 미성숙한 상태에서 성숙한 상태로 변화해 가는 일련의 발달과정으로 보는 것이 좀 더 바람직하다고 할 수 있다.

〈표 1-2〉 청소년 관련 학자별 관심사

구분	관심사
생물학자	사춘기의 시작과 완성에 초점
법학자	법률에 정해진 연령 구분
교육학자	학년의 차이에 오는 인지적 기능

일반적으로 아동은 초등학생 연령에 해당되는 자로 정의하고 있으며, 청소년은 중·고등학생 정도의 연령에 해당되는 자로 인식되는 것에 반해 우리나라 「청소년 기본법」의 연령 규정은 9세 이상 24세 이하인 자로 규정하고 있다. 그리고 〈표 1-3〉과 같이 청소년 관련법에서는 청소년의 연령이 각기 다르게 구성되어 있다.

〈표 1-3〉 아동 및 청소년 관련법령

법령	용어	주요내용
「청소년 기본법」	청소년	제3조(정의) "청소년"이란 9세 이상 24세 이하인 사람을 말한다.
「청소년 보호법」	청소년	제2조(정의) "청소년"이란 만 19세 미만인 사람을 말한다. 다만, 만 19세가 되는 해의 1월 1일을 맞이한 사람은 제외한다.
「아동돌봄지원법」	아이	제2조(정의) "아이"란 만 12세 이하 아동을 말한다.
「아동복지법」	아동	제3조(정의) "아동"이란 18세 미만인 사람을 말한다.
「민법」	성년	제4조(성년) 사람은 19세로 성년에 이르게 된다.
UN아동권리협약	아동	제1조 이 협약의 목적상, 아동은 아동에게 적용되는 법에 의하여 보다 조기에 성인연령에 달하지 아니하는 한 18세 미만의 모든 사람을 의미한다.
「청년기본법」	청년	청년기본법 제3조에서 규정하고 있는 19~34세인 사람

출처: 국가법령정보센터(2020).

관련하여 본 교재에서는 청소년을 아동기와 성인기의 중간단계에 있는 자로서 「청소년 기본법」의 연령규정을 준용하고자 한다.

2) 청소년의 특성

현대사회에서 청소년을 둘러싼 사회환경은 최근 급속한 속도로 변화하고 있다. 또한 사회적으로 저출산, 고령화의 영향으로 청소년 인구는 지속적으로 감소하고 있는 대신 노년 인구는 급속히 증가하고 있다.

깨알 tip. 저출산과 고령화의 의미를 알아봅시다.

우리나라 초저출산은 그 수준(2021년 기준 0.81로 OECD 최저, 홍콩 제외 세계 최저)과 지속기간(2002년부터 1.3 미만 21년 지속) 면에서 유례를 찾기 힘들 정도로 심각한 수준이다. 합계출산율은 1960년 5.95명에서 2021년 0.81명으로 약 86.4% 감소하여 전 세계 217개 국가·지역 중 가장 큰 폭의 하락률을 보이고 있다. 인구구조 고령화 역시 세계에서 가장 빠른 속도로 진행되고 있다. UN의 인구전망을 보면 우리나라의 65세 이상 고령인구 비중은 2046년부터 일본을 넘어 OECD 국가 중 가장 높은 수준이 되며, 2062년에는 홍콩을 제치고 전 세계에서 가장 고령인구 비중이 높은 나라가 될 것으로 전망된다(우해봉, 2023).

저출산(低出産)은 인구 유지에 필요한 출산율 이하로 출산율이 떨어지는 현상을 말한다. 단, 일반적으로는 현재의 인구 유지가 불가능한 2.1명 미만을 이야기하고, 이민을 통한 부분적인 벌충으로도 인구 유지가 불가능한 수준 미만을 이야기하기도 한다. 이에 가장 대표적인 저출산 국가가 한국과 뒤이어 대만, 일본, 독일, 이탈리아, 포르투갈 등이 있다. 저출산은 고령화와도 관계가 깊은데 일본은 2040년이 되면 65세 이상 고령가구가 거의 45%에 육박할 것으로 추정된다.

국제기구를 비롯한 많은 국가들은 인구를 나이에 따라 크게 세 그룹으로 구분하고 있다. 먼저 0~14세까지 인구는 유소년 인구로 분류한다. 이들 유소년 인구는 경제적인 측면에서는 노동력을 제공하기 어려운 대상들로 평가하고 있다. 다음으로 15~64세 인구는 생산가능인구라고 부른다. 이들을 생산가능인구라 부른다는 사실에서도 알 수 있듯이, 생산가능인구는 실질적으로 해당 국가의 경제활동에 가장 중추적인 역할을 담당한다. 다음으로 65세 이상의 인구를 고령인구라고 부른다. 고령화는 전체 인구에서 65세 이상 고령 인구의 비율이 높아지는 현상을 말한다. 이러한 인구 구분 기준을 바탕으로 UN은 고령화사회·고령사회·초고령사회를 구분하는 기준을 제시하였다. UN에 따르면, 65세 이상 인구가 전체 인구에서 차지하는 비율이 7% 이상이면 해당 국가를 고령화 사회로 분류한다. 또한 65세 이상 인구가 전체에서 차지하는 비율이 14% 이상이면 고령사회, 20% 이상까지 올라가면 해당 국가를 후기고령사회 또는 초고령사회로 구분하고 있다. 현재 많은 국가들이 UN에서 제시하는 이러한 기준을 준용하여 자국의 상황을 진단하고 있다. 우리나라 역시 「노동법」 등에서 UN의 분류 기준을 준용하고 있다.

출처: KDI경제정보센터(2020).

게다가 오늘날의 청소년들은 부모의 이혼율 증가로 인한 가족 해체에 직접적인 영향을 받기도 한다. 또한 인터넷의 확산과 스마트폰의 발전 등으로 무분별하게 유해환경에 무방비로 노출되어 있다. 뿐만 아니라 다문화 인구의 증가로 다문화 가족의 청소년 문제도 점차 증가하고 있는 추세이다. 이렇듯 빠르게 변화하고 있는 사회환경에 발맞추어 청소년을 둘러싼 사회환경 변화를 눈여겨볼 필요가 있다. 따라서 청소년에 대한 올바른 이해를 위해서는 청소년을 둘러싼 다양한 사회환경의 특성을 인지할 필요가 있다.

(1) 새로운 세대의 등장

우리나라는 비교적 빠른 기간에 급속히 경제가 성장했다. 이러한 빠른 성장에는 다양한 요인이 있겠지만, 그중에서도 교육이 주요한 요인이라고 보는 견해가 지배적이다. 관련하여 우리나라의 높은 교육열은 국가발전의 원동력이 되기도 했다. 그러나 우리나라는 빠른 경제 성장에 맞춰 청소년에 대한 깊은 이해를 하지 않고, 세대 간 문화 차이에 대한 수용과 배려가 충분히 고려되지 않은 채 청소년의 본질적인 측면보다는 보이는 현상에만 집중한 부분이 있다.

청소년기는 매우 다양한 특성을 갖고 변화가 심한 시기라고 보는데, 이런 이유로 청소년기를 '질풍노도의 시기'라고도 부른다. 청소년은 인간의 독특한 시기에서 살아가는 존재이기 때문에, 국가와 사회는 청소년에게 각별한 관심을 가질 필요가 있다. 또한 시대별로 태어난 사람마다 각기 다른 세계관을 갖고 있다. 이러한 세계관은 신세대, X세대, N세대, Z세대 등이라는 신조어를 만들어 냈다. 이는 새로운 세대에 대한 특별함을 인정하기 위한 노력이자, 새로운 세대를 맞이하기 위한 학습이라고도 할 수 있다.

깨알 tip.

MZ세대란, 밀레니얼 세대와 Z세대를 합쳐 부르는 말이다. 1984년부터 2010년에 출생한 세대를 가리키는 용어이다. MZ란 무엇일까? M은 '밀레니얼(Millennial)'을 의미하고, Z는 '제로(Zero)'를 의미한다.

MZ세대의 가장 큰 특징은 이전 세대와는 다르게 디지털 네이티브(Digital Native)로 불린다. 즉, 태어날 때부터 디지털 환경을 접해 왔다는 것이다. 그 영향으로 MZ세대는 디지털 기기를 이용하고 디지털 문화를 향유하는 데에 매우 익숙하다. 특히 자신만의 개성을 중시하고 재미를 추구하며, 자유롭게 생각하고 사생활을 존중받기를 원하는 성향이 있다. 그러나 밀레니얼 세대와 Z세대에도 차이점이 있다. 밀레니얼 세대와 Z세대를 판가름하는 기준은 '모바일 네이티브(Mobile Native)인가'이다. Z세대는 밀레니얼 세대보다 스마트폰와 앱 사용에 익숙하고, 모바일 환경을 선호하는 경향이 있으며 SNS를 자유롭게 이용한다.

2019년에 발표된 한국소비자원의 'MZ세대 유형별 구매 특성조사 보고서'에 따르면 MZ세대를 크게 3가지 유형으로 나눌 수 있다. 이 보고서에 따르면, MZ세대는 '자기 주도형', '정보활용형', '취향다양형'으로 분류한다. 그 외 여러 나라의 매체나 연구기관에서 MZ세대의 특징에 대하여 아래와 같이 정리하고 있다.

1. 한국("2021 MZ Generation Consumer Survey" by Kantar Media)

MZ세대는 코로나19에 대한 걱정과 불안감이 매우 높으며, 이를 해소하기 위해 홈쇼핑이나 온라인 쇼핑을 더 많이 이용하고 있다. MZ세대는 다양한 디바이스를 활용하여 온라인 쇼핑을 하며, 이들은 쇼핑 경험을 개선시키는 기술을 매우 중요하게 생각한다. MZ세대는 환경 보호와 사회적 책임에 대한 관심이 높으며, 이들은 이러한 가치를 고려한 브랜드와 제품을 더 선호한다.

2. 미국("Understanding Gen Z: How to Reach and Connect with the Next Generation of Consumers" by WP Engine:)

MZ세대는 디지털에 대한 이해도가 높으며, 이들은 브랜드와의 상호작용을 통해 제품이나 서비스를 선택한다. MZ세대는 소셜미디어를 매우 많이 이용하며, 이들은 이를 통해 유명세를 얻거나 소비를 결정한다. MZ세대는 빠르게 변화하는 트렌드를 좋아하며, 디지털 기술이나 새로운 경험을 추구한다. MZ세대는 자유롭고 다양성을 존중하는 문화를 선호하며, MZ세대는 브랜드와의 상호작용을 통해 자신만의 경험을 만들며, 이들은 이러한 경험을 통해 브랜드를 평가한다. MZ세대는 환경 보호와 사회적 책임에 대한 관심이 높으며, 이들은 이러한 가치를 고려한 브랜드와 제품을 더 선호한다.

3. 영국("Gen Z: Decoding the Digital Generation" by WGSN)

MZ세대는 디지털 환경에서 태어나 자라며, 이를 당연시하고 있다. MZ세대는 다양한 디바이스를 활용하여 커뮤니케이션을 하며, 이를 통해 새로운 경험을 만든다.

한국이나 해외나 MZ세대에 대한 특징이나 인식은 유사한 것으로 판단된다. 위의 내용을 정리하면 MZ세대의 특징은 '디지털 환경' '자유로움' '다양성' '경험을 통한 브랜드 평가' '환경보호' 정도로 요약될 수 있다. 여기에 추가적으로 MZ세대의 대표적인 특징으로는 사생활을 중요시한다는 점, 수직적이 아닌 수평적인 문화를 선호한다는 점, 자신의 취향과 개성을 중요시한다는 점 등이 있다.

(2) 생물학적 발달: 성장폭발(Growth spurt)

청소년기에는 신장과 체중이 급격하게 성장하고, 성적인 부분에서 성숙함이 급격하게 발달하게 되었는데 이를 성장폭발이라고 정의한다. 여자의 경우에는 10~12세 정도에, 남자의 경우는 12~14세 정도에 급격하게 키와 체중이 늘어나게 된다. 남자의 성장 시기가 여자보다 다소 늦기 때문에 청소년 초·중기에는 여성이 남성보다 좀 더 큰 경우가 대부분이다. 그러나 성장의 넓이는 남자가 여자보다 크기 때문에 청소년 후기에 이르러서는 대부분 남자가 같은 연령대의 여자보다 크게 된다.

청소년기는 신체적으로 변화하고 발달하는 시기이다. 특히 청소년은 신체적 영역에서 빠르게 발달한다. 신장을 비롯하여 체중, 골격에 이르기까지 급격한 변화가 생긴다. 이러한 변화로 청소년들은 자신의 신체에 대하여 지대한 관심을 갖게 된다. 대체로 성장급등 현상은 3~4년 정도 지속되며, 여자가 남자보다 2~3년 정도 더 일찍 신장, 체중, 골격에서 현저한 변화가 생기며, 성적 성숙이 촉진된다.

이러한 신체적 변화는 신체의 다른 부위에서도 나타난다. 얼굴 모양이 둥근 형에서 길쭉한 형으로 변화하며 코가 길어지고 입이 커져 얼굴 윤곽이 달라진다. 외적인 신체 변화와 함께 신체 내부에서도 변화가 일어남과 동시에 사춘기가 찾아온다.

사춘기 변화의 주요인은 호르몬이며, 뇌와 내분비계에서 일어나는 일련의 복잡한 작용에 의해 성적 발달이 이루어진다. 뇌의 시상하부는 화학물질을 분비하여 뇌하수체를 조절하며, 뇌하수체는 생식선과 부신피질을 자극하는 호르몬을 분비하고 그 결과 생식선과 부신피질이 각각의 호르몬을 분비한다.

신체적 변화가 급격히 일어나는 청소년기에 신체상이 왜곡되기 쉽다. 청소년이 어떠한 신체상을 형성하는가는 신체적 매력에 대한 사회 문화적 규준에 의해 강력한 영향을 받는다. 일반적으로 여성이 남성보다 더 부정적인 신체상을 갖고 있다. 여성들은 자신의 체중, 체형에 대해 불만족스러워하며, 자신의 외모를 부정적으로 평가한다. 특히 체중에 민감하여 대부분의 여성들이 더 날씬해지기를 원하는데, 이는 우리 사회가 여성의 매력에 대하여 가지는 신체상을 반영한 것이라고도 할 수 있다. 반면 남성들은 여성에 비해 긍정적인 신체상을 갖고 있는 편이지만 좀 더 근육질이 되기를 원하기도 한다. 일반적으로 신체상은 자아존중감과 정적인 상관을 갖는다. 자신의 신체에 만족하는 청소년은 자신에 대해 긍정적인 느낌과 생각을 갖게 된다.

(3) 청소년기 사고의 특징

피아제(Piaget)에 의하면 청소년기는 형식적 조작사고가 발달하는 단계라 정의하고 있다. 형식적 조작사고는 추상 개념을 사용할 수 있고, 가설을 설정할 수 있으며, 조합적 사고가 가능하고, 관련 변인을 연결시킬 수 있으며, 사고 과정에 대해 사고할 수 있는 능력을 포함한다.

아동의 사고가 구체적이고 관찰 가능한 사건이나 현상에 제한되어 있는 것과 대조적으로 청소년은 사물이 눈앞에 존재하든 존재하지 않든 그 사물에 대해서 생각할 수 있다. 이러한 추상적 사고의 영역은 정치, 철학, 종교, 사랑 등으로 확대된다. 또한 구체적 조작기에 해당되는 아동의 사고가 경험적이고, 귀납적인 반면 청소년의 사고는 가설적이며, 연역적인 특징을 갖는다. 아동의 경우 어떤 문제 상황에 놓이게 되면 과거의 문제해결 경험을 토대로 문제를 해결하려고 하나 청소년은 무엇이 가능한가에 대한 추론을 통하여 가설을 도출함으로써 문제를 해결하고자 한다.

가능성에 대해 체계적으로 추론할 수 있는 능력은 과학적인 문제해결 상황에서뿐만 아니라, 타인과의 논쟁이나 토론 상황에서도 타인의 주장이나 견해를 일반적으로 수용하기보다는 다른 시각이나 자신의 입장에서 평가하는 형태로 나타난다.

① 피아제 형식적 조작사고 이론

피아제가 제시한 형식적 조작(formal operation)이란, 가설을 설정하고 난 후 이를 전제로 하여 추론하는 사고와 더불어 문제해결 과정에서 관련한 변인을 추출하고 분석하는 것을 말한다. 또한 이를 상호 연계하고 통합하는 일련의 특성을 가진다. 이는 연역적 사고와 유사한 성격을 갖는다고 할 수 있다. 다시 말해, 형식적 조작기는 완전한 형태가 아니라고 말할 수 있으며, 이러한 시기를 지나 본격적으로 피아제의 형식적 사고가 발달된다고 말할 수 있다.

형식적 조작기에 청소년들은 연역적 사고를 통해 문제 상황과 관련된 요인들을 연결하여 생각할 수 있게 되며, 관련한 요인들 중에서 한 가지를 통해 다른 사실이나 해결방안들을 추론해 낼 수 있게 된다. 이러한 형식적 사고의 특징을 가진 청소년은 실제로 현실이 아닌 상황에도 문제를 해결할 수 있는 능력을 가질 수 있는데, 이는 청소년들 자신이 처한 상황을 극복하거나 개선하기 위한 능력을 갖는 것으로 해석할 수 있다. 또한 어떤 문제에 대한 융통성을 갖게 된 것으로도 정의할 수 있다.

청소년의 형식적 조작사고는 유아기를 비롯한 아동기의 사고와는 질적인 부분에서 다른 사고방식이다. 피아제에 따르면 이는 지능의 구조 자체가 변화된 것에서 야기한다고 설명할 수 있다. 즉, 청소년들의 가설 설정의 능력과 더불어 과학적 해결능력이 가능하다고 볼 수 있으며, 이는 개인을 둘러싼 여러 문제를 사회, 철학, 종교 등 다양한 관점에서 이상적인 사고를 가능하게 하기도 한다.

② 자기중심적(Egocentrism) 사고

청소년의 자기중심적 사고는 자신의 생각만을 집중하여 타인의 생각을 인정하기보다는 자신의 생각에 맞추려는 경향을 보이는 것이다. 또한 자기중심적 사고의 경우에는 타인도 자신과 유사하거나 비슷하게 생각한다고 느끼는 것이기도 하다.

이러한 자기중심적인 사고는 청소년이 주변 사람들과의 관계 속에서 지속적으로 관심의 중심이라고 느끼는 것이다. 즉, 청소년 스스로가 독특하면서 어떤 특별한 존재라고 인식하게 되는 것을 말한다. 자기중심적 사고를 진행한 연구에 따르면 이러한 자기중심적 사고는 청소년의 초·중기에 차츰 증가하다가 후기에 들어서서 감소하는 경향을 보인다고 한다. 또한 여자가 남자보다 자기중심적인 사고 경향이 좀 더 많다. 엘킨드와 보웬(Elkind & Bowen, 1979)에 따르면 청소년 자신이 타인과 달리 독특하거나 특별하다는 생각을 많이하면 할수록 타인의 눈에 너무 드러나지 않기 위해서 또래나 친구들에게 동조하는 모습을 보이게 된다고 하였다. 이를 통해 또래들과의 상호작용이 가능해진다는 것이다.

이러한 시기가 지나 자신의 정체성이 견고해지는 청소년기의 후반에 들어가면, 청소년은 타인을 덜 의식하게 되고 자기중심적인 사고가 감소하게 되어 친구나 또래들에게 동조하는 경향도 차츰 감소하게 된다.

③ 조합적 사고

조합적 사고는 청소년기의 중요한 특징이다. 조합적 사고를 정의하면 이는 '어떤 문제에 직면했을 때, 가능한 모든 해결책을 논리적으로 생각함으로써 문제해결에 이르게 되는 과정'을 말한다. 즉, 문제해결을 위해서는 가능한 모든 요인들 간의 관련성을 이해하고 연결시켜 사고하는 능력이라고 할 수 있다.

청소년기 사고의 또 다른 특징으로 사고과정에 대한 능력을 들 수 있다. 사고과정에 대한 사고란, 자신의 인지적 과정에 대해서 생각하는 것을 말한다. 이러한 사고과정에 대한 사고를 통하여 청소년은 아동에 비해 자신의 사고를 보다 잘 통제할 수 있으며, 자신의 정서에 대해 더 많이 생각하게 됨은 물론이고 타인이 자신을 어떻게 생각할지에 대해서도 생각하게 된다.

깨알 tip. 청소년기에 대한 정의

세계보건기구(WHO)에 따르면, "청소년기는 인간이 성장하고 발달하는 기간에서 아동기 이후부터 성인기 이전까지의 시기"를 말한다. 미국의 전국사회복지사협회(NASW)에서 발간한 사전에 따르면, "청소년기는 삶의 단계에서 아동기와 성인기 사이에 있는 시기"를 말한다.

2. 청소년 인구

1) 청소년 인구현황

우리나라의 청소년(9~24세) 인구는 1960년 796만여 명에서 지속적으로 증가하여 1980년에는 약 1,401만 명까지 증가하였다. 이후 출산율의 감소로 청소년 인구도 점차 줄어들게 되면서 2000년에는 약 1,150만 명, 2020년에는 약 854만여 명까지 감소하였다. 이처럼 저출산 현상이 향후에도 지속된다면, 우리나라의 청소년 인구 수는 2030년에 약 654만 명, 2040년에 약 531만 명, 2050년에는 약 524만 명 수준으로 감소할 것이며 2060년에는 446만 명, 2070년에는 361만 명까지 감소할 것으로 전망된다.

청소년 인구의 구성비는 1960년에 전체 인구의 31.8%에서 1980년에 36.8%까지 계속 증가하다 감소세로 전환되어 2000년에는 24.5%, 2020년에는 16.5%까지 낮아졌다. 이후에도 청소년 인구가 전체 인구에서 차지하는 비중은 지속적으로 감소하여 2030년에는 12.6%, 2060년에는 10.4%까지 줄어들 것으로 전망된다. 우리나라 인구 성장률은 1960년대에 연평균 2% 이상의 높은 수준에서 급격히 감소하여 1990~1995년에는 1.01%를 기록한 이후, 지금까지 1% 미만의 낮은 증가율을 보이고 있다. 향후 2030년부터는 총인구가 감소하는 마이너스 인구 성장률이 나타나고, 이는 2070년까지 지속될 것으로 전망된다.

2023년을 기준으로 9~24세의 청소년 인구는 791만 3천 명으로 총인구의 15.3%이다. 이는 2022년 청소년 인구(814만 7천 명 대비 총 인구의 15.8%) 대비 0.5%p 감소한 것이다. 성별 구성비를 보면 남자가 51.8%, 여자가 48.2%로 남자가 3.6%p 더 많다.

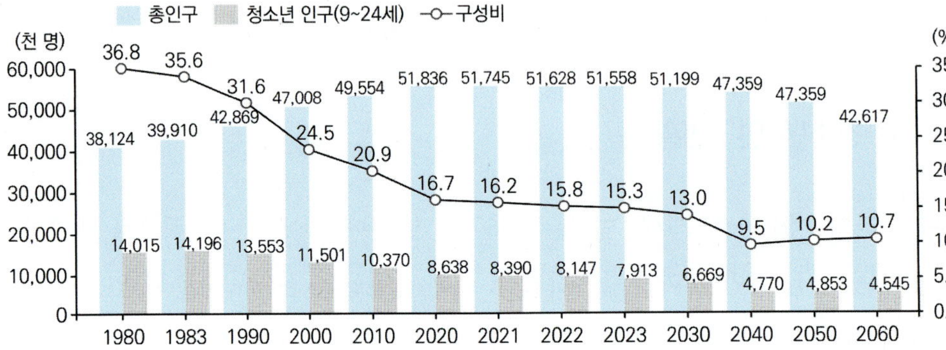

[그림 1-1] 청소년(9~24세) 인구 및 구성비

출처: 통계청(2021).

1983년 1,419만 6천 명이었던 청소년 인구는 이러한 추세로 가면, 2060년에는 총인구의 10.7%인 454만 5천 명으로 감소할 것으로 전망된다(2023 청소년 통계 참조, 여성가족부).

〈표 1-4〉 총인구와 청소년(9~24세) 인구 전망

(단위: 명, %)

연도	총인구	연평균 성장률	청소년 인구				
			전체	남성	여성	구성비	연평균 성장률
1960	25,012,374	-	7,956,903	4,072,726	3,884,177	31.8	-
1965	28,704,674	2.54	9,120,576	4,699,931	4,420,645	31.8	3.72
1970	32,240,827	2.18	11,329,714	5,848,491	5,481,223	35.1	4.42
1975	35,280,725	1.68	12,885,563	6,651,771	6,233,792	36.5	2.25
1980	38,123,775	1.56	14,014,932	7,216,195	6,798,737	36.8	1.15
1985	40,805,744	0.98	13,974,697	7,187,699	6,786,998	34.2	-0.95
1990	42,869,283	0.99	13,553,357	6,990,839	6,562,518	31.6	-0.06
1995	45,092,991	1.01	12,751,383	6,581,311	6,170,072	28.3	-2.28
2000	47,008,111	0.84	11,501,436	5,987,274	5,514,162	24.5	-1.36
2005	48,184,561	0.21	11,022,283	5,799,481	5,222,802	22.9	-1.51

연도	총인구	연평균 성장률	청소년 인구				
			전체	남성	여성	구성비	연평균 성장률
2010	49,554,112	0.50	10,370,213	5,468,113	4,902,100	20.9	-0.48
2015	51,014,947	0.53	9,653,802	5,080,852	4,572,950	18.9	-2.04
2020	51,780,579	0.14	8,541,708	4,447,614	4,094,094	16.5	-2.58
2025	51,905,126	0.03	7,449,812	3,846,561	3,603,251	14.4	-2.73
2030	51,926,953	-0.03	6,543,356	3,362,034	3,181,322	12.6	-2.41
2035	51,629,895	-0.18	5,822,383	2,986,050	2,836,333	11.3	-1.86
2040	50,855,376	-0.38	5,309,633	2,721,856	2,587,777	10.4	-1.59
2045	49,574,038	-0.60	5,224,223	2,678,649	2,545,574	10.5	0.35
2050	47,744,500	-0.86	5,235,101	2,685,091	2,550,010	11.0	-0.55
2055	45,405,902	-1.09	4,902,818	2,514,390	2,388,428	10.8	-1.66
2060	42,837,900	-1.20	4,458,075	2,285,661	2,172,414	10.4	-2.04
2065	40,293,293	-1.24	4,007,214	2,053,967	1,953,247	9.9	-2.13
2070	37,655,867	-1.24	3,612,695	1,857,005	1,755,690	9.6	-2.37

주: 1) 연평균 인구 성장률 = ln(Pt/Po)/T×100 (Po: 기준연도 인구, Pt: 비교연도 인구, T: 비교기간).
2) 인구 성장률은 전년대비 성장률을 의미함.
출처: 통계청(2021).

2) 학령기 인구현황

2023년 학령인구(6~21세)는 725만 9천 명으로 총인구의 14.1%이며, 이는 전년 대비 0.4%p 감소한 수치이다. 총인구 대비 비중은 감소 추세로 2060년에는 현재의 57% 수준인 416만 7천 명으로 총인구의 9.8%로 전망된다.

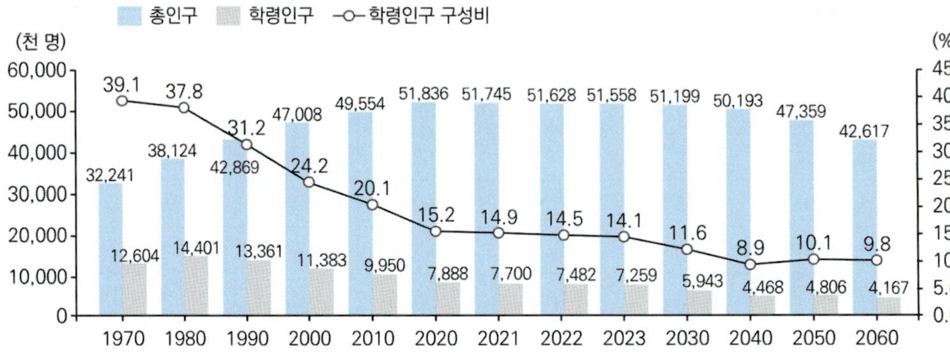

[그림 1-2] 학령인구(6~21세) 및 구성비

출처: 통계청(2021).

2023년 학교급별 학령인구 비중은 초등학교(6~11세) 5.1%, 중학교(12~14세) 2.6%, 고등학교(15~17세) 2.6%, 대학교(18~21세) 3.7%이다.

〈표 1-5〉 학령인구(6~21세) 추이 (단위: 천 명, %)

구분	총인구	학령인구(6~21세)	구성비	초등학교(6~11세)	구성비	중학교(12~14세)	구성비	고등학교(15~17세)	구성비	대학교(18~21세)	구성비
1980	38,124	14,401	37.8	5,499	14.4	2,599	6.8	2,671	7.0	3,632	9.5
1993	44,195	12,508	28.3	4,266	9.7	2,438	5.5	2,311	5.2	3,493	7.9
1990	42,869	13,361	31.2	4,786	11.2	2,317	5.4	2,595	6.1	3,663	8.5
2000	47,008	11,383	24.2	4,073	8.7	1,869	4.0	2,166	4.6	3,275	7.0
2010	49,554	9,950	20.1	3,280	6.6	1,985	4.0	2,084	4.2	2,601	5.2
2020	51,836	7,888	15.2	2,724	5.3	1,364	2.6	1,390	2.7	2,410	4.6
2021	51,745	7,700	14.9	2,718	5.3	1,379	2.7	1,344	2.6	2,258	4.4
2022	51,628	7,482	14.5	2,701	5.2	1,366	2.6	1,322	2.6	2,093	4.1
2023	51,558	7,259	14.1	2,604	5.1	1,362	2.6	1,360	2.6	1,933	3.7
2030	51,199	5,943	11.6	1,592	3.1	1,151	2.2	1,325	2.6	1,874	3.7
2040	50,193	4,468	8.9	1,814	3.6	774	1.5	703	1.4	1,176	2.3
2050	47,359	4,806	10.1	1,688	3.6	928	2.0	953	2.0	1,237	2.6
2060	42,617	4,167	9.8	1,370	3.2	784	1.8	818	1.9	1,195	2.8

출처: 통계청(2021).

또한, 학급당 학생 수와 교과 교사 1인당 학생수는 꾸준히 감소하는 추세이다. 이는 교원수의 증가와 함께 학생수의 감소 때문이다. 2000년 학급당 학생 수는 유치원 26.3명, 초등학교 35.8명, 중학교 38.0명, 고등학교 42.7명에서 2022년에는 유치원 16.7명, 초등학교 21.1명, 중학교 25.0명, 고등학교 22.6명으로 감소하였다. 특히 고등학교에서 감소폭이 크게 나타났다. 학급당 학생 수의 지속적인 개선에도 OECD 국가들과 비교해보면 평균에는 아직 못 미치고 있다. 그러나 개선폭은 상대적으로 커서 초등교육에서 학급당 학생 수의 경우 OECD 평균은 2010년 20.9명에서 2020년 20.3명으로 지난 10년간 큰 변화가 없는 반면 한국의 경우 같은 기간 27.5명에서 22.7명으로 감소하였다.

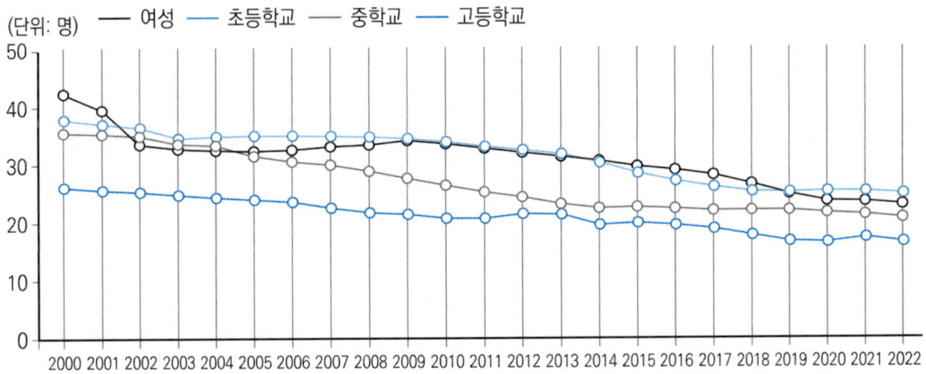

[그림 1-3] 학급당 학생 수(2000~2022)

출처: 한국교육개발원(2023).
주 ① 학급당 학생수 = 학생수 ÷ 학급수
② 학습수 기준이 인가기준(2020년까지)에서 편성기준(2021년부터)으로 변경됨

3) 다문화 학생 현황

2022년 다문화 학생은 약 16만 8천 645명으로 전체 학생(528만 4천 명)의 3.2%이다. 우리나라 초·중·고등학교 전체 학생 수는 지속적으로 감소하는 반면, 다문화 학생 수는 지속적으로 증가하여 2013년 대비 3배 이상 증가하였다.

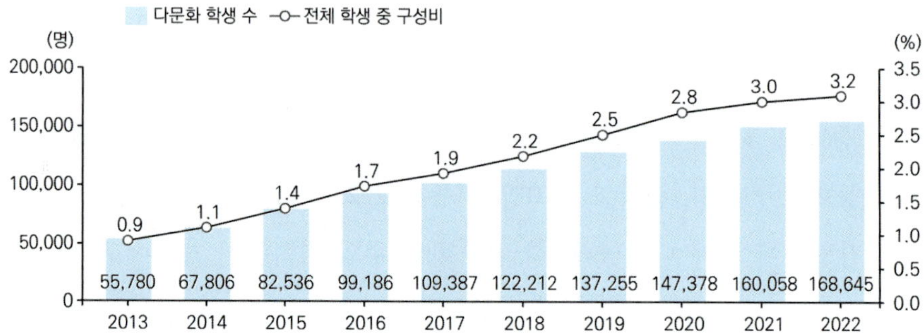

[그림 1-4] 다문화 학생 수 및 비중

출처: 한국교육개발원(2023).

2013년에 다문화 학생 수는 55,780명, 2018년에 122,212명, 2022년에 168,645명이다. 2022년 다문화 학생 중 66.2%(111,640명)가 초등학생이며, 중학생 23.5%(39,714명), 고등학생 9.9%(16,744명) 순이다.

〈표 1-6〉 다문화 학생 현황

(단위: 천 명, %)

구분	전체 학생[1] (천 명)	다문화 학생 수[2]	구성비[3]	전년 대비	초등학교	구성비[4]	중학교	구성비[5]	고등학교	구성비[4]	각종학교	구성비[4]
2013	6,489	55,780	0.9	18.8	39,360	70.6	11,280	20.2	4,858	8.7	282	0.5
2014	6,294	67,806	1.1	21.6	48,225	71.1	12,506	18.4	6,734	9.9	341	0.5
2015	6,097	82,536	1.4	21.7	60,162	72.9	13,827	16.8	8,146	9.9	401	0.5
2016	5,891	99,186	1.7	20.2	73,972	74.6	15,080	15.2	9,816	9.9	318	0.3
2017	5,733	109,387	1.9	10.3	82,733	75.6	15,945	14.6	10,334	9.4	375.	0.3
2018	5,593	122,212	2.2	11.7	93,027	76.1	18,068	14.8	10,688	8.7	429	0.4
2019	5,462	137,225	2.5	12.3	103,881	75.7	21,693	15.8	11,234	8.2	417	0.3
2020	5,356	147,378	2.8	7.4	107,694	73.1	26,773	18.2	12,478	8.5	433	0.3
2021	5,332	160,058	3.0	8.6	111,371	69.6	33,950	21.2	14,308	8.9	429	0.3
2022	5,284	168,645	3.2	5.4	111,640	66.2	39,714	23.5	16,744	9.9	547	0.3

출처: 한국교육개발원(2023).

주: 1) 초등학교, 중학교, 고등학교 및 각종 학교 재적 학생 수
2) 국제결혼가정 학생(국내출생+중도입국)+외국인가정 학생
3) 다문화 학생 수/ 전체 학생 수×100
4) 다문화 학생 중 구성비

3. 청소년복지 대상별 현황

1) 아동 · 청소년 빈곤율

상대적 빈곤율은 빈곤층에 해당하는 아동 · 청소년의 분포를 보여 주는 지표이다. 상대적 빈곤율은 경제협력개발기구(OECD) 등에서 국가에 대한 비교를 위해 통상 사용하는 개념이다. 2020년 0~17세의 상대적 빈곤율은 9.8%로 나타났다. 상대적 빈곤율은 2015년 16.0%에서 2019년 10.6%로 감소하였으며, 2020년에는 10% 미만으로 감소하였다.

〈표 1-7〉 **상대적 빈곤율**

구분	2015	2016	2017	2018	2019	2020
상대적 빈곤율(%)	16.0	15.2	14.5	12.3	10.6	9.8

주: 1) 0~17세를 대상으로 하며, 상대적 빈곤선은 균등화처분가능소득의 중위 50%임
2) 소득 기준연도임(즉, 2020년 결과는 2020년 소득을 기준으로 조사한 2021년 가계금융복지조사의 자료임)
출처: 통계청, 「가계금융복지조사」 각 연도 원자료를 바탕으로 분석.

우리나라 아동 · 청소년의 빈곤수준을 국제수준에서 파악하기 위하여 OECD 상대적 빈곤율을 살펴본 결과는 다음 그림과 같다. 한국의 상대적 빈곤율은 9.8%이다.

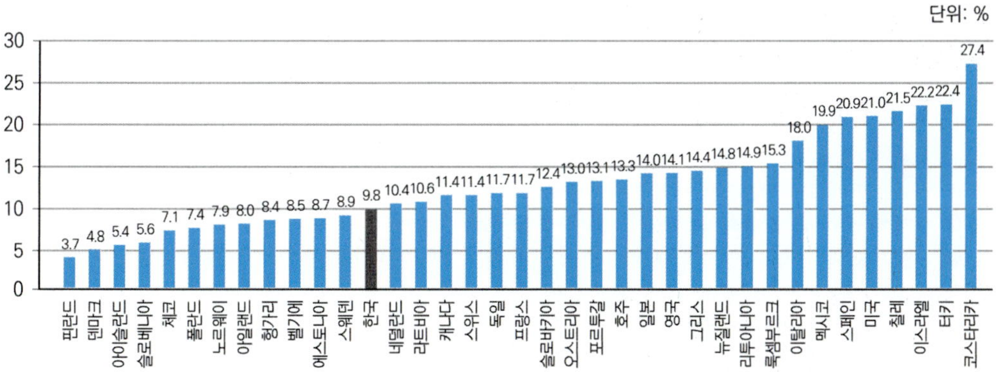

[그림 1-5] OECD **국가 아동의 상대적 빈곤율**(2019)

주: 1) 분석대상은 0~17세임
2) OECD 각국 수치는 2019년을 기준으로 작성하되, 2017(아이슬란드, 칠레), 2018(폴란드, 아일랜드, 일본, 이탈리아, 이스라엘), 2020년(호주, 멕시코, 뉴질랜드, 라트비아, 한국, 스웨덴), 2021년(코스타리카) 수치도 포함됨, 네덜란드, 라트비아, 슬로바키아는 잠정치임
출처: OECD, Income Distribution Database(2022.10.).

학교급별 빈곤율은 초등학생 9.5%, 중학생 10.7%, 고등학생 9.4%로 나타났으며, 시계열로 보면 학교급별 상대적 빈곤율의 차이는 일관된 경향을 보이지는 않는다. 국제비교를 살펴보면, 한국 아동・청소년의 상대적 빈곤율은 OECD 국가 중에서 중상위권이다. 핀란드, 덴마크의 아동・청소년 상대적 빈곤율은 5% 미만으로 상위권이며, 프랑스(11.7%), 호주(13.3%), 일본(14.0%), 영국(14.1%) 등은 우리나라보다 약간 높고, 미국은 21.0%로 매우 높은 편이다.

[그림 1-6] 상대적 빈곤율(2015~2020)

출처: 통계청,「가계금융복지조사」, 각 연도 RAS분석.
주 ① 학교급별 상대적 빈곤율은 휴학생을 포함하여 분석함
② 상대적 빈곤선은 균등화처분가능소득의 중위 50%임
③ 소득 기준연도임(즉, 2020년 결과는 2020년 소득을 기준으로 조사한 2021년 가계금융복지조사의 자료임)

깨알 tip. 빈곤(貧困, poverty)에 대해서 알아봅시다.

빈곤은 일반적인 부족, 결핍을 말하거나 일정양의 물질적 소유물이나 돈을 잃게 되는 현상을 말한다. 이것은 사회, 경제, 정치적인 요소를 포함한 다면적인 개념이다. 빈곤은 만성적이거나 일시적인 개념으로 생각될 수 있고 대부분 불평등과 관련이 되어 있다. 또한, 소비 패턴, 기술적 혁신 등에 따라 그 개념이 바뀌고 있다.

최저생계비란 건강하고 문화적인 생활을 유지하는 데 있어야 하는 최소한의 비용을 뜻하는데, 생계를 위해 있어야 하는 것들의 가격을 고려하여 측정한다. 하지만 최저생계비를 기준으로 빈곤을 결정하는 것은 최하위 빈곤층도 냉장고 등의 가전도구를 가지고 있는 시대적 변화를 따라가지 못하는 단점이 있다. 그래서 학자들은 빈곤갭 등의 다양한 기준을 개발한다. 빈곤갭은 한 사회의 빈곤층이 얼마나 가난한지를 보여 주는 기준으로 빈곤가구의 소득을 빈곤선까지 끌어올리는 데 소요되는 소득의 크기를 나타내는데 최저생계비를 기준으로 한다. 인도경제학자 아마티아 센은 빈곤율, 빈곤갭 비율, 빈곤가구 소득의 지니계수를 종합하여 가난의 규모와 정도를 측정한다. 빈곤율은 다른 소득분배지표에 비해 노인 빈곤율이나 아동 빈곤율 같은 특정계층에 대한 빈곤율을 많이 이용한다. 이들 빈곤율을 계산할 때에도 상대적 빈곤선은 전체 인구기준 중위소득의 50%를 사용하며, 상대적 빈곤선보다 소득이 적은 특정계층 인구와 특정계층 총인구의 비율로 계산한다. 상대적 빈곤율이란, 전체 인구 중 빈곤 위험에 처한 인구의 비율을 의미한다. 상대적 빈곤선을 설정한 이후 이를 바탕으로 상대적 빈곤율을 계산한다. 상대적 빈곤선은 전체 인구의 중위소득을 기준으로 하여 중위소득의 50%에 해당하는 소득으로 정의한다.

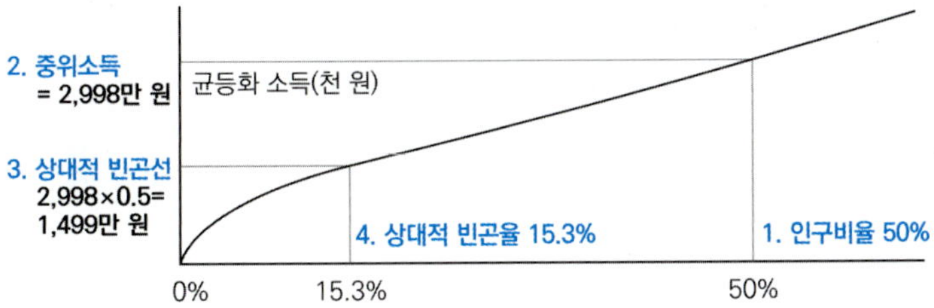

예를 들어 그래프에서 중위소득이 2,998만 원일 때, 상대적 빈곤선은 중위소득의 50%인 1,499만 원이다. 소득이 1,499만 원 이하인 인구비율이 15.3%이므로 상대적 빈곤율은 15.3%라고 나오게 된다.

출처: 위키백과.

우리나라 아동·청소년의 빈곤 수준을 국제 수준에서 파악하기 위하여 OECD 국가들 및 신흥국들과 비교하였다. 분석에 사용된 빈곤 기준은 중위소득의 50%로 상대적 빈곤 기준이 사용되었으며, 전체 인구의 빈곤 수준과 아동인구의 빈곤 수준이 각기 제시되었다. 아동빈곤율이 가장 낮은 국가는 덴마크로 2.9%였고, 그 다음은 핀란드로 3.7%였다. 한국은 슬로베니아(7.0%)의 뒤를 이어 7.1%로 OECD 국가 중 아동빈곤율이 가장 낮은 국가군에 속해 있었다. 한국 뒤에는 아이슬란드(7.2%), 노르웨이(7.3%), 스웨덴(9.1%) 등의 북유럽 국가들 순이었고, OECD 평균은 13.4%였다.

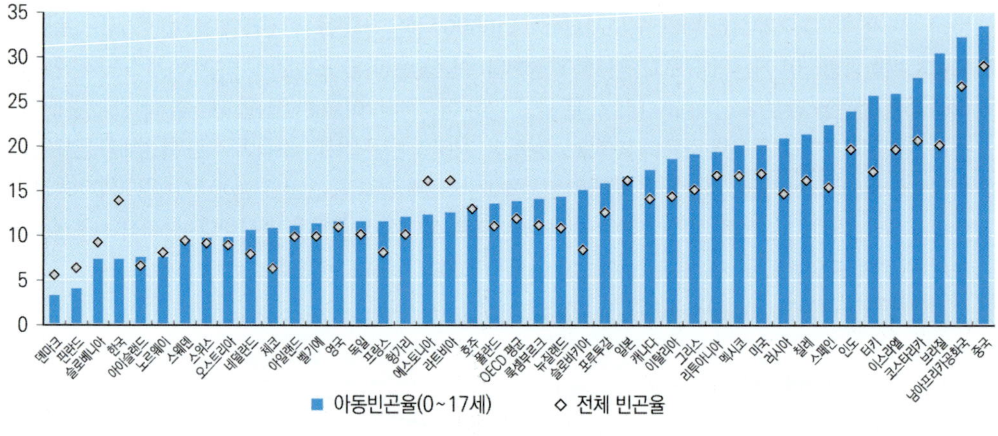

[그림 1-7] 아동빈곤율의 국제 비교(2015년, **중위소득** 50%)

주: 국가별 아동빈곤율은 가구 균등화 소득을 적용한 가처분소득 자료를 활용하였으며 2015년 자료 기준임. 단, 몇몇 국가들은 취합 가능한 최신 자료를 활용하였음(중국, 일본, 러시아는 2011년, 일본은 2012년, 브라질은 2013년, 호주, 헝가리, 아이슬란드, 멕시코, 뉴질랜드는 2014년).

출처: OECD(n.d.). OECD Family Database(http://www.oecd.org/els/family/database.htm).

아동빈곤율이 가장 높은 국가는 중국(33.1%)이었고, 남아프리카 공화국(32.0%), 브라질(30.1%) 등의 국가들에서도 높게 나타났다. 이들 국가의 아동 3명 중 1명은 빈곤하다는 것을 의미한다. 이스라엘(25.5%), 터키(25.3%), 미국(19.9%)의 아동빈곤율도 비교적 높게 나타났는데, 이들 국가의 아동 4명 중 1명은 빈곤한 것으로 볼 수 있다.

2) 한부모가구 현황

한부모가구란, 일반가구 중에서 한부(모)와 미혼인 자녀로 구성된 가구를 의미한다. 최근 들어 이러한 한부모가구는 이혼이나 미혼가구의 증가 등의 원인으로 인해 점차 증가하고 있는 추세이다. 2011년 「한부모가족지원법」의 개정으로 3년마다 한부모가족에 대한 실태조사의 실시가 의무화되었으며(「한부모가족지원법」 제6조), 2012년에 최초로 「한부모가족 실태조사」가 실시된 후 3년 주기로 조사가 이어져 오고 있다.

〈표 1-8〉 **한부모가구 비율** (단위: 천 가구, %)

구분	2018	2019	2020	2021	2022
총가구	20,500	20,891	21,485	22,023	22,383
한부모가구	1,539	1,529	1,533	1,510	1,494
한부모가구 비율	7.5	7.3	7.1	6.9	6.5

출처: 통계청(2021).

경제적 차원의 어려움을 2021년 한부모가족 실태조사 결과를 통해 살펴보면, 저소득 한부모가족 지원 등 정부의 지원을 받는 가구의 비중이 2012년 30.4%에서 2015년 41.5%, 2018년 46.0%, 2021년 54.4%로 증가 추세이다. 국민기초생활보장 수급자의 비중도 2012년 12.2%에서 2015년 13.5%, 2018년 32.8%, 2021년 45.8%로 큰 폭으로 증가하고 있다(배호중 외, 2021: 57, 474).

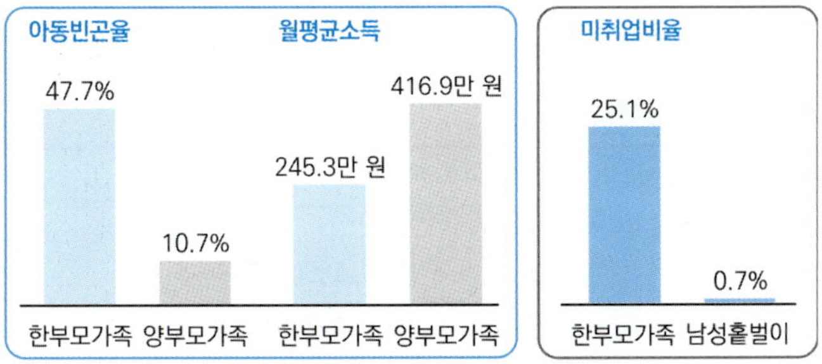

[그림 1-8] **한부모가족 빈곤현황**

출처: 국회입법조사처(2021).
박미진 외(2022).

한부모가구의 월평균소득은 월 245.3만 원으로 양부모가구의 평균인 416.9만 원(통계청, 2021)의 절반을 겨우 넘는 수준이다. 예컨대, 양부모가구와 달리 한부모가구의 가구주는 두 성인이 하는 역할을 홀로 감당해야 하므로 항시 빈곤에 시달리게 되고, 이러한 빈곤은 자녀가 어릴수록 더욱 가중되며, 한부모가구주의 노동 참여를 제한하는 핵심 요인이 되기도 하다. 결국 괜찮은 일자리를 갖거나, 적절한 교육·훈련을 받지 못한 한부모가구주는 탈빈곤 기회를 박탈당하는 결과로 귀결된다. 결국, 괜찮은 일자리에 장기간 경력을 유지하는 것이 쉽지 않은 상황에서 자산을 증식하거나 미래를 위해 자산을 축적할 여력이 없는 한부모가구는 안정적인 주거를 마련하는 것이 더욱 어려워질 수 있다.

우리나라 한부모가족의 아동빈곤율은 2021년 기준 47.7%로 양부모가족의 아동빈곤율 10.7%보다 4배 이상 높다(국회입법조사처 '미혼부모·한부모 자립지원 실태와 과제'). 또한, 경제협력개발기구(OECD) 평균인 31.9%보다 15.8%p 높다. 한부모가족 아동빈곤율이 가장 낮은 덴마크(9.7%)보다 38%p나 높은 수치다.

한부모 네 명 중 한 명은 육아와 경제활동의 병행에 어려움으로 미취업 상태에 놓여 있다. 한부모가정에서 보편적으로 나타나는 경제적 빈곤 문제는 아동에게도 부정적 영향을 끼친다. 주거·식생활·건강·교육 중 2개 이상에서 박탈을 경험한 아이들의 비율을 조사한 결과 양부모가정은 9.1%만 이에 해당된 반면 한부모가정 아이들은 63.7%가 해당되어 7배가량의 차이를 보였다.

〈표 1-9〉 **인구주택총조사(KOSIS) 가구 분류**

세대	구분
1세대 가구	부부 부부+미혼형제자매 부부+기타친인척 가구주+미혼형제자매 가구주+기타친인척 기타 1세대 가구

세대	구분
2세대 가구	부부+미혼자녀 부+미혼자녀 모+미혼자녀 부부+양친 부부+한부모 부부+미혼자녀+부부미혼 형제자매 조부모+미혼손자녀 조부 또는 조모+미혼손자녀 기타 2세대 가구
3세대 가구	부부+미혼자녀+양친 부부+미혼자녀+부친 부부+미혼자녀+모친 기타 3세대 가구
4세대 이상 가구	
1인 가구	
비친족 가구	

3) 다문화가족 현황

우리나라 다문화가족 중 15년 이상 거주자가 2015년 20.6%에서 지난해 39.9%로 증가했다. 장기거주로 한국 생활 적응도는 높아졌지만, 고등교육기관에 취학하는 비율은 전체 국민에 비해 크게 떨어져 학령기 맞춤 교육이 필요한 것으로 나타났다. 우리사회에서 다문화가족과 다문화아동・청소년에 대한 관심이 높아지고 있다. 다문화가족이란 광의의 개념으로는 한 가족 내에 다양한 문화가 공존하고 있는 가족을 의미한다. 이러한 다문화가족의 형태는 한국인 남성과 결혼한 이주여성가족, 한국인 여성과 결혼한 이주남성가족, 이주민가족(노동자, 유학생) 등이 있다. 다문화가족을 협의의 개념으로 살펴보면, 국제결혼을 통해 형성된 가족만을 의미한다. 2008년에 제정된 「다문화가족지원법」에는 다문화가족을 협의의 개념으로 사용하고 있다. 법에 기초하여 다문화가족의 생활안정, 교육지원, 가정폭력 피해자 지원, 실태조사, 다문화가족지원센터 설립 등을 지원하고 있다.

다문화가구는 전체 346,017가구이며 결혼이민자 가구가 82.4%(285,005가구), 기타귀화자 가구가 17.6%(61,012가구)이다. 결혼이민자는 한국인과 혼인한 외국 국적자 및 혼인귀화자이며, 기타귀화자는 혼인귀화 외의 방법으로 한국 국적을 취득한 귀화자를 말한다.

다문화가구의 수도권(서울·경기·인천) 거주는 56.1%로 2018년(55.6%) 대비 0.5%p 증가했으며, 동 지역 거주자(76.8%)가 읍면 지역 거주자(23.2%)에 비해 3배 이상 많다. 가족구성은 부부와 자녀 가구 35.5%, 부부 가구 30.0%, 한부모가구 10.9%, 1인 가구 8.3% 등이며, 부부 가구의 비중은 2018년(17.0%)대비 13.0%p 증가했다. 평균 가구원 수는 2.82명이며, 평균 자녀 수는 0.88명으로 2018년(0.95명) 대비 감소했고, 무자녀 가구가 42.0%로 5.3%p 증가했다.

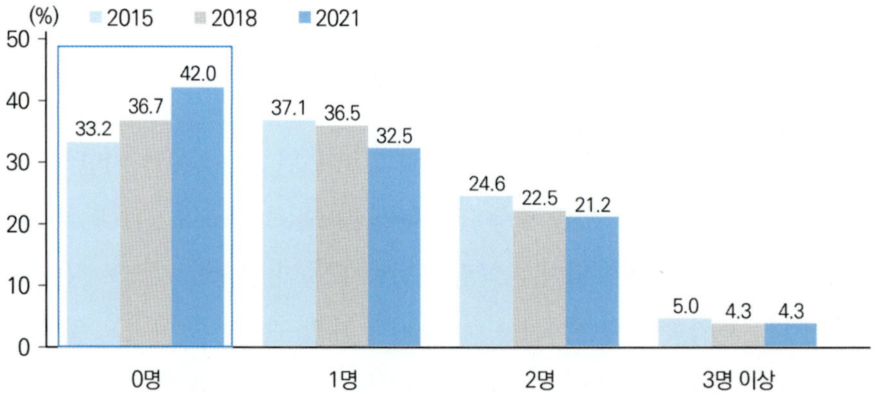

[그림 1-9] 다문화가구의 자녀 수

다문화가구의 청소년기에 해당하는 만 9~24세 자녀의 비중이 증가했으며, 대부분 국내에서 성장한 것으로 나타났다. 전체 다문화가족 자녀 중 만 9~24세는 43.9%로, 2018년 대비 8.3%p 증가했다.

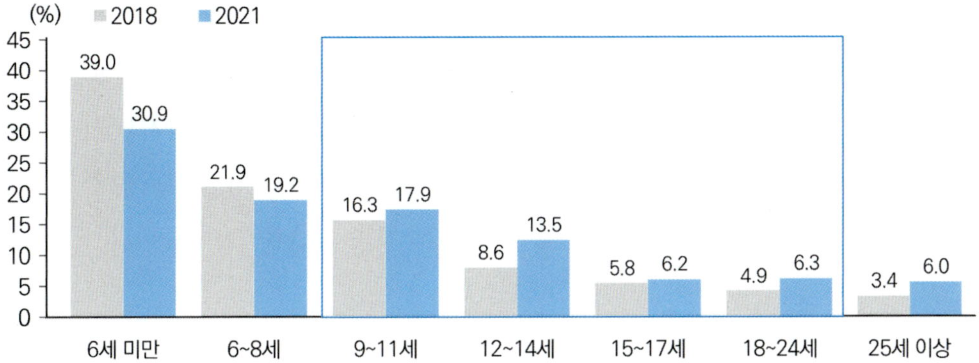

[그림 1-10] 다문화가구의 자녀 연령

특히, 다문화가구의 자녀가 고등교육기관에 취학하는 비율은 전체 국민에 비해 크게 낮았다. 다문화가족 자녀의 취학률은 우리나라 학교급별 전체 국민에 비해 모두 낮은 수준이고, 고등교육기관 취학률 격차는 31.0%p로 매우 크다.

- 다문화 자녀: 초등학교 95.3%, 중학교 95.7%, 고등학교 94.5%. 고등교육기관 40.5%
- 전체 국민: 초등학교 98.4%, 중학교 97.9%, 고등학교 96.1%. 고등교육기관 71.5%

4) 보호대상아동 현황

보호대상아동이란 보호자가 없거나 보호자로부터 이탈된 아동, 또는 보호자가 아동을 학대하는 경우 등 그 보호자가 아동을 양육하기에 부적합하거나 양육할 능력이 없는 경우의 아동을 말한다(「아동복지법」제3조).

보호대상아동에게는 국가의 특별한 보호가 요구되며, 국가는 아동양육시설, 공동생활가정, 가정위탁, 국내외입양 등의 형태로 보호조치를 시행해야 한다. 과거에는 소년소녀가장이란 형태로 국가의 책임 없이 방치되는 사례가 존재하였으나, 유엔아동권리위원회의 권고 이후 우리나라에서 아동만으로 이루어진 가구는 거의 남아 있지 않다. 이는 보호대상아동에 대한 국가의 책무성이 점차 높아지고 있다고 볼 수 있다. 보호대상아동 수는 1990년대 말의 경제위기와 2000년대 초반의 악화된 경제상황에 의해서 매년 1만 명 이상 발생하였다. 특히 2000년 15,936명에서 2001년 21,816명으로 보호대상아동 발생 수가 급격히 증가하기도 하였다. 보호대상아동의 발생은 2002년에 22,341명으로 정점을 찍은 이후로 점차 감소하였고, 2010년 이래로 1만 명 아래 수준을 유지하고 있다. 2022년에는 2,289명으로 지속적으로 감소하는 모습을 보여 준다.

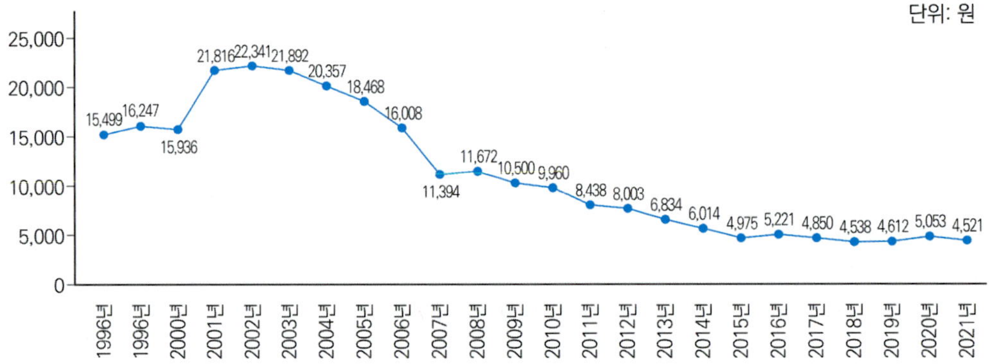

[그림 1-11] 연도별 보호대상아동 발생 수 추이

출처: 보건복지부, 보호대상아동 현황보고, 각년도.

2022년 보호대상아동 현황에 따르면 지난해 국가 보호대상아동은 2,289명(남자 1,115명, 여자 1,174명)으로 이 중 110명은 장애아인 것으로 나타났다. 보호대상아동은 보호자가 없거나 보호자가 아동을 키우기에 적당하지 않은 경우, 부모가 양육 능력이 없는 처지에 놓인 아동을 가리킨다.

보호대상아동은 2019년 4,047명, 2020년 4,120명, 2021년 3,437명 등으로 해마다 감소하는 추세다. 2022년 3,756명의 보호대상아동이 발생했다가 이 중 1,467명은 집으로 돌아갔간 것으로 집계됐다. 보호조치된 아동 2,289명을 발생 원인별로 보면 학대가 1,103명(48.2%)으로 가장 많았다. 부모 이혼 등 296명(12.9%), 미혼부모 · 혼외자 252명(11.0%), 부모 사망 235명(10.3%), 부모 빈곤 · 실직 139명(6.1%), 부모 교정시설 입소 110명(4.8%) 등의 순이었다.

〈표 1-10〉 연도별 보호대상 아동 발생 및 조치현황

(단위: 명)

연도	조치내용										
	계	시설입소					가정보호				
		소계	양육시설 등	일시보호시설	장애아동시설	공동생활가정	소계	소년소녀가정	입양	가정위탁	입양 전 위탁
1998	10,800	5,141	4,948		132	61	5,659	518	1,741	3,400	-
1999	9,000	4,702	4,579		78	45	4,298	572	1,776	1,950	-
2000	9,085	4,481	4,332		64	85	4,604	564	1,755	2,285	-
2001	10,586	4,774	4,671		41	62	5,812	874	1,848	3,090	-
2002	10,057	4,663	4,547		57	59	5,394	673	2,544	2,177	-
2003	10,222	4,824	4,747		42	35	5,398	500	2,506	2,392	-
2004	9,393	4,782	4,680		38	64	4,611	299	2,100	2,212	-
2005	9,420	4,818	4,769		48	1	4,602	407	1,873	2,322	-
2006	9,034	4,366	4,313		53	-	4,668	308	1,259	3,101	-
2007	8,861	3,245	3,189		39	17	5,616	247	1,991	3,378	-
2008	9,284	4,964	2,997	1,261	39	667	4,320	178	1,304	2,838	-
2009	9,028	4,767	2,406	1,640	35	686	4,261	213	1,314	2,734	-
2010	8,590	4,842	2,445	1,751	23	623	3,748	231	1,393	2,124	-
2011	7,483	3,752	2,246	862	32	612	3,731	128	1,253	2,350	-
2012	6,926	3,748	2,272	676	25	775	3,178	117	772	2,289	-
2013	6,020	3,257	1,731	801	39	686	2,763	20	478	1,749	516
2014	4,994	2,900	1,818	566	10	506	2,094	13	393	1,300	388
2015	4,503	2,682	1,412	799	13	458	1,821	-	239	1,206	376
2016	4,583	2,887	1,736	548	11	592	1,696	6	243	1,022	425
2017	4,125	2,421	1,467	310	19	625	1,704	2	285	994	423
2018	3,918	2,449	1,300	494	7	648	1,469	1	174	937	357
2019	4,047	2,739	1,707	401	6	625	1,308	5	104	1,003	196
2020	4,120	2,727	-	-	-	-	1,393	-	-	-	-
2021	3,437	2,183	1,311	243	83	546	1,254	0	75	1,028	151

출처: 보건복지부, 「연도별 보호대상아동 발생 및 조치 현황」

보호대상아동의 보호형태는 크게 시설보호와 가정보호로 구분된다. 시설보호의 종류로는 '양육시설', '일시보호시설', '장애아동시설', '공동생활가정'이 있다. 가정보호의 종류로는 '소년·소녀가정', '입양', '가정위탁', '입양전 위탁' 보호가 있다. 2017년 보호대상아동 보호 조치 현황을 살펴보면, 시설입소 중에서는 아동양육시설 등으로 배치되는 경우가 1,467명으로 가장 많으나 과거에 비해서는 감소 추세에 있었다.

보호대상아동에 대한 국가의 책임은 강화되고 있는 추세이며, 이로 인해 과거의 주된 아동보호 형태 역시 변화되고 있다. UN아동권리협약에서는 국가가 원가정 보호를 위해 노력해야 하고, 원가정 보호를 할 수 없는 경우 가정과 가장 유사한 형태의 대안양육을 권장하고 있다. 이는 가정과 유사한 형태의 가정위탁이나, 시설에서 보호하더라도 대규모 시설에서의 보호가 아닌 공동생활가정과 같은 소규모 보호가 적절하다고 보는 것이다. 이러한 요구를 반영하여 우리나라도 보호대상아동에 대한 보호 조치로 가정위탁과 공동생활가정을 확대하고 있는 추세이다. 동시에 입양은 최후의 수단으로 고려하도록 하고 있다.

4. 청소년의 사회환경

청소년 시기는 다양한 사회적 환경에 영향을 받는다. 특히, 가족과 친구를 비롯하여 대중매체까지 청소년을 둘러싼 사회환경은 점점 더 확장되고 다양해지고 있다. 이는 청소년의 발달에 영향을 미치는 중요한 요소이다. 청소년은 부모를 비롯한 가족관계, 또래집단을 비롯한 친구관계, 학교에서의 교사관계, 다양한 대중매체와의 관계를 통해 사회화되고 있다. 이 장에서는 청소년을 둘러싼 주요 사회환경에 대하여 알아보고, 각각의 요인이 청소년에게 어떠한 영향을 미치는지 살펴보도록 한다.

1) 가족

① 청소년 시기의 가족 개념

가족은 청소년에게 가장 큰 영향을 미치는 요인으로 청소년을 둘러싼 사회환경 중에서 가장 중요한 의미를 지닌다. 청소년 초기에는 신체적이고, 사회적인 성숙으로 인해 가족체계에 불균형을 초래한다. 즉, 가족 내 청소년의 영향력이 증가되어 가족관계의 변화가 긍정 혹은 부정적으로 변화되기도 하고, 좀 더 평등한 상호작용의 관계를 요구하는 등의 일시적 혼란의 시기를 경험하기도 한다.

특히, 청소년 시기는 부모로부터 정서적으로 독립하고자 하는 욕구가 강해진다. 이때 청소년이 부모와 갖는 관계는 아동기 때 가졌던 부모와의 관계와 다른 양상을 보이기 마련이다. 청소년의 급속한 성장은 부모의 체벌이나 통제를 어렵게 만든다. 부모의 권위는 도전을 받게 되고 기존의 부모자녀 관계를 수정해야 하는 상황을 초래하게 된다. 또한 형식적, 조작적 사고가 가능한 청소년은 부모가 설정한 규칙이나 가치관에 대해 논리적 모순을 발견하고 의문을 제기하기도 한다. 즉, 증대된 인지적 능력으로 인해 청소년은 이제 더 이상 무조건 부모가 시키는 대로 따라 하거나 순종하지 않는다. 청소년 자녀의 비판이나 의문 제기에 대해 어떤 부모들은 화를 내거나 방어적으로 대한다. 청소년기가 청소년과 부모 모두에게 시련의 시기일 수는 있지만 부모와 청소년 자녀가 서로를 이해하려고 노력한다면 가정이 꼭 싸움터가 될 이유는 없다.

② 부모와 청소년의 관계

부모와 청소년의 관계는 부모님과 함께하는 활동을 비롯하여 부모와 청소년 간의 대화시간 등으로 파악할 수 있다. 따라서 부모와 청소년의 관계를 파악하기 위해서는 청소년이 부모님과 함께하는 활동을 비롯하여 가족과 함께 참여한 여가문화 활동, 부모님과의 진솔한 대화시간, 고민상담 대상자, 청소년의 가정생활 만족도, 부모님에 대한 경제적 의존도 등을 통해서 살펴볼 수 있다.

청소년이 부모님과 함께하는 활동을 살펴보면, 2014년에는 부모님과 함께하는 활동 중에서 저녁에 부모님과 함께하는 식사가 가장 많았다. 한 주에 1회에서 3회가량 부모님과 저녁식사를 한다는 청소년은 21.9%였고, 매일 한다는 청소년도 37.5%였다. 반면 거의 식사를 함께하지 않는다는 청소년은 9.7%이었다. 저녁 식사를 제외하고, 청소년들이 부모님과 하는 활동으로는 학교생활에 대한 대화를 비롯한 부모 가족 간의 여가활동이었다.

유의미한 결과로 청소년들은 텔레비전 프로그램이나 영화에 대한 대화보다는 학교생활에 대한 고민을 더 많이 한다는 것이다. 다시 말해, 청소년들은 학교생활 관련해서는 부모와 종종 대화를 이어 가지만 자신의 고민이나 주된 관심에 대해서는 학교생활보다는 상대적으로 대화를 적게 한다는 것으로 볼 수 있다. 정치나 사회 등과 관련한 주제에 대해서는 거의 부모와 대화하지 않는다고 했다.

부모와 자녀의 학습 외 활동에 관심을 두는 주된 이유를 살펴보면, '다양한 경험을 쌓기 위해서'가 37.9%로 가장 많았다. 다음으로 '아이의 적성 개발 등에 필요하다고 생각해서(32.0%)', '아이의 활동이 성적 또는 입시와 관련되기 때문에(10.7%)', '아이의 스트레스 해소를 위해(6.9%)' 순으로 나타났다. 한편, '아이가 원해서(2.1%)'라는 응답은 2.1%로 가장 낮은 것으로 조사되었다.

〈표 1-11〉 자녀의 학습 외 활동에 관심을 두는 주된 이유

(단위: 명, %)

구분		사례수	아이의 활동이 성적 또는 입시와 관련되기 때문에	다양한 경험을 쌓기를 희망하여	아이의 스트레스 해소를 위해	주변의 다른 아이들도 하기 때문에	아이의 적성개발 등에 필요하다고 생각해서	아이의 체력 단련 등 건강을 위해서	아이가 원해서
연령별	30대 이하	(531)	8.8	40.2	5.9	6.2	32.1	5.6	1.2
	40대	(1993)	11.7	38.2	6.6	5.2	31.6	4.7	2.0
	50대 이상	(373)	8.5	33.1	9.9	4.5	33.7	6.1	4.2
성별	남	(297)	9.6	47.5	8.0	4.6	23.2	4.4	2.6
	여	(2600)	10.8	36.8	6.8	5.4	33.0	5.1	2.1

구분		사례수	아이의 활동이 성적 또는 입시와 관련되기 때문에	다양한 경험을 쌓기를 희망하여	아이의 스트레스 해소를 위해	주변의 다른 아이들도 하기 때문에	아이의 적성개발 등에 필요 하다고 생각해서	아이의 체력 단련 등 건강을 위해서	아이가 원해서
지역 크기별	대도시	(1178)	10.7	38.4	5.2	5.9	33.5	5.3	1.0
	중소도시	(1157)	10.5	35.4	7.3	3.9	35.3	4.3	3.3
	농산어촌	(562)	11.1	42.0	9.7	7.1	22.0	5.9	2.1
가구 소득별	200만 원 미만	(41)	4.2	40.2	5.9	9.6	23.1	9.9	7.1
	200~400만 원 미만	(701)	11.2	33.2	7.8	7.6	29.9	7.6	2.7
	400~600만 원 미만	(1655)	10.4	37.6	7.1	4.5	34.7	3.8	1.9
	600만 원 이상	(500)	11.6	45.3	5.3	4.5	26.7	4.9	1.8
가구 구성별	양부모가구	(2713)	11.0	37.7	6.9	5.1	32.5	4.9	1.8
	한부모가구	(160)	7.2	43.9	6.6	7.7	4.0	6.2	4.4
	기타 가구	(23)	2.5	19.3	5.9	14.9	23.8	12.8	20.8
	전체	(2897)	10.7	37.9	6.9	5.3	32.0	5.0	2.1

출처: 여성가족부(2020).

〈표 1-12〉 부모님과 함께하는 활동 (단위: %)

구 분		거의 안 함	월 1~3회	주 1~3회	주 4~6회	매일	해당 없음	계
나의 고민에 관한 대화	2014년	34.7	31.2	18.7	5.5	9.6	0.2	100.0
	2017년	25.9	38.8	24.2	5.9	5.3	-	100.0
학교생활에 대한 대화	2014년	13.6	23.8	23.0	8.8	19.0	11.8	100.0
	2017년	16.3	29.8	28.1	9.2	9.1	7.3	100.0
책, TV, 영화에 대한 대화	2014년	29.8	30.0	24.4	6.8	8.6	0.3	100.0
	2017년	27.0	36.4	24.8	6.8	5.0	-	100.0
정치, 사회, 문화적 주제에 대한 대화	2014년	59.8	24.7	9.4	2.4	3.4	0.4	100.0
	2017년	62.0	25.0	9.3	2.1	1.5	-	100.0
여가활동(영화, 운동, 외식, 여행 등)	2014년	19.4	39.1	24.8	9.2	7.3	0.3	100.0
	2017년	19.2	41.4	26.5	7.9	5.0	-	100.0

구 분		거의 안 함	월 1~3회	주 1~3회	주 4~6회	매일	해당 없음	계
저녁식사	2014년	9.7	15.4	21.9	15.2	37.5	0.3	100.0
	2017년	4.5	11.6	32.9	24.0	27.0	-	100.0

주: 1) 해당 없음은 부모님이 해외에 체류 중이거나 계시지 않는 경우, 조부모 등과 사는 경우를 의미함.
2) 2014년에는 각각 항목에 부모님이 안 계신 경우 '해당 없음'으로 조사하였으나, 2017년에는 부모님 외에 양육자를 포함하여 학교생활에 대한 대화 항목만 '해당 없음' 있음.
출처: 1) 여성가족부(2014).
2) 여성가족부(2017).

③ 변화되는 부모와 청소년(자녀) 관계

청소년을 향한 부모 행동이 매우 중요하다. 청소년의 급속한 성장은 부모의 체벌이나 통제를 어렵게 만든다. 관련해서 부모의 특징을 네 가지로 나눌 수 있다.

첫 번째로 권위적인 부모이다. 권위적 부모는 따뜻하나 엄격하여 자녀의 발달욕구와 능력에 맞는 기대를 가진다. 권위적 부모는 자녀를 합리적으로 다루며 훈육문제에 대해 자녀에게 설명한다. 그들은 자녀들의 행동기준을 정하나 자녀의 발달욕구와 능력에 맞는 기대를 가진다. 그들은 자율성과 주도성의 발달에 높은 가치를 두나 자녀의 행동에 대하여 궁극적인 책임을 진다. 권위적 훈육문제에 대해 자녀와 함께 종종 토론하고 설명한다.

둘째로는 독재적 부모이다. 독재적 부모는 복종과 순응에 높은 가치를 두어 때때로 자녀들에게 물리적인 훈육방법을 선호한다. 독재적인 부모는 자녀가 부모가 정한 규칙과 기준을 질문 없이 받아들여야 한다고 믿기 때문에 독재적 가정에서의 의사소통은 원활하지 않다. 그들은 독립적인 행동을 격려하지 않으며, 오히려 자녀의 자율성을 제한하는 경향이 있다. 이런 부모의 자녀들은 대개 더 의존적이고 더 수동적이며 사회적 기술이 부족하며 자기확신이 낮다.

셋째로는 허용적인 부모이다. 허용적인 부모는 수용적이며 수동적이다. 허용적인 부모는 적극적으로 아이들의 행동을 형성하기보다는 자신을 자녀가 사용할 수 있는 자원으로 보는 경향이 있다. 그들은 자녀에게 많은 자유를 허용하고 어떻게 행동하라고 거의 요구하지 않는다. 허용적인 부모는 통제가 자유에 대한 침해로서 자녀의 건강한 발달을 방해한다고 믿는 경향이 있다.

마지막으로는 방임적인 부모이다. 방임적인 부모는 자녀와 상호작용하는 데 들여야 하는 시간과 에너지를 최소화하기 위하여 애를 쓴다. 그들은 자녀가 무엇을 하는지, 어디에 가는지 거의 알지 못하며 자녀의 학교경험, 친구관계에 대해 관심이 없고, 자녀와 거의 대화하지 않으며, 의사결정 시 자녀의 의견을 거의 고려하지 않는다. 그리고 이들 청소년은 책임감이 부족하며 또래에게 더 순응적이고 또한 충동적 경향이 짙다. 방임적 부모는 자녀의 발달에 무엇이 좋은지에 관한 믿음에 따라 자녀를 양육하기보다는 부모 중심적으로 그들 자신의 욕구와 관심에 따라 가정생활을 구조화한다.

일반적으로 권위적 가정에서 양육된 청소년들이 독재적, 허용적, 방임적 가정에서 양육된 청소년보다 심리사회적으로 더 건강하다. 권위적 가정에서 양육된 청소년들이 더 책임감 있고, 자기확신이 있으며, 적응을 잘하고, 창조적이며, 호기심이 많고, 사회적 기술이 좋으며, 학교에서 성공적이다. 대조적으로 독재적 가정에서 양육된 청소년은 더 의존적이고, 수동적이며, 사회적 기술이 모자라고, 자기확신이 낮으며, 지적 호기심이 적다. 허용적 가정에서 양육된 청소년은 종종 덜 성숙하고, 책임감이 부족하며, 또래에게 더 순응적이고, 지도력을 갖지 못한다. 방임적 가정에서 양육된 청소년은 종종 충동적이고 비행, 인터넷 중독, 약물행위에 가담할 경향성이 높다.

2021년 5월 여성가족부에서 2020년 가족실태조사 결과를 발표했다. 이 조사는 전국 10,997가구의 만 12세 이상 모든 가구원을 대상으로 조사되었다. 또한, 2020년 11월에는 통계청에서 가족과 관련한 사회조사 결과를 발표했다. 이는 전국 만 13세 이상 가구원 약 38,000명을 대상으로 실시되었다. 이 조사에서 청소년(자녀)은 만 13세~24세 인구를 의미한다. 이 두 조사를 바탕으로 주요내용을 정리하면 다음과 같다. 부모와 청소년(자녀) 관계 만족도 및 친밀도는 통계청의 '2020년 사회조사' 결과에 따르면 청소년(자녀)이 생각하는 부모와의 관계에 대한 만족도는 68.8%였다. 2018년 66.9%에 비하면 2020년에 만족도가 1.9%p 증가한 것을 알 수 있었다. 청소년(자녀)가 생각하는 부모와의 관계 만족도에 대해 한 단계 더 자세하게 알아볼 수 있는 결과도 있었다. 여성가족부의 '2020년 가족실태조사' 결과에 따르면 아버지와의 관계보다 어머니와의 관계에 더 만족하는 것으로 나타났다. 청소년 자녀 중 부모와의 관계에 만족한다고 응답한 비율은 아버지와의 관계 65.6%, 어머니와의 관계 79.6%로 어머니와의 관계 만족도가 14%p가 더 높았다. 또한, 청소년 자녀가 있는 응답자들 중 67.4%가 자녀와의 관계에 만족한다고 응답했는데, 이는 15년 대비 5.7%p 상승한 수치이다. 부모와 청소년(자녀) 간의 대화 빈도를 살펴보면, 청소년 46%는 적당히 대화를 나누는 편이라고 답변했다. 초등학생의 경우 부모님과의 대화가 적다거나, 거의 없다는 답변은 거의 없었고, 대화를 많이 나눈다는 응답이 43%, 적당히 대화를 나눈다는 응답이 52%였다. 10명 중 9.5명은 부모님과의 대화를 자주 나누는 것으로 나타났다. 중학생의 경우는 대화를 많이 나눈다는 응답이 47%였다. 그다음으로는 적당히 대화를 나누는 편이라는 응답이 42%였고, 대화가 적은 편(8%), 대화가 거의 없다(4%)는 응답이 뒤를 이었다. 고등학생의 경우, 부모님과 적당히 대화를 나누는 편이라는 응답이 41%로 가장 높았고 뒤이어 대화를 많이 나누는 편(36%)이라는 응답이 나왔다. 초등학생, 중학생과 다르게 고등학생은 대화가 적은 편이라는 응답이 22%였다. 초등학생 응답군에서 부모와 대화가 적은 편이라는 응답이 3%에 불과했던 것을 고려하면 상당히 높은 수치이다.

〈표 1-13〉 가족관계 만족도

(단위: %)

연도	구분	계	만족	매우 만족	약간 만족	보통	불만족	약간 불만족	매우 불만족
		< 전반적인 가족관계 >							
2018	전체	100.0	70.4	34.3	36.1	26.6	3.0	2.6	0.4
	남 자	100.0	71.4	35.7	35.7	25.9	2.7	2.3	0.4
	여 자	100.0	69.4	32.9	36.5	27.3	3.3	2.8	0.5
	13~18세	100.0	76.2	41.5	34.7	21.1	2.8	2.4	0.3
	19~24세	100.0	65.6	28.3	37.3	31.2	3.2	2.7	0.5
2020	전체	100.0	73.5	41.6	31.8	23.8	2.7	2.3	0.4
	남 자	100.0	74.3	43.4	30.9	23.2	2.4	2.1	0.3
	여 자	100.0	72.7	39.9	32.7	24.4	2.9	2.5	0.4
	13~18세	100.0	78.1	49.2	28.9	20.2	1.7	1.5	0.1
	19~24세	100.0	70.0	35.9	34.1	26.6	3.4	2.9	0.6
2022	전체	100.0	78.5	43.6	34.9	19.3	2.2	1.8	0.3
	남자	100.0	78.4	43.4	35.0	19.8	1.9	1.5	0.4
	여자	100.0	78.7	43.8	34.9	18.8	2.5	2.2	0.3
	13~19세	100.0	81.5	47.4	34.2	16.5	2.0	1.8	0.2
	19~24세	100.0	76.3	40.8	35.5	21.4	2.3	1.9	0.4

출처: 통계청, 「사회조사」

2) 친구

(1) 친구의 중요성

청소년 시기에 친구는 매우 중요하다. 급격한 신체 변화를 겪고 있는 청소년들은 비슷한 처지의 다른 친구들과 함께하는 데서 위안을 얻는다. 신체적 · 정서적 성숙을 향해 나아가는 과정에서 청소년들이 기성세대의 가치에 대해 의문을 가지게 될 때 서로 비슷한 상황에 있으면서 이들을 이해해 주고 공감해 줄 수 있는 친구들에게 자문을 구할 수 있다는 것은 마음 든든한 일이 아닐 수 없다.

청소년들이 새로운 가치나 생각을 시험해 보고자 할 때 부모나 다른 어른들과 함께 할 때보다는 비난이나 비웃음을 덜 사게 되는 친구들과 함께하는 것이 심리적으로 더욱 편하기 마련이다. 청소년들에게 있어 친구는 애정, 공감, 이해의 원천이며 새로운 실험의 무대이고 부모로부터의 자율성과 독립을 얻기 위한 후원의 장이다.

청소년기 친구와의 우정은 매우 중요하다. 같은 취미와 관심사, 태도 등을 공유하며, 비슷한 눈높이에서 자신의 상황과 감정을 공감해 주기 때문이다. 또래 집단은 청소년기 사회적 발달의 중요 무대이자 정체성과 존재감을 느낄 수 있게 도와주며, 때로는 가족보다 더 소중한 존재가 되기도 한다. 청소년들은 친구와 함께 활동할 수 있는 친근한 누군가를 얻게 되며, 비슷한 눈높이에서 자신의 상황과 감정을 공감해 주기 때문에 친구와의 우정은 매우 중요하다. 또한 친구를 통하여 흥미로운 정보, 신나는 느낌 즐거움 등의 자극을 받게 되며, 친구들의 지지와 격려를 통하여 자기 자신의 가치와 유능감을 갖게 된다. 따라서 청소년들은 친구와 함께하는 시간을 충분히 가지고, 서로의 상황과 감정을 공유하며, 친구들과 함께 즐길 수 있는 활동을 찾아보는 것이 좋다.

(2) 친구의 주요 특성

청소년기에는 또래 친구와의 우정이 매우 중요하다. 같은 취미와 관심사, 태도 등을 공유하며, 비슷한 눈높이에서 자신의 상황과 감정을 공감해 주기 때문이다. 또래 집단은 청소년기 사회적 발달의 중요 무대이자 정체성과 존재감을 느낄 수 있게 도와주며, 때로는 가족보다 더 소중한 존재가 되기도 한다.

친구 관계는 비슷한 연령에 있는 구성원들의 모임을 말한다. 청소년기에는 친구와 함께 보내는 시간이 점점 증가하며, 부모보다도 친구 집단이 더 큰 영향력을 발휘하게 된다. 청소년기 친구의 주요 특성을 살펴보면 다음과 같다.

① 자율성을 지닌다

아동기의 활동은 성인에 의해 조직되고 운영되는 반면, 청소년들은 성인의 감독 없이 또래들과 상호작용하며 자신들끼리 하는 활동을 선호한다.

② 부모보다도 더 큰 애착의 대상이 된다

청소년들은 비슷한 신체적, 인지적, 심리 사회적 변화를 겪는 다른 청소년들과 함께함으로써 위안을 얻는다. 친구들과의 관계는 애정과 동정과 이해의 근원이며, 때로는 부모로부터의 자율성과 독립을 얻기 위한 지지자이다.

③ 상호작용의 증가다

대부분의 청소년들은 친구와 함께 활동하고 생각과 의견을 나누기를 원한다. 친밀한 친구관계를 형성하고자 하는 것은 청소년기에 일어나는 일반적인 현상이며, 이러한 성향은 안정된 또래집단을 형성하고 유지하게 만들며, 집단구성원 간의 상호 유사성을 증진시킨다.

④ 이성 간 교류의 증가다

청소년기에는 아동기와는 달리 이성 또래와 보내는 시간이 점점 더 증가한다. 친구는 청소년의 심리사회적 발달에 매우 중요한 역할을 한다. 친구 관계에서의 문제는 청소년기와 성인기의 여러 가지 심각한 정서 및 행동문제와 관련되어 있다. 청소년기에 친구 관계에서 어려움을 겪는 청소년들은 상대적으로 학업성취도가 낮고, 학업을 중단할 가능성이 높으며, 학습장애를 겪고, 비행을 저지르거나 정신건강상의 어려움을 겪을 가능성이 높다.

'친구관계 오래 유지할수록 학업성취도 높다'...영국의 연구결과

'베스트 프렌드' 관계를 오래 유지하는 학생이 더 높은 수행평가 성적을 기록했다는 연구 결과가 발표됐다. 최근 영국에서 593명의 학생을 대상으로 실시된 연구에 따르면 학교가 바뀔 때 '가장 친한 친구' 사이를 유지한 27%의 학생이 관계를 유지하지 못한 학생들에 비해 수행평가에서 더 나은 결과를 얻었다. 우정과 시험 성적의 상관관계를 드러낸 것이다.

- 나는 공부하려고 인스타를 한다.
- 14년 만에 다시 본 시트콤 '프렌즈'가 예전 같지 않은 이유
- 청소년들의 우정과 전염병의 관계

서리 대학 연구진은 교육심리학 저널(Journal of Educational Psychology)에 발표한 이 연구를 통해 대부분 학생이 중학교 진학과 같은 전환 과정에서 우정 전선에 변화를 겪는다고 말했다. "보통 아이들은 갈등이나 우정의 깊이가 낮아서 친구를 잃기보다는 환경이 변화하면서 자연스레 멀어집니다."

"중학교 진학이 얕은 우정을 쌓던 친구들과 거리를 둘 기회가 되기도 한다고 말하는 전문가도 있죠. 자신에게 부정적 영향을 줄 수 있는 친구들이요", "하지만 깊은 우정이 환경 변화에 어떤 영향을 받는지 조사한 것은 처음입니다."

연구를 진행한 테리 응나이트 박사는 이 전환기 동안 베스트 프렌드 관계를 돈독히 유지한 학생들이 학업 성취도가 더 높았다고 한다.

"아이들의 베스트 프렌드는 온갖 종류의 이유로 변하지만, 아마 전환기가 가장 큰 이유일 겁니다." 따라서 이 전환기에 친구 사이가 멀어지지 않도록 우정을 지지해 줄 방법을 찾는다면 아이들의 행동 개선에 도움이 될 거에요.

출처: BBC뉴스 발췌(2018.1.19.).

(3) 친구관계

친구관계는 정상적인 심리·사회적인 발달을 촉진시키는 데 매우 중요한 역할을 한다. 청소년에게 친구는 복합적인 역할을 수행하는데, 지지적이고 긍정적인 역할과 더불어 역기능적인 역할을 하기도 한다. 친구 관계 속에서 청소년들은 다른 역할과 모습을 시도할 수 있으며, 집에서보다 훨씬 더 쉽게 다른 정체성을 실험해 볼 수 있다.

친구관계에서의 경험은 자율성의 발달에도 매우 중요하다. 친구들과 성숙된 관계를 가짐으로써 부모와의 관계도 더 성숙되고 독립적으로 변한다. 또한 친구집단은 청소년들이 자신의 선택에 대해 감독하고 통제할 성인이 없는 상황에서 의사결정능력을 시험할 수 있는 환경을 제공한다.

① 또래관계망의 개념

친구들과의 관계로 구성되는 사회적 관계의 구조로서 발달에 영향을 미치는 사회관계적 맥락을 또래관계망이라고 하는데 또래관계망의 특성은 크기와 관계 유형으로 구분한다. 친구들과의 관계에서 친한 친구를 많이 가진 경우, 즉 또래관계망이 넓은 청소년과 그렇지 않은 청소년은 발달에 있어 차이를 나타낸다. 즉, 또래집단 내 관계망을 넓게 형성한 청소년은 친구들과의 의사소통, 감정적 교류 등 더 많은 사회적 지지를 얻을 수 있다. 이는 청소년의 또래관계 내 적응을 돕고 또래 괴롭힘, 집단 따돌림 등의 관계 내의 문제 발생의 빈도를 낮추며, 청소년 문제행동의 발생을 중재하는 효과가 있다. 특히 사회적 문제가 되고 있는 또래 괴롭힘의 경우 괴롭힘 피해자가 학급 내에서 공개적으로 지목되거나 암묵적인 합의하에 이루어지므로 학급 내의 친구가 없거나 친구관계망의 지원체계가 부족하면 피해자로 지목될 가능성이 높다.

〈표 1-14〉 친구의 주요 기능

구분	주요 기능
사회적 지원과 심리적 안정감 제공	유사한 갈등을 겪고 있는 집단과의 상호작용을 통해 정서적 안정감을 제공함으로써 청소년의 스트레스와 긴장이 해소됨
또래 집단은 준거집단으로의 역할	자신과 비슷한 경험이 있는 친구들의 이해를 받음으로써 부모와의 갈등, 여러 가지 학교 문제로부터 오는 스트레스가 해소됨
보다 성숙한 인간관계를 형성	여러 형태의 또래 집단에 참여함으로써 상호성과 협동심의 가치를 배우게 됨

② 또래관계망의 특성

청소년기 동안 또래관계는 매우 중요한 역할을 한다. 이 기간은 정체성 형성과 사회적 발전이 가장 활발하게 일어나는 시기로, 또래관계는 다양한 측면에서 영향을 미친다.

첫째, 또래관계는 정체성 형성에 큰 영향을 미친다. 청소년은 자신의 가치관 취향, 관심사 등을 발견하고 구체화하기 시작하는데, 또래들과의 상호 작용을 통해 자기 개념을 구축하게 된다. 또래 친구들과의 관계를 통해 자신을 이해하고 받아들이는 과정이 정체성 발전에 도움이 된다. 둘째, 또래관계는 사회적 스킬을 강화하고 대인 소통 능력을 향상시킨다. 또래관계를 통해 상호 작용은 감정적 지능을 키우고 다양한 사회적 상황에서 잘 적응할 수 있는 능력을 개발하는 데 도움이 된다. 셋째, 또래관계는 감정적 지지와 친밀감을 제공한다. 청소년기는 가족 외의 사회적 지지가 필요한 시기이며, 친구들과의 관계를 통해 안정감과 이해를 얻을 수 있다. 어려운 상황에서 또래들과의 연결은 정서적 지지로 이어져 심리적인 안정성을 제공할 수 있다. 또한, 또래관계는 동료 간의 영향력을 통해 행동 양식과 가치관을 형성하는 데 영향을 미친다. 친구들 사이에서 일어나는 상호 작용은 개인의 행동에 영향을 미치며, 또래관계는 인격 형성에 큰 역할을 하는 이유 중 하나이다. 이러한 특징들을 통해 청소년기 동안 동료 관계는 정신적, 감정적, 사회적 측면에서 중요한 영향을 미치며, 개인의 성장과 발전에 기여한다.

③ 또래관계망의 중요성

또래관계는 독립성과 자립성을 발전시키는 데 기여한다. 청소년은 친구들과의 관계를 통해 자기결정력을 강화하고 독립적인 선택을 하는 경험을 얻는다. 또래들과의 상호작용을 통해 문제 해결 능력과 책임감을 키우며, 자신의 의견을 표현하고 존중받는 방법을 배우게 된다. 또래관계는 학업 성취에도 영향을 미친다. 학습환경에서 친구들과 협력하고 정보를 교환함으로써 학습에 대한 관심과 동기부여를 얻을 수 있다.

또래들 간의 학습 경험은 새로운 아이디어를 얻고 지식을 깊이 있게 이해하는 데 도움이 된다. 뿐만 아니라, 또래관계는 문제 해결과 대처 능력을 향상시키는 데 기여한다. 또래들과의 갈등이나 문제 상황에서 협력하고 해결책을 찾는 과정을 통해 문제 해결 능력을 키우고 스트레스 관리 능력을 발전시킨다. 이와 같이 또래관계는 청소년기에 매우 중요한 역할을 하며, 개인의 다양한 측면에 긍정적인 영향을 미친다. 건강하고 지속적인 또래관계를 유지하는 것은 청소년의 성장과 발전에 도움이 되며, 이는 나중에 성인으로 성장함에 있어서도 지속적인 사회적 지지와 연결을 유지하는 데 도움이 된다. 끝으로, 또래관계는 사회적 미래에 대한 기반을 다지는 데도 중요한 역할을 한다. 청소년기 동안 형성된 친구들과의 연결은 나중에 직업적인 네트워크를 형성하고 삶의 다양한 영역에서 유용할 수 있다. 협력과 소통을 통해 얻은 기술은 직장이나 사회에서의 성공을 위한 필수적인 능력이 될 것이다.

이러한 이유들로 인해, 부정적이거나 건강하지 못한 또래관계는 청소년의 발전과 성장에 부정적인 영향을 미칠 수 있다. 따라서 가족, 교육자, 상담가 등이 이러한 또래관계에 주의를 기울이고 지원을 제공하는 것이 중요하다. 건강하고 지지력 있는 또래관계는 청소년들이 자신의 잠재력을 최대한 발휘하고 긍정적인 방향으로 성장할 수 있도록 돕는 중요한 역할을 한다.

3) 학교

학교는 가정과 더불어 청소년을 사회화하는 대표적인 기관이다. 오늘날의 학교는 과거에 비해 더욱 강력한 영향을 학생들에게 미친다고 볼 수 있다. 현대 가족의 경우 그 교육적 기능이 약해지거나 위축되고 있어, 학교가 사회화 과정의 중추적 역할을 담당하고 있다. 특별히 교육열이 지나치리만큼 높은 우리 사회에서 학교교육은 청소년에게 가장 중요한 현안 가운데 하나로 자리하고 있다.

① 지각된 학업성취도

2017년 청소년들이 지각한 학업성취도는 보통이 48.0%로 가장 높은 수치를 보였다. 그다음이 38.2%로 우수한 편이고, 못하는 편이 8.6%, 매우 우수가 4.0%, 매우 못함이 1.2%의 순이었다.

2011년과 2014년에도 학업성취도의 순서는 동일했다. 큰 변화는 아니지만 자신이 우수한 편이나 매우 우수라고 지각하는 청소년의 수치는 2011년 32.7%, 2014년 36.9%, 2017년 42.2%로 계속 증가한 반면에 못하는 편이나 매우 못함이라고 말한 청소년은 감소한 것으로 확인되었다.

이것은 학업성취도에 있어 청소년의 태도가 조금이나마 긍정적으로 바뀌었다는 것으로 볼 수 있다. 이는 청소년기의 학업 스트레스도 같이 감소했을 가능성이 높음을 보여 주는 것으로 이를 통해 자신에 대한 부정적인 인식이 감소하게 되어 청소년의 정신건강에 작게나마 긍정적인 영향을 미칠 수 있다. 그러나 전반적으로 13세에서 18세에 이르는 청소년은 9세부터 12세에 해당되는 청소년보다 학업성취도가 우수한 편과 매우 우수하다는 응답이 적었는데, 이는 상급 학교로 진학할수록 학업에 대한 성취가 쉽지 않기 때문에 나타나는 현상이라고 볼 수 있다.

② 학교의 기능

학교는 청소년들이 활동할 수 있는 시간의 대부분을 보내는 장으로서 청소년들의 인지발달과 심리・사회적 발달에 큰 영향을 미친다. 학교의 구조보다는 학교 분위기가 더 큰 영향력을 발휘하는데, 교사와 학생과의 상호작용, 수업시간의 활용방식, 학생에 대한 교사의 기준과 기대와 같은 학교분위기의 다양한 측면이 청소년의 학습과 성취에 중요한 영향력을 갖는다.

학생들은 학교가 그들의 욕구에 반응적이고, 그들에게 요구적일 때 성취와 참여 수준이 높다. 긍정적인 학교 분위기, 즉 교사들이 지지적이면서도 엄격하고, 행동과 학업에 대한 명확한 기준을 유지하는 학교에서 학생들이 학교와 강한 유대감을 갖고,

심리적 안녕감이 높으며, 긍정적인 성취동기를 가지고, 학업성취 수준이 높으며, 문제가 적고, 출석률이 높으며, 비행률이 낮고, 친구관계에 있어서도 지지적이다.

청소년들의 심리사회적 발달에 대한 학교의 영향에 대해서는 덜 알려져 있는데, 대부분의 학교들은 심리사회적 발달을 촉진하도록 구조화되어 있지 않다. 대부분의 학교들은 순응과 복종에 과도하게 초점을 맞추고 있고, 독립성과 자율성에 대한 초점이 결여되어 있다. 그러나 어떤 학교에서는 청소년들이 학업뿐만 아니라 그들 자신, 다른 사람과의 관계 및 사회에 대해서도 배울 기회를 제공한다. 성인들은 학교를 평가할 때 청소년의 인지 및 진로발달에 기여하는 정도를 기준으로 평가하지만 청소년들은 학교를 친구와 어울리는 주요한 장으로 여긴다. 학교는 청소년들에게 인지발달을 위한 장일 뿐만 아니라 심리·사회적 발달을 위한 중요한 장이다.

깨알 tip. 교사의 영향에 대해서 알아봅시다.

청소년들에게 영향을 미치는 학교 요인으로 학급의 크기나 구조, 분위기와 같은 학교의 물리적 조건에 대해서도 관심이 기울여지고 있으나, 학교의 영향력 가운데 가장 집중적으로 거론되는 것은 바로 교사의 영향이다. 청소년의 일생을 통해 교사만큼 지대한 영향을 미치는 인물도 드물 것이다. 에릭슨에 따르면 훌륭한 교사는 청소년으로 하여금 열등감 대신 근면성을 길러 준다고 한다. 훌륭한 교사는 청소년의 잠재력과 자질을 알아보고 이를 격려할 줄 안다. 이들은 청소년들로 하여금 스스로에 대해 기분 좋게 느낄 수 있는 상황을 설정해 줄 줄 안다. 심리학자와 교육학자들이 열거하는 좋은 교사는 위엄과 열정이 있으며 공정하고 적응력이 있으며 따뜻하고 융통성이 있으며 학생들의 개인차를 이해하는 교사다.

미국에서 전국 표본조사 연구로 13세에서 18세 사이에 해당하는 청소년 16만 명을 대상으로 훌륭한 교사의 특성을 조사한 바 있다. 그 결과 훌륭한 교사는 공정하고 실력이 있으며 수업에 열의가 있고 학생들을 좋아하며 위엄이 있는 것으로 나타났다. 또 다른 연구에서는 학생들은 자신감이 있고 관대하며 정서적으로 안정되어 있고 친절하고 따뜻하며 신뢰할 수 있고 학생들로 하여금 열등감을 느끼지 않게 하는 교사를 좋아하는 것으로 나타났다. 학생들은 또한 청소년의 발달과업을 이해하고 청소년에게 관심을 갖고 이들의 적응 문제를 이해하는 교사, 지나치게 권위주의적이거나 반대로 학생들과 친구처럼 어울리는 교사보다 학생들에게 합리적인 규제를 가하고 자연스럽게 권위를 행사하는 교사를 좋아하는 것으로 보인다.

교사의 학생들에 대한 태도와 기대는 학생들의 성취 행동에 중요한 영향을 미친다. 학생의 능력에 대해 높은 기대 수준을 설정하고 학생들에게 긍정적인 피드백을 주며 학생들과 자주 대화하는 교사가 가장 효율적인 교사로 보고되고 있다.

우리나라 중·고등학생들을 대상으로 한 연구를 보면 교사에 대한 청소년들의 평가가 부정적임을 알 수 있다. 교사가 학생을 이해하려 하지 않는다고 답한 경우와 고민이 있을 때 상의하고 싶은 교사가 없다고 답한 경우가 각각 응답의 과반수를 차지하였다. 절반 정도의 학생은 교사가 학생들과의 대화에 소극적인 것으로, 1/4에 해당하는 학생은 존경할 만한 선생님이 없다고 평했다. 이와 같은 결과는 학생 평가의 진위를 떠나 청소년의 주요 교육 환경으로서 교사 변인의 개선에 대한 검토가 필요함을 시사하고 있다(정옥분, 2015 재인용).

4) 대중매체

(1) 대중매체와 사회

대중매체는 다수의 사람들에게 새로운 뉴스나 대량의 정보를 전달하는 수단이나 매개체를 의미한다. 과거에는 연극이나 영화 등의 문화를 즐길 수 있는 계층이 소수였으나 오늘날 현대사회에서 대중매체의 발달로 인해 누구나 연극이나 영화를 보고 음악을 들으며, 외국과의 스포츠 경기를 관람하고 멀리 떨어진 사람과도 의견을 주고받을 수 있다. 소수의 특권 계층만이 즐기던 문화가 대중매체로 인해 대중들이 향유할 수 있는 영역으로 확장된 것이다. 최근에 정보통신기술의 발달에 따라 새로운 대중매체인 뉴 미디어가 등장했다. 뉴 미디어에는 인터넷, 쌍방향 케이블 텔레비전, 스마트폰, UCC 등이 있으며, 모두가 상호 소통할 수 있는 쌍방향 매체라는 특징을 가진다. 이로써 대중매체의 내용을 대중이 능동적으로 선택하고 해석함으로써 적극적으로 문화를 생산하고 창조할 수 있는 주체가 되었다고 할 수 있다.

이러한 대중매체는 청소년에게 다양한 영향을 미친다. 이와 관련하여 현대사회를 대중매체 혹은 미디어 사회라고 한다. 대중매체는 현대인의 삶 속에 깊숙이 자리를 잡고 있다. 대중매체의 큰 축을 차지하고 있는 스마트폰을 예로 들어 보자. 이제는 스마트폰이 없는 세상은 생각조차 힘들고 하루라도 이들 접하지 않은 날이 없을 정도가 되었다. 그런데 대중매체를 통해 접하는 폭력물이 청소년들에게 범죄의 통로로 이용될 수도 있다는 점이 문제이다. 물론 대중매체가 청소년들에게 효과적인 교육매체로도 활용되고 있으며 청소년 개인과 바람직한 행동을 촉진하는 수단으로 기능하기도 하지만 대중매체를 통한 유해한 환경에의 노출은 매우 우려스럽다. 오늘날 대부분의 가정에 초고속 인터넷 망이 설치되어 있고 또한 스마트폰 보유자가 증가하면서 이제 청소년들은 자연스럽게 음란 성인물에 여과 없이 노출되어 있다.

대중매체가 청소년의 삶에서 분리시킬 수 없는 상황에 이른 만큼 청소년의 건강한 발달을 위하여 대중매체를 주의 깊게 선정하고 적절하게 사용할 책임이 청소년 개인과 청소년을 둘러싼 가정과 학교, 지역사회, 국가에게 있음을 인지하고 대중매체의 악영향을 최소화할 수 있도록 최대한의 노력을 기울여야 할 것이다. 스마트폰을 비롯한 다양한 대중매체가 우리들의 일상생활의 일부가 된 사실을 생각해 볼 때, 대중매체가 비록 대면적인 상호작용 매체는 아니지만 청소년의 제반 발달에 가정이나 학교, 지역사회 못지않게 지대한 영향을 미칠 수 있음을 간과해서는 안 될 것이다. 청소년들은 활동시간 중 많은 시간을 대중매체와 함께하고 있으며 이로 인하여 대중매체는 청소년들의 삶에 매우 큰 영향력을 발휘하고 있다.

깨알 tip. 대중문화의 특징에 대해서 알아봅시다.

대중매체는 불특정 다수의 사람들에게 대량의 정보를 전달하며 대중문화의 형성과 발달에 큰 영향을 미쳤다. 신문, 책, 잡지 등의 인쇄 매체를 시작으로 발달한 대중매체는 각종 지식과 정보를 대량으로 제공하고 여론을 형성하며 사회화의 기능도 한다. 20세기 이후에는 텔레비전이 등장하면서 영상 매체로 인한 대중문화의 확산이 더욱 가속화되고 있으며, 21세기에는 인터넷, 스마트폰, UCC 등의 뉴 미디어가 등장하여 더욱 다양한 정보를 쌍방향으로 제공하기도 하고 제공받을 수 있게 되어 대중문화를 더욱 풍부하게 발전시켰다.

대중매체로 인해 형성된 대중문화의 특징들은 무엇이 있을까? 대중문화는 대중매체를 통해 대량으로 생산되어 대다수의 사람들이 누구나 문화를 향유할 수 있게 되었다.

첫 번째 특징으로 대중문화는 사람들에게 삶의 활력과 즐거움을 제공하는 '오락성'을 특징으로 한다. 두 번째로 경제적으로 큰 부담 없이 다양한 문화를 즐길 수 있는 '실용성'을 가진다. 세 번째로 다양한 지식과 정보를 통해 '교양성'을 특징으로 한다. 네 번째, 대량으로 생산되어 같은 내용을 동시에 전달하는 '획일성'을 가지고 있다. 그렇기 때문에 대중매체를 통해 개인의 개성보다는 유행에 민감해질 수 있다는 단점이 생기기도 한다. 다섯 번째, 대중문화는 대중매체와 결합하여 이윤을 창출하는 '상업성'을 띠기도 한다. 대중문화가 이윤만을 추구하다 보면 대중들의 흥미와 자극을 줄 수 있는 상업적인 내용으로 변하기도 한다.

출처: 교육부 공식 블로그(https://if-blog.tistory.com/5153).

(2) 대중매체가 청소년 발달에 미치는 영향

대중매체가 청소년의 발달에 미치는 영향을 조사한 많은 연구들은 인터넷의 영향력에 대해 조사하였으며, 이 연구들은 대중매체의 폭력적 이미지에 반복적으로 노출되는 것이 청소년의 공격적 행동을 증가시킨다고 보고하고 있다. 아울러 정보화시대에 살고 있는 현대의 청소년들에게 인터넷은 텔레비전보다도 더 큰 영향력을 발휘하고 있다. 10대 청소년의 인터넷 이용 시간은 코로나19 확산 전과 비교해 거의 두 배 수준으로 늘어난 것으로 조사됐다. 코로나19 확산으로 온라인 회의 시스템 '줌'을 이용한 수업 등 인터넷을 활용한 비대면 교류가 늘어난 것이 영향을 미친 것으로 추정된다. 한국언론진흥재단이 발간한 '2022 10대 청소년 미디어 이용조사' 보고서를 보면 한국 초등학생(4~6학년, 이하 동일)과 중고생의 인터넷 이용 시간은 모바일 기기와 PC를 합해 하루 평균 479.6분(약 8시간)으로 분석됐다. 2019년에 조사에서는 하루 평균 267.2분(약 4시간 반)을 기록해 2016년 조사한 결과(199.9분, 약 3시간 20분)보다 1시간 남짓 늘어난 수준이었는데, 2년 사이에 약 1.8배로 증가한 것이다.

여성가족부가 분석한 청소년 평일 평균 수면시간이 7.2시간('2022 청소년 통계')인 점을 고려하면 인터넷 이용 시간이 수면시간만큼 긴 것으로 볼 수 있다. 하지만 보고서는 이런 상황이 "청소년이 미디어에 중독된 상태라든가 미디어가 청소년의 발달에 부정적인 영향을 미치고 있다든가 하는 우려의 근거가 되지는 않는다"며 "온라인은 그냥 청소년의 일상"이라고 규정했다. 하루 평균 인터넷 이용 시간은 고등학생이 609.1분으로 10시간을 넘겼다. 중학생은 462.5분이었고 초등생은 342.3분을 기록해 각각 8시간, 6시간에 근접했다.

이처럼 청소년들이 인터넷에 많이 노출되어 있으므로 인터넷이 청소년 발달에 미치는 영향에 대해 주의를 기울일 필요가 있다. 인터넷이 청소년에게 미치는 긍정적 영향은 인터넷을 통해 다양한 정보를 접함으로써 세상에 대한 이해의 폭을 넓힐 수 있으며, 효과적인 학습을 위한 도구로 활용함으로써 지식 및 학습능력이 향상될 수 있다는 것이다. 반면, 인터넷의 부정적 영향으로는 시력 및 체력 저하와 같은 신체 건강상의 문제, 공격성, 충동성 등의 심리, 정서적 문제, 학교 부적응 문제, 사이버 비행 및 현실 비행을 들 수 있는데, 이러한 부정적 영향은 주로 인터넷 과다사용으로 인한 것이다.

〈표 1-15〉 인터넷 이용 빈도 시간 (단위: %, 시간)

연도	구분	계[1]	주 평균 인터넷 이용 시간(%)							주 평균 이용시간
			1시간 미만	1~3시간	3~7시간	7~14시간	14~21시간	21~35시간	35시간 이상	
2013	10대	100.0	0.7	4.9	10.7	39.8	24.0	18.0	2.0	14.1
	20대	100.0	0.3	1.5	4.4	22.9	27.2	36.5	7.2	20.3
2014	10대	100.0	1.4	7.4	14.1	34.1	19.9	19.1	4.0	14.4
	20대	100.0	0.3	2.5	5.9	26.6	21.4	32.6	10.7	20.5
2015	10대	100.0	0.7	7.4	13.6	36.0	20.0	16.1	6.1	14.5
	20대	100.0	0.1	2.2	6.8	26.6	24.2	22.4	17.7	21.0
2016	10대	100.0	1.3	4.2	8.3	26.0	29.3	25.7	5.2	15.4
	20대	100.0	0.1	0.6	2.3	14.4	24.8	41.7	16.2	22.8
2017	10대	100.0	1.2	2.0	4.6	26.9	29.0	29.7	6.6	16.9
	20대	100.0	0.0	0.4	1.5	11.6	23.5	43.9	19.0	23.6
2018	10대	100.0	1.0	1.2	3.3	22.0	34.9	30.4	7.1	17.8
	20대	100.0	0.0	0.4	1.3	11.0	21.7	45.8	19.7	24.2
2019	10대	100.0	0.9	2.8	5.3	22.4	29.7	31.3	7.6	17.6
	20대	100.0	0.6	1.5	3.1	12.9	18.8	42.2	20.8	24.3
2020	10대	100.0	0.2	1.3	2.5	10.1	16.2	36.0	33.6	27.6
	20대	100.0	0.2	1.3	2.3	8.5	14.8	34.7	38.1	29.5
2021	10대	100.0	0.1	0.9	2.4	13.9	17.8	38.4	26.5	24.9
	20대	100.0	0.0	0.3	1.2	7.0	11.8	39.4	40.4	30.4

연도	구분	계[1]	주 평균 인터넷 이용 시간(%)							주 평균 이용시간
			1시간 미만	1~3시간	3~7시간	7~14시간	14~21시간	21~35시간	35시간 이상	
2022	10대	100.0	0.3	1.7	4.0	17.0	22.7	37.1	17.3	24.3
	20대	100.0	0.1	1.2	2.1	9.1	14.5	40.5	32.5	33.4

출처: 과학기술정보통신부 · 한국지능정보사회진흥원, 「인터넷이용실태조사」
주: 1) 계: 이동전화, 스마트폰, 스마트패드, IPTV, 인터넷전화 등을 이용한 인터넷 접속을 모두 포함

청소년의 건강한 신체적, 정서적, 행동적, 사회적 발달에 긍정적인 영향을 미칠 수 있도록 대중매체를 주의 깊게 선정하고 적절하게 사용할 책임이 청소년 개인과 청소년을 둘러싼 환경에 있다고 볼 수 있다.

대중매체는 대중들의 문화적 평등에 기여하고 적은 비용으로 풍부한 지식과 정보를 획득하게 하였으며 휴식과 오락의 기능을 주는 순기능이 있다. 이로 인해 여론을 형성할 수 있으며, 유용한 교양과 상식을 제공해 주어 대중의 지적 수준의 향상에도 일정 부분 도움을 주기도 한다. 하지만 대중매체는 지나친 상업화을 비롯하여 선정성으로 인해 문화의 질이 떨어지는 것, 개성이 상실되고 생각하는 방식이 획일화될 수 있으며, 왜곡된 정보가 전달되거나 여론이 조작될 수 있는 위험이 있기도 하다.

대중매체는 현대 사회에서 우리에게 정보를 제공해 주는 긍정적인 역할을 하기도 하지만, 다양한 문제점을 갖고 있기도 하다. 신문, 인터넷, 텔레비전 등과 같은 미디어에서 나오는 수많은 정보들을 있는 그대로 받아들이지 말고 비판적이며 주체적인 관점에서 해석하고 검토하는 것이 필요하다. 관련하여 냉정하고 적극적인 태도로 문화 생산자의 입장에서 대중매체를 올바로 활용하려는 자세가 필요하다. 따라서 대중매체의 부작용, 역기능, 악영향을 청소년들이 경계하도록 하고 이를 최소화하기 위한 노력을 기울여야 할 것이다.

youth welfare | chapter 02

청소년복지의 이해

[학습목표]

1. 청소년복지의 개념을 학습한다.
2. 청소년복지의 원칙과 학문적 배경을 학습한다.
3. 우리나라를 비롯한 해외 청소년복지의 발달과정을 학습한다.

1. 청소년복지의 개념

1) 청소년복지의 개념

청소년복지는 '청소년의 복지증진'을 목적으로 정의할 수 있다. 이는 사회복지의 한 영역으로 다룰 수 있으며, 청소년복지는 타 분야에서 적용되는 사회복지의 이념과 가치 등을 공통적으로 적용하고 있다. 청소년복지는 청소년이라는 계층에 초점을 둠으로써 타 분야와는 다른 차별성을 갖는다. 다만, 청소년에 대한 접근은 다른 접근들과는 구별되어야 함에도 불구하고, 우리사회에서 청소년복지의 차별성을 인정받으면서 구체적인 영역을 설정하지 못하는 실정이다.

깨알 tip. 미국 국립보건원 「청소년복지」의 정의

청소년복지(adolescent welfare)는 청소년의 건강과 복리를 개선하기 위해서 지역사회나 조직이 조직적으로 노력하는 것이라고 보고 있다. 즉, 청소년복지는 청소년의 건강과 복리 수준을 높여서 청소년의 삶의 질을 높이기 위한 모든 활동과 조치라고 볼 수 있다.

청소년복지가 독자적인 복지의 영역을 이루지 못한 배경에는 청소년이 차지하는 사회적 위치와 역할의 중요성 등에 대한 사회적 인식이 부족했기 때문이다. 또한 청소년 주위에서 발생하는 여러 가지 문제에 대하여 즉흥적인 대처만을 실시하여 궁극적인 해결책을 제시하지 못한 결과도 있다.

사회가 고도화되면서 발생하는 다양한 청소년 문제에 대해 이제는 능동적이고, 효과적인 대처가 필요하며 이를 위해 체계적이고 과학적인 접근이 요구된다. 이번 장에서는 청소년복지의 대상과 수단, 서비스 영역, 서비스를 제공할 때 고려해야 할 사항을 중심으로 청소년복지의 특성을 파악해 보고자 한다. 우선 청소년복지의 대상과 수단에 대해 살펴보면, 과거에는 선별적 청소년복지에 대한 개념이 강하여 요보호 청소년이나 문제 청소년, 비행 청소년이 청소년복지의 주된 대상이 되어 왔으나, 오늘날에는 그 대상이 일반 청소년으로 확대되고 있다. 즉, 보호를 요하는 상황에 있거나 문제 또는 위기에 처해 있는 청소년뿐만 아니라 일반 청소년들까지 그 대상으로 포함하는 보편적 청소년복지의 개념이 널리 확산되고 있는 상황에서 청소년복지가 표방하는 목적도 전체 청소년의 삶의 질 향상으로 그 초점이 맞춰지고 있다.

우리나라에서 청소년에 대한 사회적, 학문적 관심이 깊어지고 넓어진 것은 비교적 근대의 일이다. 뿐만 아니라 청소년에 대한 공적 책임을 강조하는 청소년복지가 거론되고 사회적 현안으로 등장하게 된 것도 역시 얼마 되지 않은 일이다. 이런 상황에서 그동안 청소년복지의 개념은 아동복지의 연장선상에서 이해되거나 관련 분야인 청소년 정책, 청소년복지정책, 청소년복지활동 등의 개념과 혼용되어 왔다. 또한 청소년복지정책의 경우도 아동복지정책의 연장으로 간주해 아동관계법이나 아동복지제도 등에 의거해 청소년 서비스와 프로그램을 보급했었다. 그러나 아동과 청소년은 신체적 심리적 특성이 엄연히 다르고 발달 단계상 당면하게 되는 문제나 수행해야 할 발달과업도 상이하다. 즉, 이들이 지니고 있는 욕구가 서로 다른 만큼 이들이 필요로 하며 이들에게 실질적으로 도움이 되는 서비스도 다를 수밖에 없다.

특히 최근 들어 가출, 약물 남용, 학교폭력, 청소년 성매매, 자살 등 다양하게 부각되고 있는 청소년 문제는 청소년의 일반적인 특성은 물론 청소년에 대한 개별적이고 전문적인 관점과 접근의 필요성을 부각시키고 있다.

사실 청소년복지를 한마디로 정의하는 것이 쉬운 일은 아니다. 청소년복지는 획일적인 개념이 아니고 다차원적이고 복합적인 개념이라 할 수 있다. 즉, 이 개념에는 청소년이 누구며 어떤 특성을 지닌 존재로 바라보느냐 하는 청소년에 대한 개념과 관점을 비롯해 청소년이 속해 있는 사회의 전반적인 복지인가 하는 문제, 그리고 국가가 표방하고 있는 청소년 정책의 기조와 방향이 무엇인가 하는 것에 따라서도 달리 정의될 수 있는 개념인 것이다.

한국청소년개발원에서는 청소년복지의 유사 개념으로 청소년복지 활동에 대한 개념을 정의한 바 있다. 최근 청소년복지는 청소년을 위한 서비스도 청소년에 대한 직접적인 서비스뿐만 아니라 간접적으로 제공되는 모든 정책과 제도를 포함하는 광범위한 개념으로 확대되고 이와 같은 추세를 고려하여 청소년복지에 대한 개념을 종합해 볼 때, 청소년복지란 아동복지와 구별되는 독립된 사회복지 분야 가운데 하나로 청소년의 기본적 욕구 충족과 건강한 성장발달을 도모하고 청소년들로 하여금 사회구성원의 한 사람으로서 주체적인 삶을 영위하도록 하며 나아가 청소년을 둘러싼 제반 환경이 청소년의 성장을 돕기 위해 최적의 기능을 발휘할 수 있도록 청소년과 청소년을 둘러싼 가정, 사회를 통해 직·간접적으로 제공하는 사회정책과 제도, 전문적 활동으로 그 개념을 정의할 수 있다.

청소년헌장 (1998. 10. 25. 개정)

청소년은 자기 삶의 주인이다. 청소년은 인격체로서 존중받을 권리와 시민으로서 미래를 열어 갈 권리를 가진다. 청소년은 스스로 생각하고 선택하며 활동하는 삶의 주체로서 자율과 참여의 기회를 누린다. 청소년은 생명의 가치를 존중하며 정의로운 공동체의 성원으로 책임 있는 삶을 살아간다. 가정·학교·사회 그리고 국가는 위의 정신에 따라 청소년의 인간다운 삶을 보장하고 청소년 스스로 행복을 가꾸며 살아갈 수 있도록 여건과 환경을 조성한다.

청소년의 권리

1. 청소년은 생존에 필요한 기본적인 영양·주거·의료·교육 등을 보장받아 정신적·신체적으로 균형 있게 성장할 권리를 가진다.
1. 청소년은 출신·성별·종교·학력·연령·지역 등의 차이와 신체적·정신적 장애 등을 이유로 차별받지 않을 권리를 가진다.
1. 청소년은 물리적 폭력뿐만 아니라 공포와 억압을 포함하는 정신적인 폭력으로부터 보호받을 권리를 가진다.
1. 청소년은 사적인 삶의 영역을 침해받지 않을 권리를 가진다.
1. 청소년은 자신의 생각과 느낌을 자유롭게 펼칠 권리를 가진다.

1. 청소년은 자유로운 의사에 따라 건전한 모임을 만들고 올바른 신념에 따라 활동할 권리를 가진다.
1. 청소년은 배움을 통해 진리를 추구하고 자아를 실현해 갈 권리를 가진다.
1. 청소년은 일할 권리와 직업을 선택할 권리를 가진다.
1. 청소년은 여가를 누릴 권리를 가진다.
1. 청소년은 건전하고 다양한 문화·예술 활동에 자유롭게 참여할 권리를 가진다.
1. 청소년은 다양한 매체를 통하여 자신의 삶에 필요한 정보에 접근할 권리를 가진다.
1. 청소년은 자신의 삶과 관련된 정책결정 과정에 민주적 절차에 따라 참여할 권리를 가진다.

청소년의 책임

1. 청소년은 자신의 삶을 소중히 여기며 자신이 선택한 삶에 책임을 진다.
1. 청소년은 앞 세대가 물려준 지혜를 시대에 맞게 되살려 다음 세대에 물려줄 책임이 있다.
1. 청소년은 가정·학교·사회·국가·인류공동체의 성원으로서 자기와 다른 삶의 방식도 존중할 줄 알아야 한다.
1. 청소년은 삶의 터전인 자연을 소중히 여기고 모든 생명들과 더불어 살아간다.
1. 청소년은 통일 시대의 주역으로서 평화롭게 공존하는 방법을 익힌다.
1. 청소년은 남녀 평등의 가치를 배우고 이를 모든 생활에서 실천한다.
1. 청소년은 가정에서 책임을 다하며 조화롭고 평등한 가족문화를 만들어 간다.
1. 청소년은 서로에게 정신적·신체적 폭력을 행사하지 않는다.
1. 청소년은 장애인을 비롯한 소외받기 쉬운 사람들과 더불어 살아간다.

2) 청소년복지의 필요성

청소년은 사회를 구성하는 중요한 집단이자, 주체이다. 그래서 사회의 모든 구성원의 복지를 증진시키는 것이 필요한 것처럼 청소년의 복지를 증진시키는 것도 당연히 필요하다. 그러므로 이런 측면에서 볼 때, 청소년복지는 당연한 것이다. 또한 청소년에게는 성인기로 잘 나아가도록 준비하는 것이 중요하다. 이 경우 청소년을 적절하게 지지해 주고 청소년에게 투자하는 것은 청소년이 성인으로 성장하는 데 도움이 될 수 있다. 특히 일부 영역의 경우, 청소년에게 효과적으로 개입하는 것은 청소년이 초기에 겪은 어려움을 줄여 주는 역할을 할 수 있다.

그리고 청소년은 아직 정규적인 유급 일자리에서 일하고 있지 않은 경우가 많다. 따라서 청소년은 자기 스스로 독립적인 생활을 하는 데 필요한 경제적 자원을 충분히 가지고 있지 않은 경우가 많다. 따라서 청소년 권리는 잘 지켜지지 않을 수 있다. 그러므로 청소년을 보호하고, 청소년이 성인기로 잘 나아가게 하고, 청소년의 권리를 누리게 하기 위해서는 청소년복지가 꼭 필요하다.

또한, 우리사회를 제대로 유지하기 위해서는 사회에 쓸모 있는 인물이 계속 존재하여야 한다. 청소년은 미래의 사회를 쓸모 있게 만들어 주는 미래의 자원이다. 그러므로 청소년이 미래에 쓸모 있는 존재로 성장하도록 도와주기 위해서 청소년복지가 필요하다.

청소년의 건전한 성장은 청소년 개인의 성장뿐 아니라, 미래에 사회와 경제가 발달하는 데에도 크게 영향을 미친다. 그러므로 미래에 사회와 경제가 잘 발달하기 위해서도 청소년복지는 꼭 필요하다.

3) 청소년복지의 원칙

청소년복지는 청소년의 건강한 성장과 발달을 촉진하고, 능력을 계발하며, 유해 환경으로부터 보호하고 건강한 발달을 지원하기 위한 환경을 조성하는 정책적, 실천적 활동을 위해 고려해야 할 원칙으로는 포괄성의 원칙, 보편성과 선별성의 원칙, 개발적 기능의 원칙, 전문성의 원칙, 참여의 원칙 등이 있다.

(1) 포괄성의 원칙

청소년복지가 효과적, 효율적으로 수행되기 위해서는 청소년복지 고유영역의 정책과 실천만으로는 부족하다. 청소년의 활동·보호 및 복지를 중심으로 하되 가족, 보건, 복지, 장애인 정책 및 실천 등과 연계되어야 하며, 교육, 노동, 교정 정책과 실천을 포괄할 수 있어야 한다. 이러한 포괄성의 원칙을 적용하기 위해서는 청소년 정책의 총괄, 조정 기능을 강화해야 할 것이다.

(2) 보편성과 선별성의 원칙

청소년복지의 수행에 있어 보편주의 원칙과 선별주의 원칙이 모두 적용될 수 있다. 보편주의는 모든 청소년에게 급여나 서비스를 제공하는 것을 말하는 반면, 선별주의는 빈곤가정의 청소년이나 장애청소년과 같이 일정한 범주에 해당되는 요보호 청소년에게 급여나 서비스를 제공하는 것을 말한다. 청소년복지는 요보호 청소년과 일반 청소년 모두를 대상으로 하므로 요보호 청소년을 위한 특별지원뿐만 아니라, 모든 청소년을 대상으로 하는 예방적, 개별적 서비스가 제공되어야 할 것이다.

(3) 청소년 인적자원 개발의 원칙

요보호 청소년을 비롯한 일반 청소년에 대한 복지는 사회의 인적자원을 보호하고 개발하는 기능을 하게 된다. 청소년의 능력을 계발함으로써 청소년의 개인적 자립뿐만 아니라 사회의 발전에 기여할 수 있을 것이다. 개발적 기능을 강화하기 위해서는 직업적 능력 향상을 위한 직업교육, 문화역량을 향상시키기 위한 문화적 지원, 시민의식 정립을 위한 교육, 직업능력 개발 등의 교육이 이루어져야 할 것이다.

(4) 전문성의 원칙

청소년복지는 청소년기에 대한 과학적 이해에 근거한 전문적 정책과 활동으로 이루어져야 한다. 청소년기는 아동기나 성인기와는 구별되는 독특한 특성을 가진 시기다. 이 시기는 부모로부터 독립하여 동성 및 이성과 친밀한 관계를 형성하며 진로를 준비하는 독특한 발달단계이므로 이러한 청소년기의 발달과업에 대한 과학적 이해에 근거하여 발달 과업을 성공적으로 수행할 수 있도록 지원하는 전문적 개입이 이루어져야 한다.

(5) 참여의 원칙

청소년복지는 아동복지와는 달리 청소년이 우리 사회의 수동적 존재가 아닌 적극적인 사회구성원의 역할을 할 수 있도록 도와야 하며, 이 과정에서 청소년 참여는 핵심적인 요소다.

청소년 참여는 청소년이 자신의 삶에 영향을 주는 의사결정에 참여하게 하고, 관심 있는 사안에 대해 행동할 수 있도록 권한을 부여하는 모든 활동을 의미한다. 청소년은 참여를 통해 역량, 자아존중감, 사회적 기술, 시민성 등을 향상시킬 수 있다.

4) 청소년복지의 학문적 배경

청소년복지의 학문적 영역에서는 아동학, 청소년학, 심리학 등의 인간발달과 관련된 학문적 성과를 토대로 하는 발달론적 접근을 통하여 '청소년'이나 '청소년기'의 정의를 내리고 있다. 이러한 정의는 청소년복지 제도라고 하는 구체적 분야에서의 청소년에 대한 법적 규정의 근거가 되고 있다. 그러므로 청소년복지에서 청소년에 대한 법적 정의는 매우 실제적인 의미를 지닌다. 대학의 교과과정에서도 노동복지에서 청소년복지가 다루어졌다가 점차 아동 및 청소년복지로 개편되었다.

최근 들어 청소년복지라는 독립된 교육과정이 설정되었다. 일반적으로 청소년복지는 아동복지, 여성복지, 노인복지, 장애인복지 등과 같이 대상자를 기준으로 분류한 사회복지의 한 하위체계로 간주됨으로써 학문적 측면에서 사회복지와 맥락을 거의 같이한다. 사회복지학은 사회학, 문화인류학, 법학, 경제학, 정치학, 심리학 등의 인접 학문에 근거하여 발달해 왔다. 이 중에서도 사회학과 문화인류학은 초기 사회복지학의 체계를 성립하는 데 기여한 바가 컸다. 또한 오늘날은 청소년 문제를 포함한 사회문제의 발생과 대책에 대한 국가의 책임이 강조되는 추세이므로 정치학, 경제학, 법학 등의 이론적 배경도 사회복지의 실천에 적용되고 있다.

오늘의 청소년들은 항상 유동적이다. 어느 한 면에 고정되어 있지 않고 시간과 공간에 따라 항상 변화한다. 그들은 한편으로는, 미성년으로서 앞으로 성년이 되어야 할 사회적 과제를 가지고 있는 미숙한 존재이기도 하지만 다른 한편으로는 사회적 변화를 유발해 내는 사회적 동력이기도 하다. 그들이 가진 청소년 문화의 한 부분은 사회의 주도적 문화에서 하위를 차지하는 하위문화이기도 하지만 다른 부분은 사회의 주류문화가 되기도 하고, 중심부를 차지하기도 한다.

청소년복지학은 청소년을 하나의 사회적 범주, 사회적 현상 그리고 사회적 집단으로 인식한다는 점을 전제로 청소년 집단이 만들어 내는 문제들을 다루고 나아가서 이들의 입장에서 사회적 해결책을 찾아 청소년들의 삶의 질을 높여 주는 학문적 접근 방법이다. 이는 청소년을 선도 및 교육시켜야 할 대상으로서만 파악하는 종래의 청소년이론과는 달리 청소년 혹은 청소년 집단이 갖는 자율성과 주체성까지도 인정한다는 점에서 큰 의의를 갖는다. 청소년을 인간이 자연적으로 성장, 발달하는 과정에서 모든 사람이 동일한 방식으로 거쳐야 하는 단계로 파악하거나 규범적 측면에서 교육적 대상으로만 파악해서는 청소년 문제를 이해할 수 없기 때문이다.

〈표 2-1〉 주요 학문에서의 청소년복지 관점

구분	청소년복지 관점
사회학	사회학은 인간의 사회적 공동생활을 연구하는 사회과학의 한 분야이며, 청소년복지를 포함한 사회복지에 관한 사회적 힘의 근원을 발견하는 데 유용함.
법학	법학의 이론적 체계 중 특히 청소년복지를 포함한 사회복지정책 실현은 관계 법률의 입법제도를 통해 이루어지고 있음.
문화인류학	문화인류학의 이론적 체계 중에서 문화의 개념은 청소년을 포함한 사회구성원의 사회적 적응과정을 이해하는 데 도움을 주며, 청소년 발달의 보편성과 특수성에 대한 시각을 제공함.
정치학	청소년 복지를 포함한 사회복지에서 국가 차원의 서비스 수준을 결정하는 기준이 됨.
심리학	청소년과 부모를 위한 상담과 치료 등에 유용하게 활용됨. 특히 청소년 발달심리학의 연구 성과는 청소년을 올바르게 이해하고 지도하는 지침으로 활용됨.

5) 청소년복지의 실천적 접근방법

청소년복지 방법론 중에 전문적 시각에서의 접근법은 청소년 문제를 하나의 전문적인 영역으로 다루는 것이다. 즉, 청소년을 둘러싼 사회문제의 예방과 치료를 통해 인간들이 느끼는 만족과 보람을 증진시키고자 하는 사회복지의 일반적인 특성과는 달리 청소년복지를 전문적인 학문의 영역과 실제적 영역으로 나눈 고유의 기술과학으로 정립시키고자 하는 입장이다. 즉, 제도적인 측면보다는 개별화, 구체화된 방법으로 대책을 찾고자 하는 것이다.

(1) 개별사회사업

청소년 문제를 해결하기 위한 전문적인 방법 중 가장 기초이면서도 중요한 방법이다. 개별사회사업은 개인과 1:1 접촉을 기반으로 한 실천방법이며 사회복지실천 중에서 가장 오래되었다.

개별사회사업의 개척자인 리치몬드(Richmond)는 개별사회사업을 인간과 그가 속해 있는 사회 환경의 개별적이고, 의식적인 조절을 통하여 인격을 발달시키는 여러 과정으로 이루어지는 것이라고 정의하여 인간의 인격 발달의 측면을 특히 강조하였다. 그리고 펄먼(Perlman)은 "개별사회사업이란 사람들이 사회적 기능을 수행함에 있어서 그들의 문제를 보다 효과적으로 처리해 나가도록 돕는 사회복지기관에서 사용되는 한 과정"이라고 하였다. 정리하면, 개별사회사업의 특징 중 하나는 문제를 가진 개인 혹은 가족을 대상으로 하여 과학적 지식뿐 아니라 전문적 기술을 가진 사회복지사가 개입하고, 대상에 따라 그 방법이 개별적으로 이루어져 환경의 적응뿐 아니라 인격의 발달을 돕기 위한 의식적인 노력이다. 개별사회사업은 사회복지사와 대상자 사이의 인간관계가 중요하며 단계적 과정을 거쳐 시행된다. 또한 대상자의 심리적인 조정과 치료에 중점을 두어, 개인과 사회 환경 간의 상호작용 등을 중요하게 다룬다.

또한 사회복지사는 대상자와의 개별사회사업 관계를 형성하고 궁극적으로 대상자 자신과 사회 환경 간에 효율적인 적응을 할 수 있도록 도움을 주어야 한다고 했다. 사회복지사가 복지대상자를 돕기 위해서는 몇 가지 전문적 원리를 지킬 것을 강조했다. 즉, 개별화, 수용, 비심판적 태도, 의도적인 감정표현, 통제된 정서적 관여의 원리, 수용, 자기결정, 비밀보장 등이다.

한편, 청소년들에게 개별사회사업을 실천할 때에는 사회복지사가 대상자인 청소년 문제를 효과적이면서도 효율적으로 해결하기 위해서 접수(intake), 조사(case study), 사정 또는 진단, 치료 과정 등의 절차를 거쳐야 한다.

(2) 집단사회사업

집단사회사업은 집단 내 상호작용을 바탕으로 문제를 가진 개인이나 집단이 갖고 있는 문제를 해결하기 위해 설계된 프로그램이다. 과거 집단사회사업은 인보관운동을 비롯하여 런던의 토인비 홀, 시카고의 힐하우스에서 집단사회사업을 통해 지역사회의 어려운 이웃을 도와주었다. 이 기관들 중에서 인보관의 영향력이 가장 컸는데, 당시는 집단사회사업을 통해 사회화 과정, 기술훈련과 교육 등이 전개되었다. 특히, 집단사회사업은 집단과 개인의 상호작용을 바탕으로 운용되었다. 통상 집단사회사업의 과정은 전문가의 계획적이고, 의도적인 과정으로 이 과정은 일반적으로 준비단계, 탐색과 시험단계, 문제해결 단계, 종료단계를 거친다. 각 단계별 특성을 정리하면 다음과 같다.

- 준비단계(preparato stage): 유사하거나 동일한 어려움을 갖고 있는 청소년들을 모아 집단을 구성하는 단계
- 탐색과 시험단계(exploring and testing stage): 집단의 특성을 탐색하고, 관련한 사업의 취지와 방법을 설명하며, 이를 바탕으로 목표 지향적인 활동을 전개해 나가는 단계

- 문제해결 단계(problem solving stage): 구체적으로 구조화된 집단 결속력을 바탕으로 문제해결에 대한 강한 의지를 바탕으로 문제해결이 진행되는 단계
- 종료단계(termination stage): 청소년이 갖고 있는 문제해결이 이루어져서 집단 활동이 종결되고, 집단은 해체되는 단계

(3) 지역사회조직

지역사회조직은 청소년에게 악영향을 미치는 문제를 지역사회 자원을 조직화하여 문제해결을 시도하는 방법이다. 머리 로스(Murry G. Ross, 1967)는 지역사회조직이란, 지역사회가 그의 요구나 목표를 발견하며 이에 대한 순위를 정하며 목표 달성을 위한 확신과 의지를 발전시키고 필요한 자원을 지역사회 내외에서 발견하여 동원함으로써, 지역사회 내에서 협력적이며 협동적인 태도와 실천력을 확대·발전시키는 과정을 의미한다고 하였다. 청소년에게 지역사회는 직·간접적으로 환경에 강한 영향을 받기 때문에 바람직한 청소년의 성장을 위해서는 지역사회조직의 적극적인 개입이 필요하다. 관련하여 지역사회조직사업의 원칙에는 지역사회 자발성의 원칙, 합리적인 절차의 원칙, 합리성의 원칙, 전문가 참여원칙 등이 있다. 이 중에서 합리성의 원칙은 지역사회의 문제나 갈등은 주민 간의 상호작용을 통해 조정이 가능함을 말한다. 또한, 전문가 참여 원칙은 바람직한 지역사회의 환경을 구축하기 위해서는 지역주민의 자발적인 참여도 중요함과 동시에 지역사회의 변화를 촉진시키기 위한 변화촉진자의 지식과 기술이 중요함을 말한다.

(4) 사례관리 개념 및 주요 이론적 모델

① 사례관리 개념

사례관리는 사회의 복합적인 욕구를 가진 사람들의 기능을 향상시키고, 이들이 원하는 복지를 위해 총체적인 일련의 서비스를 해결하는 과정의 수준에 따라 단계별로 문제를 해결하는 과정이다.

사례관리는 전통적인 접근 방법에 기반을 두고 있으나 개별사회사업과는 차이가 있다. 개별사회사업은 복지대상자들과 약속을 정하여 사무실에서 만나 사무실에서 문제를 해결하려는 경향이 있는 반면, 사례관리는 사무실이 아닌 복지대상자의 주변 환경에서 개입을 시도하는 노력을 한다. 사례관리에 대한 정의는 시대에 따라 변화하고, 학자마다 그것을 달리하고 있다. 한국사회복지관협회는 사례관리를 '삶의 전 영역에 걸쳐 장기적이고 복합적인 욕구를 가진 클라이언트를 대상으로 욕구를 해결하고, 사회적 기능을 촉진・회복・유지・향상시키기 위해 서비스와 자원을 연계하거나 직접 제공하여 최적의 서비스를 제공하는 통합적인 실천방법'이라 정의하고 있다.

사례관리는 사례관리 대상자들의 생애주기별 다양한 욕구와 보편적 욕구에 근거하여 복지관이 전문서비스 제공기관으로 역할을 수행하기 위해 기관별로 사례관리를 연구하고 사례관리 실천모형을 개발하여 수행하였다.

사회복지사는 사례관리자로서 개별사회사업뿐 아니라 집단지도, 가족치료, 지역사회 조직을 모두 통합하여 활용한다. 사례관리는 심리치료에는 깊게 관여하지 않으며, 대상자의 실제적인 생활문제나 지역사회 내에서 생존에 관련된 문제들을 해결하는 것에 초점을 맞추어 도와준다.

② 역량강화 모델

개인의 변화를 집단이나 사회적 차원으로 연계시키는 과정을 강조하고 있다. 임파워먼트란, 무력함을 경험하는 사람, 집단, 지역사회의 잠재적 파워를 개발하는 일련의 과정으로 규정할 수 있다. 임파워먼트는 개인의 문제에 영향을 미치는 환경적 요소에 관심을 가진다. 임파워먼트를 통해 개인들은 내적으로 자기 효용감과 통제력이 증가되고, 이렇게 나타난 개인 내적 변화는 사회적 의식을 바꾸게 된다. 그리고 사회의식의 변화는 개인의 사회참여 수준을 높이는 결과를 초래한다. 따라서 임파워먼트는 개인 내적 변화를 사회정치적 수준으로 연계하는 실천적 접근이라고 할 수 있다.

③ 생태체계이론

생태체계는 '관계하고 상호작용하는 생태 구성요소, 즉 인간과 환경의 집합'으로 정의한다. 전통적으로 사회복지는 당사자 체계를 주로 개인에 한정했다. 하지만 경계를 상대적으로 설정할 수 있으니, 집단도 당사자 체계로 볼 수 있다. 사회복지는 인간과 환경의 공유영역에 관여한다. 공유영역이란 인간과 환경에 동시 관여가 아니라, 관계와 상호작용을 뜻한다. 즉, 사례관리는 관계를 살리며 상호작용하도록 돕는 것이다. 관계는 없이 자원만 나누면 동정에 가깝고, 자선사업, 응급구호사업에 가깝다.

④ 사회행동 모델

지역사회의 권력과 자원의 재분배 그리고 현실에 대한 근본적인 변화를 추구한다. 사회적 고통을 당하고 있는 억압받고 소외된 사람들이 불평등의 상황에 처해 있는 문제 상황에서 변화를 이루기 위해 다같이 모여 집합적 행동을 취한다. 이들은 권력구조를 강요된 억압자로 보며 행동의 표적이 된다. 변화에서 갈등에 대결하고 협상하며 대중조직과 정치적 과정을 활용한다.

2. 청소년복지의 발달과정

청소년복지는 역사적, 문화적 산물이며 산업화와 밀접한 관계가 있다. 외국에서는 대체로 산업화가 진전된 시대와 나라일수록 청소년들에게 더 나은 조건이 제공되었으며, 우리나라의 경우 청소년복지는 해방 후 상당 기간 동안 아동복지의 연장선에서만 주로 다루어졌기 때문에, 청소년을 독립된 대상으로 구분하여 복지적 서비스가 필요함을 인식하기 시작한 시기는 최근의 일이다.

청소년들은 청소년기라는 발달단계에서 초래되는 다양한 심리·사회적인 위험을 경험하게 된다. 로젠버그(Rosenberg)는 8세에서 19세까지의 아동기 및 청소년기에는 개인의 사고, 느낌, 경험에 기반을 두고 구체적인 특성의 견지에서 자아를 규정하고 타인의 조망으로부터 자아를 정의하는 방식으로 자아인식을 한다고 하였으며, 청소년의 심리적 특징으로 에릭슨(Erikson)은 청소년기의 가장 중요한 발달과업을 자아정체감 확립이라고 보았다. 특히, '나는 누구인가?', '무엇을 할 것인가?' 등의 질문이 자아정체감을 형성하기 위한 과정이라고 보았다. 청소년의 긍정적 자아존중감 형성에는 자신의 능력과 가족 및 사회의 태도가 중요하다.

1) 우리나라의 청소년복지 발달과정

(1) 조선구호령

청소년복지는 역사적, 문화적 산물로서 한 사회의 변화와 긴밀한 관계가 있다. 관련하여 외국에서의 청소년복지는 산업화 이전과 이후의 시기로 나누어 확인할 수 있다. 통상 산업화 이전에는 청소년복지에 대한 책임이 대부분 가족이나 부모에게 있었다. 재해나 빈곤 때문에 발생한 요보호 청소년은 뜻 있는 개인이나 종교단체 등에 의해 보호되었다.

우리나라는 해방 이후부터 「아동복리법」과 「미성년자보호법」이 제정된 1961년까지는 청소년복지가 '조선구호령'(1944)과 몇 개의 미군정 법령에 따라서 실시되었다. 이 시기에는 청소년복지가 아동복지와 그 영역이 구분되지 않았으며, 복지서비스도 긴급구호의 수준에서 이루어졌다.

즉, 긴급구호의 대상은 요보호 아동, 여성, 노인장애인이었고 그중에서 청소년은 배재되어 있음을 알 수 있다. 물론 일부 나이 어린 청소년도 포함되었지만, 청소년은 아동의 연장선에서 보호되었다.

(2) 아동복리법의 시작

① 「아동복리법」(1961)은 아동복리시설로 이동상담소, 보육시설, 조산시설, 정신박약아 시설 등 13개 종류로 규정하였다. 「아동복리법」은 요보호아동의 연령을 기존의

13세 이하에서 '18세 미만'으로 상향시키고 아동복지에 대한 국가의 책임을 명시했다. 그러나 주로 이 시기에 청소년복지의 도입은 비행의 우려가 있는 미성년자의 보호와 근로청소년의 복지 그리고 장애청소년의 복지에 초점이 맞추어졌다. 「아동복리법」은 1981년에 「아동복지법」으로 명칭이 변경되면서 요보호 아동뿐만 아니라 일반 아동을 포함한 모든 아동의 복지를 보장하는 내용으로 개정된다. 즉, 「아동복리법」의 개정을 통해 기존의 '요보호 아동과 사후대책 중심'에서 '모든 아동과 예방 중심'으로 정책이 변화하기 시작하였다. 그리고 이 시기에 제정된 청소년을 대상으로 한 대표적인 법인 「미성년자보호법」 권리가 확대되었고 근로청소년을 위한 '야간학교 부설'(1977)은 근로청소년의 교육 기회를 증진시켜 교육권이라는 권리가 신장되었다. 그러나 근로청소년에 대한 최소한의 복지를 지원하는 데 그침으로써 그들에게 충분한 지원은 하지 못했다.

② 1987년에 「청소년육성법」을 제정함으로써 청소년 정책의 법제가 마련되었다. 이 법은 청소년과 관련된 최초의 종합법률로서 청소년의 인격 형성, 보호 육성의 효율화, 청소년이 건실하고 유능한 국민으로 성장하도록 지원하는 것을 골자로 하고 있다. 이 법은 최초의 청소년 관련 전문법으로서 사후통제 중심에서 사전예방 중심으로 바뀌게 하였다. 그러나 이 법은 청소년의 중요성은 전체적으로 인정하면서도 여전히 청소년 문제 자체를 처방하는 데에만 비중을 두는 수준의 업무를 수행한 것으로 평가된다. 이 시기의 정책방향은 요보호 청소년의 보호 및 문제청소년에 대한 선도 중심에서 탈피하여 모든 청소년의 건전육성 중심으로 전환되었다. 청소년 문제에 대한 사후대처보다는 사전예방을 강조하고 모든 청소년을 위한 시설, 프로그램, 지도자 등 인프라 구축을 통해 다양한 활동 기회를 제공하고, 청소년에게 유해한 사회 환경을 개선하고자 노력하였다. 그러나 이 시기의 주요 서비스는 여전히 요보호적이고 선별적인 성격에 머무르고 있었다. 1960년부터 1990년까지는 사회 안정과 경제발전 위주의 사회 분위기 속에서 청소년이라는 용어를 가진 별도의 정책은 존재하지 않은 채 청소년 정책은 주로 학

교교육을 중심으로 한 교육정책의 일부로 인식되어 왔다. 따라서 청소년의 문제에 대해 주로 단속, 선도 및 규제와 보호 위주의 대책을 모색하였고 법령도 「미성년자보호법」(1961), 「아동복리법」(1961) 등이 전부였다. 「아동복리법」은 보호를 요하는 아동에 대한 정의를 명확히 하면서 보호를 요하는 아동의 연령을 18세 미만으로 상향시키고, 아동복지에 대한 국가의 책임을 명시하였다. 보호를 요하는 아동은 보호자로부터 유실, 유기 또는 이탈된 아동, 건전한 출생을 기할 수 없는 아동 등으로 제한하였다. 「미성년자보호법」은 만 20세 미만에 해당되는 미성년자의 흡연, 음주 및 기타 선량한 풍속을 해치는 행위를 금지시켰으며, 미성년자 보호에 필요한 사항을 규정함으로써 청소년의 보호와 선도를 도모하였다.

(3) 청소년육성법의 제정

1987년에 「청소년육성법」이 제정되고 이 법에 의해 1988년 체육부에 청소년국이 설치된 이후 시·도에도 청소년 관련 부서가 신설되는 등 건국 후 최초로 청소년 정책을 수행하는 행정 전달체계가 구축되었다. 1990년에는 '청소년헌장'이 제정되어 청소년의 권리와 의무, 가정의 역할, 학교의 올바른 지위, 사회의 책임, 국가의 책임, 세계적 주역으로서 청소년의 위치 등을 천 명하였다.

깨알 tip. '청소년헌장'에 대해서 알아봅시다.

• 청소년헌장(1998.10.22. 개정)

청소년은 자기 삶의 주인이다. 청소년은 인격체로서 존중받을 권리와 시민으로서 미래를 열어 갈 권리를 가진다. 청소년은 스스로 생각하고 선택하며 활동하는 삶의 주체로서 자율과 참여의 기회를 누린다. 청소년은 생명의 가치를 존중하며 정의로운 공동체의 성원으로 책임 있는 삶을 살아간다.

가정·학교·사회 그리고 국가는 위의 정신에 따라 청소년의 인간다운 삶을 보장하고 청소년 스스로 행복을 가꾸며 살아갈 수 있도록 여건과 환경을 조성한다.

• 청소년의 권리

1. 청소년은 생존에 필요한 기본적인 영양·주거·의료·교육 등을 보장받아 정신적·신체적으로

균형 있게 성장할 권리를 가진다.
1. 청소년은 출신 · 성별 · 종교 · 학력 · 연령 · 지역 등의 차이와 신체적 · 정신적 장애 등을 이유로 차별받지 않을 권리를 가진다.
1. 청소년은 물리적 폭력뿐만 아니라 공포와 억압을 포함하는 정신적인 폭력으로부터 보호받을 권리를 가진다.
1. 청소년은 사적인 삶의 영역을 침해받지 않을 권리를 가진다.
1. 청소년은 자신의 생각과 느낌을 자유롭게 펼칠 권리를 가진다.
1. 청소년은 자유로운 의사에 따라 건전한 모임을 만들고 올바른 신념에 따라 활동할 권리를 가진다.
1. 청소년은 배움을 통해 진리를 추구하고 자아를 실현해 갈 권리를 가진다.
1. 청소년은 일할 권리와 직업을 선택할 권리를 가진다.
1. 청소년은 여가를 누릴 권리를 가진다.
1. 청소년은 건전하고 다양한 문화 · 예술 활동에 자유롭게 참여할 권리를 가진다.
1. 청소년은 다양한 매체를 통하여 자신의 삶에 필요한 정보에 접근할 권리를 가진다.
1. 청소년은 자신의 삶과 관련된 정책결정 과정에 민주적 절차에 따라 참여할 권리를 가진다.

• 청소년의 책임
1. 청소년은 자신의 삶을 소중히 여기며 자신이 선택한 삶에 책임을 진다.
1. 청소년은 앞 세대가 물려준 지혜를 시대에 맞게 되살려 다음 세대에 물려줄 책임이 있다.
1. 청소년은 가정 · 학교 · 사회 · 국가 · 인류공동체의 성원으로서 자기와 다른 삶의 방식도 존중할 줄 알아야 한다.
1. 청소년은 삶의 터전인 자연을 소중히 여기고 모든 생명들과 더불어 살아간다.
1. 청소년의 통일 시대의 주역으로서 평화롭게 공존하는 방법을 익힌다.
1. 청소년의 남녀 평등의 가치를 배우고 이를 모든 생활에서 실천한다.
1. 청소년은 가정에서 책임을 다하며 조화롭고 평등한 가족문화를 만들어 간다.
1. 청소년은 서로에게 정신적 · 신체적 폭력을 행사하지 않는다.
1. 청소년은 장애인을 비롯한 소외받기 쉬운 사람들과 더불어 살아간다.

(4) 「청소년 기본법」 제정

1991년에는 「청소년 기본법」을 제정하여 9~24세의 연령층을 청소년으로 규정하고 청소년복지와 관련된 독립적 법체계를 마련하였다. 이후 2005년에 「청소년 기본법」을 개정하여 청소년복지는 그 대상이 특정 집단에만 국한되는 것이 아니라 일반

청소년을 포함하고 있고 다양한 서비스의 제공을 통해 생활 여건 향상과 증진에 기여하는 것으로 정의되고 있다.

「청소년 보호법」(1997)은 청소년의 성장에 유해한 각종 유해환경으로부터 청소년을 보호하기 위해 기존 법률에 분산되어 있거나 규제가 없었던 상황을 종합하여 제정되었다. 이 법에 따라 청소년보호위원회가 설치되어 유해환경으로부터 청소년을 보호하기 위한 각종 계획의 수립 · 추진 · 평가 · 유해매체물의 심의 결정, 유해약물 및 유해업소의 단속, 청소년 유해환경에 대한 신고 접수 및 처리, 민간 시민활동 지원 등의 기능을 수행하고 있다.

깨알 tip. 청소년 유해환경에 대해서 알아봅시다.

1. 청소년 유해약물
   - 「주세법」에 따른 주류
   - 「담배사업법」에 따른 담배
   - 「마약류 관리에 관한 법률」에 따른 마약류
   - 「화학물질관리법」에 따른 환각물질(톨루엔, 초산에틸, 메틸알콜, 아산화질소 등)
     그 밖에 중추신경에 작용하여 습관성, 중독성, 내성 등을 유발하여 인체에 유해하게 작용할 수 있는 약물로 여성가족부 장관이 고시한 것
     ※ 여성가족부 고시 약물: 칼라 풍선류

   <참고> 신분증 위 · 변조 여부 확인 방법: 주민등록증 본인확인 서비스("국번 없이 1382(ARS시스템)"), 운전면허증 본인확인 서비스(포털사이트에서 'e-운전면허' 검색)

2. 청소년 유해물건
   - 청소년에게 음란한 행위를 조장하는 성기구 등 청소년의 사용을 제한하지 아니하면 청소년의 심신을 심각하게 손상할 우려가 있는 성 관련 물건으로서 여성가족부 장관이 고시한 것
   - 음란성 · 포악성 · 잔인성 · 사행성 등을 조장하는 완구류 등 여성가족부 장관이 고시한 것
   - 청소년 유해약물과 유사한 형태의 제품으로 청소년의 청소년 유해약물 이용습관을 심각하게 조장할 우려가 있는 물건으로서 여성가족부 장관이 고시한 것
     ※ 여성가족부 고시 물건: 레이저포인터, 성기구 5종, 전자담배 기기 장치류

3. 청소년 유해업소

[청소년 출입 · 고용금지업소]

- 유흥주점, 단란주점, 비디오물 감상실업, 노래연습장업(청소년실 갖출 경우 제외), 무도학원업, 무도장업, 사행행위영업, 전기 통신시설을 갖춘 음성대화 또는 화상대화를 매개로 하는 영업, 성기구 취급업소
- 여성가족부 고시 업소(키스방, 대딸방, 마사지업소, 유리방, 성인PC방, 휴게텔, 인형체험방 등)

[청소년 고용금지업소]

- 종업원에게 영업장을 벗어나 다류 등을 배달 · 판매하는 업소
- 주로 주류의 조리 · 판매를 목적으로 하는 소주방 · 호프 · 카페 등
- 숙박업, 이용업, 안마실 운영하는 목욕장업
- 비디오물 소극장, 만화대여업, PC방 등

※ 일반음식점 중에서 주로 주류의 조리 · 판매를 목적으로 하는 소주방 · 호프 · 카페 등과 같이 식당보다는 술집으로 인식되는 형태로 운영되는 업소는 청소년 고용이 금지됨.

⇒ 업소의 매출액 중 주류 · 안주류가 차지하는 비중(주류 판매, 월매출 25% 이하), 칸막이 · 조명 등 내부 인테리어, 청소년의 근로시간대와 근무형태, 간판에 주류 판매를 표방하는 문구나 그림이 있는지 여부 등을 종합적으로 살펴보아 주점으로 인식할 만한 정황이 있는지를 의미함.

4. 청소년 유해매체물

- 청소년 유해매체물이란: 「청소년 보호법」 제7조 및 제 9조 규정에 의하여 청소년보호위원회 또는 각 심의기관이 청소년에게 유해한 것으로 결정 또는 확인하여 여성가족부장관이 이를 고시한 매체물
- 청소년 유해매체물 목록에는 청소년에게 유해한 내용 또는 정보가 포함되어 있어 「청소년 보호법」 제17조 규정에 의하여 19세 미만(2019년 기준, 01년 1월 1일 이후 출생자)의 청소년이 이용 불가

출처: 여성가족부 맞춤형 서비스.

(5) 청소년육성 5개년 계획 수립

1990년대 말부터 2010년 이 사이에는 청소년육성 5개년 계획의 수립 및 시행으로 우리나라 청소년 정책의 방향이 일대 전환점을 맞이한 시기다. 즉, 이것을 통해 비로소 청소년은 우리 사회의 당당한 구성원으로서 사회적 지위와 권리를 획득하였고 이를 통해 정책 역시 삶의 질 향상을 위한 보편적인 방향으로 전환하게 되었다. UN아동권리위원회의 1, 2차 권고에 따라 「아동복지법」의 대폭적인 개정이 이루어졌고 이를 통해 아동의 학대와 안전에 대한 대책이 강화되고 시설이 전문화될 수 있는 계기가 마련되었다.

또한 그동안 분리되어 운영되어 왔던 청소년육성정책과 보호정책을 통합하는 국가청소년위원회의 출범과 「청소년 기본법」을 지원하기 위한 「청소년활동 진흥법」과 「청소년복지 지원법」의 제정을 통하여 청소년복지는 확대기를 맞게 되었다. 이 시기의 가장 큰 특징은 개정된 「청소년 기본법」을 중심으로 「청소년활동 진흥법」, 「청소년복지 지원법」과 같은 법률을 제정하였으며, 「청소년 보호법」의 개정과 함께 청소년 정책을 추진하는 법체계를 갖춘 것이다. 우선 개정된 「청소년 기본법」은 청소년 관련정책 수립 시 청소년의 참여를 보장하고 있고 「청소년활동 진흥법」은 미래사회의 주역이 될 청소년이 수련활동을 비롯한 문화활동, 교류활동 등 다양한 청소년 활동을 통하여 자신의 기량과 품성을 함양하고 꿈과 희망을 마음껏 펼칠 수 있도록 제도적 기반을 마련하였다. 또한 2004년도에는 「청소년복지 지원법」을 제정하여 어려움이 예상되는 청소년을 특별지원 청소년이라는 명칭하에 사회 국가 차원에서 지원하도록 명시하였다. 이 법은 청소년이 사회의 당당한 구성원으로 살아가기 위해 필요한 기본적인 요소를 강조함으로써 권리협약에 관한 세계적 기준에 근접한 정책 내용을 담았다고 할 수 있다.

이와 더불어 2007년부터 만 17세 이상에게 주민등록증을 발급하였고 국민 투표법상의 투표권자를 19세 이상의 국민으로 조정해서 청소년도 투표권을 갖게 되었다가, 2019년 「공직선거법」 개정안이 12월 27일 국회 본회의를 통과하여 만 18세에 선거권을 부여하게 되었다.

깨알 tip. 만 18세 선거권에 대해서 알아봅시다.

만 18세 선거권은 만 18세(한국 나이 기준) 청소년에게 '선거권'을 부여하는 것이다. 기존 「선거법」의 선거연령이 만 19세(한국 나이, 20세) 이상이었기 때문에 이를 만 18세로 하향해야 한다는 주장이 있었다. 그러다 2019년 12월 27일 「공직선거법」 개정안이 국회를 통과하면서 국내 선거연령도 만 18세로 하향되었다.

한국은 경제개발협력기구(OECD) 국가 중 유일하게 선거연령이 만 19세였다. 중앙선거관리위원회에 따르면 OECD 34개 회원국 가운데 미국・영국・프랑스・일본 등 32개국의 선거연령은 만 18세다. 일본은 지난 2015년 선거연령을 만 20세에서 만 18세로 하향 조정하면서 성년연령도 만 18세로 낮추는 민법 개정을 추진하고 있다. 오스트리아는 선거연령이 만 16세로 OECD 회원국 중 가장 낮다. 전 세계적으로도 한국보다 투표 연령이 높은 국가는 대만·싱가포르 등 14개국에 불과하다. 스코틀랜드는 독립투표에 16살과 17살 학생도 참여했다. 오스트리아는 고령자가 청장년보다 더 많아서 2008년 선거연령을 16세로 낮추었다. 미국의 경우는 베트남전을 겪으며 투표권을 18세로 낮추었다.

만 18세는 청소년을 대표할 수 있는 집단으로서 충분히 정치적 결정을 할 능력이 있고, 민주주의의 발전을 위해서도 선거 연령을 낮추는 것은 중요하다. 청소년이 자신의 삶에 영향을 주는 문제에 대해 선거 참여를 통해 영향력을 행사할 수 있게 하는 것은 국민의 기본권을 향상시키고 정치에 관한 관심을 높일 수 있다.

출처: 나무위키.

최근에는 여성정책의 조정과 종합, 여성의 권익 증진 등 지위 향상뿐만 아니라 가족정책이 일층 강화되었다. 그러면서 청소년 정책이 여성·가족 정책과 연계 발전 전략을 지향하게 되었다. 한편으로는 여성 정책 및 가족 정책의 강화에 비해 상대적으로 청소년 정책이 위축되어 그 외연이 축소되었다는 비판도 있다. 2014년 5월 「학교 밖 청소년 지원에 관한 법률」이 제정되고 2015년 5월 동 법률이 시행되면서 학교 밖 청소년을 포괄하여 모든 청소년이 청소년 정책의 대상으로 확대되었다.

청소년정책은 「청소년 기본법」 제정 이후 국가정책으로 본격 추진된 지 20년이 넘는 시간이 흘렀다. 「청소년 기본법」에 따라 5년마다 제정되고 추진되어 온 「청소년정책기본계획」도 벌써 6번째 계획이 나왔다. 「청소년정책기본계획」은 앞으로 추진될 정부의 청소년정책의 방향과 과제를 총망라하고 있다. 「청소년 기본법」 개정을 통해 각 중앙부처들과 지자체에서 기본계획에 따라 시행계획을 수립하고 이를 평가하고 보완해 나갈 수 있게 되었다. 「제6차 청소년정책기본계획」 수립에 있어서도 일정 정도 반영이 되었는데 5차 기본계획에 따른 시행계획들을 분석해 문제점을 도출하고 6차 기본계획 수립 시에 이를 개선하는 작업이 이루어졌다.

「6차 청소년정책기본계획」은 정책 비전으로 “공정하고 안전한 사회환경에서 청소년들이 자기주도적 참여와 활동을 통해 현재를 즐기고, 미래사회에 필요한 역량을 갖추어 자립할 수 있도록 하고 청소년을 존중하는 사회로 나아가는 것”을 제시하고 있다(관계부처 합동, 2018: 12). 「6차 청소년정책기본계획」에서 제시한 정책 비전은 1차부터 5차에 이르는 기본계획에 제시한 것과 차이가 있다. 우선 "청소년들이 현재를 즐긴다."는 관점은 이전 정책 비전에서 잘 다루어지지 않았던 부분으로 정책과제 영역에서도 처음으로 "아동 · 청소년의 여가권 신장"이 포함되었는데 같은 맥락을 갖고 있다.

6차 기본계획의 정책 비전에서도 과거 기본계획과 마찬가지로 지 · 덕 · 체의 조화, 자질이나 역량을 함양하거나 꿈을 실현하기 위해 나아가는 부분이 동시에 포함되어 있다. 다만, 과거와 초점을 달리한 일과 삶의 균형(work and life balance)과 같은 시각이 정책비전에 포함된 것이라고 할 수 있다. 또 다른 차이점은 "청소년을 존중하는 사회"에서 찾아볼 수 있다. 1차에서 5차까지 기본계획에서 제시한 정책비전은 청소년 자체에 주목하고 건강한 청소년의 상을 주로 다루었다면, 이번 6차 기본계획은 기성세대나 성인들이 청소년을 어떤 자세로 대해야 하는가를 정책 비전에서 제시하고 있다는 점에서 진일보한 측면이 있다.

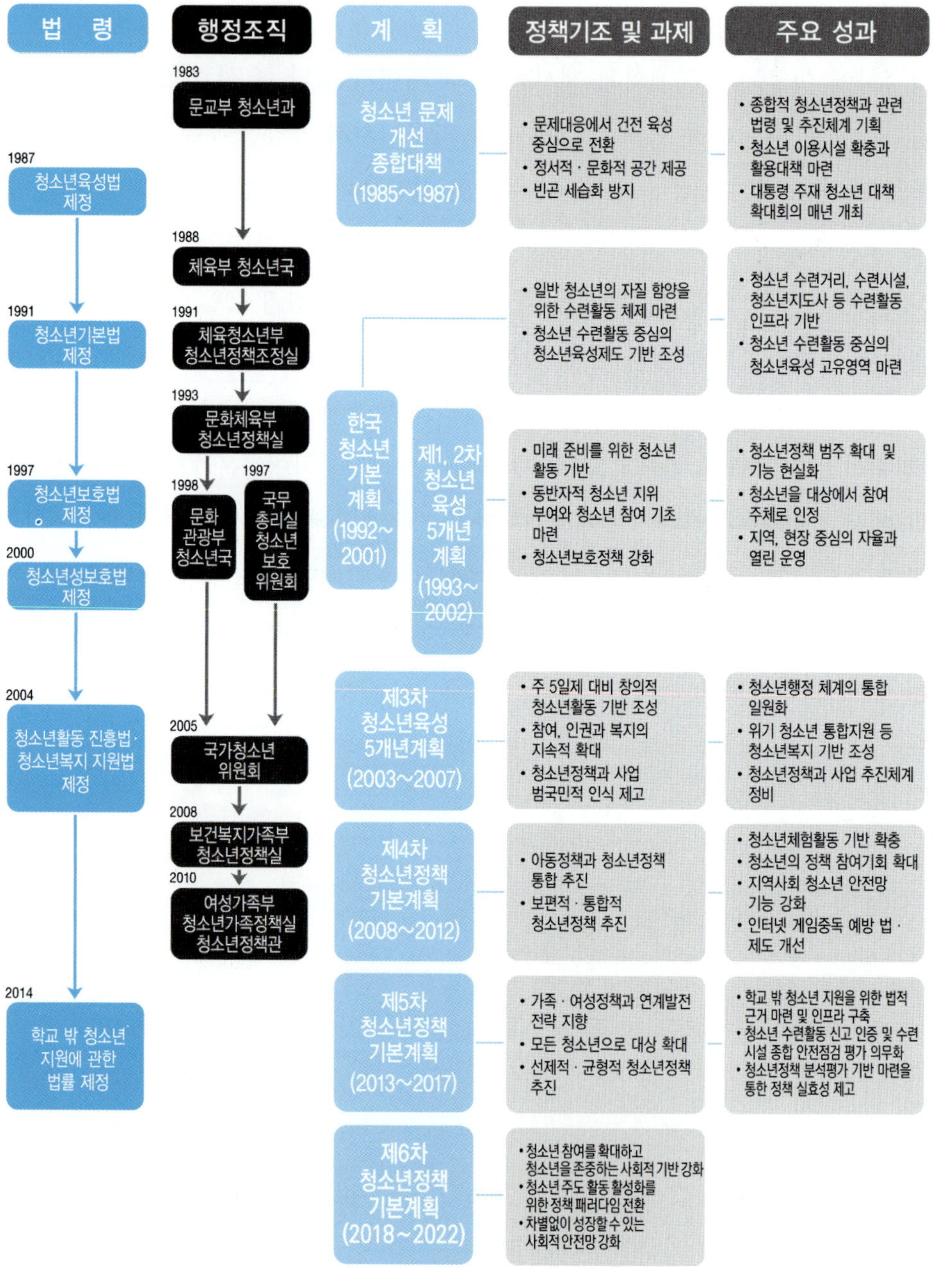

[그림 2-1] 청소년 관련 법령에 따른 주요성과

출처: 여성가족부.

2) 외국의 청소년복지 발달과정

(1) 산업화 이전의 청소년복지

청소년복지는 역사적이고, 문화적인 산물로서 산업화와 밀접한 관련이 있다. 산업화 이전의 사회구조는 장원제도로 대표되는 엄격한 신분계급사회였으며, 이러한 사회구조에서 청소년은 낮은 사회적 지위에서 열악한 처우를 받았다. 이 시기에 청소년은 소유물로 취급당했으며, 노동력과 군사력의 차원에서만 존재가치를 인정받기도 했다. 산업화 이전의 외국 청소년복지의 내용을 간략히 정리하면 다음과 같다.

① 산업화 이전의 청소년복지는 봉건사회를 중심으로 이루어진 청소년복지의 역사라고 볼 수 있다.

② 산업화 이전의 사회에서는 청소년의 복지를 위한 활동을 거의 찾아보기 어렵고, 오히려 청소년복지를 저해한 일들이 많이 있었다.

③ 산업화 이전의 사회에서는 청소년을 부모나 부족의 소유물로 보았다. 청소년의 가치는 소위 가족이나 가문에 얼마나 기여할 수 있는가로 가늠하는 경향이 강했다.

④ 산업화 이전의 사회에서는 허약하거나 고질병이 있거나 장애가 있는 청소년들의 생존권은 박탈당하였으며, 유기되거나 살해되는 경우도 빈번히 발생하였다.

⑤ 산업화 이전에는 교회를 중심으로 한 종교단체에서 신분이 낮거나 열악한 환경에 처해 있는 청소년을 보호하였다. 물론 종교적 차원에서 청소년과 의지할 곳 없는 청소년을 도와주었지만, 이러한 종교단체의 도움은 동정과 연민에서 비롯된 것이었지 청소년의 권리나 욕구에 입각한 것은 아니었다. 그러나 종교단체에서의 청소년보호활동은 청소년복지활동의 시발점이었다는 점에서는 그 의의가 크다고 할 수 있다.

⑥ 산업화 이전의 봉건사회는 주종의 관계가 엄격한 신분사회로서 청소년의 신분은 그 부모가 속한 신분에 따라 나뉘어졌다. 따라서 낮은 신분계급의 청소년은

군사적 · 경제적 측면에서 노동력을 착취당하는 경우가 많았으며, 생명을 잃는 경우도 발생하였다.

(2) 산업화 이후의 청소년복지

산업화 이후의 청소년복지는 중세 봉건제도 붕괴와 근대 산업혁명의 도래로 시작되었다. 산업화 시작 이후 청소년복지를 포함하여 사회복지 발달에 나타난 변화는 사회문제의 발생원인과 그 책임 소재에 대한 인식이었다.

또한, 사회복지를 방해하는 각종 사회문제는 개인적 원인뿐 아니라 사회적 원인에 의해서 발생한다는 새로운 인식이 대두되었다. 이에 따라 청소년들이 행복하게 성장하기 어려운 이유는 청소년 자신이나 부모에게만 문제가 있어서가 아니라 사회 환경에도 문제의 원인이 있다는 것을 인식하기 시작한 것이다. 이러한 인식의 변화는 세계대전을 겪으면서 더 확산되었고 산업사회가 진행될수록 가속화되었다. 왜냐하면 전쟁은 무수한 고아와 장애를 가진 청소년을 발생시켰을 뿐만 아니라, 산업화로 인한 각종 안전사고 등의 원인으로 결손가정을 발생시켰다고 볼 수 있다. 따라서 고도화된 산업사회인 경우에는 청소년복지에 대해 사회와 국가의 책임이 더욱 강조되고 있다. 산업화 이후의 외국 청소년복지의 내용을 간략히 정리하면 다음과 같다.

① 산업화 이후의 청소년복지는 산업혁명 이후 영국의 영향을 받은 서양 여러 나라를 중심으로 발달했다.

② 영국의 경우는 1998년에 「아동법」이 통과되어 아동부가 생기면서 독립적인 아동서비스를 실시하였다. 아동부의 주된 임무는 아동을 위한 대리가정을 지도 및 감독하고 예방사업으로 개별사회사업을 하는 것이었다.

③ UN은 1985년을 '세계청소년의 해'로 지정하였고, 1995년에는 빈곤과 기아, 교육, 고용, 건강 및 환경, 여가활용, 약물남용, 청소년 일탈, 소녀와 젊은 여성, 의사결정과 사회생활에서 청소년들의 완전하고 효과적인 참여에 대한 10개 부

문의 세계청소년행동계획(World Programme of Action on Youth)을 제시하였다.

④ 산업화 이후 청소년의 소외현상은 외국뿐 아니라 우리나라에서도 심화되고 있다. 무엇보다 전 세계적으로 청소년에 대한 애정과 관심이 절실히 필요하다.

youth welfare | chapter 03

청소년복지 관련법과 행정

[학습목표]

1. 청소년복지 관련 주요법을 학습한다.
2. 청소년복지의 행정의 개념을 학습한다.
3. 청소녀복지 행정가의 자세 및 주요 행정기관을 학습한다.

1. 청소년복지 주요법

청소년은 정신적 · 신체적 · 정서적 · 사회적 특수성 때문에 일반법과는 구별되는 청소년 관련법의 적용을 받게 된다. 이를 통하여 청소년들이 건전하고 책임 있는 시민으로서 성장할 수 있도록 성장과 발달을 촉진 · 향상시키며, 청소년들이 유해환경과 다양한 위험으로부터 보호받을 수 있도록 사회와 국가가 책임을 수행하도록 한다.

이러한 청소년 관련법은 청소년 또는 청소년 육성 및 보호와 직 · 간접적으로 관련이 있는 법으로서 청소년을 직접 대상으로 하거나 청소년의 권리 · 의무에 관계된 조항을 포함하는 모든 법령과 규칙으로서 「청소년 기본법」, 「청소년 보호법」, 「아동 · 청소년의 성 보호에 관한 법률」, 「아동복지법」 등 청소년의 보호 · 선도 · 육성 등을 입법 취지로 하는 경우와 「교육기본법」, 「학교보건법」, 「평생교육법」 등 청소년을 주요 대상으로 하거나 법 적용 대상의 일부가 청소년인 경우 등 각 법령별로 입법 취지와 적용 대상을 달리하면서 부분적이고 단편적으로 제정 · 시행되어 왔다.

우리나라는 청소년 관련법의 범주에 해당되는 법령이 매우 많고 각각 청소년의 연령 기준이나 호칭에서도 상이한 상태이기에 일정한 연령 범주를 대상으로 모든 법을 적용하는 것은 한계가 있다. 그러므로 이 장에서는 청소년을 지원하기 위한 정책적 근거가 되는 관련법을 중심으로 살펴보고자 한다.

1) 청소년복지 기본법

(1) 목적 및 기능

「청소년 기본법」은 1991년 12월 31일 제정된 이후 2017년까지 법률안의 일부개정과 전면 개정, 타법 개정이 이루어졌다. 「청소년 기본법」은 청소년 육성의 기본 원리와 정책적 근간에 관한 사항을 중심으로 규정하고, 청소년 활동과 관련되는 규정은 「청소년활동 진흥법」에서 청소년복지에 관한 규정은 「청소년복지 지원법」에서 청소년보호에 관한 사항은 「청소년 보호법」과 「청소년의 성 보호에 관한 법률」에서 명시하고 있다.

또한 이 법은 청소년에 관한 기본적인 사항을 정한 법률로서 청소년육성정책에 관해서는 「헌법」을 제외한 모든 법률에 우선한다. 1987년 정부는 보다 심각해지는 청소년 문제에 효과적으로 대처하기 위해서는 각각의 청소년 관계 법규 간 청소년 연령의 불일치 등의 문제의 개선이 필요하다고 판단하고, 청소년에 대해 통일된 연령의 적용 및 청소년에 대한 지원과 육성을 강조하는 「청소년육성법」을 제정하였다. 그 후 전체 청소년을 대상으로 한 장기적인 종합계획인 한국청소년 기본계획을 수립하고, 효과적인 추진을 위한 법적 기반으로 「청소년육성법」을 전면 개편하여 1991년에 「청소년 기본법」을 제정하였다.

(2) 주요 내용

「청소년 기본법」은 「청소년육성법」에서 미진하였던 청소년 수련활동에 관련된 청소년지도자의 양성, 청소년단체의 육성, 수련 관련 콘텐츠의 개발, 청소년육성기금의 조성 등의 내용을 담아 개정된 법이다.

「청소년 기본법」은 다시 2003년 12월 30일 개정되어 청소년육성의 기본 원리와 정책적 근간에 관한 사항을 규정함으로써 청소년육성에 대한 정책적 지원이 유기적이고 종합적으로 이루어질 수 있는 기반을 마련하고 있다.

「청소년 기본법」 제5조에서는 청소년의 인권이 존중되어야 한다는 원칙을 명시하고 있다. 또한, 「청소년 기본법」 제5조2에서는 청소년은 사회의 정당한 구성원으로 본인과 관련된 의사결정에 참여할 수 있는 권리를 가지며, 국가와 지방자치단체는 청소년이 그들에 관한 정책 수립 과정에서 참여하거나 의견을 개진할 수 있도록 해야 하고 이를 위해 국가와 지방자치단체는 청소년의 정책 참여 또는 의견수렴을 보장하는 조치를 시행해야 한다고 명시하고 있다.

깨알 tip. 「청소년 기본법」 용어 정의(제3조)

- 청소년: 만 9세 이상 24세 이하인 사람
- 청소년육성: 청소년활동을 지원하고 청소년의 복지를 증진하며 근로 청소년을 보호하는 한편, 사회 여건과 환경을 청소년에게 유익하도록 개선하고 청소년을 보호하여 청소년에 대한 교육을 보완함으로써 청소년의 균형 있는 성장을 돕는 것
- 청소년활동: 청소년의 균형 있는 성장을 위하여 필요한 활동과 이러한 활동을 소재로 하는 수련활동·교류활동·문화활동 등
- 청소년복지: 청소년이 정상적인 삶을 누릴 수 있는 기본적인 여건을 조성하고 조화롭게 성장·발달할 수 있도록 제공되는 사회적·경제적 지원
- 청소년 보호: 청소년의 건전한 성장에 유해한 물질·물건, 장소·행위 등 각종 청소년 유해환경을 규제하거나 청소년의 접촉 또는 접근을 제한함
- 청소년시설: 청소년활동·청소년복지 및 청소년 보호에 제공되는 시설
- 청소년지도자: 청소년지도사와 청소년상담사를 말하는 것으로 청소년시설, 청소년단체 및 청소년 관련 기관에서 청소년육성에 필요한 업무에 종사하는 사람
- 청소년단체: 청소년육성을 주된 목적으로 설립된 법인이나 대통령령으로 정하는 단체

「청소년 기본법」은 1993년 「청소년육성법」을 전면 개정하여 제정되었다. 「청소년 기본법」을 근거로 국가는 매 5년마다 청소년 정책에 관한 기본계획을 수립하고, 청소년활동 보호, 복지정책을 추진한다. 또한 동법에서는 청소년의 권리, 책임이 명시되어 있고 청소년지도사, 청소년상담사, 청소년육성전담공무원, 청소년지도위원 등 청소년 지도자 양성, 청소년단체에 대한 지원, 청소년육성기금의 조성과 사용 등에 관한 조항을 포함한다.

〈표 3-1〉 「청소년 기본법」 개정사항

구분	개정사항
총칙 부분	「청소년 기본법」의 목적(제1조)과 이념(제2조), 청소년과 청소년육성의 법적 개념을 명확히 하고(제3조), 다른 관련법들이 공유해야 할 법 이념(제2조), 청소년육성에 대한 국가와 지방자치단체의 책임(제8조), 다른 법률에 우선 적용(제4조)과 더불어 청소년에 관한 기본법으로서 청소년의 권리와 책임(제5조)을 명시함.

구분	개정사항
국가청소년위원회의 설치와 운영	청소년 정책의 총괄, 조정을 위해 국가청소년위원회의 설치와 운영(제9조)을 명시하고, 관계기관과의 협의를 위한 청소년 정책관계기관협의회(제10조), 지방청소년위원회 설치(제11조), 청소년특별회 개최(제12조), 청소년육성에 관한 기본계획 수립(제13조) 등을 명시함.
청소년시설과 지도자에 대한 사항 규정	청소년시설을 청소년 활동시설, 청소년 복지시설, 청소년 보호시설로 구분(제17조), 국가공인 자격을 취득한 청소년지도자로는 청소년지도사(제21조)와 청소년상담사(제22조)가 있으며, 청소년육성 전담기구에 청소년육성 전담공무원(제25조)을 둘 수 있음을 명시함.
청소년단체의 역할이나 기능에 대해 규정	청소년단체의 역할이나 기능에 대해 규정 및 회원단체에 대한 지원 등을 위한 한국청소년단체협의회의 설립 · 운영에 대해 규정함.
국가와 지방자치단체의 청소년활동과 복지 · 보호에 대한 지원을 명시	「청소년활동 진흥법」, 「청소년복지 지원법」, 「청소년 보호법」, 「청소년의 성보호에 관한 법률」에서 보다 세부적으로 관련 사항을 규정함.
청소년육성에 필요한 재원을 확보하기 위한 기금인 청소년육성기금 사항을 규정	기금으로 재원은 정부의 출연금, 정부 외의 자가 출연하는 현금, 물품 기타 재산, 기금의 운용으로 생기는 수익금 등이며, 시도지사는 지방청소년육성기금을 설치할 수 있음을 명시함.

2) 청소년복지 지원법

(1) 목적 및 기능

「청소년복지 지원법」은 2004년 2월에 제정되었다. 2012년 2월 1일 전면 개정을 통해 그간 주무부처가 시행 중이던 청소년 우대, 건강보장, 학업 중단, 이주배경청소년에 대한 지원, 교육적 선도, 헬프콜 1388 청소년 전화 등 주요사업의 법적 근거가 마련되었다. 「청소년복지 지원법」상의 청소년이 「아동복지법」상의 아동과 연령이 일부 중복되지만 18세 이상 24세 이하 후기 청소년에 대한 복지지원의 근거가 된다는 점에서 의미가 있다. 청소년복지는 가정이나 사회로부터 소외되었거나 적응하지 못하는 청소년뿐만 아니라, 모든 청소년들의 삶의 질 향상과 최적의 성장과 발달에 목적을 두어야 한다. 이에 따라 「청소년복지 지원법」은 「헌법」 제34조 제4항의 국가는 노인과 청소년의 복지 향상을 위한 정책을 실시할 의무를 진다. 2004년 「청소년복지 지원법」이 시행된 이후 청소년복지에 대한 다양한 수요에 대응하고, 청소년을 효율적이고 체계적으로 지원하기 위해 2012년 「청소년복지 지원법」이 전면 개정되었다(여성가족부 청소년자립지원과, 2012).

2012년에 개정된 법령 제18조에서는 이주배경청소년에 대한 지원조항을 신설하여 다문화 가족의 청소년과 그 밖에 국내로 이주하여 사회적응 및 학업수행에 어려움을 겪는 청소년을 위해 국가 및 지방자치단체는 사회적응 및 학습능력 향상을 위하여 상담 및 교육 등 필요한 시책을 마련하고 시행하여야 한다고 명시하고 있다(동법 제18조, 2012년 전부개정). 또한 이와 관련하여 제30조에서는 여성가족부 장관은 제18조에 따른 이주배경청소년 지원을 위한 이주배경청소년 지원센터를 설치·운영할 수 있다고 규정하고 있다.

(2) 주요 내용

「청소년복지 지원법」은 2016년에 일부 개정되어 2017년 6월부터 시행 중이다. 과거 청소년복지는 아동복지의 연장선상이나 단순히 청소년 문제의 해결이라는 소극적이고 보완적인 개념에서 다루어졌다. 현행 「아동복지법」은 18세 미만의 아동을 대상으로 하고, 그 내용은 주로 아동의 생존, 보호, 발달에 초점을 두고 있다. 18세 미만 아동 중에서도 특별히 아동양육시설에 거주하고 있는 아동들의 양육보호 및 절차에 관한 내용이 주를 이루었다. 그에 따라 청소년기에 필요한 자립, 자활능력의 기회가 제대로 제공되지 못하고 있다. 따라서 청소년 개개인이 인간적으로 존중되고 사회의 한 구성원으로서 생활할 수 있는 복지 향상권을 인정하면서 국가 전체의 제도적 관점에서 청소년복지에 대한 필요성이 대두되었다. 이에 「청소년복지 지원법」은 가출, 학업중퇴, 비행·저소득계층 청소년 등 특별한 보호가 필요한 청소년에 대하여 현행 「아동복지법」에서 제공하지 못하는 복지서비스에 대한 내용을 중심으로 제정되었다. 나아가 이 법은 국가 및 지방자치단체가 모든 일반청소년에 대한 건강, 안전의 보장, 그리고 위기청소년에 대한 지원 등을 의무화하였다.

〈표 3-2〉「청소년복지 지원법」의 구성

장	제목	조문내용
제1장	총칙	목적, 정의
제2장	청소년의 우대 등	청소년의 우대, 청소년증
제3장	청소년의 건강보장	건강한 심신의 보존, 체력검사와 건강진단, 진단결과의 분석, 공개금지
제4장	지역사회 청소년통합지원체계 등	지역사회 청소년통합지원체계 구축 · 운영 · 운영위원회, 주민의 지원활동 지원, 상담과 전화 설치 등
제5장	위기청소년 지원	상담 및 교육, 위기청소년 특별지원, 청소년 가출 예방 및 보호 · 지원, 이주배경청소년에 대한 지원
제6장	교육적 선도	교육적 선도의 실시 등, 시설의 설치, 운영 등, 선도후견인
제7장	청소년복지 지원기관	한국청소년상담복지개발원, 청소년상담복지센터, 이주 배경청소년지원센터
제8장	청소년복지시설	청소년복지시설의 종류 및 설치, 청소년복지시설의 종사자 · 시설개선 · 사업정지 · 폐쇄 등
제9장	보칙	비밀누설의 금지, 동일 명칭의 사용 금지, 감독 등
제10장	벌칙	벌칙(건강진단 결과 공개금지 의무 위반), 양벌규정, 과태료(청소년증)

출처: 여성가족부, 「청소년복지 지원법」.

3) 아동 · 청소년의 성보호에 관한 법률

(1) 목적 및 주요내용

「아동 · 청소년의 성보호에 관한 법률」은 2000년 2월에 제정된 「청소년의 성보호에 관한 법률」이 개정된 것이다.

이 법에서 아동 · 청소년은 19세 미만의 자로 「청소년 보호법」상의 청소년 연령 기준과 동일하다. 다만, 「청소년 보호법」의 취지를 고려할 때 쟁점이 되는 부분은 아동 · 청소년이 성을 사는 행위의 상대방이 된 경우, 해당 아동 · 청소년은 '피해 아동 · 청소년'이 아닌 '대상아동 · 청소년'으로 분류되어 「소년법」에 의한 소년보호재판을 받을 수 있다는 부분이다. 즉, 성폭력 가해 청소년과 같은 유형의 보호처분이 이루어질 수 있고, 현행법상 성매매에 유입된 아동 · 청소년은 처벌의 대상이 아니지만 이러한 절차로 인해 성 매수자나 알선자가 청소년을 협박하는 등의 문제가 발생할 수 있다는 점이다. 따라서 최근 스마트폰의 보급 확대로 채팅 등을 통한 청소년의 성매매 유입이 증가하는 등 사회 환경을 고려하여 이들을 '피해 아동·청소년'에 포함하고 전문적이고 통합적인 지원을 제공하여야 할 것이다.

2. 청소년복지행정의 개념

일반적으로 청소년복지행정은 청소년복지와 연관된 법을 비롯한 정책의 집행이라는 개념으로 이해할 수 있다. 따라서 청소년복지행정은 법의 기준으로 해당 조직에서 청소년을 위한 서비스의 전달과정을 포함하며 궁극적으로 정책이 의도하는 바를 효과적이며 효율적으로 달성하는 것을 목적으로 한다.

청소년복지행정은 크게 청소년에 대한 복지서비스 지원 기능과 청소년을 위한 시설 및 기관을 포함한 유해환경에 대한 제재 및 규제 기능을 하는 것으로 구분할 수 있다. 청소년복지행정은 통상 사회복지행정의 하위체계라고 볼 수 있는데, 사회복지행정은 시기별, 지역별 등으로 다양하게 정의하고 있으나 일반적으로 협의의 개념과 광의의 개념으로 정의한다.

깨알 tip. 사회복지행정의 개념에 대해서 알아봅시다.

공적인 영역에서 사회복지행정은 '국가의 사회복지정책을 국민 모두에게 골고루 펼치기 위한 정부 또는 지방자치단체에서 하는 일'로 정의할 수 있다. 이와는 달리 민간 영역에서의 사회복지행정은 '개인이 설립한 사회복지법인 및 그 설립목적대로 효율적으로 운영하기 위한 일'로 정의하기도 한다.

웰렌스키(wilensky)와 Lebeax(르보)는 사회복지활동이 정규적이고 지속적인 활동으로 이루어지기 위해서는 조직을 통해야 한다는 점을 강조한다. 다시 말해, 사회복지행정의 개념은 사회복지와 관련된 제반 활동들을 조직하고, 그러한 활동들이 조직의 목표달성에 기여하도록 함으로써 사회복지를 필요로 하는 사람들이 서비스를 받을 수 있도록 하는 것이다.

협의의 개념으로 사회복지행정은 사회복지 관련 기관이나 시설이 서비스 대상자에게 복지서비스를 제공하기 위해 필요한 정책의 결정, 기록의 보고 및 정리, 회계 등을 의미한다. 즉, 사회복지행정은 사회복지정책을 사회복지서비스로 전환하는 과정으로 말할 수 있다. 또한 사회복지행정은 사회복지서비스를 효과적으로 공급하고 전달하는 것을 용이하게 하는 제반 방법이다.

광의의 개념으로 사회복지행정의 협의의 개념에 더하여 사회복지행정조직 전 구성원의 활동까지를 포함하는 개념이다. 즉, 사회복지정책을 사회복지서비스로 전환하는데 요구되는 사회복지조직의 정책 형성을 포함하여 정책을 수행하기 위한 총체적인 활동과 관리자 및 구성원들의 제반 활동 등을 의미한다.

〈표 3-3〉 청소년복지행정의 이념

이념	내용
합법성	청소년복지행정 과정은 관련 법률 및 제도 등에 의거하여 추진되어야 함. 청소년복지행정은 하나의 전문화된 활동이며 사회의 규범적 가치를 실현하는 과정으로 합목적성과 담당자의 자율적 재량권 등이 강조됨.
효율성	효율이란 최소의 비용으로 최대의 효과를 거두려는 것으로서 투입 대비 산출의 성과를 극대화시킨다는 의미를 지님. 청소년복지행정에서는 사회적인 효율성 의미가 더 중요함.
효과성	효과성은 목적과 수단에 따라 산출된 결과가 원래 목적했던 것을 어느 정도 달성했는가에 대한 성취도를 의미함. 효과성은 청소년복지기관의 목표가 명확하게 설정되어 있을 때, 그 달성 여부를 파악할 수 있는 척도이기도 함.
형평성	형평성은 적극적인 분배의 평등관을 함축하는 이념으로 특히 청소년복지행정은 사회적·경제적 환경이 열악한 계층에게 보다 양질의 풍부한 행정서비스를 제공하는 것이며, 형평성은 다른 이념들에 비해 청소년복지행정에서 상대적으로 더 강조되는 이념임.

3. 청소년복지행정의 전문가 자세 및 전달체계

1) 청소년복지 전문가의 자세

청소년복지에 있어 청소년복지 전문가는 청소년복지에 관한 전문적인 지식과 기술을 가지고 청소년을 위한 다양한 역할과 관리활동을 수행한다. 이를 위해 청소년복지 전문가는 수용적이고 관심 있는 태도를 비롯하여 청소년을 대함에 있어 민주적인 자세와 신뢰를 보이며, 진실한 태도 등이 필요하다. 청소년복지 전문가에게 요구되는 태도를 다시 한번 살펴보면 다음과 같다.

첫째, 수용적이고 진정성 있는 태도를 지녀야 한다. 청소년복지 전문가는 기관의 구성원과 클라이언트뿐만 아니라 자신의 직무와 관련한 지역사회의 타 전문직 종사자를 있는 그대로 수용할 수 있는 태도를 가져야 한다. 즉, 청소년을 대하는 데 있어서 각기 장단점을 가진 개별화된 개인으로서 존중해야 한다. 또한 청소년복지 전문가는 내부직원의 성장과 발전에 관심을 갖고 다양한 방법으로 지원해야 할 뿐만 아니라 직원들이 소속 기관 및 동료들에게 친밀감과 소속감을 가질 수 있도록 지원해야 한다. 이러한 청소년복지 전문가의 관심은 언어뿐만 아니라 진심 어린 행동이나 태도로도 표출된다.

둘째, 창의적이고 민주적인 자세를 지녀야 한다. 청소년복지 전문가는 복지기관의 서비스 질을 향상시키고 직원들 간의 긍정적 관계를 향상시킬 수 있도록 직원들이 창의적인 정책, 방법, 절차들을 주도적으로 제안하도록 지원해야 한다. 또한 청소년복지 전문가는 기관의 운영과정에 모든 직원들이 민주적인 절차에 따라 참여할 수 있는 합리적인 의사결정 시스템을 마련해야 한다. 이를 위해 청소년복지 행정가는 일련의 절차를 존중하고 협동하는 민주적 과정이 정착될 수 있도록 최선의 노력을 기울여야 한다.

셋째, 청소년복지 전문가는 직원을 신뢰하고 인정해 주어야 한다. 청소년복지 전문가가 직원을 신뢰할 때 직원은 직무에 더 몰입하고 보다 많은 성과를 낼 수 있다. 따라서 청소년복지 전문가는 직원이 제시하는 의견과 자료가 부족하더라도 일단은 경청하는 것이 바람직하다. 또한 청소년복지 전문가는 직원이나 클라이언트를 포함하여 복지서비스 과정에 참여하는 모든 사람들이 타인으로부터 인정받고 보상받기를 원한다는 점을 인지하여, 이 점을 적극 반영할 필요가 있다. 일반적으로 권위적인 전문가들은 칭찬과 보상에 인색하다. 반면, 유능한 청소년복지 전문가는 적절한 보상과 인정이 직원의 사기를 향상시켜 기관의 목적 달성에 도움이 된다는 사실을 알고 이를 적극 활용한다. 그러나 인정과 보상은 진실로 받을 가치가 있는 직원에게 적절하게 주어져야 하며, 지나치면 오히려 효과가 감소할 수 있다는 점을 고려해야 한다.

2) 청소년복지행정의 전달체계

우리나라의 청소년복지행정 전달체계는 청소년복지 관련 정책을 협의하고 조정하며, 심의하는 정책기구와 이의 시행을 담당하는 기관을 비롯하여 현장에서 청소년복지 서비스를 제공하는 기관으로 분류할 수 있다.

(1) 청소년복지정책기구의 설립

우리나라 최초의 청소년복지정책 담당기구는 1964년 9월 11일 대통령령 제1932호에 의거하여 내무부장관을 위원장으로 한 '청소년보호대책위원회'이다. '청소년보호대책위원회'는 청소년 시책에 필요한 제반 사항을 협의하고 관계기관 및 단체 간에 필요한 연락과 조정업무를 수행하였다. 그러나 각 부처별로 추진하는 여러 청소년복지정책을 종합적으로 조정 및 통제하기에는 미흡한 점이 많았다. 더욱이 청소년문제가 점차 사회적인 핵심과제로 등장함에 따라 청소년복지정책을 더욱 효율적으로 해결하고 추진해야 할 필요성이 생겼고, 이에 따라 1977년 8월 27일 국무총리를 위원장으로하는 '청소년대책위원회'가 새롭게 설치되었다. 이 위원회는 이후 「청소년육성법」

의 제정으로 해체되고, 청소년 정책의 종합계획 심의와 정부의 주요 청소년복지정책을 협의하기 위해 1988년 8월 19일 '청소년육성위원회'로 변경되었다.

현재 주요한 청소년복지정책 담당기구로는 「청소년 기본법」에 명시되어 있는 '청소년 정책위원회'와 '지방청소년육성위원회' 그리고 「아동복지법」에 규정되어 있는 '아동정책조정위원회' 등이 있다.

(2) 청소년 정책위원회

① 설립 근거

우리나라는 청소년 정책에 관한 주요 사항을 심의 · 조정하기 위하여 여성가족부에 청소년 정책위원회를 설치 및 운영하고 있다(「청소년 기본법」 제10조 제1항).

② 구성

청소년 정책위원회는 위원장 1명을 포함하여 30명 이내의 위원으로 구성되며, 위원장은 여성가족부장관이 되고(「청소년 기본법」 제10조 제3항), 위원은 청소년 업무와 관련이 있는 부처의 차관 또는 청소년 정책에 관하여 학식과 경험이 풍부한 사람 중에서 여성가족부 장관이 위촉하는 사람으로 구성된다. 복수 차관이 있는 기관은 해당 기관의 장이 지명하는 차관으로 한다(「청소년 기본법」 제10조 제4항). 이 외에 청소년 정책위원회에서 심의 및 조정할 사항을 미리 검토하거나 위임된 사항을 처리하는 등 청소년 정책위원회의 운영을 지원하기 위하여 위원회에 청소년 정책 실무위원회를 두고 있다(「청소년 기본법」 제10조 제6항).

③ 주요 기능

위원회의 주요 기능으로는 청소년 육성에 관한 기본계획의 수립에 관한 사항, 청소년 정책의 분야별 주요 시책에 관한 사항, 청소년 정책의 제도 개선에 관한 사항, 청소년 정책의 분석 · 평가에 관한 사항 그 밖에 청소년 정책의 수립 · 시행에 필요한 사항으로서 대통령령으로 정하는 사항 등을 심의・조정하는 것이다(「청소년 기본법」 제10조 제2항). 위원회의 구성・조직과 그 밖의 운영에 관해 필요한 사항은 지방자치단체의 조례로 정하여 운영한다(「청소년 기본법」 제11조).

(3) 아동정책조정위원회

① 설립 근거

우리나라는 아동의 권리증진과 건강한 출생 및 성장을 위하여 종합적인 정책을 수립하고 관계 부처의 의견을 조정하며, 그 정책의 이행을 감독하고 평가하기 위하여 국무총리 소속으로 아동정책조정위원회를 두고 있다(「아동복지법」 제10조 제1항).

② 구성

위원은 아동업무와 관련이 있는 정부부처의 장관과 동 관련 단체의 장이나 아동에 대한 학식과 경험이 풍부한 사람 중 위원장이 위촉하는 15명 이내의 위원으로 구성된다(「아동복지법」 제10조 제3항).

또한, 위원회는 아동의 권리보장 및 복지증진과 관련한 국제조약의 이행 확인을 위하여 필요한 업무를 관계 전문기관 또는 단체에게 위탁할 수 있다(「아동복지법」 제10조 제4항, 제5항).

③ 주요 기능

아동정책조정위원회에서는 「아동복지법」 제10조 제2항에 의거하여, 기본계획의 수립에 관한 사항을 정하고, 아동의 권익 및 복지 증진을 위한 기본방향 수립, 아동정책의 개선과 예산지원에 관한 사항을 조정한다.

(4) 청소년복지 행정기관

청소년복지행정을 담당하는 기관은 중앙과 지방자치단체로 구분된다. 중앙단위의 청소년복지 행정기관으로는 우선 여성가족부의 청소년가족정책실을 들 수 있다. 여성가족부 외에도 교육부, 고용노동부, 보건복지부, 통일부, 외교부, 경찰청 등도 청소년복지행정을 일부 담당하고 있으나, 여성가족부에 비해 상대적으로 그 정책의 규모와 우선순위가 떨어지므로 본 교재에서는 여성가족부의 청소년 가족정책실에 초점을 두고 살펴보기로 한다. 청소년가족정책실은 2010년 「정부조직법」이 개정되어 보건복지가족부의 아동청소년 정책실이 여성가족부로 일부 이관됨에 따라 새롭게 탄생한 청소년복지 행정기관이다.

깨알 tip. 청소년상담사에 대해서 알아봅시다.

1991년 「청소년 기본법」이 제정됨에 따라 국가적 차원에서 청소년상담사 양성과 자격검정의 기본적 틀이 마련되었다. 이후 2001년 「청소년 기본법」이 개정됨에 따라 청소년상담사 자격제도가 신설되었다. 청소년상담사 자격은 청소년상담 관련분야를 전공하고 상담 실무 경력과 기타 자격을 갖춘 자로서 자격검정에 합격하고 소정의 연수(100시간)를 마친 자에게 여성가족부 장관이 부여한다(「청소년 기본법」 제22조).

청소년상담사는 1, 2, 3급으로 구분된다. 자격검정 응시자격의 기준은 1급의 경우, 박사학위 소지자나 석사학위 취득 후 상담실무 경력 4년 이상인 자, 2급은 석사학위 소지자 혹은 학사학위 취득 후 상담실무 경력 3년 이상인 자, 3급은 상담 관련 분야 대학졸업(예정)자나 전문대학졸업자로서 상담실무 경력 2년 이상인 자이다. 또한 이상에서 기술한 자격에 상응하는 조건을 갖춘 자도 1, 2, 3급 자격 검정에 응시할 수 있다.

4. 청소년복지 행정기관

1) 여성가족부 청소년가족정책실

청소년 조직은 다시 1998년 2월 정부의 조직 개편에 따라 청소년 정책실이 청소년국으로 변화되어 문화관광부에 존치되었고, 청소년보호위원회는 국무총리실 소속으로 변경되어 활동해 왔다.

청소년 중앙행정조직은 행정기관 분리에 따라 체계적이면서도 종합적인 정책 수행이 곤란하게 되었고, 새로운 정책 변화에 능동적으로 대처하기 위한 대응능력이 부족하였다. 또한 각 부처에 쌓여 있는 청소년 정책의 총괄 · 조정 역할을 시행하기가 어려웠다. 이러한 문제점들을 해결하기 위하여 정부혁신지방분권위원회는 2004년 12월 17일 정부의 청소년 정책기능(육성 및 보호)을 통합하는 국무총리 소속하에 '청소년위원회' 설치 방안을 확정 · 발표하였다.

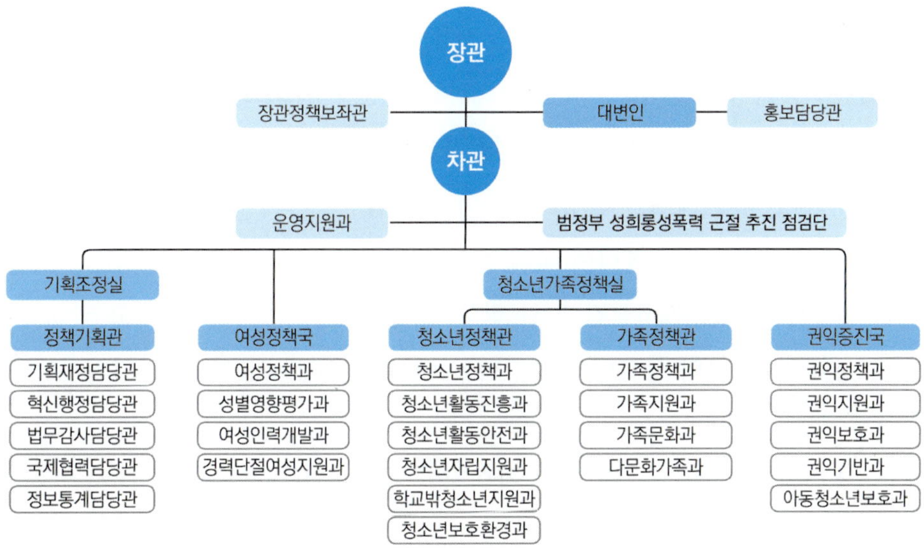

[그림 3-1] 여성가족부 조직도

출처: 여성가족부.

2) 지방청소년육성위원회

「청소년 기본법」 제11조에 따르면 청소년육성에 관한 지방자치단체의 주요 시책을 심의하기 위하여 특별시장 · 광역시장 · 특별자치시장 · 도지사 · 특별자치도지사 및 시장 · 군수 · 구청장(자치구의 구청장에 한함)의 소속하에 지방청소년육성위원회를 두도록 되어 있다.

지방청소년육성위원회의 구성, 조직, 그 밖의 운영에 관하여 필요한 사항은 조례로 정하도록 되어 있다. 또한, 제5차 청소년 정책기본계획 정책과제 중 세부 추진과제로 '지방자치단체 청소년육성위원회 위상 강화'를 추진하고 있으며, 앞으로도 청소년의 건강한 성장환경 조성을 위해 지방청소년육성위원회 위상을 강화할 예정이다.

3) 한국청소년활동진흥원

한국청소년활동진흥원은 「청소년활동 진흥법」에 의해 설립된 공공기관이다. 한국청소년활동진흥원이 수행하고 있는 주요 정책 지원 사업으로는 청소년활동프로그램을 인증하고 그 기록을 유지・관리・제공하는 청소년수련활동 인증제, 청소년 자원봉사활동의 지원과 기록 관리, 청소년들이 신체단련・자기개발・자원봉사・탐험활동을 고르게 지속적으로 수행하여 꿈과 끼를 개발할 수 있도록 하는 국제청소년 성취포상제, 수련시설 종합 안전점검 지원 및 안전 관련 컨설팅 홍보, 그리고 국내 외 청소년 및 청소년지도자의 글로벌 역량강화를 위한 교류활동의 진흥 및 지원사업 등이 있다.

한국청소년활동진흥원은 다양하고 창의적인 청소년 체험 활동을 진흥시켜 청소년의 잠재역량 계발과 인격 형성을 도모하고 안전하고 신뢰받는 청소년활동을 조성하고, 수련・참여・교류・권리증진 활동을 종합적으로 지원함으로써 궁극적으로 청소년의 삶의 질 향상에 기여하고 있다. 또한, 청소년들이 다양한 체험활동을 통해 건강하게 성장하며 자신의 꿈과 열정을 펼칠 수 있는 역량을 키워 나가는 데 이바지하고 있다.

4) 한국청소년상담복지개발원

한국청소년상담복지개발원(Korea Youth Counseling & Welfare Institute: KYCI)은 「청소년복지 지원법」 제22조에 의해 설립된 여성가족부 산하 공공기관이다. 한국청소년상담복지개발원의 주요 기능으로는 지자체가 설치·운영하는 청소년상담복지센터를 중심으로 한 지역사회 위기청소년 통합지원체계(CYS-Net) 관계자 회의, 지도·지원 등을 실시하고, 종합정보망을 운영하고 있으며, 사회적 이슈가 되는 청소년 문제들을 분석·연구함으로써 문제 해결과 예방에 도움을 주고 있다.

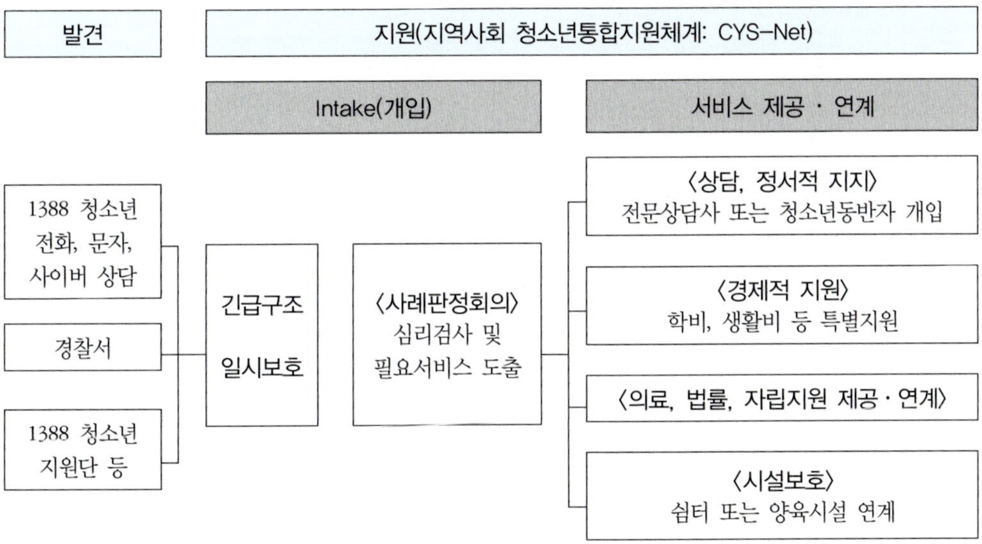

[그림 3-2] 서비스 지원절차 체계도

깨알 tip. 청소년지도사 자격증 취득방법

○ 청소년지도사 자격증 취득방법

급격한 사회변화에 따라 심각해지고 있는 청소년 문제를 적극적으로 해결하고 체계적인 청소년 활동을 위해서는 청소년 수련활동에 대한 전문지식과 지도기법 및 자질을 갖춘 청소년지도사의 양성이 필요하다. 청소년지도사의 체계적이고 전문적인 양성을 위해 「청소년 기본법」에서는 청소년지도사의 양성 및 배치에 관한 내용을 규정하여 1993년부터 국가공인 청소년지도사를 양성하고 있다. 청소년지도사는

1, 2, 3급으로 구분되며, 청소년 관련분야의 경력, 기타 자격을 갖춘자로서 자격 검정에 합격하고, 소정의 연수를 마친 자에게 국가자격을 부여한다. 청소년지도사는 청소년활동(수련활동, 문화활동, 교류활동)을 전담하여 학생, 근로, 복무, 무직 청소년 등 전체 청소년의 신체단련, 정서함양, 자연체험, 예절수양, 사회봉사, 전통문화 활동 등을 지도한다. 청소년지도사 자격을 취득하기 위해서는 전문학사(3급), 학사(2급) 이상의 학력이 요구되며 자격검정시험 (필기 + 면접시험)에 응시하여 합격 후 소정의 자격연수를 마쳐야 발급받을 수 있다.

○ 응시자격

구분	자 격 요 건
1급	2급 청소년지도사 자격 취득 후 청소년활동 등 청소년육성업무에 종사한 경력이 3년 이상인 사람
2급	1. 대학졸업(예정)자 또는 이와 같은 수준 이상의 학력이 있는 사람으로서 2급 청소년지도사 자격검정에 필요한 과목 모두를 전공과목으로 이수한 사람 2. 2005년 12월 31일 이전에 대학을 졸업하였거나 이와 같은 수준 이상의 학력을 취득한 사람으로서 별표 1의2에 따른 과목을 이수한 사람 3. 대학원의 학위과정 수료(예정)자로서 2급 청소년지도사 자격검정에 필요한 과목 모두를 전공과목으로 이수한 사람 4. 2005년 12월 31일 이전에 대학원의 학위과정을 수료한 사람으로서 별표 1의2에 따른 과목 중 필수영역 과목을 이수한 사람 5. 대학 졸업 또는 이와 같은 수준 이상의 학력이 있다고 다른 법령에서 인정받은 후 청소년활동 등 청소년 육성업무에 종사한 경력이 2년 이상인 사람 6. 전문대학 졸업 또는 이와 같은 수준 이상의 학력이 있다고 다른 법령에서 인정받은 후 청소년활동 등 청소년육성업무에 종사한 경력이 3년 이상인 사람 7. 3급 청소년지도사 자격 취득 후 청소년활동 등 청소년육성업무에 종사한 경력이 2년 이상인 사람 8. 고등학교 졸업 또는 이와 같은 수준 이상의 학력을 인정받은 후 청소년 활동 등 청소년육성업무에 종사한 경력이 8년 이상인 사람
3급	1. 전문대학 졸업(예정)자 또는 이와 같은 수준 이상의 학력이 있는 사람으로서 3급 청소년지도사 자격검정에 필요한 과목 모두를 전공과목으로 이수한 사람 2. 2005년 12월 31일 이전에 전문대학을 졸업하였거나 이와 같은 수준 이상의 학력을 취득한 사람으로서 별표 1의2에 따른 과목을 이수한 사람 3. 전문대학 졸업 또는 이와 같은 수준 이상의 학력이 있다고 다른 법령에서 인정받은 후 청소년활동 등 청소년육성업무에 종사한 경력이 2년 이상인 사람 4. 고등학교 졸업 또는 이와 같은 수준 이상의 학력이 있다고 다른 법령에서 인정받은 후 청소년활동 등 청소년육성업무에 종사한 경력이 3년 이상인 사람

1. 청소년활동 등 청소년육성업무 종사경력의 인정 범위와 내용은 여성가족부장관이 별도로 정하여 고시한다.
2. 2급 청소년지도사 자격증을 소지하고 대학원에서 1급 자격검정에 필요한 과목을 전공과목으로 이수한 석사학위 소지자 또는 박사학위 소지자는 각각 2년 또는 3년의 경력을 가진 것으로 인정한다.
3. 제18조에 따른 청소년지도자 연수 등 청소년육성 관련 연수 또는 교육을 받은 경우 그 내용에 따라 점수로 환산하여 청소년지도사 자격 취득에 필요한 청소년활동 등 청소년육성업무 종사경력으로 인정할 수 있다. 이 경우 연수 및 교육을 받은 사람의 경력환산 점수는 여성가족부장관이 별도로 정하여 고시한다.
4. 고등학교, 대학, 전문대학 및 대학원이란 각각 「초・중등교육법」제2조제4호에 따른 고등학교, 「고등교육법」제2조제1호・제4호에 따른 대학・전문대학, 「고등교육법」제29조에 따른 대학원을 말한다.

※ 2급 1, 3호 및 3급 1호는 필기시험을 면제함

*세부내용은 한국산업인력공단 Q-Net 참조

이를 위해 청소년 상담복지정책에 대한 중・장기적 연구와 다양하고 예전보다 심각해진 청소년 문제를 해결, 예방하기 위한 맞춤형 프로그램을 개발, 전국 청소년 유관 기관에 프로그램 보급 및 운영, 청소년 상담기법 연구 및 상담자료 제작・보급에 최선을 다한다. 또한, 변화 및 다양화되는 청소년 문제를 적극적으로 해결하기 위해 「청소년 기본법」에 근거, 청소년 상담 전문화 및 청소년상담자 자질 향상을 위한 청소년상담사 국가자격제도를 위탁 운영하며, 청소년상담사 자격연수 및 보수교육 등의 역할을 하고 있다.

이 밖에도 청소년 상담복지 종사자들의 전문성을 강화하기 위한 직무연수 실시 및 자녀 양육에 도움을 줄 수 있게 하는 학부모 대상 부모교육, 친구의 문제해결을 도와줄 수 있는 또래상담자 양성 및 건강한 청소년 성장에 목적을 둔 인성교육 등을 실시하고 있다. 경제적 혹은 환경적 어려움 때문에 학업을 중단하거나 보호시설 등에 입소된 학교 밖 청소년들을 대상으로 자립을 돕고, 학교복귀, 진로 및 취업을 돕는 등 학교 밖 청소년 지원 사업을 운영하고 있다. 또한, 인터넷과 스마트폰을 과다하게 사용하여 건강한 생활이 어려운 청소년들을 위한 인터넷 치유캠프 및 가족치유캠프는 전국 청소년

상담복지센터와 연계하여 지원하고 있으며, 국립청소년인터넷 드림마을을 위탁, 운영하여 인터넷과 스마트폰 중독을 예방하거나 해소를 위한 사업을 하고 있다. 이 밖에도 정서장애나 행동장애가 있는 청소년들의 조화로운 성장을 위해 상담과 치료, 대안교육 및 자립지원 사업 등을 장·단기 과정으로 만들어 수행하며, 청소년들이 쉽게 접근하여 이용할 수 있는 개인상담 및 집단상담, 심리검사 등의 전문상담 및 사이버상담 등의 청소년 상담사업을 운영하여 청소년들의 건강한 성장에 도움을 주고 있다.

깨알 tip. 정서 · 행동장애 청소년 지원사업에 대해서 알아봅시다.

● 개요

정서·행동장애로 어려움이 있는 청소년에게 종합적·전문적 치료·재활 서비스를 제공하여 청소년의 정상적 생활 영위 및 건강한 성장 도모

● 지원대상

정서·행동장애로 어려움이 있는 만 9~18세 청소년
(우울, 불안, 비행, 품행장애, 주의력결핍과잉행동장애(ADHD) 등의 문제로 학교생활이나 대인관계에서 어려움을 겪는 청소년)
※ 제외대상: 발달장애, 지적장애, 기 수료생

● 지원내용

- 상담·치료: 정신의학전문의, 상담사 등의 종합적·전문적 상담
- 보호: 기숙형 보호시설에서 생활습관 및 사회적응행동, 대인관계기술 습득
- 교육: 학습권 보장을 위해 대안교육(초, 중, 고)
- 자립지도: 수료 후 청소년들의 사회적응 및 자립을 위한 직업교육, 진로탐색, 체험활동 등

● 신청절차 및 방법

- 디딤과정(4개월), 오름과정(1개월)
- 신청 절차: 청소년상담복지센터, 학교밖청소년지원센터, 학교 및 시·군·구 교육청, 청소년쉼터, Wee센터, 청소년 및 아동복지 시설 등을 통한 기관 신청
  ※ 본인 및 보호자의 직접 신청 불가
- 신청 방법: 인터넷접수 http://center.nyhc.or.kr
- 힐링캠프(4박 5일)

- 신청 절차: 학교별 또는 기관별 25명 내외로 신청(단체만 신청 가능)
- 신청 방법: 참가신청서 작성 후 이메일 신청(healing@nyhc.or.kr)
  ※ 참가신청서는 인터넷사이트(http://nyhc.or.kr)에서 내려받아 작성

● 필요서류

- 디딤과정(4개월), 오름과정(1개월)
- 인터넷접수 사이트(http://center.nyhc.or.kr)에 접속하여, 기관 ID 등록 후 로그인 → 의뢰기관소견서, 위기평가질문지, 자원평가질문지 등 작성
- 힐링캠프(4박 5일)
- 힐링캠프 참가신청서(인터넷사이트에서 서식 내려받기 http://nyhc.or.kr)

● 문의

- 전화문의: 청소년전화 1388(유료) 또는 110
- 국립중앙청소년디딤센터 홈페이지(http://www.nyhc.or.kr)

● 참가비용

- 디딤과정(4개월), 오름과정(1개월)
- 국민기초생활보장법에 따른 수급자, 차상위계층 본인부담경감대상자, 한부모가족지원대상 등의 청소년은 참가비 면제
- 일반가정 청소년 월 30만 원 부담
- 힐링캠프(4박 5일)
- 참가비 없음

출처: 여성가족부.

youth welfare | part

02

청소년복지의 실제

contents

youth welfare | chapter 04

청소년과 정신건강

[학습목표]

1. 청소년의 우울에 대하여 학습한다.
2. 청소년의 정신건강의 주요 특성을 학습한다.
3. 청소년의 자살 특성을 학습한다.
4. 청소년의 자살 예방에 대해 학습한다.

1. 청소년 우울

청소년기는 발달특성상 정서적으로 불안정하고 충동적이며 스트레스에 대한 대처 능력이 미숙한 시기다. 그러므로 청소년은 가족환경이나 또래관계・학업・진로문제・학교・환경・외모・경제적 문제 등의 스트레스와 갈등에 취약하며 우울, 무기력, 자살 생각과 같은 심리적 부적응을 경험하기도 한다. 우울은 청소년기의 보편적인 정서이지만 적절히 해결되지 않고 만성화되면 자살행동의 직접적인 위험요인이 되며, 이후 성인기 정신건강에도 부정적 영향을 미친다.

1) 청소년 우울의 개념과 특성

우울은 인간이 보편적으로 가지고 있는 감정의 하나로, 청소년 우울은 청소년기에 가장 빈번하게 표출되는 심리적 문제다. 청소년 우울은 성인 우울과 유사하게 지속적으로 슬픈 감정과 외로움, 불안, 삶에 대한 공허함, 흥미 상실 등의 정서적 증상과 함께 자기에 대한 비난이 증가하고 나아가 자기비하, 죄의식과 자신에 대한 무가치감, 사고력 및 주의력 저하와 같은 인지적 증상을 나타낸다. 따라서 만성적으로 우울 정서를 갖고 있는 청소년은 일상생활을 비롯하여 학교생활에서도 무력감을 느끼기 쉬우며 자기 자신과 주변 상황, 자신의 미래에 대해 허망감을 갖게 되고, 불면증과 수면과다, 식욕감퇴, 체중감소, 피로감과 같은 생리적 증상을 나타낸다. 또한 우울증상이 심한 청소년은 학업을 중단할 가능성이 높고, 가족관계나 또래관계 등에서 사회적 능력 손상을 보일 수 있다.

청소년 우울은 이처럼 성인 우울과 유사한 증상을 보이기도 하지만, 다음과 같이 성인 우울과는 다른 몇 가지 특성이 있다.

① 청소년 우울은 사춘기 전후의 민감한 시기에 경험하는 발달과 정상의 인지적 · 사회적 변화 및 신체 생리적 변화와 밀접한 관련이 있다. 따라서 청소년 우울은 사춘기 특성과 유사한 면들이 있기 때문에 학교 부적응이나 일탈행동으로 치부되거나 의지력이 약하고 수동적이라고 생각하는 등 다른 문제로 인식되는 경향이 있다. 이런 영향으로 청소년 우울은 조기 발견이 어려운 경우가 많다.

② 청소년기는 우울증 발생의 주요한 출발점이 현저히 증가하는 시기다. 또한 청소년 우울은 성인기 우울 발생의 주요한 예측요인이다. 실질적으로 15~18세에 주요 우울증의 유병률이 급증하며, 청소년기 우울은 성인기 우울 발생 가능성을 2~3배로 증가시키는 것으로 보고된다.

③ 청소년 우울은 사회적 손상, 자아발달에서의 혼란, 학교생활 실패를 초래할 수 있고, 불안장애, 가출, 반항, 자살시도, 약물중독과 같은 충동적인 행동으로 이어질 수 있다.

2) 청소년 우울의 실태와 현황

전국단위의 실태조사에서는 '최근 1년 안에 2주에 걸쳐 일상생활의 중단이 필요한 정도로 슬프거나 절망스러운 감정을 느낀 적이 있는가?'에 대한 질문을 통해 청소년의 우울감 정도를 조사하였는데, 2018년 중 · 고등학생의 우울감에 대한 경험률은 27.1%로 전년도에 나타난 25.1%보다 2.0% 증가했다. 이는 10년 전인 2008년 38.8% 대비 11.7% 감소한 것이다.

성별로는 남학생이 21.1%로 나타났고, 여학생이 33.6%로 여학생이 남학생보다 12.5% 정도 높았으며, 남학생과 여학생 모두 학년이 높아질수록 우울감을 경험할 확률도 높은 것으로 나타났다.

〈표 4-1〉 성별에 따른 우울감 경험률

성별	우울감 경험률(%)
남학생(%)	중1(16.2) < 중2(19.3) < 중3(21.2)
	고1(21.3) < 고2(22.7) < 고3(24.5)
여학생(%)	중1(27.8) < 중2(32.5) < 중3(35.0)
	고1(32.3) < 고2(35.6) < 고3(36.6)

출처: 2019 청소년통계, 통계청, 여성가족부.

학교급별로는 고등학생이 28.7%로 중학생 25.2%보다 우울감 경험률이 높으며, 중학생 및 고등학생 모두 전년에 비해 소폭 증가한 것으로 나타났다.

〈표 4-2〉 스트레스 및 우울감

(단위: %)

연도	스트레스 인지율[1]					우울감 경험률[2]				
	전체	남학생	여학생	중학교	고등학교	전체	남학생	여학생	중학교	고등학교
2005	45.6	39.7	52.2	43.2	49.7	29.9	25.6	34.7	28.3	32.6
2006	46.5	40.6	53.1	42.4	51.3	41.4	37.1	46.2	37.8	45.5
2007	46.5	40.9	52.8	43.4	49.9	41.3	36.5	46.6	38.3	44.6
2008	43.7	38.1	50.1	40.6	47.1	38.8	34.0	44.3	35.2	42.7
2009	43.2	37.3	50.0	40.0	46.6	37.5	32.1	43.5	34.5	40.6
2010	43.8	37.7	50.7	40.8	46.9	37.4	32.7	42.6	34.4	40.3
2011	42.0	35.8	49.0	39.0	45.0	32.8	28.0	38.2	30.0	35.5
2012	41.9	34.8	49.6	38.9	44.7	30.5	25.5	36.0	28.2	32.6
2013	41.4	34.3	49.3	39.1	43.7	30.9	25.2	37.1	29.0	32.6
2014	37.0	30.8	43.7	33.4	40.3	26.7	22.2	31.6	24.4	28.8
2015	35.4	29.6	41.7	31.6	38.7	23.6	19.7	27.8	21.2	25.6
2016	37.4	30.5	44.9	33.6	40.5	25.5	20.9	30.5	22.7	27.7
2017	37.2	30.4	44.6	34.1	39.8	25.1	20.3	30.3	23.5	26.4
2018	40.4	32.0	49.5	37.0	43.4	27.1	21.1	33.6	25.2	28.7

연도	스트레스 인지율[1]					우울감 경험률[2]				
	전체	남학생	여학생	중학교	고등학교	전체	남학생	여학생	중학교	고등학교
2019	39.9	31.7	48.8	37.2	42.4	28.2	22.2	34.6	26.9	29.4
2020	34.2	28.1	40.7	30.4	37.9	25.2	20.1	30.7	22.9	27.4
2021	38.8	32.3	45.6	36.4	41.2	26.8	22.4	31.4	25.9	27.7
2022	41.3	36.0	47.0	39.8	43.0	28.7	24.2	33.5	28.2	29.3

출처: 교육부 · 질병관리청, 「청소년건강행태조사」, 중 · 고등학생 대상.

주: 1) 스트레스 인지율: 평상시 스트레스를 '대단히 많이' 또는 '많이' 느끼는 사람의 분율

2) 우울감 경험률: 최근 1년 동안 2주 내내 일상생활을 중단할 정도로 슬프거나 절망감을 느낀 적이 있는 사람의 분율

3) 청소년의 스트레스

2017년 청소년의 스트레스 인지율은 남학생 30.4%, 여학생 44.6%로 여학생이 남학생보다 높았다. 또한 학년이 올라갈수록 스트레스 인지율이 증가하는 경향을 보였다. 연도별로 청소년의 스트레스 인지율 추이를 살펴보면, 남녀 학생 모두 2015년에 비해서 2016년에 스트레스 인지율이 증가한 반면, 2017년에는 2016년에 비해 소폭 감소한 것으로 나타났다.

청소년의 스트레스 인지율과 우울감 경험률 추이를 살펴보면, 스트레스 인지율은 2020년부터 조금씩 우상향하는 모습을 보여 준다. 이는 학년이 올라갈수록 스트레스 인지율이 증가하는 경향을 보였다.

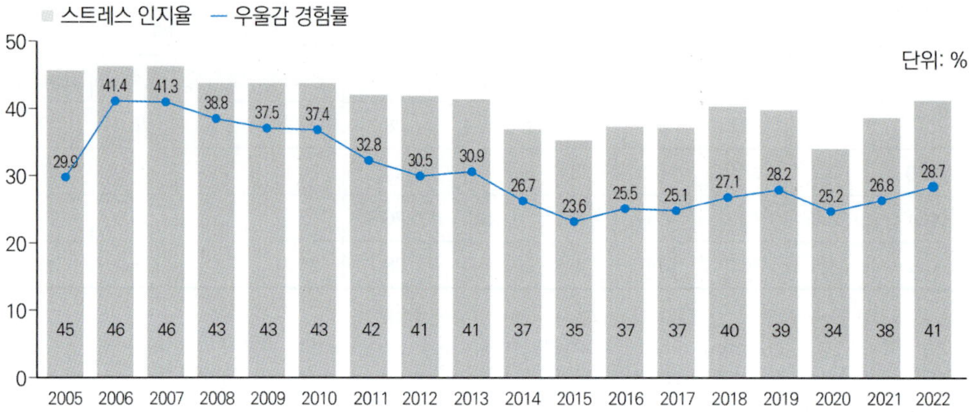

[그림 4-1] 연도별 스트레스 인지율&우울감 경험률

출처: 여성가족부 한국청소년정책연구원 '청소년정책분석평가센터'.

2017년 청소년의 우울감 경험률은 남학생 20.3%, 여학생 30.3%로 여학생이 남학생보다 높았으며, 남학생 및 여학생 모두 학년이 올라갈수록 우울감 경험률도 높아지는 것으로 나타났다. 2017년 청소년의 우울감 경험률은 남학생 및 여학생 모두 2016년 대비 소폭 감소한 것으로 나타났다.

4) 청소년 우울의 관련요인

청소년 우울은 청소년 개인의 인지적・정서적 특성뿐만 아니라 가족 특성, 또래관계 및 지역사회의 사회환경적 특성에 의해 영향을 받는다. 관련요인을 살펴보면 다음과 같다.

(1) 개인적 요인

청소년 우울과 밀접한 관련이 있는 개인적 요인은 바로 스트레스다. 청소년은 급격한 신체적 변화와 정서적 변화로 인해 스트레스를 받으며, 또한 상급학교 진학과 관련하여 부모와의 관계와 또래집단에서 다양한 스트레스를 경험한다.

〈표 4-3〉 청소년 스트레스의 원인

분류	내용
자신 관련	키, 몸무게, 용모, 질병, 장애, 허약 체질, 자신감 부족, 내성적 또는 외향적 성격 등
가족 관련	편애, 무관심, 지나친 간섭, 부모님의 불화, 대화 부족, 용돈, 집안 형편 등
학업 관련	시험, 성적, 숙제 부담, 선생님의 편애, 무관심 등
친구 관련	친구와의 다툼, 무관심, 따돌림, 폭력, 위협, 이성 교제 문제 등

특히 우리나라 청소년들은 연령이 증가할수록 학업과 입시경쟁으로 인한 압박과 상대평가 등으로 인한 학급 내 서열에서의 좌절 경험이 증가하기 때문에 학업과 관련된 스트레스 수준이 다른 나라보다 상당히 높은 편이다. 청소년들은 이러한 스트레스를 적절히 대처하지 못할 경우 반복적으로 부정적 정서를 경험하며, 우울에 보다 취약해지는 경향이 있다. 그런데 동일한 스트레스 상황에 노출되더라도 청소년의 인지적 특성에 따라 우울 정도에 차이가 있다. 즉, 부적응적 완벽 성향이 높고 부정적 자동사고 경향을 가진 청소년은 무력감, 자기비난, 개인적 무가치, 무능력, 무망감을 경험할 가능성이 높기 때문에 우울 정도가 보다 심각할 수밖에 없다.

(2) 가족환경적 요인

청소년 우울에 영향을 주는 가족환경적 요인으로는 부모자녀 관계, 부모의 심리적 통제, 부모의 우울증, 가정폭력 등이 있다. 아동기에 비해 청소년기에는 부모의 영향력이 상대적으로 감소하면서 부모와 심리적 거리를 두지만 부모와의 친밀한 관계와 의사소통, 부모의 관심과 감독은 청소년 우울에 중요한 보호요인이 된다. 따라서 부모와의 애착관계와 의사소통이 결여되고, 청소년의 현재상황에 대한 부모의 관심 수준이 낮은 청소년은 그렇지 않은 청소년에 비해 우울 정도가 높다.

부모와의 애착과 관심이 청소년 정신건강에 긍정적 영향을 주는 반면, 부모의 심리적 통제는 청소년 우울의 위험요인이 된다. 부모의 심리적 통제는 부모가 기대하는 행동을 자녀가 행하지 않을 때, 자녀의 언어적 혹은 감정적 표현을 제재하고, 죄의식을 느끼게 하거나 애정을 철회하겠다는 심리적 협박을 의미한다. 일반적으로 과보호하는 부모, 자녀를 소유물로 생각하는 부모, 성취만을 강조하는 부모, 완벽주의 경향이 있는 부모들이 심리적 통제를 많이 하며 부모로부터 심리적 통제를 많이 받은 청소년일수록 우울과 같은 정서문제와 일탈행동 등에 취약하다.

다음으로 우울에 관련된 가족환경적 요인은 가정폭력이다. 가정폭력은 부모가 자녀에게 신체적, 언어적 폭력을 행하는 것과 부부간, 가족 간의 폭력을 자녀가 직접 목격하는 것을 모두 포함한다. 가정폭력을 직·간접적으로 빈번하게 경험하는 청소년일수록 스트레스 수준이 높고 불안정하며 분노를 느끼기 쉽기 때문에 심리적 위축과 우울 정도가 높다. 또한 부모가 우울증이나 정신장애를 가지고 있는 청소년일수록 우울증에 취약하다.

(3) 사회환경적 요인

청소년 우울에 관련된 사회환경적 요인으로는 또래폭력 및 학교폭력, 이웃환경의 무질서와 폭력성 등이 있다. 청소년은 발달단계 특성상 또래집단으로부터 많은 영향을 받고, 일상생활의 많은 부분을 학교에서 보낸다. 그러므로 청소년은 집단따돌림, 폭행 등의 학교폭력을 당할 경우, 학교환경과 친구관계에서 소외감과 부적응을 경험하면서 우울증상을 보이게 된다. 특히 학교폭력으로 인한 우울증상은 자살행동과도 밀접한 관련이 있다.

최근에는 청소년 우울과 관련된 사회·환경적 요인으로 지역사회나 이웃환경의 무질서와 폭력성 등이 검토되고 있다. 이러한 요인들은 청소년이 거주하는 지역사회의 빈곤현상과 밀접한 관계가 있다. 즉, 빈곤 수준이 높은 지역에 거주하는 청소년들은 주변에서 사회적·물리적 무질서 상황에 쉽게 노출되기 때문에 정서적 불안과 우울을 경험할 가능성이 높다.

5) 청소년 우울의 사정과 개입

청소년 우울은 일반적으로 행동 관찰과 면담 및 검사 등 다양한 방법으로 평가될 수 있다. 이들 중 우울의 정서적 증상들을 사정할 수 있는 표준화된 자기보고식 평가도구가 있다. 한편, 청소년 우울에 대한 대표적인 개입방법은 인지행동치료와 대인관계 심리치료다.

인지행동모델은 우울 현상을 인지정서행동의 병리적 현상으로 보고, 이 모델은 기본적으로 역기능적인 사고패턴을 보이는 청소년일수록 스트레스나 환경적 자극에 부딪힐 경우, 사건이나 상황 자체의 의미를 왜곡하는 부정적인 자동사고를 함으로써 우울과 같은 정서적 문제를 겪는다고 설명한다. 따라서 인지행동치료는 청소년의 사고와 사고과정, 신념체계를 변화시킴으로써 개인의 정서적, 행동적 변화가 가능하다고 가정한다.

깨알 tip. 청소년 우울증의 신호들은 무엇인가요?

일반적으로 청소년의 우울증에 대한 신호는 다음과 같다.

일상 활동에 대한 관심 또는 흥미를 상실하는 것, 너무 적게 혹은 너무 많이 자거나 먹는 것, 결정을 내리기 힘들고 집중하기 곤란해지는 것 등이다. 무가치감, 죄책감, 또는 분노가 자살 또는 죽음에 대한 반복적인 생각으로 표현되기도 한다. 우울한 시기 동안 청소년은 슬프고 눈물을 자주 흘리며, 평소와 다르게 동작이 느려진다. 자발성이 줄어들고 기분이 불안정해 보일 수도 있다. 자신의 외모에 신경을 쓰지 않는다. 동작은 느리고, 말에서는 절망감과 좌절을 느낄 수 있다. "나는 멍청해" 또는 "아무도 나를 사랑해 주지 않아" 혹은 "나는 나쁜 놈이야"와 같은 말을 자주 한다. 우울한 십대는 신체검사에서 특별한 이상이 확인되지 않는 두통이나 복통을 호소하는 경우도 많다.

기분부전장애 상태의 청소년들은 더 경미한 우울 증상을 일 년 이상 지속적으로 경험하게 된다. 만성적으로 우울한 기분이 청소년의 가정 - 학교생활이나 대인관계에 영향을 주어서, 매사를 부정적으로 받아들이기 쉽다. 만일 청소년의 기분이 지속적으로 저조하거나 자신의 삶과 미래를 어둡고 황량한 것으로 바라본다면, 우울증 상태일 가능성을 생각해 보아야 한다.

청소년 우울증의 후유증은 무엇인가요?

우울증은 청소년의 사회적, 학업적 기능에 심각한 영향을 미친다. 우울한 청소년들은 대개 학업 성적이 떨어진다. 청소년들은 집중할 수 없게 되며, 자신이 학업을 따라갈 수 없는 절망적인 상태에 놓여 있다고 믿게 되어, 수업에 소홀하거나 빼먹기 쉽다. 기진맥진되고 무능력함을 느껴, 다른 활동에 대한 관심도 상실하게 된다.

우울과 절망감은 자해행동이나 자살시도로 표출될 수도 있다. 우울증 청소년들은 술, 담배, 또는 다른 약물을 남용하기도 하며, 과도하게 스마트폰이나 컴퓨터에 몰두하기도 한다. 등교 거부, 가출, 폭력과 같은 비행 행동을 하는 경우도 흔하다.

청소년들은 왜 우울할까요?

우울증은 복합적이고 다양한 원인을 가진다. 유전과 뇌의 생화학적인 취약점에 뿌리를 두고 있는 경우도 많다. 일부 우울증 청소년들은 어린 시절에 부모 또는 다른 중요한 사람의 죽음이나 상실과 같은 환경적 스트레스를 겪었다. 부모에게 폭행당하고, 거절당하거나, 엄격하고 처벌적인 교육을 받았고, 부모 사이의 관계가 좋지 않은 가정에서 자랐을 수도 있다.

우울증은 문제에 부딪쳐서 반복적으로 경험하는 좌절감에서 비롯되기도 한다. 자신, 환경, 미래에 대한 부정적이고 절망적인 태도가 우울을 심화시킨다.

그렇다면, 어떻게 도와줄 것인가?

앞에서 언급한 우울증의 신호가 나타난다면, 도움이 필요할 정도로 증상들이 심각한지를 알아보기 위해 무엇보다 먼저 청소년과의 대화가 필요하다. 그 과정에서 당신이 그의 슬픔을 이해하고 있음을 알게 해 주는 것이 중요하다. 관심을 나타내고 도움을 주려는 자세를 보여 주는 것만으로도 청소년에게 희망을 심어 줄 수 있다.

부모나 교사들은 청소년이 왜 그런 상실감이나 패배감을 느끼는지 이해하는 데 어려움을 느낄 수 있으므로, 청소년의 말을 주의 깊게 듣고, 청소년의 입장에 생각해 보는 것이 중요하다. 청소년에게 부담을 주지 말고, 즐길 수 있고 성공적으로 잘 해낼 수 있는 활동들을 가르쳐 준다. 작은 성취를 인식하게 해 주고, 능력을 칭찬해 줌으로써 자존심을 높여 준다.

만일 증상이 오래 지속되어 일상활동에 지장이 초래되거나 자해 행동이나 자살 충동이 있는 경우, 그리고 부모나 교사의 노력에도 불구하고 개선되지 않는 경우에는 즉각 전문가의 도움을 요청해야 한다. 정신치료, 집단치료, 가족치료 등이 시행될 수 있으며, 중등도 이상의 우울증에는 약물치료가 꼭 필요하다. 우울증은 80~90%가 치료될 수 있는 비교적 "잘 낫는" 질병이다.

출처: 대한가족보건복지협회 발행 월간 "가정의 벗".

2. 청소년 자살

1) 청소년 자살의 개념과 특성

세계보건기구에 의하면 '자살'이란 자살행위로 인하여 죽음을 초래하는 경우로서 죽음의 의도와 동기를 인식하면서 자신에게 손상을 입히는 행위라고 정의하였다. 즉, 자살은 스스로 죽음을 선택하고 삶을 마감하는 것을 의미한다. 따라서 일반적으로 한 개인이 자살 실행으로 죽음에 이르는 것은 자살에 대한 생각과 계획, 시도 등 연속적인 과정의 결과다. 이런 의미에서 자살은 '자살행동'을 지칭하는 용어이며, 자살행동의 구성요소에는 자살 생각, 자살계획, 자살시도, 자살사망이 포함된다. 따라서 이 장에서 사용되는 '자살행동'은 자살 생각과 자살계획, 자살시도, 자살사망을 포괄하는 용어다.

자살 생각은 죽고 싶다는 생각을 하는 것부터 자살과 관련된 행동을 시도하려는 생각을 의미하며, 자살계획은 자살 생각의 수준을 넘어서 행동으로 표현되는 것으로 자해 행동에 이르지 않는 유서 작성, 소지품 정리를 포함한다.

자살시도는 자해 등을 통해 죽기 위한 행동을 하지만 실제로 죽지 않는 경우를 말하며, 자살사망은 자살 실행으로 죽음에 이르는 실제적 자살을 의미한다. 즉, 자살은 개인이 이루고자 하는 기대상황과 현실상황과의 괴리가 원인이 되어 자신에 대한 부정적 감정과 우울증이 초래되고 이 우울증이 인지적 몰락 상태를 유발하여 결국 자살행위를 하게 된다. 청소년 자살은 국내뿐 아니라 다수의 선진국에서도 청소년 사망의 주요원인이 되고 있다. 청소년은 발달과정상의 특성으로 인해 성인과는 다른 의도와 과정으로 자살행동을 시도한다.

〈표 4-4〉 청소년 자살의 특징

구분	내용
충동적	청소년들이 보이는 자살시도는 현실도피적으로 문제를 해결하는 충동적 방식을 보임
극단적인 표현	청소년의 자살은 자신의 심리적 고통을 극단적인 방법으로 표현하는 경우가 많음
또래와 동반자살 시도	청소년들은 다른 연령층에 비해 자신의 내적 자살동기보다는 외적 요인의 영향을 받음
죽음에 대한 환상	청소년들은 현실세계에서 강한 압력을 받을 때 죽음을 일종의 도피수단으로 봄

2) 청소년 자살의 실태와 현황

최근 청소년 자살은 매우 심각한 사회문제로 대두되고 있다. 2021년 청소년의 사망원인 중에서 「고의적 자해(자살)」이 가장 많고, 다음은 「안전사고」, 「암」 순으로 나타났다.

2021년 「고의적 자해(자살)」은 인구 10만 명당 11.7명, 「안전사고」 3.7명, 「암」 2.7명으로 전년보다 각각, 0.6명, 0.4명, 0.3명 증가했다. 2014년 이후 청소년 사망원인 1위는 「고의적 자해(자살)」임을 확인할 수 있다.

〈표 4-5〉 청소년 사망원인 (단위: 명, 인구 10만 명당 명, %)

연도	1위 사망자 (사망률)	2위 사망자 (사망률)	3위 사망자 (사망률)
2010	안전사고1)	고의적 자해(자살)	악성신생물(암)
	935	926	344
	(8.9)	(8.8)	(3.3)
2011	고의적 자해(자살)	안전사고	악성신생물(암)
	931	818	339
	(8.9)	(7.8)	(3.3)
2012	고의적 자해(자살)	안전사고	악성신생물(암)
	822	731	352
	(8.0)	(7.1)	(3.4)

연도	1위 사망자 (사망률)	2위 사망자 (사망률)	3위 사망자 (사망률)
2013	고의적 자해(자살)	안전사고	악성신생물(암)
	793	652	311
	(7.8)	(6.4)	(3.1)
2014	고의적 자해(자살)	안전사고	악성신생물(암)
	742	684	288
	(7.4)	(6.9)	(2.9)
2015	고의적 자해(자살)	안전사고	악성신생물(암)
	708	561	282
	(7.2)	(5.7)	(2.9)
2016	고의적 자해(자살)	안전사고	악성신생물(암)
	744	526	293
	(7.8)	(5.5)	(3.1)
2017	고의적 자해(자살)	안전사고	악성신생물(암)
	722	458	257
	(7.7)	(4.9)	(2.7)
2018	고의적 자해(자살)	안전사고	악성신생물(암)
	827	420	264
	(9.1)	(4.6)	(2.9)
2019	고의적 자해(자살)	안전사고	악성신생물(암)
	876	367	226
	(9.9)	(4.1)	(2.6)
2020	고의적 자해(자살)	안전사고	악성신생물(암)
	957	316	210
	(11.1)	(3.7)	(2.4)
2021	고의적 자해(자살)	안전사고	악성신생물(암)
	985	310	223
	(11.7)	(3.7)	(2.7)

출처: 통계청, 「사망원인통계」, 청소년(9~24세) 대상.
주: 1) 안전사고: 운수사고, 추락, 익사, 화재, 중독, 기타 외인

미국의 경우, 2015년 청소년위험행동조사에서 9~12학년 청소년의 17.7%가 최근 12개월 동안 자살 생각을 한 적이 있다고 응답했으며, 8.6%는 최근 12개월 동안 한 번 이상 자살시도 경험이 있었으며 이들 중 2.8%는 자살시도 후 병원치료를 받은 것으로 나타났다. 미국청소년 관련 통계를 단순히 비교하면 우리나라 청소년들의 자살행동 정도는 상대적으로 낮게 보일 수 있다. 그러나 우리나라 청소년의 사망원인 1위가 자살이고, 학교성적이나 가족문제로 인해 자살 생각을 가장 많이 한다는 조사결과들을 고려한다면 청소년 자살행동 예방에 대한 사회적 관심이 절실히 요구된다.

3) 청소년 자살의 위험요인

(1) 가족 요인

인간은 그를 둘러싸고 있는 사회적인 환경 속에서 타인과의 관계를 형성하고, 이를 기반으로 사고하고, 행동하면서 이를 통해 자신의 사고와 행동을 형성하게 된다. 대부분의 인간이 출생하여 가장 기본적인 행동을 배우는 곳은 일반적으로 가정이다. 즉, 인간은 가정이라는 사회 내에서 부모와의 관계를 통해 부모의 역할과 행동을 학습한다. 소위 자녀의 양육자로서 부모가 자녀에게 행하는 폭력은 학습될 수 있으며, 이러한 가정환경에서 부모로부터 지속적인 학대를 받은 경험이 많은 청소년은 그 분노가 증가되고, 이는 결과적으로 자살행동으로 이어질 확률을 높인다.

청소년의 자살 생각과 관련해서 가족요인에 해당되는 것은 가정 내 빈곤과 가족 간의 갈등 등 다양하다. 그중에서도 '부모의 학대와 폭력'은 자살행동을 증가시킬 수 있는 주요한 요인이다.

청소년 자살행동에 영향을 주는 대표적인 가정환경적 요인은 부모의 학대와 부모자녀 관계다. 부모의 학대, 특히 어린 시절 부모로부터 받은 학대와 폭력은 청소년에게 감당할 수 없을 정도의 강력한 감정적 경험이다. 이러한 피학대경험은 적절한 감정조절기제 형성을 손상시키기 때문에 자살행동의 위험요인이 된다. 실질적으로 아동기 동안 신체

학대와 성학대피해경험이 청소년의 자살시도에 유의한 영향을 미치는 것으로 확인된다.

부모자녀 관계 또한 청소년 자살행동에 영향을 준다. 일반적으로 부모와의 정서적 유대와 지지는 청소년 자살행동이나 일탈행동을 완화하는 보호요인 역할을 한다. 그런데 부모와 애착관계가 적절히 형성되지 않고 가족으로부터 정서적 지지를 지속적으로 받지 못하는 청소년은 자신이 가족에게 늘상 짐이 된다는 생각을 하는데, 이러한 인식이 자살행동으로 연결되는 것이다. 이 밖에도 자살과 관련된 가족력은 청소년 자살행동의 주요 위험요인이다.

〈표 4-6〉 자살의 가족 요인

구분	위험요인	보호요인
가족 요인	• 자살 행동의 가족력과 유전적 요인 • 가정폭력 • 경제적 빈곤, 부모의 실직 • 부부간, 부모와 자녀 간 잦은 갈등 및 불만족 • 부모로부터의 정서적 박탈 • 부모 사별, 생이별 • 가족원의 자율적 기능 상실 • 부모의 정신질환	• 가족원의 지원 • 지역사회의 지지 • 가정폭력에 적극 개입 • 높은 가족 응집력 • 원만한 의사소통 • 부모 - 자녀 간 지지적 • 경제적 안정

(2) 학교 요인

학교에서 또래로부터의 소외와 학교 내 폭력 경험은 청소년 자살행동을 증가시킬 수 있는 요인이다. 청소년은 따돌림이나 폭력을 통해 또래들로부터 거부를 당하게 되면 우울과 분노를 느낄 뿐만 아니라, 외로움과 고립감을 갖게 되므로 자살 생각을 하게 된다. 통상 학교폭력이란, 가해학생이 피해학생의 의사와는 관련 없이 학교 내·외부에서 신체적·정신적 또는 재산상의 피해를 가하는 행위를 말한다. 일반적으로 학교를 중심으로 그 공간에서 발생하는 학교폭력은 학생들 사이에 공포분위기를 형성하게 되고, 피해학생에게 심각한 고통을 주는 경우가 많아 자살 생각의 위험요인이 된다. 또한 학교폭력 피해청소년들은 자살가능성이 높으며, 청소년의 자살 생각과 학교폭력 피해경험은 서로 연관성이 있다고 한다.

대부분의 청소년들은 자신의 하루 일과를 거의 학교에서 보내기 마련이다. 따라서 학교는 청소년에게 매우 큰 영향력을 발휘하는 공간이기도 하다. 그러므로 학교에의 적응은 청소년기에는 매우 중요한 발달과업이다. 특히 학업 스트레스를 가진 청소년일수록 자살 생각을 더 많이 하고 있다고 한다. 학업성적과 진로문제로 인한 학업스트레스는 청소년 정신건강 문제와 자살 생각에 심각한 영향을 준다. 청소년들은 스트레스 대처능력이 미숙하고, 주변 환경에서 학업스트레스를 완화시켜 줄 자원을 찾기 어렵기 때문에 공부가 힘들거나 성적이 제대로 나오지 않을 경우 자살을 생각하는 경향이 있다.

(3) 사회 요인

사회 요인으로 언론보도와 인터넷, 스마트폰 등의 대중매체를 들 수 있다. 이러한 대중매체는 청소년의 자살 생각에 심각한 영향을 미치기도 한다. 일례로 대중매체를 통한 연예인 자살보도의 영향은 청소년의 자살 생각에 매우 강한 영향을 미치기도 한다.

청소년의 자살 생각에 영향을 미치는 연예인의 자살 보도 등으로 모방자살이 높아질 수 있다. 또한 인터넷의 발달로 인해 잘 알지 못하는 사람들과 자살을 논의하고 정보를 공유하며, 나아가 자살을 도와주는 소위 자살사이트가 등장하기도 했다. 자살사이트에서의 무분별한 정보는 동반자살에 심각한 영향을 미치며, 자살 동조자들과 함께 자살을 실행한다고 알려져 있기도 하다.

〈표 4-7〉 자살의 사회 요인

구분	위험요인	보호요인
사회요인	• 인터넷 사이트나 미디어를 통한 왜곡된 죽음 정보 • 자살을 미화하는 문화적 및 종교적 신념 • 총기와 같은 치명적 수단의 접근 용이성 • 정신건강 치료에 대한 장애 • 낮은 사회적 지지도 • 실연, 왕따, 법률위반	• 가족원의 지원 • 지역사회의 지지 • 가정폭력에 적극 개입 • 높은 가족 응집력 • 원만한 의사소통 • 부모 - 자녀 간 지지적 단계 • 경제적 안정

4) 청소년 자살 예방

현대사회에서 청소년들의 자살은 개인의 문제 이상으로 주변에 여러 가지 사회적 문제를 일으키는 요인으로 나타나고 있다. 이러한 현실에서 청소년 자살의 특성과 문제점을 파악하고, 청소년기의 자살의 원인과 사례분석을 통해 청소년의 자살 예방대책을 강구할 필요가 있다. 무엇보다 청소년들의 자살을 예방하기 위해서는 가족구성원 간의 친밀한 정서적 유대관계가 형성되어야 하며, 상호 원활한 의사소통이 이루어져야 하고, 심리적으로 지지해 줄 수 있는 지원체계가 형성되어야 한다. 또한 학업성적에 대한 지나친 관심도의 집중과 자녀의 학업 스트레스가 중요한 요인임을 인지하고 함께 대처하는 노력을 기울여야 한다.

우울증의 유병률이 증가하고 신체적·인지적으로도 급격하게 성장 발달이 일어나면서 자살률은 급격하게 증가한다. 청소년기는 발달학적으로 자아정체성 형성과 부모와의 관계에서 심리적인 독립을 이루느라 부모와의 갈등뿐만 아니라 내적 갈등이 심해지고 외적인 부분에서도 학업의 스트레스, 친구관계, 왕따, 학교 폭력 등 스트레스는 더욱 증가하는 시기이다. 다행스러운 것은 청소년의 자살사고 및 자살시도는 치료 가능하며 특히 우울증과 같은 자살의 주요 위험인자는 효과적인 치료로 좋은 결과를 기대할 수 있다. 하지만 현실적으로 자살의 위험성이 높은 청소년들에게 자살에 대한 적절한 평가와 치료가 이루어지는 경우가 아주 많지는 않다. 이는 많은 부모들이 자녀의 문제를 잘 인식하지 못하거나 과소평가하기 쉬우며 정신과적 치료에 대한 거부감이나 부정적인 인식 때문에 적절한 시기에 치료적인 개입이 이루어지지 못하기 때문이다.

〈표 4-8〉 자살의 징후

구분	내용
직접적 행동 단서	• 수면제, 진통제, 감기약 등을 자살목적으로 지속적으로 모아서 감춘다. • 끈이나 칼 등 자살도구를 준비하여 감춘다. • 의미 있는 개인소장품이나 수집물건을 남에게 주거나 태우거나 버린다. • 죽음이나 자살사이트에 심취한다. • 일기장, 노트, 메모장에 글, 그림, 낙서로 자살이나 죽음에 대해 표현한다. • 주위 사람에게 자살이나 죽음에 관련된 말을 흘린다.
직접적 언어 표현	• "나는 정말 죽고 싶어" • "나는 더 이상 지탱할 힘이 없어" • "나에게는 더 이상 사는 것이 의미가 없어" • "내가 없어지면 모든 것이 훨씬 나아질 거야" • "나는 이 세상에 쓸모가 없어" • "내가 사라지면…"
간접적 행동이나 상징적 단서	• 지나치게 환상적, 공상적 내용의 소설, 만화, 영상에 심취한다. • 실연이나 상실에 대해서 지나치게 미화시키는 대중음악 등에 심취한다. • 자살에 대해서 모험적이며, 로맨틱하게 생각한다. • 칭찬이나 포상을 거부하는 행동을 한다. • 성격의 심한 변화를 보인다. • 외모에 대한 관심이 결여된다. • 식사와 수면상태의 변화가 나타난다. • 에너지가 떨어져 쳐져 있다.

그러므로 자살에 대한 가능성이 높거나 혹은 자살 사고를 갖고 있는 청소년을 찾아내는 것이 예방의 첫걸음이 될 수 있다. 청소년기에는 특히 식사와 수면 습관의 변화, 친구나 가족, 그리고 일상적인 활동을 멀리하는 것, 약물과 알코올 남용, 외모에 대해 평소와 달리 신경을 쓰지 않는 것, 뚜렷한 성격의 변화, 지속적인 권태감, 집중력 저하, 또는 학업성적의 저하, 복통, 두통, 피로 등 정서와 관련되어 나타나는 신체증상을 자주 호소하며, 즐거운 활동에 대한 흥미를 상실하는 경향을 보일 때 자살 가능성을 고려해야 한다.

우선은 가정에서 다양한 좌절경험이나 애착 불안이 갈등 원인으로 나타나지 않도록 노력하여야 하며, 지나친 과잉보호나 과도한 무관심이 나타나지 않아야 한다. 결국 청소년을 가정 내 중심으로 보호하여야 한다. 이를 통해 청소년 스스로가 강요나 압박이 아닌 상태에서 미래와 진로에 대한 고민이 자연스럽게 이루어져야 할 것이다. 수평적 관계의 가정 내 삶의 질 향상에 공동 대응하는 지속적인 관심과 인식이 필요하다.

〈표 4-9〉 도움을 요청할 수 있는 기관 연락처

기관명	전화번호
생명의 전화	1588-9191
자살예방 핫라인	1577-0199
헬프콜 청소년 전화	1388
학교폭력 근절 긴급전화	117
보건복지콜센터 희망의 전화	129

청소년 시기가 불확실성의 시기로 인지될 때 대인관계의 소외감, 집단따돌림 등의 구성원들과의 소통의 장애와 부적응 현상 등에 의한 요인들을 살펴볼 때 학교는 청소년들에게 청소년기의 특성에 대한 이해 전달과 동시에 자기 자신의 소중함을 일깨워 주고 청소년기의 가치관을 정립할 수 있도록 도와주는 등 자살예방교육을 실시해야 한다. 또한 무조건적이고 획일적인 대입 중심의 현 교육체제 속에서도 청소년 스스로 인성을 계발할 수 있도록 다양한 교과 외 프로그램을 개발하여 제공해 줄 필요가 있다. 뿐만 아니라 학교는 다양한 특별활동 등을 통해 성적에 대한 중압감을 해소하고 즐거운 학교생활을 할 수 있는 분위기를 조성하도록 노력해야 한다. 이를 기반으로 청소년 자살을 예방하는 몇 가지 방안을 제시한다.

① 청소년 자녀와 긍정적 관계 유지를 통한 자살의 위험성을 낮추고, 부모는 자녀와의 행동 공유와 적절한 감정의 표현을 통해 부모와 자녀 관계를 긍정적으로 형성 및 유지하도록 한다.

② 스트레스 유발상황에는 조기에 개입하여 청소년들의 심각한 스트레스 상황을 제거하는 동시에 부모의 따뜻한 관심과 지원을 통해 자녀에게 도움을 주어야 한다.

③ 자녀의 자살 위협에 대한 심각성과 그에 대한 의사표현은 부모나 다른 사람에게 도움을 받고 싶다는 마지막 메시지일 수도 있다는 생각을 해야 된다.

④ 청소년기에 나타나는 많은 심리적 장애와 자살시도 전후의 위험성은 반드시 전문가의 도움을 받아야 하고, 부모와 가족들의 적극적인 지원도 필요하다.

⑤ 의심스러운 자녀의 행동을 자체 판단하지 말고 부모와 가족 구성원들의 적극적인 대처와 즉시 전문가의 도움을 요청해야 한다.

⑥ 청소년 자살 예방을 위한 교육 및 홍보, 예방 프로그램의 운영, 진단 및 치료, 사후관리 등을 강화하기 위해서는 청소년 자살 예방 전문인력에 대한 양성과 전문성 제고를 위한 노력이 필요하며 이들 전문인력의 처우를 개선하기 위한 노력이 필요하다.

⑦ 학교에서 청소년들이 또래집단에 속하여 그들 사이에서 문제를 해결할 수 있도록 해야 한다. 또래집단은 비슷한 어려움을 함께 겪고 서로 공유하는 부분이 많기 때문에 서로에게 지지자 역할과 조력자 역할을 할 수 있다. 친구를 통해 자신만의 문제가 아니라 비슷한 단계에 있는 또래들이 공통으로 겪고 있는 어려움이라는 것을 인식하며 그 어려움의 정도가 약화되어 해결할 의지가 생기게 된다. 주변에 정서적 지지자가 많다는 것은 그만큼 안전망이 크다는 것을 의미하기 때문에 청소년 시기에 예방적 교육이 다양하게 이루어져야 한다. 직접적인 도움이 아니더라도 친구가 전문적인 조력을 받을 수 있게 돕는 것이 가장 효과적이라고 할 수 있다.

청소년이 자살과 관련된 징후를 조금이라도 보인다면 반드시 정신건강 전문가에 의해 전문적 사정과 개입이 실시되어야 한다.

〈표 4-10〉 청소년 자살 위험도 체크리스트

교사용 학생 자살 징후 체크리스트

「교육부(2017)」

아래는 자살 학생이 사망 전 보였던 모습들을 바탕으로 구성된 내용입니다.
자살 학생 보호자 보고에 의한 심리부검(자살 원인 규명) 분석 결과(2015~2016), 모든 학생들이 사망 전 아래와 같은 모습을 하나 이상 보였습니다.
최근 3개월 이내에 아래와 같은 변화된 모습들을 3개 이상 보이는 학생이 있다면, 교내 상담교사에게 연계하여 학교 상담을 실시할 수 있도록 합니다.
(* 항목은 1개일지라도 교내 상담교사에게 연계)

- ☐ 평소와 달리 숙제를 잘 안 해 온다.
- ☐ 수업시간에 자주 졸거나 딴 생각을 하는 것처럼 보인다.
- ☐ 성적이 많이 떨어졌다.
- ☐ 무단 지각, 조퇴, 결석이 많다.
- ☐ 친구들과 어울리지 않고 혼자 있는 시간이 많다.
- ☐ 표정이 어둡고 울적해 보인다.
- ☐ 갑자기 살이 너무 빠져 보이거나 쪄 보인다.
- ☐ 위생 및 청결 상태가 좋지 않다.
- ☐ 학교에서 문제행동을 일으키거나 비행행동을 한다.
- ☐ 최근 가정문제(부모 이혼, 사별, 경제적 문제 등) 또는 학교문제(학교폭력, 따돌림)를 경험했다.
- ☐ 최근 친구, 지인 등의 자살 사망을 경험했다. *
- ☐ 일기, 노트, SNS 등에 슬픈 (죽음 관련) 내용의 글을 작성하였다. *
- ☐ '죽고 싶다', '내가 이 세상에 없다면....' 등 자살과 관련된 말을 한다. *
- ☐ 자해, 자살 시도 경험이 있다. *

youth welfare | chapter 05

청소년 인터넷 중독

[학습목표]

1. 청소년 인터넷 중독의 개념을 이해한다.
2. 청소년 인터넷 중독의 유형과 대응방법을 학습한다.
3. 청소년 스마트폰 중독 및 예방 프로그램을 학습한다.

1. 청소년 인터넷 중독

중독은 물질의 신체 및 생리적 의존이라고 할 수 있는데, 관련하여 내성과 금단증상이 있을 때 흔히 사용하는 용어다. 쉽게 말해 물질의 내성이란, 즐거움과 행복감을 경험하기 위해 특정한 물질을 계속 사용하면 이전에 사용한 용량으로는 더 이상 즐거움이나 행복감을 경험할 수 없게 되는 것을 말한다. 금단증상이란 어떠한 물질을 사용하던 사람이 그것을 중단할 때, 겪게 되는 부정적 상태 등을 말한다. 이때 불쾌감, 기분의 급격한 하락, 괴로움 등을 경험하게 된다. 하지만 중독의 의미가 점점 물질적 남용에서 그 개념이 확대되고 있다. 술러(Suler)는 모든 중독의 공통된 모습에 대해 인생에서 중요한 일이나 사람에 대한 어떤 소홀함, 그리고 죄의식을 가지는 등의 8가지 행동을 꼽는데, 이러한 인터넷 중독의 경우에도 그런 공통된 모습을 보인다.

인터넷 중독의 경우도 그런 공통적 형태에 해당된다. 최근 인터넷 이용이 급격하게 늘어나면서 통제가 어렵고, 정상적인 사회생활이 곤란한 모습이 종종 발견되면서 인터넷 중독이라는 용어가 신조어로 등장하게 되었다. 또한 인터넷 이용이 계속해서 늘어날 것으로 볼 수 있다는 점을 미루어 볼 때, 인터넷 중독에 대한 부작용은 향후 점점 심각해질 것으로 예상되어, 문제의 심각성이 크다고 할 수 있다.

인터넷 중독이 정식 정신질환으로 채택하지 않은 이유는 인터넷 게임 장애에 대해 표준화되어 말할 만한 정의가 미흡하고, 자료를 비롯한 정보 부족, 그리고 각 나라의 문화적인 특성에 따라 차이 등을 보이기 때문이다. 쉽게 말해서 아직은 정신질환으로 규정하기에는 조금 더 연구가 필요하다는 말이다. 그러나, 인터넷 게임 등으로 실질적으로 고통받는 사람들이 증가하고 있기 때문에 결국 연구를 통해 정식 질환으로 규정되고, 관리되는 것이 필요하다 하겠다. 실제로 DSM-5에서 정식 정신질환으로 규정되지 않았다는 것이 보건복지부 질병코드 부여에 반대하는 근거로 쓰이기도 했다. 그렇다면 DSM-5에서 제시하는 진단기준에 대해 살펴보고자 한다.

깨알 tip. DSM에 대해 알아봅시다.

DSM은 정신질환 진단 및 통계편람인데 미국정신의학회(APA)에서 발행하는 정신질환의 진단기준을 제시하는 체계이다. 다시 말해, 정신과 의사들이 이 DSM을 보고 기준에 맞춰 정신질환을 진단 내린다고 할 수 있다. DSM-5가 가장 최신판인데 DSM-5에서는 추가 연구가 필요한 진단적 상태로 인터넷 게임 장애를 소개하고 있다.

1) DSM-5에서 제시한 인터넷 게임 장애의 진단기준

흔히 다른 사용자들과 함께 게임을 하기 위해 지속적이고 반복적으로 인터넷을 사용하는 행동이 임상적으로 현저한 손상이나 고통을 일으키며, 다음 중 5가지(또는 그 이상) 증상이 12개월 동안 나타난다.

① 인터넷 게임에 대한 몰두(이전 게임 내용을 생각하거나 다음 게임 실행에 대해 미리 예상함. 인터넷 게임이 하루 일과 중 가장 지배적인 활동이 되며, 주의점으로 이 장애는 도박장애 범주에 포함되는 인터넷 도박과 구분된다.)

② 인터넷 게임을 못하게 할 경우 나타나기 시작하는 금단증상(이러한 증상은 과민성, 불안 또는 슬픔으로 종종 나타나지만, 약리학적으로 금단 증상의 신체적 징후는 없다).

③ 더 오랜 시간에 걸쳐 인터넷 게임을 지속적으로 실시하려는 욕구

④ 인터넷 게임 관련하여 참여를 통제하고자 하는 시도에 실패함.

⑤ 인터넷 게임에만 관심을 갖고, 이전 실행했던 취미나 여가 활동에 대한 흥미가 감소함.

⑥ 정신적인 문제에 대해 인지하고 있음에도 불구하고 과도하게 인터넷 게임을 지속적으로 실시함.

⑦ 가족을 비롯하여 타인에게 인터넷 게임을 실시한 시간을 거짓으로 말함.

⑧ 부정적인 기분에서 벗어나기 위해서 인터넷 게임을 지속함(예: 무력감, 죄책감, 불안).

⑨ 인터넷 게임을 지속적으로 실시하여 주요한 대인관계를 비롯하여 일과 학업 등을 위태로운 환경에 놓이게 하거나 상실함.

주의할 점은 이 장애의 진단은 도박을 제외하고 인터넷 게임만 포함시킨다. 업무 및 직업상 실시하는 인터넷 게임 등은 포함되지 않고, 그 밖에 기분 전환, 친목을 목적으로 하는 인터넷 게임 등은 포함하지 않는다. 마찬가지로 성적인 인터넷 사이트도 제외한다.

추가적으로 심각성을 말하고 있는데, 쉽게 말해서 일상적인 활동의 손상 정도, 부적응 정도에 따라서 경도, 중증도, 고도로 나눌 수 있다. 또한 이용시간에 따라 중독 여부를 확인하기도 한다. 인터넷을 이용하는 시간이 하루에 8시간 이상이거나 일주일에 40시간 이상이 되면 중독성을 의심해 보아야 한다는 지적도 있다. 그러나 단순히 이용 시간만으로 인터넷 중독을 진단하기는 어렵다. 왜냐하면 시간과 인터넷 중독 간에는 유의미한 정적 상관을 보이기는 하지만 세부 이용 활동과 그 이용 유형에 따라 중독 여부는 달라질 수 있기 때문이다. 예를 들어, 인터넷을 검색하는 데 이용하는 경우와 게임 등의 여가 및 오락용으로 이용하는 경우에는 중독 시간에 차이를 두어야 한다. 이와 같이 인터넷 중독에 대한 정의는 다양한 시각으로 정의할 수 있다.

그만큼 현대인의 생활 속에는 인터넷이 미치는 영향력이 매우 크다는 것을 확인할 수 있다. 특히, 청소년은 성인들에 비해 빠르게 새로운 습관이 만들어진 가능성이 높고 정보화나 기술 분야에 대한 적응력이 워낙 빠르기 때문에 인터넷 중독에 빠질 확률도 그만큼 크다고 할 수 있다. 비교적 나이가 어린 사람들이 나이가 많은 사람들보다 인터넷 중독에 더 빠진다는 연구 결과도 위의 주장을 뒷받침한다고 볼 수 있다. 따라서 초창기에 인터넷 관련한 이용 습관을 확인하고 이에 대한 올바른 관점으로 이용하도록 도와주는 일이 예방 차원에서 우선될 필요가 있다.

2) 인터넷 중독의 개념

인터넷은 탄생한 지 불과 40여 년 만에 정치 · 경제 · 문화 · 사회 전반에 걸쳐 인류의 삶을 혁신적으로 바꾸고 있다. 또한 인터넷은 개인의 삶을 발전시키고 풍요롭게 하는 데 긍정적이며, 혁신적인 역할을 담당해 왔다. 그러나 우리나라는 세계적인 수준의 인터넷 정보국가로 발전하였지만, 이 과정에서 적지 않은 수의 인터넷 중독자가 발생했다.

1994년 국내에 처음 도입된 인터넷은 현재는 거의 모든 가구(99.2%)가 이용하고 있으며, 대부분 국민들이 스마트폰으로 접속하는 '최첨단 인터넷 연결 국가'가 되었다. 언제 어디서나 인터넷 혁신의 편익을 누릴 수 있게 된 우리나라는 국제전기통신연합이 발표하는 '국가별 발전지수'에서 항상 상위권에 선정되기도 했다. 이러한 인터넷의 발전은 청소년의 생활에도 큰 영향을 주는 요인이 되고 있다.

2018년에 10대 청소년은 일주일에 평균 약 17시간 45분(일일평균 2시간 32분), 20대는 약 24시간 10분(일평균 3시간 25분) 등으로 인터넷을 이용하는 시간은 최근 6년간 지속적 증가 추세이다.

① 중독의 개념

중독은 과의존으로 해석되기도 한다. 통상 중독은 스마트폰, 인터넷 과다 사용에 대한 금단증상을 비롯하여 내성을 갖고 있고, 이로 인해서 일상생활의 장애가 유발되는 상태를 말한다. 여기서 금단이란 스마트폰, 인터넷 사용 차단 시 불안함과 초조함을 느끼는 상태를 말하며, 내성은 동일한 만족을 얻기 위해 더 많은 사용이 필요한 상태를 일컫는다. 일상생활 장애란 스마트폰, 인터넷의 과다한 사용으로 가정, 학교, 직장 등 일상생활에 부정적 영향을 미치는 현상으로 이를테면 가족 간 갈등, 학교 결석, 업무 부주의 등을 말한다.

② 인터넷 중독의 개념

인터넷 중독은 구체적인 일련의 행동과 상호작용하는 과정에서 심취하게 되는 대표적인 과정 중독이다. 이는 단순한 인터넷의 과도한 사용이나 몰입과는 구분되어 강박적 사용, 집착, 내성 및 생활상의 장애를 일으키는 증상으로서 인터넷 중독이 하나의 진단명이 될 정도로 심각하다. 이는 '인터넷 중독장애'라는 용어를 처음 언급하면서 등장하였다. 이는 인터넷 중독을 병리적이면서, 강박적으로 인터넷을 사용하는 것으로 규정하였는데, 이는 개념상 많은 논란을 불러일으켰다. 이후에는 인터넷 중독을 병적 컴퓨터 사용 장애로 수정함으로써 사람들이 정도 이상으로 컴퓨터를 지나치게 이용하여 생기는 장애라고 정의하였다. 그 기준으로 병적 컴퓨터 사용으로 인해 어떤 장애를 일으킬 때와 병적 컴퓨터 사용으로 인해 신체적·심리적·경제적, 사회적 기능, 대인관계적 기능, 결혼생활 등에 손해나 지장이 생길 경우를 제시하였다. 현재 인터넷 중독은 인터넷 중독장애, 컴퓨터 중독, 가상공간 중독, 기술적 중독 등의 다양한 용어로 혼용하고 있으며 아직까지 국내외 관련 학계에서 합의된 개념은 없는 상태다. 또한 인터넷을 이용하는 사람이 약물이나 도박 등에 중독되는 것과 유사한 방식으로 인터넷에 중독되는 것으로도 정의하였다. 한국정보화진흥원은 인터넷 중독을 인터넷의 과다 사용으로 인터넷 사용에 대한 금단현상을 보이고 있으며, 이로 인해 이용자의 일상생활에 대한 불편함이나 장애가 유발되는 상태로 정의하였다. 이는 인터넷에 반복적으로 접속하지 않았을 때 불안, 초조감과 같은 정서적 금단현상과 내성으로 인해 인터넷에 몰입하게 되어 학업 소홀과 같은 현실생활의 어려움을 갖는 것을 말한다.

③ 인터넷의 순기능과 역기능

인터넷은 몰입의 즐거움을 주며 몰입을 통해 현실의 문제에서 잠시나마 벗어날 수 있게 해 주고 현실에서 부족한 것을 가상의 세계에서라도 채울 수 있다는 만족감을 느끼게 해 줄 뿐만 아니라 자신의 약점이나 문제점도 사라지는 것 같은 느낌을 갖게 해 준다. 그리하여 인터넷의 병리적 사용으로 실생활에서 대인 관계가 위축되고, 인터넷 사용시간이 늘어날수록 사회적 고립 수준도 증가함으로써 개인을 더욱 우울하게 만들어 중독에 이르게 한다. 인터넷의 익명성은 사람들로 하여금 현실 생활 속에서의 구속과 억제와 통제로부터 벗어날 수 있게 해 준다. 이러한 익명성이 인터넷상에서의 폭력과 음란물을 난무하게 만들고, 지나치게 인터넷에 집착하게 하는 요소가 되기도 한다. 특히 현실에서 자신의 분노를 쉽게 드러내지 못하는 청소년은 온라인게임을 통해 강력한 힘을 얻어 공격성을 발휘하기도 한다. 이런 점에서 현실에서 이해받지 못하고 외로운 사람일수록 현실에서 충족되지 못한 욕구를 가상공간을 통해 충족시키려 하기 때문에 중독에 더 빠지기 쉽다고 지적한 바도 있다.

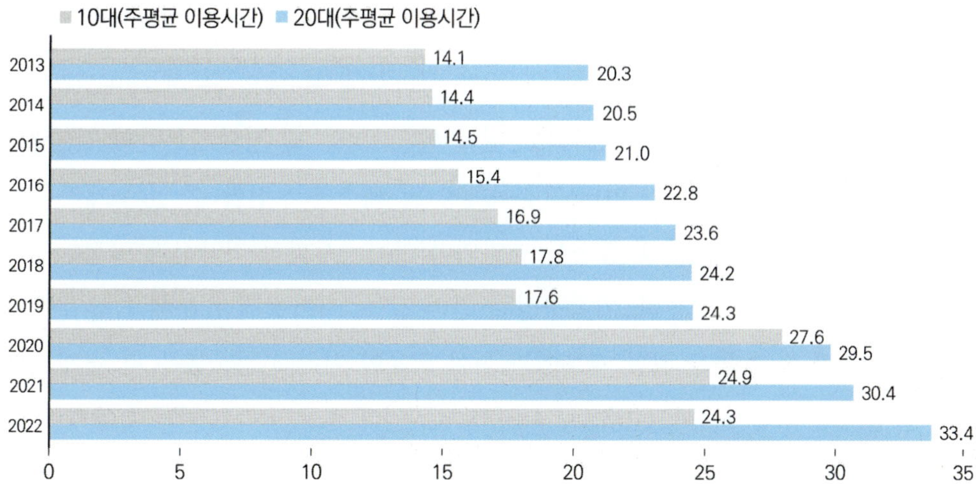

[그림 5-1] 인터넷 이용 빈도 및 시간 그래프

출처: 여성가족부 한국청소년정책연구원 청소년정책분석평가센터, 2021.

2018년 10~20대 청소년들은 「소설네트워크(SNS) · 이메일)」, 「자료 및 정보 획득(정보검색 · 쇼핑 등)」을 목적으로 인터넷을 이용하는 것으로 나타났다. 상대적으로 보았을 때, 10대는 교육 및 학습, 20대는 직업과 직장을 위해 이용하는 이용률이 높았다.

〈표 5-1〉 인터넷 이용 용도(복수 응답)

(단위: %)

	커뮤니케이션	자료 및 정보 획득	여가활동	홈페이지 등 운영	교육 · 학습	직업 · 직장
10대	98.2	95.6	99.5	70.1	83.8	7.7
20대	100.0	100.0	99.7	90.9	65.5	59.8

출처: 과학기술정보통신부 · 한국인터넷진흥원, 「인터넷 이용실태 조사」
주: 1) 최근 1개월 이내 인터넷 이용자

인터넷은 생활의 편리함을 주지만 다른 한편으로는 인터넷에 과몰입하게 됨으로써 중독이라는 역기능을 초래할 수도 있다. 청소년기는 정체감을 형성하는 시기로서 이 시기의 과도한 인터넷 사용은 현실적인 가치관 형성을 저해할 수 있는 요인이 될 수 있다. 청소년에게 있어서 인터넷은 생활의 일부가 된 지 오래다. 그러나 청소년이 지나치게 인터넷에 집착하게 되면 생활의 편리함보다는 현실 생활과 괴리되는 삶을 살게 되면서 인터넷 중독에 빠질 수 있다. 언제 어디서나 접속이 가능한 스마트폰으로 인해 인터넷 중독문제는 더욱 심화되고 있어 언론, 기업 및 상담기관과의 상담공유 등 국가적 차원에서 적극적인 인터넷 중독예방 및 해소를 추진할 수 있는 계획을 수립하여 실시하고 있다. 인터넷 중독은 개인의 심리적 · 사회적 취약성과 밀접한 관련이 있다. 즉, 낮은 사회적응력, 가족구성원 간의 갈등, 자아정체감 문제를 유발할 수 있으며, 우울과 불안 등을 지닐 경우에는 현실 적응이 어려워 청소년은 더 쉽게 인터넷에 몰입하게 되면서 중독현상으로 이어질 수 있다.

3) 인터넷 중독의 증상들

① 인터넷에 과도하게 집착하고 강박적으로 사용한다

인터넷을 사용하지 않는 시간에도 인터넷을 사용할 생각만 하고, 인터넷을 하지 않는 동안에 인터넷에서 뭔가 새로운 일이 일어날 것 같은 생각에 사로잡힌다. 대부분의 시간을 인터넷을 사용하는 데 보내며, 처음 계획했던 것보다 오랜 시간 인터넷을 사용하게 된다.

② 내성 현상을 보인다

인터넷을 사용하면 할수록 만족하기 위해서 점점 더 많은 시간을 사용한다. 만족하기 위해서 점점 더 자극적인 내용을 찾게 되는 경우가 많다.

③ 금단 현상을 보인다

인터넷을 사용하지 않으면 불안이나 초조함을 갖게 되는 경우가 있으며, 청소년들의 경우에는 수업 중에도 게임 소리가 귓전을 맴도는 경우가 있다.

④ 학업에서 어려움을 겪는다

집중력이 저하되고 성적이 떨어지며 학교에 잦은 지각을 하거나 결석을 하는 빈도가 많아진다.

⑤ 대인관계에서 어려움을 겪게 된다

점점 오프라인의 친구들과 멀어지고 온라인에서의 집중으로 인해 사회적으로 고립되며, 인터넷 사용과 관련하여 부모님과 싸우는 일이 잦아지며 반항심이 늘어난다.

⑥ 신체적 문제가 생긴다

수면 시간이 줄어들고 불규칙해서 만성 피로감, 졸음에 시달리게 된다. 인터넷에 중독되면 불규칙한 식사를 초래하게 되어 영양실조, 운동부족으로 인한 체중 증가, 혈압 상승, 심장마비, 돌연사들이 초래되기도 한다.

4) 인터넷 중독에 영향을 미치는 심리사회적 요인

(1) 기대

인터넷 중독과 관련한 문제의 치료에서 중요한 심리적 요인 중 하나는 인터넷 이용에 대한 기대이다. 인터넷 기대는 소위 인터넷을 이용할 때마다 어떠한 결과가 나올지 기대하는 바에 따라 인터넷을 이용하는 행동에 영향을 미친다는 것이다.

(2) 자기개념

인터넷에서 이루어지고, 만들어지는 사회적인 관계는 대부분 정보가 배제되는 경우가 많고, 익명성 또한 지속되는 경우가 종종 있다. 실생활에서 대인관계로 인한 부적응을 갖고 있거나 낮은 자존감을 가진 사람들은 인터넷을 통해 실제 자신의 모습을 감추고 이상적인 모습을 보일 수 있다.

이러한 점에서 인터넷은 낮은 자존감을 극복하거나 회복하기 위한 제법 괜찮은 수단이 될 수 있는 것이다. 그러나 이들은 일상의 대인관계에서 더욱 멀어지고 사회적으로 고립되어 중독에 빠지기 쉽다.

(3) 자기통제능력

자기통제는 자신이 가진 인지나 정서와 행동 등 관련한 내용을 원하는 대로 조절할 수 있음을 의미한다. 일반적으로 자기통제에 대한 정의로 어떤 보상을 얻기 위해 자신의 감정, 행동 등을 통제하고 단기적인 만족을 미루는 능력으로 정의하고 있으며, 그 반대의 개념으로는 충동적인 행동을 말하고 있다.

인터넷 중독을 가진 사람들은 인터넷 이용을 자제하지 못하거나 조절하지 못하는 등 도박과도 같은 성향을 가지며, 자신에게 해가 될 수 있는 행위를 지속하려는 충동이나 유혹을 거부하지 못한다는 측면에서 분명하게 충동조절장애라 할 수 있다. 인터넷 이용에 있어 자기통제력 상실과 관련해서는 두 가지로 구분할 필요가 있다. 첫째, 일반적인 자기통제력과, 둘째, 인터넷 중독으로 인한 가상공간에 의한 통제력 상실이 그것이다. 일반적인 자기통제력은 개인적인 특성 중 하나로서 인터넷 이용뿐만 아니라 다른 상황에서도 작용할 수 있는데, 쉽게 인터넷 이용에 대해 중독적인 성향을 띠게 되는 것이다. 가상공간에 있어 통제력을 상실한다는 것은 이미 중독적인 성향을 갖고 있는 이들이 가상공간에서 그 사용이나 정도를 제어하지 못한다는 것을 의미한다.

(4) 부모와의 관계

인터넷 중독을 가진 사람들은 사이버 공간에서 함께 활동하는 사람들에게서 사회적 지지를 얻을 수 있다. 사이버 공간에서 특정 집단에 속하게 되면 동료의식, 충고, 이해를 서로 주고받게 되는데, 자존감이 낮으면서 거부에 대한 두려움이 크고, 또한 인정에 대한 욕구가 높게 되면 인간관계의 어려움을 극복하거나 제거하기 위해서 인터넷을 사용할 가능성이 많다.

청소년들에게 가장 소중한 관계는 부모와의 관계와 친구 및 또래관계이다. 부모 및 자녀 관계는 이후에 발생하는 다양한 인간관계에 영향을 미치는 가장 기본적인 관계이다. 이러한 부모 - 자녀 관계를 더욱더 친근하게 만들거나 힘들게 만들어 낼 수 있는 중요한 요인은 의사소통이다. 비교적 원만하게 구성된 부모 - 자녀 관계를 위해서는 무엇보다 개방적인 의사소통이 필요하다. 하지만, 현대사회의 특징으로 인해 부모 - 자녀 간의 의사소통은 상당히 제한되어 있고, 서로에 대한 이해는 부족한 실정이다.

부모 - 자녀와의 의사소통과 청소년의 문제행동 간의 관계를 연구한 결과에 따르면, 부모 - 자녀 간의 의사소통이 개방적이고, 긍정적일 때 청소년의 문제행동은 적게 나타났고, 부모 - 자녀 간의 의사소통이 부정적일 때 청소년 문제 행동이 증가하는 모습을 보였다. 인터넷에 중독된 이들에게 인터넷은 그들이 속하는 특별한 공간으로 해석될 수 있으며, 제2의 가정으로 기능을 하여 현실의 가정보다 더 매력적인 곳으로 인식될 수 있다. 이들에게 인터넷 공간은 더욱 자유로우며 스스로가 이해받는다는 느낌을 준다. 이런 점들을 고려해 볼 때 부모 - 자녀 간의 부정적인 의사소통 패턴으로 인해 부모로부터 이해받지 못한다고 판단한 청소년들이 인터넷 공간을 통해 이해를 비롯한 관심을 채우려는 경향을 보일 수 있다.

(5) 친구관계

청소년들은 통상 친근한 욕구를 가진 또래집단에 가입하기를 희망하고, 이를 기반으로 다른 청소년들과 지속적으로 교류하면서, 이들로부터 인정을 받고 나아가 상호 우호적인 관계를 유지하고자 한다.

청소년기에는 자신의 관심과 비슷한 성향을 가진 친구들을 향하게 되며, 또래 집단에 속하고자 하는 성향을 가지며, 이런 집단에 속하게 될 때 심리적인 안정감을 느낀다. 대부분의 청소년들은 소속감을 가질 수 있는 친구를 비롯하여 새로운 집단을 선호하는 경향을 보인다. 하지만 현실세계에서 사회적인 기술이 충분하지 않거나 자신감이 부족해서 친구관계를 잘 맺지 못하는 경우에 청소년들은 자기를 실제로 드러낼 필요도 없으며, 자신을 다르게 나타낼 수 있는 사이버 공간에서의 만남에 점점 빠져들 수 있다.

청소년의 인터넷 중독은 비교적 사회적인 욕구를 손쉽게 충족할 수 있으며, 원하는 모습으로 자신을 바꿀 수도 있어서 인터넷에 쉽게 중독될 수 있다. 또한 인터넷은 실제의 자신의 모습과는 전혀 다른 인물로 꾸며, 타인으로 행세할 수 있다는 점에서 사회생활에 적응이 어렵거나 타인으로 인해 자존감에 쉽게 상처를 입는 사람들에게 있어 매우 매력적인 공간이 되기도 한다. 따라서 청소년기의 가장 중요한 관계라고 할 수 있는 친구관계에서 만족하지 못하고 문제가 발생할 때, 청소년들은 인터넷 중독에 쉽게 빠질 가능성이 있다. 따라서 청소년기에 친구관계의 질적인 부분과 친구나 또래 집단으로부터 소외되는 문제가 있다면 관련해서 인터넷 중독에 미치는 영향을 확인해 볼 필요가 있다.

(6) 스트레스

청소년기는 사회변화에 대한 적응을 비롯하여 달라진 학교생활과 신체적 · 정신적 성숙 등으로 다양한 스트레스에 노출되곤 한다. 자아정체감의 혼란, 가족관계에서의 갈등, 또래 집단의 갈등을 비롯하여 성적인 부분과 진로 문제 등의 다양한 원인에서 스트레스를 경험한다. 학교를 비롯하여 가족과 친구들로부터 다양한 압박을 받기도 하며, 간혹 공격적인 충동이 고양되는데, 이를 적절하게 표출하지 못할 경우 다양한 좌절감을 맛보기도 한다.

이러한 청소년들에게 인터넷 공간은 스트레스를 해소하는 공간으로 작동하는데, 이는 익명성이 보장되고 손쉽게 접근할 수 있기 때문이다. 따라서 청소년은 그들이 겪고 있는 스트레스로부터 도피하거나 회피하기 위해 인터넷에 쉽게 빠질 우려가 매우 크다. 자기 자신의 생활에서 만족한 삶을 경험하지 못할 때 사람들은 중독에 취약하다. 자신의 생활에 대해 불만족스러운 사람들이 새로운 대처방법을 찾거나 접근하지 못하기 때문에 인터넷 중독으로 발전할 확률이 높다고 볼 수 있다.

2. 인터넷 중독 청소년을 위한 복지서비스와 과제

1) 인터넷 중독 대응방법

인터넷 사용으로 인해 소홀히 하게 되었거나 줄어들게 된 활동, 습관들을 생각해 보고 문제를 인식해야 한다. 우선 인터넷 사용 시간을 기록하는 것이 좋다. 자신의 인터넷 사용시간을 기록하는 것은 실제로 자신의 인터넷 사용시간을 인지하고, 이를 줄여 나가기 위한 실천적인 계획을 수립하는 데 매우 유용하다. 또한 가족 또는 주변 사람에게 도움을 청하는 것도 좋은 방법이다.

인터넷 중독치료의 일차적인 목표는 당장 인터넷을 중단하는 것이 아니고 인터넷 활용을 조절하여 사용하는 것이므로 계획을 세우고 꾸준히 실천하는 것이 중요하다.

인터넷에 빠질 수밖에 없는 원인을 찾아서 이를 해결한다. 나아가 인터넷 이외에 재미와 보람을 주는 활동 등을 통해 인터넷에 대한 자기 조절력과 통제력을 찾아야 한다.

여성가족부의 인터넷 · 스마트폰 과의존 대응정책으로는 청소년이 신체적 · 심리적으로 건강한 인격체로 성장할 수 있도록 자기통제력을 강화시켜 주는 프로그램을 운영해야 하며, 또한 건강한 자아를 만들기 위해 다양한 여가지원 프로그램 역시 확대할 수 있는 환경을 조성해 주는 것이 필요하다.

구 분	사업내용			주관·협력기관
진단 발굴	진단조사 주의사용자군 이상 부모동의	자체발굴 및 외부기관 의뢰		여성가족부·교육부
상담 및 치유지원	개인상담/집단상담	공존질환검사	부모교육	청소년상담복지센터
병원연계	병원연계 및 치료비 지원 (취약계층 50만 원 이내, 일반계층 30만 원 이내)			청소년상담복지센터 치료협력병원(167개소)
치유특화 프로그램	인터넷 치유캠프 (중고생, 11박 12일)	가족치유캠프 (초등생, 2박 3일)	국립청소년 인터넷드림마을	여성가족부, 청소년상담복지개발원, 청소년상담복지센터, 국립청소년인터넷드림마을
사후관리	청소년동반자(YC, Youth Companion)			청소년상담복지센터

[그림 5-2] 여성가족부 인터넷 · 스마트폰 과의존 예방 및 정책 추진체계도

출처: 여성가족부(2018).

관련하여 인터넷 · 스마트폰 과의존 청소년에 대한 정책을 살펴보면 다음과 같다.

① 잠재적인 인터넷 · 스마트폰 과의존 청소년에 대한 예방적인 상담을 활성화하기 위해 설립된 한국청소년상담복지개발원을 중심으로 전국 220여 개 청소년상담복지센터와 연계하여 인터넷 · 스마트폰 과의존 상담체계를 구축하고 있다.

② 심각한 인터넷・스마트폰과 의존 청소년의 치유를 돕기 위해 치료협력병원과의 연계를 바탕으로 치료적인 서비스를 지원하는 등 치료 확대에 상당한 역점을 두고 있다.

③ 관련하여 전국의 청소년상담복지센터를 허브로 하여 인터넷과 스마트폰 의존 대응 지역협력망을 구축하고, 이를 위해 지자체와 교육청, 청소년 관련기관, 학부모 단체 등과의 연대를 통해 지역의 다양한 관계기관과 협력하고 있다. 이러한 지역 내 협력망을 기초로 인터넷・스마트폰 과의존 대응 기관 간 연계 및 협력은 물론 인터넷과 스마트폰 과의존 청소년을 대상으로 진단조사를 실시하여 이에 대한 조기 발굴 및 상담・치료 등 발빠른 지원이 이루어지고 있다.

〈표 5-2〉 **인터넷 중독 자가진단**

인터넷 중독증(IA: Internet Addiction 또는 Webaholism) 징후를 다음과 같은 10가지로 분류, 이 중 한 가지에만 해당되더라도 IA라고 경고하고 있다.

1. 하루도 빠짐없이 인터넷을 사용한다.
2. 접속한 후에는 시간 가는 줄 모른다.
3. 외출빈도가 점점 줄어든다.
4. 식사시간이 점점 줄고 모니터 앞에서 먹기도 한다.
5. 인터넷에 과도한 시간을 보낸다는 사실을 부인한다.
6. 주위 사람들이 모니터 앞에 너무 오래 앉아 있는다고 핀잔한다.
7. 전자우편상자(메일박스)를 하루에도 몇 번씩 확인한다.
8. 이 세상에서 가장 훌륭한 웹사이트를 갖고 있다고 생각하며 자기 홈페이지 주소(URL)를 알리고 싶어 안달이다.
9. 직장일로 바쁠 때에도 인터넷에 접속한다.
10. 가족이 집에 없을 때 오히려 편안한 마음으로 인터넷에 접속한다.

출처: 미국 컴퓨터접속중독센터(COLA: www.netaddiction.com).

2) 인터넷 중독 청소년을 위한 복지실천과 과제

우리나라의 인터넷 보급률은 세계 최고 수준으로 인터넷 중독의 위험도 상대적으로 높은 것이 현실이다. 특히 스마트폰이 보편화되면서 그에 대한 중독문제는 더 심각한 수준에 이르렀다고 해도 과언이 아니다. 이런 상황에서 청소년의 인터넷 문제를 해결하기 위한 최선의 방법은 예방교육을 확대하는 것이다. 이후 문제가 있는 청소년에 대한 상담과 치료가 이어져야 할 것이고, 이용시간을 제한하는 관리 프로그램이나 유해정보 차단 서비스의 개발과 보급도 우선되어야 할 것이다. 이를 위해 학교와 가정, 기업과 정부가 함께 노력해야만 효율적으로 관리하고 치료할 수 있다. 예를 들어, 가정에서는 스마트폰 사용 규칙을 정해 일정 시간 동안은 스마트폰 사용을 금하고, 가족구성원 간의 대화시간을 늘릴 수 있는 방안도 고려해 보는 것이 필요하다. 학교에서는 최소한 수업 시간 중에라도 스마트폰을 수거하여 사용을 금하는 방법을 생각해 볼 수 있다.

이제 인터넷 사용은 정보화사회에 적응하기 위한 필수적인 능력이자 미래의 생존과 직결되는 필수적인 생활의 일부라고 할 수 있다. 그러나 이를 사용하는 과정에서 청소년이 지나치게 과몰입하게 되어 통제력을 상실하게 되면 심각한 문제를 초래한다. 그리하여 생겨난 현상이 인터넷 중독이다. 인터넷 중독은 통신 중독이나 스마트폰 중독, 음란물 중독 등과 같은 다양한 유형의 중독문제를 유발한다. 현실에서의 어려움에 처한 청소년은 일상적인 활동을 통해 자신의 욕구를 채울 수 없기 때문에 가족과 학교 그리고 사회에 대한 불만을 인터넷이라는 가상공간 속에서 채우려 하고, 동시에 거기에서 자신의 정체성을 찾으려 한다. 이에 부모, 교사, 사회는 청소년을 억압하기보다는 이들이 새로운 흥미를 가질 수 있고 호기심을 충족시킬 수 있는 다양한 경험과 기회를 제공해 주도록 노력해야 한다.

이를 위해 청소년을 이해하고 지도해 줄 수 있는 전문가의 양성이 필요하고, 이들을 직접 치료하고 상담해 줄 수 있는 각종 상담과 치료 프로그램 및 교육 프로그램을 개발하여 실시해야 한다. 이로써 인간의 생활에 있어서 없어서는 안 될 중요한 도구가 되어 버린 인터넷 사용에 대한 부정적 영향은 최소화하고, 긍정적이고 효율적으로 활용하는 실천방안을 모색하기 위한 지속적이고 전문적이며 체계적인 노력을 해야 한다. 관련한 주요내용은 다음과 같다.

① 인터넷 중독을 예방할 수 있는 정책 활성화

현재 국가적 차원에서 청소년이 인터넷 중독에 걸리지 않도록 예방할 수 있는 다양한 정책과 교육 및 캠페인 실시가 필요하다. 여성가족부를 중심으로 교육부, 보건복지부, 문화체육관광부, 경찰청, 검찰청, 방송통신심의위원회, 게임물 등급위원회 등의 유관기관에서는 청소년에게 해로운 유해정보의 유통을 방지하기 위해 다양한 노력을 기울이고 있다. 이러한 노력의 일환으로 여성가족부와 대한 청소년 정신의학회에서는 인터넷 중독 청소년에 대한 국가적 차원의 치료와 재활 기반이 부족한 상황에서 프로파일 연구와 인터넷 중독 청소년에 대한 포괄적인 계획이 요구된다.

② 인터넷 중독 청소년을 위한 진단조사 실시

현재 인터넷 중독이 심각한 청소년을 위한 치료재활기반조성 및 임상적 치료재활모델개발사업을 추진하고 있다. 또한 여성가족부와 교육부는 인터넷 중독 청소년의 조기 발굴을 통한 예방과 중독 해소를 위한 상담과 치료 강화에 초점을 두고 2009년부터 학령 전환기 청소년의 인터넷 이용 습관 진단조사를 실시하고 있고, 2013년부터는 스마트폰 이용 습관에 대한 진단조사를 추가하여 자료를 수집함으로써 관련 정책을 입안하는 기초자료로 활용하고 있다.

③ 인터넷 중독 예방을 위한 체계적인 교육

청소년을 대상으로는 인터넷 중독을 예방하기 위한 체계적인 교육을 실시하고, 청소년의 인터넷 중독에 직접 영향을 미칠 수 있는 요인을 탐색하여 그에 따른 인터넷 중독 예방대책을 수립해야 한다. 예방교육은 청소년의 발달단계와 성, 연령, 청소년의 다양한 욕구를 반영한 맞춤형 프로그램을 개발하여 보급하는 등의 활동이 함께 이루어져야 한다. 그래서 정부는 학교에서의 인터넷 중독 예방교육, 상담실시 및 전문 프로그램 개발, 인터넷 중독 상담 인프라 확대, 인터넷 중독 핫라인 개설, 인터넷 중독 전문상담사를 활용한 가정방문상담, 인터넷 중독 대응 지역협력체계구축, 불건전정보

학부모신고제 학부모 사이버패트롤 운영, 인터넷 중독 기숙형 치료학교 운영, 인터넷 중독 관련 「청소년 보호법」 개정 등을 통해 인터넷 중독 해결을 위한 다양한 정책을 실시하고 있다.

④ 교육의 극대화를 위한 다양한 계층 참여

청소년의 인터넷 중독 예방교육의 효율성을 극대화하기 위해서는 청소년 자녀뿐만 아니라 부모와 교사를 대상으로 실시하는 교육프로그램의 개발이 필요하다. 실제로 부모들은 청소년 자녀의 인터넷 이용에 대해 정확히 알지 못하고, 인터넷 중독을 예방하기 위해 어떤 노력을 기울여야 하는지에 대한 정보가 충분하지 못하기 때문에 이를 위한 교육프로그램의 개발이 필요하다.

[형형색색] 디지털 위험: 인터넷에서 청소년 대상 성착취 및 성학대

2019년은 인터넷 탄생 50주년, www 탄생 30주년이 되는 해이다. 1994년 우리나라에 처음 도입된 인터넷은 이제 거의 모든 사람들이 이용하고 있으며, 지난 10여 년간 이루어진 스마트폰을 포함한 다양한 모바일 기기의 대중화는 인터넷 활용의 공간적·시간적 범위를 확장해 언제 어디서나 인터넷 혁신의 편익을 누릴 수 있게 되었다. 디지털 원주민이라고 불리는 청소년 세대는 그들의 부모세대에 비해 디지털 미디어 기술을 능숙하게 사용하고, 학습 등을 목적으로 콘텐츠 시청이나 정보 검색을 하는 단순한 수용자 역할을 넘어서 관심을 공유하는 다른 사람과 사회적 관계를 맺고 자신의 정치적 입장을 표현하는 등 적극적 참여자와 창의적 콘텐츠의 생산자로서 활동하면서 인터넷 환경이 제공하는 다양한 기회를 활용하고 있다.

한편, 인터넷은 청소년에게 다양한 위험을 제공하기도 한다. 청소년의 인터넷 중독, 게임 중독, 사이버 괴롭힘(사이버 불링), 성인음란물 접속 등은 우리에게 잘 알려져 있는 디지털 위험이다. 그러나 이 외에도 청소년은 인터넷에서 다양한 형태의 성착취와 성학대 위험에 노출되어 있다. 익명성(Anonymity), 접근성(Accessbility), 비용적정성(Affordability) 등 흔히 트리플 A 엔진(Tripple A Engine)이라고 불리는 인터넷 환경의 특성이 이러한 위험을 야기하는 것으로 알려져 있다.

이러한 특성을 갖는 인터넷 환경은 무엇보다도 성적 의도를 가진 성인에게 악용될 여지가 크다. 성적 의도를 가진 성인은 인터넷을 통해 24시간 잠재적 피해자에게 접근할 수 있게 되었고, 청소년이 사이버공간에 올린 다양한 개인 정보를 수집하여 자신의 취향에 따라 피해자를 선택하는 것도 가능해졌다. 또한 얼마든지 자신의 신원을 숨길 수 있기 때문에, 인터넷은 외모에 자신이 없거나 자존감이 낮고, 의사소통 능력이 부족해 대면 관계를 기피했던 사람에게 매우 편안한 공간을 제공한다.

한편 생물학적·사회적 변화 과정에서 충동적이고, 위험한 행동을 추구하며, 섹슈얼리티 및 성적인 것에 대한 관심이 증가하는 청소년에게 인터넷 환경은 억제된 욕구를 발산할 수 있는 최적의 환경을 제공하고 있다. 청소년은 인터넷에서 익명성을 유지할 수 있기 때문에 위험으로부터 안전하게 보호받는다고 생각하여 온라인에서 더 거침없이 행동하고 오프라인에서는 하지 않을 위험도 감수하는 경향이 있다. 이는 SNS나 채팅앱에서 낯선 사람과 친구하기, 섹스팅(sexting), 웹캠 등을 이용한 음란채팅, 성인 음란물사이트 접속 등 성적 위험 행동으로 표출되고 있으며, 위험한 성적 행동은 청소년이 온라인 그루밍, 성폭력, 성매매 등과 같은 성착취 및 학대의 대상이 될 위험성을 증가시키고 있다.

2019년 전국의 중고등학생 4만 3,544명을 대상으로 실시한 실태조사 결과에 따르면, 중고등학생의 5.0%가 동의 없이 알몸이나 성기 사진, 음란물을 전송받은 적이 있으며, 2.6%가 온라인에서 성관계를 제안받은 적이 있다. 또한 1.7%가 성행위나 신체노출을 촬영하자거나 촬영해 보내 달라고 요구받은 적이 있고, 1.4%가 불법 촬영된 자신의 사진이나 영상이 온라인이나 채팅방에서 유포 및 재유포된 적(불법영상 유포)이 있으며, 1.3%가 동의 없이 신체 일부가 촬영된 적(불법촬영)이 있고, 0.6%가 자신의 신체 또는 성행위가 담긴 사진이나 영상을 유포하겠다는 협박을 받아 본 적(몸캠피싱)이 있는 것으로 나타났다. 마지막으로 자신의 신체 일부 또는 자위행위를 촬영하여 다른 사람에게 전송하거나 온라인에 게시한 적(섹스팅)이 있는 청소년은 0.4%였다. 이는 국내 최초로 재학 중인 학생들을 대상으로 한 실태조사에서 나온 결과로 온라인 기반 성착취와 성학대의 위험이 가출청소년 등과 같이 전통적으로 취약한 집단에서 일반 재학 청소년으로 확대되어 가고 있음을 유추해 볼 수 있고, 이는 인터넷 사용과 스마트폰 이용이 보편화된 국가에서 나타나는 일반적인 현상이다.

그렇다면 청소년이 인터넷 환경이 주는 기회와 권리를 누리면서 위험에 노출되지 않기 위해서 우리는 무엇을 해야 하는가? 법과 제도에 의한 규제도 필요하지만, 아동과 청소년에게 안전한 인터넷 환경을 만들기 위해 여러 가지 경험적 자료를 축적하고 이러한 증거에 기반하여 다양한 정책 대안을 강구해 온 유럽 국가에서 무엇보다도 예방 활동에 초점을 두고 있다는 점에 주목할 필요가 있다. 그리고 예방 활동이 효과적으로 이루어지기 위해서는 부모와 교사의 모바일 미디어 환경과 청소년의 온라인 문화에 대한 이해가 선행되어야 함을 강조한다. 자녀나 학생이 모바일 미디어 환경에서 그들이 어떤 사람들과 의사소통을 하고, 어떠한 방식으로 사회적 관계를 형성하는지 제대로 이해해야만 개입과 감독 등 적절한 대응이 가능하기 때문이다. 더불어 현재 학생을 대상으로 실시하는 인터넷 안전교육을 양성평등의 관점에서 토론형, 체험형 방식으로 진행하여 실질적 도움을 줄 필요가 있다.

출처: 한국일보(2019. 12. 20.).

3. 청소년 스마트폰 중독의 개념

1) 청소년 스마트폰 중독

스마트폰 중독은 금단증상, 일상생활장애, 가상적 대인관계 지향 등의 일반적인 문제가 스마트폰의 지나친 사용으로 인하여 나타나는 상태라 할 수 있다.

2019년 보건복지부의 '2018년 아동 종합실태조사' 보고서에 따르면 9~17세 아동·청소년의 5.8%가 스마트폰 과의존(중독) 고위험군으로, 27.9%는 잠재적 위험군으로 나타났다. 1년 전 조사 때는 고위험군은 3.6%, 잠재적 위험군은 26.7%였다. 1년 사이에 전체 위험군 비중이 3.4%포인트 늘어난 것이다. 스마트폰 과의존은 학업, 친구, 가족과의 관계에 어려움을 겪거나 건강에 이상이 생길 정도로 이용시간을 조절하지 못하는 중독 상태를 뜻한다.

청소년들의 스마트폰 중독은 신체적·정서적인 측면에서 문제를 야기한다. 또한 청소년들은 스마트폰을 사용함에 있어 무료함이나 스트레스 줄이기 위한 동기로 사용하는 경우가 많기 때문에 청소년은 다른 연령대의 시기에 비해 스마트폰 중독을 경험할 확률이 높아 관련하여 사회적 관심과 빠른 개입이 필요한 중요한 문제라 할 수 있다. 기존 연구에 따르면 시력저하를 비롯하여 근골격계 문제 등의 신체적인 건강에 대한 악화와 더불어 우울 불안 등의 정신적 측면과 대인관계나 학교생활 등 다양한 측면에 있어 부정적인 영향을 미치고 있음을 알 수 있다.

2) 청소년 스마트폰 중독에 영향을 미치는 요인

청소년들의 스마트폰 중독에 영향을 미치는 요인을 두 가지로 나눠 살펴볼 수 있는데, 개인적인 요인과 환경적인 요인이다.

① 개인적 요인

개인적 요인으로 성별에 따라서 다르게 나타날 확률이 높은데, 즉 여학생일수록 스마트폰에 대한 중독적인 경향이 높은 것으로 나타났고, 사회성과 자아존중감, 자기효능감은 스마트폰 중독에 부정적인 영향을 미치는 것으로 보고된 바 있다. 또한 공격성과 충동성이 높을수록 그리고 학교 성적이 낮을수록 스마트폰 중독을 더 많이 경험하는 것으로 확인되었다. 이와 더불어 자기통제와 우울, 불안, 스트레스도 스마트폰 중독에 있어 영향을 미치는 변수로 확인된 바 있다.

② 환경적인 요인

가족 관련한 환경적인 요인으로 가족기능성, 부모양육태도가 스마트폰 중독에 영향을 미치는 것으로 나타났다. 또한 학교 및 또래관계 요인으로 학교에 대한 만족도가 낮고, 학교생활에 적응하지 못할수록 스마트폰 중독이 높은 것으로 보고되었다. 친구관계와 교사와의 관계도 스마트폰 중독과 부적인 영향관계로 검증된 바 있다. 이처럼 스마트폰 보급의 확산과 부작용으로 인하여 청소년 스마트폰 중독문제의 심각성을 인지하고 스마트폰 중독의 원인을 파악하여 치료 프로그램을 개발하는 것은 매우 중요하다고 볼 수 있다.

특히, 청소년들의 스마트폰 중독 관련하여 영향을 미치는 요인은 개인적인 요소와 더불어 가족과 학교, 친구 등의 환경적인 측면처럼 다양한 요인에 의하여 영향을 받을 수 있다. 따라서 스마트폰 중독과 관련하여 다양한 영향을 고려할 때, 포괄적이면서 통합적인 프로그램 개발을 통한 접근이 필요하다.

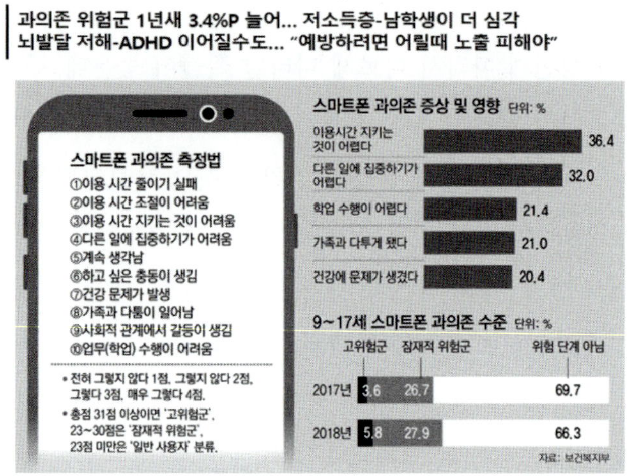

[그림 5-3] **청소년 스마트폰 과의존 증상**

출처: 동아일보(2019.9.16.).

3) 스마트폰 중독의 특성

최근 청소년에게 있어서 가장 심각한 인터넷 중독은 스마트폰 중독이다. 스마트폰은 와이파이가 되거나 데이터 접근이 된다면 언제, 어디서든 접근이 용이하기 때문에 청소년이 손쉽게 접근할 수 있는 인터넷 접근 매체이다. 컴퓨터와 달리 늘 몸에 지닐 수 있기 때문에 각종 질병을 유발한다는 점에서 신체적, 정신적, 사회적, 정서적 문제를 유발하기도 한다.

스마트폰 이용은 갈수록 증가하고 있는 것으로 나타났다. 관련하여 스마트폰의 중독 유형으로는 정보검색 중독, 모바일 메신저 중독, 게임중독, 모바일 게임중독 등이 있다. 정보검색 중독은 자신에게 정말 필요한 것보다는 정보수집 자체에 집착하여 강박적으로 웹사이트나 자료를 검색하는 것이고, 모바일 메신저 중독은 모바일 메신저를 통한 인간 관계에 몰두해 실제 인간관계를 등한시하는 것이다. 특히, 스마트폰 중독은 소셜네트워크서비스를 사용하는 데 과도하게 시간을 많이 할애하고 있다. 게임중독 역시 스마트폰에서 모바일 게임을 끊임없이 지속하여 피로증후군을 유발시킨다.

스마트폰 중독이 되면 각종 신체적 이상징후가 나타난다. 대표적으로 눈물샘의 이상으로 눈시림이나 눈의 뻑뻑함 등이 나타나는 안구건조증, 스마트폰 화면을 응시하기 위해 눈높이보다 낮은 곳을 응시하게 되면서 목을 앞으로 숙이게 되어 발생하게 되는 거북목증후군, 잦은 키보드 사용으로 손목에 무리가 와서 팔이 저리거나 마비 증상이 나타나는 손목터널증후군 등이 있다.

4. 청소년 스마트폰 중독 예방 프로그램

우리나라의 경우 청소년 대상 스마트폰 중독 관련 프로그램과 관련해서는 주로 예방적인 것을 목적으로 하는 프로그램 연구가 주를 이루어서, 치료적 접근의 프로그램에 대한 연구는 상당히 부족한 실정이다. 이는 스마트폰 중독에 대한 사례나 연구가 근래에 들어 시작되었기 때문으로 유추할 수 있다.

해외의 경우에도 최근 스마트폰 중독에 대한 관심이 고조되고 있으나, 현재까지도 스마트폰 중독과 관련한 체계적인 개입 프로그램은 설계되지 못한 실정이다. 그나마 미국의 Net Addiction(2017)에서 스마트폰 중독을 포함하여 다양한 프로그램을 운영하고 있다. 특히 개인 상담을 비롯한 가족에 대한 접근으로 부모코칭을 제공하고 있다. 가족에 대한 접근으로 가족 구성원이 중독의 현실을 직시하고 이를 완화하거나 통제가 가능하도록 하는 것을 목표로 하고 있으나, 아직은 초창기 수준에 머물러 궁극적인 해결책으로는 떠오르지 못하는 실정이다.

싱가포르의 경우에는 TOUCH Cyber Wellness(2017) 프로그램을 운영하고 있다. 이는 학교를 기반으로 하여 지역사회 내에서 상담을 제공하여 청소년이 올바른 관점에서 스마트폰 사용을 하도록 촉진하고 있다. 상담을 비롯한 교육 등이 주요 프로그램으로 구성되어 있으며, 전문가와 연계한 지역사회에서의 멘토링 프로그램을 운영하는 등의 활발한 지역사회 협력망을 활용하는 것이 주요한 특징이라 하겠다. 그러나 아직은 스마트폰 중독에 대하여 집중하기보다는 디지털기기 활용과 관련한 부분에 초점을 두고 있어 스마트폰 중독 예방 프로그램으로 말하기에는 명확한 한계를 갖고 있다.

1) 여성가족부 청소년 스마트폰 중독 치료 프로그램

여성가족부의 스마프톤 중독 치료 프로그램으로는 인지행동치료를 기초로 하여 집단상담을 진행하고 있다. 이는 인터넷을 비롯한 스마트폰 중독 고위험군을 대상으로 진행되는데, 총 6회기에 걸쳐 프로그램이 운영된다. 이 프로그램을 통해 스마트폰 중독 청소년들은 중독에 대한 이해와 더불어 스스로 변화하기 위한 동기 부여를 제공받고 있다.

2) 청소년 인터넷 · 스마트폰 과의존 치유 지원

청소년상담복지센터에서는 인터넷 · 스마트폰 과의존 청소년을 대상으로 과의존 치유 지원 프로그램을 운영하고 있다. 주요 지원내용은 다음과 같다.

① 진단 · 발굴

매년 학령전환기 청소년(초4 · 중1 · 고1)을 대상으로 인터넷 · 스마트폰 이용습관 진단조사를 실시한다.

② 지원서비스

과의존 위험 수준별 청소년상담과 치유특화 프로그램 운영, 의료기관 치료 연계 등 맞춤형 서비스를 제공한다. 주요 사용자군 서비스 내용은 다음과 같다.

- 위험사용자군: 청소년상담복지센터에서 직접 개인상담 지원
- 주의사용자군: 학교별로 찾아가는 집단상담 지원
- 공존질환보유군: 종합심리검사 지원, 치료협력병원 연계 및 치료비 지원

※ 치료비 지원: 일반계층 최대 30만 원, 저소득계층 최대 50만 원까지 지원

③ 기숙형 치유프로그램 운영

인터넷치유캠프를 실시하고 있으며, 중고생 대상으로 11박 12일의 기숙형 치유캠프(14회)를 운영한다. 가족치유캠프도 운영하는데 초등생 및 부모 대상 2박 3일의 가족캠프(20회)를 운영한다.

※ 국민기초생활수급자, 차상위계층, 한부모가족 지원대상자 등은 무료로 참가할 수 있고, 그 외 청소년(가족)은 식비 일부만 부담한다.

④ 청소년 미디어 과의존 전담상담사 배치

청소년상담복지센터 17개소에는 전담상담사 31명을 배치하여 전문적인 상담을 진행하고 있으며, 국립청소년인터넷드림마을(상설 인터넷 치유시설)을 설립·운영하고 있다. 국민기초생활수급자, 차상위계층, 한부모가족지원대상자 등은 무료로 참가할 수 있고, 그 외 청소년(가족)은 식비 일부만 부담하면 된다.

⑤ 신청절차 및 방법

홈페이지 및 전화 접수를 통해 신청한 청소년을 대상으로 심리상태 및 과의존 수준 파악을 위한 진단검사를 실시하고, 과의존 수준별로 상담, 병원치료 연계, 치유특화프로그램 참가, 국립청소년인터넷드림마을 입교 등을 지원한다.

깨알 tip. 주요 관련기관 연락처

- 한국청소년상담복지개발원(www.kyci.or.kr, 051-662-3191~3)
- 청소년전화 1388(유료) 또는 110, 휴대전화 시 국번+1388(또는 국번 없이 110)
- 국립청소년인터넷드림마을(http://nyid.kyci.or.kr, 063-323-2285)
- 각 시도 청소년상담복지센터

3) 청소년꿈키움센터 청소년 스마트폰 중독 예방 프로그램

청소년꿈키움센터에서는 청소년들의 스마트폰 중독의 지속적인 증가로 인한 예방 교육 대책의 필요로 인해, 청소년 스마트폰 중독 문제의 조기 발견과 개입을 위한 노력을 위해 프로그램을 설계하였다.

청소년꿈키움센터가 개발한 프로그램 취지는 스마트폰 이용의 주요 특징을 바탕으로 설계되었는데, 스마트폰은 휴대가 편리해 언제 어디서나 사용 가능하고, 시공간의 제약 없이 인터넷 접속이 가능해 스마트폰 사용빈도가 증가하기에 과다 사용으로 인한 스마트폰 과의존 위험률이 높아지며, 특히 청소년의 경우 성장시기의 발달적 특성 및 욕구가 스마트폰의 특징과 맞물려 생활습관에 다양한 영향을 미치므로 중독되기 쉬운 연령대라는 점에 초점을 맞추고 있다.

〈표 5-3〉 청소년 스마트폰 중독 예방프로그램 예시(청소년꿈키움센터 참조)

1. 프로그램명	한 뼘 더 성장하는 게임 성장판 중심의미 1) 청소년층에 친숙한 '성장판'이라는 단어를 교육의 3단계 원리와 연결하여 새롭게 의미 적용함 2) 한 뼘 더~점진적 성장을 의미	
2. 프로그램 유형	집단교육 프로그램	
3. 진행형태	단계별 주요 학습목표에 대한 이론교육과 다양한 활동을 병행하여 진행	
4. 교육대상	1. 주 활동대상: 비행청소년 및 위기 청소년 2. 응용 활동 대상: 일반 중/고등학교	
5. 대상규모	주: 교실형 단위 / 응용: 강연형 단위	
6. 진행시간	1모듈 2차시 - 100분(차시별 교육 시간은 중/고등학교 수업시간인 45~50분에 준함) (1차시는 1단계~2단계 중간, 2차시는 2단계 중간~3단계를 기본으로 하되, 강사의 계획이나 교육 목적, 교육대상자 특성, 강의환경 등에 따라 강사가 탄력적으로 조정 가능함)	

7. 교육목표	1) 스마트폰의 순기능과 역기능에 대한 이해를 통해 스마트폰 사용에 대한 장단점을 인식하도록 한다. 2) 자신의 스마트폰 이용 습관에 대한 점검 기회를 마련하고, 올바른 사용에 대한 변화 동기를 갖도록 한다. 3) 과다사용으로 인한 신체적·심리적·사회적 문제점에 대한 경각심을 갖고 스스로 조절을 위한 구체적인 방법을 탐색하도록 한다. 4) 다양한 대안활동을 탐색해 보도록 한다. 5) 미래 나의 꿈을 위한 긍정적 사용에 대한 구체적인 방법을 찾도록 한다.
8. 기대효과	1) 스마트폰 사용에 대한 순기능과 역기능을 이해하게 된다. 2) 스마트폰 과의존으로 인해 발생할 수 있는 문제에 대해 경각심을 갖게 됨으로써 문제적 사용 행동이 줄어들게 된다. 3) 스마트폰 조절을 위한 구체적 계획을 세워 봄으로써 자기조절능력과 자기효능감이 향상된다. 4) 자신의 미래를 상상하며 장래 희망에 대해 구체화하게 된다.

4) 한국청소년상담복지개발원 치유캠프

한국청소년복지상담개발원에서는 인터넷·스마트폰 치유캠프와 가족치유캠프를 운영하고 있다. 과의존 위험군 청소년을 대상으로 인터넷과 단절된 환경에서 11박 12일 동안 상담과 다양한 체험 및 대안활동을 통해 인터넷·스마트폰 과의존을 극복하도록 지원하는 프로그램을 구성하고 있다. 치유캠프는 전문가들의 정확한 진단 및 평가, 개별 특성에 따른 맞춤형 개인상담, 또래와 함께하는 집단상담, 부모교육 및 가족상담, 인터넷을 대체할 대안활동 체험, 자율성, 성취감, 자존감을 높이는 자치활동, 캠프 종료 후 청소년동반자 연계를 통한 사후관리 등을 진행한다. 대상은 인터넷·스마트폰 사용조절이 어려운 중·고등 청소년이고, 참가비는 10만 원이다(기준중위소득 50% 이하, 취약계층 면제).

〈표 5-4〉 2023년 청소년 인터넷 · 스마트폰 치유캠프 일정 및 장소

번호	지역	센터	대상	일자	장소	문의전화	비고
1	서울	강서 will인터넷중독예방상담센터	여자청소년	7월 15일 ~7월 26일	김포로그밸리 청소년수련원(미정)	070-4849 -3315	
2	부산	부산광역시청소년상담복지센터	여자청소년	7월 15일 ~7월 26일	기장 문화예절학교	051-714 -5267	
3	대구	대구광역시청소년상담복지센터	여자청소년	7월 26일 ~8월 6일	경주 화랑마을	053-659 -6274	
4	인천	인천광역시청소년상담복지센터	남자청소년	7월 24일 ~8월 4일	국립중앙청소년 수련원(천안)	032-721 -2307	
5	광주	광주광역시청소년상담복지센터	여자청소년	7월 13일 ~7월 24일	국립청소년인터넷 드림마을	070-8850 -4294	드림마을 협업
6	대전	대전광역시청소년상담복지센터	여자청소년	7월 27일 ~8월 7일	국립청소년인터넷 드림마을	042-256 -6580	드림마을 협업
7	울산	울산광역시청소년상담복지센터	남자청소년	7월 18일 ~7월 29일	청도신화랑풍류마을 화랑수련장	052-216 -1315	
8	경기	경기도청소년상담복지센터	여자청소년	8월 24일 ~9월 4일	국립청소년인터넷 드림마을	031-248 -1318(203)	드림마을 협업
9	강원	강원도청소년상담복지센터	남자청소년	7월 18일 ~7월 29일	홍천군청소년수련원	033-256 -2000	
10	충북	충청북도청소년상담복지센터	여자청소년	1월 9일 ~1월 20일	국립대구청소년 디딤센터	043-257 -4835	디딤센터 협업
11	충남	충청남도청소년상담복지센터	남자청소년	8월 10일 ~8월 21일	국립청소년인터넷 드림마을	041-554 -2130	드림마을 협업
12	전북	전라북도청소년상담복지센터	여자청소년	8월 5일 ~8월 16일	익산유스호스텔	063-274 -1388	
13	전남	전라남도청소년상담복지센터	남자청소년	10월 12일 ~10월 23일	국립청소년인터넷 드림마을	061-280 -9033	드림마을 협업
14	경북	경상북도청소년상담복지센터	남자청소년	7월 31일 ~8월 11일	국립대구청소년 디딤센터	054-850 -1033	디딤센터 협업
15	경남	경상남도청소년상담복지센터	남자청소년	7월 17일 ~7월 28일	국립청소년대구 디딤센터	055-711 -1318	디딤센터 협업
16	제주	제주특별자치도청소년상담복지센터	남자청소년	7월 17일 ~7월 28일	아르본유스호스텔 리조트	064-759 -9951	

※ 상기 일정 및 장소는 센터의 상황에 따라 변동될 수 있으며, 신청문의는 각 지역 센터에 연락바랍니다.
※ 거주지역 구분 없이 모든 지역에 참여 가능합니다.

youth welfare | chapter 06

청소년과 성

[학습목표]

1. 청소년 성폭력 개념을 학습한다.
2. 청소년 성매매 개념을 학습한다.
3. 청소년 성매매 방지대책에 대해 학습한다.

1. 청소년 성폭력

1) 청소년 성폭력의 개념

성폭력이란 '성을 매개로 해서 상대방의 의사에 반해 가해지는 모든 행위'라고 정의할 수 있다. 단순히 강간뿐만 아니라 추행, 성희롱, 모든 신체적 · 정신적 폭력을 포괄하는 광범위한 개념이다. 성폭력 여부를 판단하는 기준은 피해자의 기준에서 판단되며 가해자의 의도는 고려되지 않는다.

또한, 성폭력을 물리적 혹은 사회적 폭력 및 위협을 통해 육체적 · 심리적 혹은 경제적 압력을 가하고 성적 결정권을 침해하는 행위로 정의한다. 성 결정능력이 없거나 의사표현능력이 없는 상대방을 이용한 성적 행위까지도 성폭력에 포함시키고 있다. 성폭력은 성폭력 피해자의 자유로운 성적 결정권을 침해하는 범죄이기 때문에 강간뿐만 아니라 불쾌감을 야기하는 추행, 성희롱 등 모든 신체적 · 언어적 폭력을 포함하는 광범위한 개념으로 정의되고 있다.

깨알 tip. 성적 자기결정권에 대해 알아봅시다.

사람은 성행동을 선택할 수 있고, 원하지 않을 경우 거부할 수 있습니다. 즉, 성적 자기결정권은 성적 주체로서의 자신이 선택할 수 있는 권리를 말합니다.

정리하면, 아동 · 청소년 성(폭력)범죄의 대상에서 아동 · 청소년은 「아동 · 청소년의 성보호에 관한 법률」 제2조 제1호에 의거하여 19세 미만의 사람을 말하는데, 19세에 도달하는 연도의 1월 1일을 맞이한 사람은 대상에서 제외된다. 다만 아동 · 청소년 중에서도 13세 미만의 사람에 대한 간음 또는 추행은 강간이나 강제추행 등으로 처벌이 되고, 공소시효도 적용되지 않는 등 일반 성범죄에 대한 처벌보다 엄중하게 처벌하고 있다(「형법」 제305조 및 「아동 · 청소년의 성보호에 관한 법률」 제20조 제3항).

깨알 tip. 이런 행위도 모두 성폭력입니다.

- 원하지 않는데 강제로 성관계를 하는 것은 성폭력입니다.
- 몸의 중요한 부위들, 성기나 가슴 그리고 엉덩이나 배 등 수영복으로 가려지는 부위들을 원하지 않는데 만지는 것은 모두 성폭력입니다.
- 성기나 가슴과 같은 신체 부위가 아닌 다른 신체부위라고 하더라도 상대방의 성적인 즐거움을 위해 이용당한 느낌을 받으면 성폭력입니다.
- 원하지 않는데 자기의 신체부위를 보여 주거나 만져 달라고 하는 것도 성폭력입니다.
- 행동으로 하지는 않더라도 신체부위나 성행위에 대한 말로 기분 나쁜 농담을 하거나 놀리는 것도 성폭력입니다.
- 야한 비디오나 음란물을 보여 주는 것도 성폭력입니다. 강제로 보여 주는 것이 아니더라도 어린이나 지적능력이 낮은 사람의 호기심을 자극해서 보여 주는 것도 성폭력에 해당합니다.
- 어린이의 경우에는 스스로 동의했다고 하더라도 어른이나 나이 많은 청소년이 성적인 행동을 유도하는 것은 성폭력입니다. 생각이나 판단이 다 자라지 못한 어린이들 몸과 마음을 다치지 않도록 어른들이 보호해 줘야 합니다. 그러니까 어린이가 동의했다고 하더라도 어른이나 나이 많은 청소년이 성적인 행동을 함께 한다면 그것은 성폭력입니다.

출처: 여성가족부 서울해바라기아동센터 홈페이지 참조.

2) 청소년 성폭력의 원인

(1) 성에 대한 왜곡된 지식

청소년 시기에는 성적 충동을 통제할 수 있는 힘을 길러 주고, 성적인 욕구를 건전한 방향으로 표출할 수 있는 여건을 만들어 주어야 한다. 그러나 청소년 시기에는 자연적이고 건강한 성적 욕구와 호기심을 제대로 이해하고 이를 건강하게 발산할 수 있는 통로가 많지 않다. 청소년들이 성에 대한 지식을 얻을 수 있는 가장 공식적인 통로는 학교와 가정이다. 그러나 학교나 가정에서 성에 대한 올바른 가치를 정립시켜 줄 성교육이 제대로 이루어지지 못하고 있으며, 비공식 영역에서 청소년들은 거의 성에 대한 정보의 홍수 속에 무방비 상태로 노출되어 있다 보니 성에 대한 왜곡된 지식을 습득하게 되고 성에 대한 왜곡된 태도와 가치관을 갖게 되어, 성에 대한 지나친 호기심, 성충동을 일으켜 성범죄를 유발하게 된다.

(2) 유해한 인터넷 환경

청소년기에는 자신의 몸이 성숙해 감에 따라 성에 대한 호기심도 늘어나 성적인 자극을 주기 위해 고안된 외설적인 내용을 담고 있는 음란물이 청소년들에게는 성적인 정보를 얻는 중요한 수단이 되고 있다. 이는 청소년의 60% 이상이 다양한 미디어를 통해 음란물을 이용한 경험이 있으며, 인터넷 음란물 접촉 이유로 '성적 호기심' 때문이라는 응답이 가장 많았다. 청소년의 인터넷 중독이 증가할수록 성폭력 가해도 함께 증가하는 경향이 있어서 청소년의 인터넷 중독과 성폭력 가해와의 관계성이 밀접하게 관련이 있고 성폭력 가해에 대한 인터넷 중독이 매우 중요한 요인이 되고 있다. 또한 인터넷 음란물은 성과 관련된 환경을 심각하게 왜곡시키기 때문에 청소년들이 성에 대해 잘못된 정서와 시각을 갖는 데 영향을 미치기도 하며, 일부 청소년은 인터넷 음란물에 심각하게 중독되기도 한다.

(3) 유해한 사회환경

가정이나 학교 밖의 주변에 청소년들을 유혹하는 유해환경들이 많고, 청소년들이 여가를 즐길 수 있는 체육시설이나 문화시설이 제대로 마련되어 있지 않기 때문에 이들을 유혹하는 유해업소에 쉽게 노출될 수밖에 없다. 또한 사회에 팽배한 물질만능, 과소비, 요령 및 편법주의, 허례허식 등의 불건전한 가치가 만연되어 있어 부정적인 가치관을 청소년들이 그대로 답습하기 쉬운 환경이다. 특히 성과 관련된 우리 사회의 왜곡된 태도와 가치관은 청소년들로 하여금 성에 대한 지나친 호기심을 갖게 하고 성충동을 일으켜 성범죄를 일으키게 하기도 한다.

3) 청소년 성폭력 주요유형

성폭력의 유형은 행위와 대상에 따라 분류될 수 있다. 첫째, 행위에 따른 분류로 강간, 강간미수, 성추행, 성희롱, 성기노출, 음란전화, 인신매매, 강제매매춘, 성적 가혹행위 등이다. 둘째, 대상에 따른 분류로 어린이 성폭력, 청소년 성폭력, 데이트 성폭력, 부부강간, 친족 성폭력 등이다.

(1) 또래 성폭력

또래 성폭력이란, 통상 또래 친구들 사이에서 발생하는 성폭력 행위로 대개 장난처럼 취급되어 성폭력이라고 말하기 어렵지만, 장난일지라도 상대방의 동의 없이 이루어지는 무분별한 행동은 상처를 주는 성폭력이 된다.

〈표 6-1〉 또래 성폭력의 예시

- 음란물(사진, 잡지, 동영상)을 보여 주거나 성행동 흉내 내기
- 장난으로 하는 바지 내리기
- 동의 없이 신체 만지기
- 동의 없이 성과 관련된 가슴, 엉덩이 등의 신체부위를 휴대폰으로 사진 찍어 친구들에게 보여 주거나 인터넷에 올리기
- (공중)화장실에서 다른 사람의 몸을 몰래 훔쳐보기
- 상대방의 외모를 비유해서 성적으로 놀리기
- 게임이나 벌칙으로 하는 스킨십 강요하기

(2) 사이버 성폭력

사이버 공간에서 채팅이나 이메일을 통해 원하지 않는 이야기를 하거나 장면을 보게 함으로써 성적 수치심이나 위협을 느끼게 하는 행위이다. 현실세계의 성폭력과 마찬가지로 피해자의 성적자기결정권에 대한 침해인 동시에, 자유롭고 편안한 환경에서 통신활동을 할 권리를 침해하는 범죄이다.

〈표 6-2〉 사이버 성폭력의 예시

• 언어 성폭력: 성 관련 욕설, 아이디 및 명의 도용 신상 공개를 통한 성폭력 • 영상 및 음향 성폭력: 성적 수치심을 유발시키는 영상 및 음향 전달 및 게시

(3) 친족 성폭력

일반적으로 친족 성폭력이란, 4촌 이내의 혈족, 인척과 동거하는 친족 내에서 일어나는 성폭력을 말한다. 친족 성폭력은 보통 가해자가 피해자로 하여금 피해사실을 말하지 못하게 하고, 같은 거주지 내에서 살고 있을 가능성이 높기 때문에 피해가 지속될 수 있다. 친족 성폭력이 의심된다면, 가해자를 피해자로부터 빨리 분리시켜야 한다.

아동 · 청소년 피해자 평균 14살…가해자가 '아는 사람'인 경우 60.9%

아동・청소년을 대상으로 한 성범죄는 끊이지 않고 있다. 또한 성범죄가 온라인을 통해 더 교묘해지고 있다. 여성가족부가 한국형사・법무정책연구원에 의뢰해 아동・청소년 대상 성범죄의 추세와 동향 분석 자료를 발표했다. 2021년 유죄판결이 확정돼 신상정보가 등록된 아동・청소년 대상 성범죄자 2,671명의 판결문을 분석한 결과, 피해자는 모두 3,503명이다. 범죄 유형별로 보면 강제추행이 35.5%로 가장 많았고, 강간 21.1%, 성 착취물 15.9% 등의 순이다. 범죄자 가운데 19세 미만인 미성년인 범죄자는 14.1%였고 범죄자의 12.9%가 재범인 것으로 확인되었다. 피해 아동・청소년의 평균 연령은 14세이다. 피해자의 4명 중 1명꼴인 25.6%가 13세 미만이며, 아동 성 학대나 유사강간, 강제추행의 피해자 평균 연령은 14세보다 낮았다.

범죄자와의 관계를 보면 가족이나 친척 외 지인인 경우가 60.9%로 가장 많았고 전혀 모르는 사이가 23.4%, 가족이나 친척 등이 9.2% 등이었다. 최종심 선고 현황을 보면 집행유예가 52.3%로 가장 많았고, 징역형 39.5%, 벌금형 7.9% 등의 순이었다. 최근 징역형 비율이 계속 늘고 있다. 2014년 33.0%에서 2021년 39.5%로 증가했고, 특히, 성 착취물 범죄의 징역형 비율은 2014년 2.0%와 비교하면 2021년 40.8%로 크게 늘었다.

범죄자 가운데 신상정보 공개・고지 명령을 받은 자는 6.6%, 아동・청소년 관련 기관에의 취업제한 명령을 받은 경우는 23.6%로 나타났다[출처: KBS 뉴스(2023.03.23.) "아동・청소년 성범죄 징역형↑…피해자 25%가 13세 미만"]

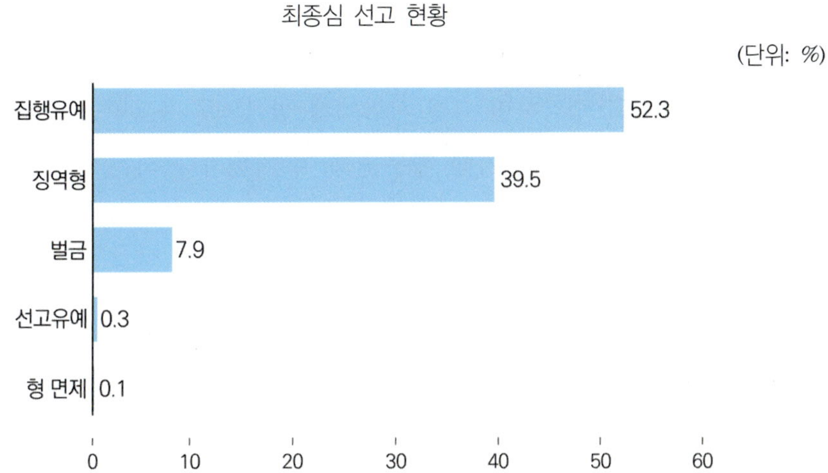

출처: KBS, 여성가족부.

4) 청소년 성폭력 피해영향

성폭력의 피해자는 정서적, 인지적, 대인관계, 신체적, 성적 측면에서 심각한 후유증을 겪게 될 가능성이 높다. 정서적으로는 불안과 공포, 무력감과 우울감, 수치심과 죄책감, 분노감과 복수심, 낮은 자아존중감 등을 갖게 된다.

인지적 측면에서는 감당하기 힘든 고통과 충격의 경험을 자신의 기억에서 지워 버리거나 마치 다른 사람의 경험인 것처럼 부인하는 해리 증상을 보일 수도 있고, 성폭력의 결과로 '자신이 신체적으로 더러워졌다'는 왜곡된 사고를 가지게 되어 자신에 대한 혐오감이 생기고 이러한 왜곡된 생각이 지나치면 자해나 자살 행동으로 이어질 수 있다.

대인관계에서는 이성관계를 기피하고 고립되게 지내는 경우가 많고, 이러한 대인관계의 기피는 이성 관계뿐만 아니라 자신의 가족을 포함해서 동성의 관계까지 확대되기도 한다. 신체적 측면에서는 자해를 시도하기도 하고, 음식을 거부하는 거식증과 음식을 먹고 나서 살찔까 봐 토하는 섭식장애를 나타내기도 하며, 갈수록 연령대가 낮아지고 있는 청소년 성폭력 피해자들의 원치 않는 임신과 낙태를 초래하기도 한다.

성적인 측면에서는 결혼관계에서의 성생활에 어려움을 초래하기도 하고, 자신이 친근감이 느껴진다고 생각하면 그런 사람에게 성적으로 유혹하는 등의 성애적인 행동을 하거나, 반대로 성폭력 가해 행동을 하여 가해자가 되는 경우도 있다.

5) 청소년 성폭력의 문제와 예방을 위한 노력

성폭력 경험이 있는 청소년은 대부분 자아존중감이 떨어지고, 성적인 가치관이 혼란스럽게 변질되기도 한다. 이러한 혼란스러움은 자칫 부적절한 성행동을 일으킬 수 있는데, 이는 두 가지로 나뉠 수 있다. 하나는 자포자기이며, 다른 하나는 거절에 대한 불안감의 증폭이다.

자포자기 현상에서 나타나는 것은 성적 상품화 성향인데, 이는 자신을 손상되어진 상품으로 인지한 채, 자신을 존중받을 만한 가치가 없다고 인식하는 것을 말한다. 두 번째 불안감의 증폭은 성관계와 성폭력의 경계가 모호해지는 현상으로 타인의 성적인 요구에 대해 거절하지 못하게 되어 자신의 의지와는 상관없이 타인의 성적인 요구에 응하지 않으면 불안이 증폭되어, 차라리 원하지 않는 성적인 접촉에 응하는 현상을 말한다.

① 지원 기관 간의 네트워크 구축

성폭력 피해 지원 기관 간의 연계와 협력이 필요하다. 이러한 연계와 협력을 통해 분명한 역할분담을 실시하고, 나아가 가장 효율적인 방법으로 피해 청소년에게 실질적인 도움이 되도록 노력할 필요가 있다. 이렇듯 성폭력 피해 청소년에게 다양한 지원이 필요한 이유는 피해에 대한 후유증을 극복하고 사회 구성원으로 건강한 성장을 도모하기 위함이다.

② 피해 청소년의 의견 존중

무엇보다 피해 청소년 당사자의 의견을 존중하는 태도가 우선시되어야 한다. 왜냐하면, 때로는 치료적인 접근에만 집중할 경우 피해 청소년 본인에게 어떤 문제가 있다는 것으로 해석될 수 있어 자기낙인의 요인으로 작용할 수 있기 때문이다. 이를 위해 피해 청소년에 대한 상담은 숙련된 상담사를 통한 상담이 이루어져야 할 것이다.

③ 현실적인 경제적 지원

성폭력 피해 청소년은 원치 않는 성적인 접촉에 응할 가능성이 높아 성적인 학대와 성폭력에 재차 희생될 우려가 크다. 이로 인해 청소년의 학업 중단 비율이 높아지기도 하고, 자포자기에 의한 범죄세계로 진입도 나타날 확률도 높아질 수 있다. 상당히 많은 경우에 성폭력 피해 청소년의 가정은 경제적으로 어려운 경우가 많다. 때로는 피해 청소년의 치료를 위해 부모나 가족들이 경제활동을 당분간 멈추기도 한다. 현재 우리나라에서는 법무부가 운영하는 범죄 피해자에 대한 구조금 제도가 있으나 그 액수가 충분하지 않아 실질적인 도움이 되지는 못하는 상황이다. 따라서 장기적으로 금전적인 지원을 비롯해서 긴급자금 대여 등의 방법을 통해 실질적인 어려움을 해소하도록 지원할 필요가 있다. 성폭력 발생 사실을 알게 되면 경찰, 검찰 및 성폭력 관련 상담기관 등에 신고한다. 경찰 또는 성폭력 상담소에서는 증거채취 및 진료를 받을 수 있는 성폭력 전담의료기관과 치료비 환급절차 등을 안내해 준다. 지역별로 지정된 성폭력전담의료기관을 이용하면 보다 정확한 증거채취 등이 가능하며, 이 기관에서 성폭력 피해 치료 및 임신·성병 검사, 정신질환치료, 증거물 채취 등의 의료지원을 받을 수 있다. 성폭력으로 인한 각종 치료, 증거채취비용, 진단서 발급비 등은 모두 무료이며, 이미 다른 병원에서 자비 부담으로 치료를 받은 경우에도 국가에서 전액 환급해 준다. 성폭력을 당한 사실을 알게 되면 먼저 침착하게 피해자를 달래 주고 피해자의 잘못이 아님을 주지시켜야 한다. 그 후 전문기관을 통한 의료, 상담지원, 법률적 지원을 받도록 도움을 요청한다.

2. 청소년 성매매의 개념

최근 유해환경의 확대, 왜곡된 성 정보의 범람, 성 가치관에 대한 이중적 태도 등은 심각한 청소년 성문제를 유발하고 있다. 특히 다양한 미디어의 확대 등으로 성에 대한 정보에 용이하게 접근할 수 있게 되었다.

또한 물질만능주의의 팽배와 향락적 성문화는 청소년으로 하여금 성을 상품화하려는 유혹에 쉽게 빠져들게 만들었으며 또 성에 대한 무제한적인 개방적 태도는 피임, 임신, 낙태, 성병 등에도 노출되게 만듦으로써 10대의 임신, 성범죄 및 성매매 증가 등의 성적 일탈 행동을 유발하고 있다. 한편 인터넷의 발달과 아동·청소년의 모바일 기기 사용 증가로 청소년들이 점점 더 용이하게 성매매를 할 수 있는 환경에 노출되어 있고, 특히 가출청소년에게는 이러한 환경으로 인해 성매매 유입 가능성이 더욱 높아지고 있다. 하지만 인터넷 환경을 통제하는 것은 매우 어려운 일이기 때문에 보다 실효성 있는 정책 추진을 위해서는 성매매에 쉽게 노출될 수 있는 위험군과 그들을 둘러싼 환경 전반에 대한 분석을 통해 어떤 청소년이 성매매로 유입되고 재유입되는지를 파악해 그 과정에 대한 개입방안을 모색할 필요가 있다.

청소년기에 올바른 성의식과 행동을 형성하는 것은 건전하고 성숙한 사회구성원으로서의 역할을 감당하는 데 필요한 과제 중 하나이다. 청소년의 성문제를 이해하기 위해서는 성에 대한 구체적인 개념부터 파악해야 한다. 성의 개념은 크게 3가지로 볼 수 있다. 첫째, 성(sex)은 보통 생물학적인 면에서 남녀를 구분할 경우 사용하며, 이는 개인이 태어나면서부터 구분된 선천적인 성별을 뜻한다. 둘째, 성(gender)은 첫 번째 성(sex)이 생물학적인 차원을 의미하는 것이라면 두 번째 성(gender)은 사회적·문화적으로 여성과 남성에게 부과된 일련의 특징 및 행동유형을 의미하는 '사회적 성'이라 할 수 있다. 셋째, 성(sexuality)이다. 첫 번째 성(swx)이 원래의 의미에서 변질된 것과 구별하기 위해 19세기에는 섹슈얼리티(sexuality)라는 용어가 등장하였다. 섹슈얼리티는 성행위에만 국한되는 것이 아니라 성적 실천과 정체성, 에로틱한 욕망을 포함하여

성적 감정과 관계, 그리고 우리가 성적이라고 규정하는 범주까지도 포함하는 개념이다. 즉, 성애란 성적 욕망을 창조하고 구성하고 표현하며 추구하는 사회적 과정이며 성역할, 성행위, 성적 감수성, 성적 지향, 성적 환상과 정체성을 정의하고 생산하는 모든 영역을 포괄한다.

1) 청소년 성매매의 개념

「성매매알선 등 행위의 처벌에 관한 법률」 제2조 제1항에 따르면 성매매 관련 행위 피해자를 "성매매 피해자"로 지칭하고 있으나 「성폭력범죄의 처벌 등에 관한 특례법」 제2조에 따르면 성매매 관련 행위 피해자를 "성폭력 피해자"로 지칭하고 있다. 이와 같이 성매매 관련 범죄에 대한 정의와 범위는 근거 법령에 따라 다르다.

「아동·청소년의 성보호에 관한 법률」 제2조에 따르면, 청소년의 성을 사는 행위는 아동 청소년의 성을 사는 행위를 알선한 자 또는 청소년을 실질적으로 보호, 감독하는 자 등에게 금품이나 그 밖의 재산상 이익, 직무, 편의 제공 등 대가를 제공하거나 약속하고 성교행위 등 신체의 일부나 도구를 이용한 유사 성교행위, 신체의 전부 또는 일부를 접촉, 노출하는 행위로서 일반인의 성적 수치심이나 혐오감을 일으키는 행위, 등 어느 하나에 해당하는 행위를 아동·청소년을 대상으로 하거나 아동, 청소년으로 하여금 하게 하는 것을 말한다. 다시 말해, 청소년 성매매는 돈을 매개로 한 미성년자와 성인의 성적 결합 및 만남을 의미하는 것으로 성인이 성의식이 미숙한 청소년을 대상으로 하는 성범죄이다.

2) 청소년 성매매의 발생요인

청소년 성매매는 개인적 요인, 가족 요인, 친구요인, 학교요인, 사회·문화적 요인 등 다양한 요인에 의해 발생한다. 청소년 성매매는 청소년으로 하여금 자존감을 떨어

뜨릴 뿐만 아니라 학업 중단으로 이어지고, 금전 만능주의나 쾌락주의에 쉽게 빠지게 함으로써 청소년의 삶에 부정적인 영향을 미친다.

(1) 개인적 요인

청소년의 성매매는 청소년의 성에 대한 부적절한 인식을 바탕으로 이른 성경험, 왜곡된 성적인 가치관, 물질주의적 가치관 등과 같은 개인의 가치관과 어렸을 때의 성학대나 성폭력 경험 등의 영향을 받는다.

특히 아동기의 신체적, 정서적, 성적 학대 경험은 청소년의 성매매에 대한 직접적 요인이 되며, 아동기에 친부모나 형제를 포함한 주변 사람에 의한 성폭력 피해 경험도 청소년의 성매매에 영향을 미친다.

청소년의 성학대나 성폭력 피해 경험은 가출이나 비행 등으로 이어져 청소년이 쉽게 성매매를 할 수 있는 원인이 되며, 성폭력 피해로 인해 낮아진 자존감과 우울감은 자포자기의 심정으로 실제 성비행이나 성매매에 쉽게 빠지게 하는 직접적 요인이 된다. 또한 청소년의 조숙한 성관계 경험도 성매매에 더 쉽게 빠지게 하며, 성에 대한 호기심, 유흥비와 생활비 마련, 놀이와 여가생활, 성적 탐닉이나 청소년의 물질주의적 가치관, 왜곡된 성가치관의 결합도 성매매의 원인으로 인식된다. 심지어 청소년 스스로 성매매를 부정적으로 여기지 않고, 죄의식을 전혀 느끼지 않는 잘못된 성에 대한 가치관과 성 개방 풍조, 가출 경험 여부도 청소년 성매매에 중요한 영향을 미친다.

(2) 가족 요인

청소년의 성매매는 청소년이 속한 가족의 구조적이고 기능적인 특성과 관련되어 있다. 즉, 가족이 해체되었거나 청소년이 부모로부터 충분한 관심과 사랑을 받지 못하고, 부모-자녀 간 지지를 받지 못한 채로 성장했거나 부정적인 부모-자녀 관계를 지닌 경우에 더 자주 발생한다.

이러한 부모의 양육행동이나 태도는 청소년 자녀를 방황하게 하고 비행에 빠지게 함으로써 성매매에 빠지게 하는 원인이 되기도 한다. 가정폭력과 성폭력 피해 경험이 청소년의 성매매와 관계가 있다는 데 현장활동가의 약 68%가 동의하고 있으며, 가정폭력이나 성폭력 피해 경험을 가진 청소년은 그러한 경험을 가지고 있지 않은 가출청소년보다 훨씬 더 자존감이 낮고, 치료도 더 오래 걸리며, 가족 등 사회복귀를 위한 지지체계도 더 열악하다.

또한 가족 간의 갈등과 가족해체의 가속화 등으로 매년 청소년 가출이 지속적으로 증가함으로써 청소년이 거리생활을 하면서 성매매를 하기도 하여 사회적 부작용을 유발하기도 한다. 무엇보다 청소년의 가출 연령이 낮아지면서 6개월 이상의 장기 가출과 반복적인 가출이 늘어나는 경향이 있기 때문에 이것이 청소년의 성매매를 증가시키는 원인이 될 수도 있다.

이와 함께 대부분의 성매매 경험 청소년은 가난한 가정에서 성장한 경우가 많아 생활비 마련을 위해 성매매를 하기도 한다.

(3) 친구 요인

청소년기는 친구나 또래의 영향력이 크기 때문에 어떤 유형의 친구와 어울리는지에 따라 청소년의 삶이 좌우될 수 있다. 여성가족부의 『청소년 백서』에 의하면 청소년은 자신의 고민을 주로 친구나 동료와 나누는 것으로 나타났다. 이는 여자가 47%로 남자에 비해 45.4% 더 높았다. 다음으로 많은 고민 상담자가 어머니지만 어머니는 불과 22.3%에 불과하고 스승은 13.0%였고, 스스로 해결하는 경우는 17.6%여서 친구의 영향이 상당하다는 것을 알 수 있다.

그리하여 주변에 성에 대해 잘못된 인식을 가지고 있거나 올바르지 못한 성행동을 하는 친구가 있을 경우 그로 인해 영향을 받을 확률은 더욱 높아진다. 청소년 시기는 자신과 비슷한 과정을 경험하는 또래를 통해 심리적 인정과 지지를 얻음과 동시에 친구와의 관계 속에서 행동을 함께하도록 동조압력을 받는 경우가 많다.

따라서 성매매 행위를 결정하는 과정에서는 비행을 경험했거나 그런 행동이 용인되는 또래 문화를 쉽게 접하는 청소년일수록 성과 관련된 문제에 노출될 경향이 크고, 그것이 성매매로 이어질 수 있다.

(4) 학교 요인

청소년은 많은 시간을 학교에서 생활하기 때문에 교사와 친구의 지지 및 학교 체제가 청소년의 전반적인 생활에 중요한 영향을 미친다. 우리나라와 같이 대학교 진학을 중요하게 인식하는 상황에서 입시 위주의 학교체제는 그에 적응하지 못하는 청소년으로 하여금 방황하게 만들고, 자존감을 낮출 뿐만 아니라 교사의 지지도 약하여 쉽게 비행에 빠지게 함으로써 학업 중도탈락이나 가출 등을 야기한다.

그러므로 사회적 지지망이 없거나 약하며, 학교에서 교사의 지지도 충분히 받지 못하는 청소년은 더 쉽게 성매매를 할 수 있다.

(5) 사회 · 문화적 요인

청소년의 성매매 문제는 이를 조장하고 부추기는 사회 · 문화적 환경에 영향을 받는다. 즉, 우리사회 전반의 이중적인 성윤리나 성의 상품화 등이 청소년 성매매를 강화할 수 있는 요인인 것이다. 아울러 외국의 성개방 풍조, 성을 주제로 한 각종 영상물 등의 문화적 요소 등으로 인하여 자유스러운 혼전 성관계, 물질만능주의, 금전만능주의, 향락문화, 쾌락주의 등이 만연해 있는 왜곡된 사회 · 문화적 요인 등이 원인이 될 수 있다.

또한 급속한 인터넷의 발달과 스마트폰의 보급 및 케이블 TV의 보급 등은 청소년을 더 쉽게 음란물에 노출시킴으로써 이의 접촉을 보편화시키고 음란물에 탐닉하게 하는 현상을 초래하였다. 여성가족부의 청소년 유해환경 접촉 종합실태조사 결과, 청소년은 다양한 매체와 접근 경로를 통해 성인 영상물을 경험하였다. 즉, 청소년의 매체 이용 경험률을 보면 성인용 영상물 경험률이 65.5%로 가장 높았고, 휴대폰 성인물(52.6%), 성인용 간행물(511%), 성인용 게임(33.1%), 컴퓨터 성인물(26%) 순이었다.

결국, 청소년의 성매매는 다양한 성인용 영상물에 대한 경험과 더불어 케이블 TV의 스마트폰의 빠른 보급 등이 주요 원인으로 볼 수 있다. 또한 인터넷 채팅 사이트의 대화방도 청소년 성매매의 주요 창구로 사용되거나 음란채팅 중독을 유발하는 상황을 초래하였고, 이동통신매체의 발달로 개인과 개인의 비밀스러운 접촉을 비교적 쉽게 함으로써 청소년의 성매매를 부추기는 원인이 된다고 할 수 있다.

3) 성매매가 청소년에게 미치는 영향

청소년의 성매매는 청소년 개인의 신체적·정신적 측면에 부정적 영향을 미쳐 청소년의 건전한 발달을 저해할 뿐만 아니라 사회적 측면에도 여러 가지 사회적 문제나 병리적 현상을 유발한다.

또한 청소년 성매매는 청소년 개인에게 신체적·정신적 손상을 초래함으로써 자아발달과 진로 등에 부정적인 영향을 미침과 동시에 자신의 성을 놀이와 돈벌이의 수단으로 여겨 왜곡된 성 가치관을 갖게 한다. 동시에 성관계로 인해 임신, 낙태 혹은 성병으로 인한 신체적 손상도 초래할 수 있다.

청소년 성매매는 성문란을 부추김으로써 사회의 건전한 성윤리를 파괴시키고, 성인으로 하여금 아직 성가치관이 확립되지 않은 청소년의 성적 호기심을 이용하여 자신들의 성적 쾌락을 추구하려는 왜곡된 성문화를 야기하여 이 사회의 기본적인 가치관과 윤리의식을 망가뜨리고, 나아가 가정과 사회를 파괴시키는 결과를 초래한다. 또한 청소년 성매매는 금전만능주의와 물질주의 가치관 형성을 통해 사회적 병리현상을 유발하기도 한다. 뿐만 아니라 청소년 성매매는 아직 신체적으로나 정신적으로 미성숙한 청소년으로 하여금 너무 이른 시기에 불건전한 성관계를 경험하게 함으로써 청소년 성비행의 연령을 하향화시키고, 그 정도를 심화시킴과 동시에 임신과 낙태를 유발하여 영아유기나 살해, 살인, 강간, 성폭력, 절도 등의 범죄를 양산하는 사회적 병리현상을 가속화시킬 수도 있다.

청소년의 성매매로 인해 임신을 하게 되면 많은 경우에 임신중절 수술을 받기도 하지만 출산하여 미혼부모가 되기도 한다. 과거에는 주로 미혼모가 많았으나 최근에는 미혼부도 점차 증가하는 경향이다.

〈표 6-3〉 미혼부 자녀 출생신고 절차

1. 서류 준비사항
   ① 아동 어머니의 인적사항(성명, 등록기준지, 주민등록번호 등)을 알 수 없는 사유 소명자료
   ② 아동과의 혈연관계 입증자료(유전자 검사자료 등)
   ③ 본인의 가족관계증명서 또는 주민등록표 등·초본

   친자검사비 지원: 전국 17개 권역별 미혼모부 거점기관과 법률구조공단 및 한국가정법률상담소에서 친자 검사비를 지원한다.

2. 가정법원에 확인신청서 제출
   등록기준지 또는 주소지 관할 가정법원에 '친생자 출생신고를 위한 확인신청서'를 작성하여 제출

   * (양식) '친생자 출생신고를 위한 확인 신청서'는 대법원 전자민원센터에서 다운로드 가능

3. 구청·주민센터를 방문하여 출생신고
   미혼부라면 법률구조공단과 한국가정법률상담소에서 출생신고 과정을 도와줌.

※ 문의전화: 법률구조공단 ☎132, 한국가정법률상담소 ☎1644-7077

4) 청소년 성매매 방지대책

(1) 성매매 피해 아동·청소년 지원기관의 협력체계 구축

성매매 피해 아동과 청소년을 관리하고 지원하는 기관의 통합과 지역단위의 원활한 소통과 연계가 필요하다.

위기청소년과 성매매 청소년에 대한 정책은 이원화되어 있으나 사실상 지원대상이 되는 아동·청소년은 이원화되어 있지 않은 데서 나오는 문제라고 할 수 있다. 이러

다 보니 지역단위에서 활동을 하는 과정에서도 위기 청소년을 지원하는 활동가들은 성매매 피해와 그 지원에 대해서는 잘 모르고 있어서 충분하고 적절한 지원을 연계하기 어려운 상황이 전개되고 있는 것이다. 이러한 문제를 해결하기 위해서는 우선 지역단위에서 사례회의와 워크숍 등을 통해 소통과 연계를 활성화할 수 있는 방법을 찾는 것이 중요하다.

(2) 성매매 피해청소년을 위한 치료 · 재활 프로그램 운영

「아동 · 청소년의 성보호에 관한 법률」에서 성매수 대상 청소년에게 교육과정 또는 상담과정 이수를 결정할 수 있도록 규정함에 따라, 여성가족부는 '맞춤형 치료 · 재활 프로그램'(40시간)을 개발하고 전국에 위기청소년교육센터를 지정하여 교육 및 상담 · 사례관리를 실시하고 있다. 위기청소년교육센터는 여성가족부의 위탁을 받아 사업을 수행 중이며, 법적 근거는 「아동 · 청소년의 성보호에 관한 법률」 제39조 제2항 및 같은 법 시행령 제9조에 의한 것으로, 그 목적은 성매매 피해청소년에 대한 치료 · 재활교육 강화로 성매매 재유입 방지 및 건강한 사회인으로의 사회 복귀 지원에 두고 있다.

대상은 검찰에서 대상 청소년 교육상담과정 이수결정이 통보되거나 경찰에서 발견사실이 통보된 대상 청소년, 성매매로 수강명령을 부과받은 청소년, 청소년지원시설 대안학교 등 관련시설에서 추천한 성매매 피해청소년 및 사이버 또래상담을 통해 연계된 성매매 피해 노출 청소년이다. 운영 내용은 전문가가 4박 5일(40시간) 동안 24시간 숙식을 함께하며 심리치료, 자존감 증진 프로그램, 성교육, 역할극, 문화 활동, 진로탐색 등 교육을 실시하고, 교육수료 후 의료 · 법률 · 학업 · 자립 · 자활 등 대상별 맞춤형 지원을 하는 것이다. 2017년 현재 1개의 중앙센터 및 10개의 권역별 '위기청소년교육센터'에서 교육을 추진하고 있다. 또한 장기 가출 성매매 피해청소년을 위한 취업교육과 인문교육이 활성화되어야 한다. 대부분의 가출청소년들은 장기간의 학교 중단과 이로 인한 학력 부족으로 인해 지금 당장 적절한 취업이 어려울 뿐만 아니라 미래를 위한 진로계획을 세우기도 어려운 경우가 많다. 또한 성매매나 노래방 도우미로 버는 금액에 익숙해지면 다른 직종의 일들에 대한 선호가 떨어지게 된다. 그러므로 이들에게 노동의 가치와 일을 통한 자기성취의 중요성 등을 일깨워 주는 노력이 병행되어야 하며, 아울러 주거보장, 의료서비스 지원 등 혁신적인 시도가 이루어져야 한다. 특히 성매수 피해청소년들은 생계형 성매매로 출발하지만 부모와의 관계 여부, 성매매 기간 및 횟수, 성매매에 대한 기대, 성매매로 인한 피해 정도, 사법처리단계, 시설생활 정도, 정신건강상태 등에 따라 다양한 특성을 고려하여 개입할 필요성이 있다.

〈표 6-4〉 교육과정 및 운영기관

교육과정	교육대상	운영기관
40시간	• 검찰의 교육상담 이수 결정 통보자 • 경찰의 대상청소년 발견 통보자 • 성매매피해상담소, 아웃리치 등을 통해 연계된 청소년 • 지적 장애를 가진 성매매 피해청소년	• 십대여성인권센터(서울위기청소년교육센터) • (사)인권희망 강강술래(인천위기청소년교육센터) • 성매매 근절을 위한 한소리회(경기위기청소년교육센터) • 춘천길잡이의 집(강원위기청소년교육센터) • 성공회 대전 나눔의 집(대전위기청소년교육센터) • 부산광역시 청소년 종합지원센터(부산위기청소년교육센터) • 광주YWCA(광주위기청소년교육센터) • 전북여성인권지원센터(전북위기청소년교육센터) • 대구여성회(대구위기청소년교육센터) • 평화의 샘(평화위기청소년센터)
중앙지원	-	• 한국여성인권진흥원

출처: 여성가족부.

위기청소년교육센터의 서비스 목표는 청소년들이 '미래 가능성과 주체성을 가진' 존재로서 다양한 접근을 통하여 '청소년 자신의 가치와 존재의 발견'을 도울 수 있도록 한다. 건강하고 미래지향적인 진로계획을 설계하도록 지원하고, 그들이 탈성매매를 통하여 건강하고 안전한 삶을 살아가는 능력을 배양하는 동시에, 미래 시민사회 일원으로서 책임성과 주체성을 기르는 것이다. 교육프로그램은 40시간 교육으로 구성되는데, 크게 '사전검사(OT)', '심리검사(MMPI 등)', '심리치유 프로그램(동작치료, 미술치료)', '성주체성 향상 프로그램(성교육, 건강검진, 섹슈얼리티)', '자존감 향상 프로그램(개인브랜드 가치 높이기, 롤모델 만나기, MBTI)', '사회통합 프로그램(자원봉사 활동, 진로 프로그램, 학교탐방, 직업체험, 미래설계 등)', '성매매 바로알기(생존자 증언 등)', '수료식' 등으로 구성되어 있다.

(3) 성범죄자 신상정보 공개제도

아동과 성인 대상 성범죄자는 우리 사회의 급격한 변화로 인해 점차 늘어나고 있는 추세이다. 강간을 비롯하여 강제추행, 성매매에 이르기까지 등의 성범죄는 다양한 양태를 띄고 있다. 그러나 이러한 성범죄는 그 범죄 자체로 끝나기보다는 피해자에게 상당한 악영향을 끼치고 있으며, 이는 지속적인 후유증을 남기기도 한다. 따라서 이러한 성범죄 예방을 위해서는 매우 강력한 예방책이 요구된다.

이러한 성범죄를 예방하기 위해서 성범죄자의 신상정보를 공개하는 제도는 2000년 7월 1일 「청소년의 성보호에 관한 법률」이 최초로 제정・시행되면서 시작되었다. 그 후 2006년 6월 30일에 개정・시행된 「청소년의 성보호에 관한 법률」에 따라 성범죄자 신상정보 등록 및 열람제도가 도입되었고, 2008년 2월에 법을 다시 개정하여 성범죄자 신상정보 등록 및 열람제도가 본격적으로 시행되었다. 2010년 1월에는 아동・청소년 대상 성범죄자의 신상정보를 경찰서 열람에서 인터넷에서 공개하는 것으로 개정되었으며, 이에 따라 아동과 성인 대상 성범죄자의 신상정보가 20년간 등록관리되고 있다.

2016년도에는 성범죄 예방이 되도록 성범죄자의 식별가능성을 높일 필요가 있다는 정책수요를 반영하여 성범죄자의 사진 중 전신사진의 크기를 확대하여 일반 국민들이 성범죄자를 인식하는 데 도움이 되도록 개선하였다. 또한 성범죄자 신상정보를 국민들이 신속하고, 편리하게 확인하여 성범죄 예방에 활용할 수 있도록 '성범죄자 알림e' 스마트폰 어플리케이션을 지속적으로 홍보・보급하여 국민의 정보 접근성을 높임으로써 성범죄 예방효과를 제고하였다. 스마트폰 어플리케이션을 이용하면 국민들이 여름철 피서지, 놀이터나 공원 등 언제 어디서나 자신의 위치를 기반으로 주변에 거주하는 성범죄자의 신상정보를 확인할 수 있으며, 특히 알림기능을 활용하여 이동 중 어느 지역에 있더라도 자신의 주변에 거주하는 성범죄자를 음성과 메시지로 제공받고 신상정보를 확인할 수 있도록 하고 있다.

(4) 청소년성문화센터의 설립

여성가족부 및 지방자치단체는 「아동·청소년의 성보호에 관한 법률」 제47조에 따라 아동·청소년의 건전한 성가치관 조성과 성범죄 예방을 위하여 아동·청소년 대상 성교육 전문기관으로 청소년성문화센터를 설치·운영한다.

청소년성문화센터란, 여성가족부와 지방자치단체의 지원을 받고 운영하는 아동청소년 성교육 전문기관이다. 체험관과 이동형 버스를 매개로 아동청소년 성교육, 양육자 성교육, 가족 성교육을 운영하고 있으며, 그 외에도 성상담, 성교육 활동가 양성, 캠페인 등 기타 다양한 성문화 활동을 하고 있다. 전국 청소년성문화센터는 성인지적 성교육을 기반으로 아동청소년의 평등하고 안전한 성문화 조성에 기여하고자 노력하고 있다.

〈표 6-5〉 전국 청소년성문화센터 지역별 설치 현황(2023년 기준)

구분	전국	서울	부산	대구	인천	광주	대전	울산	경기	강원	충북	충남	전북	전남	경북	경남	제주
고정형	48	8	3	2	2	2	2	1	6	2	2	4	4	3	2	2	
이동형	10	0	2	-	-	-	-	-	3	1	1	1	-	-	1	1	-
총계	58	8	5	2	2	2	2	1	9	4	3	3	4	4	4	3	2

청소년들이 성에 대한 정보를 주로 성인물, 음란성 게임, 미디어 또는 또래를 통해 얻고 있는 데 반해 기존 학교의 성교육은 이론 중심의 단편적인 지식 전달 위주로 진행되어 그 효과성이 결여되고 있는 것으로 나타난다. 이와 같은 문제점에 따라 청소년의 눈높이에 맞는 실질적인 성교육에 대한 필요성이 제기되었다. 또한 일부 지역에서는 멀티미디어와 다양한 설치물을 활용한 참여형 성교육이 실시되어 성과를 거두고 있으나, 한정된 지역에서만 교육서비스가 제공됨으로써 지역 간 불균형이 발생하였고, 전국적으로 통일된 효과적인 성교육을 실시할 필요성이 제기되었다.

이에 청소년 정책자문위원회 성문화분과위원회가 전국에 청소년성문화센터를 설치하고, 운영하는 사업을 여성가족부에 건의하였다. 이에 따라 여성가족부에서는 전국 17개 시・도에 청소년성문화센터 설치・운영을 추진하고 있다.

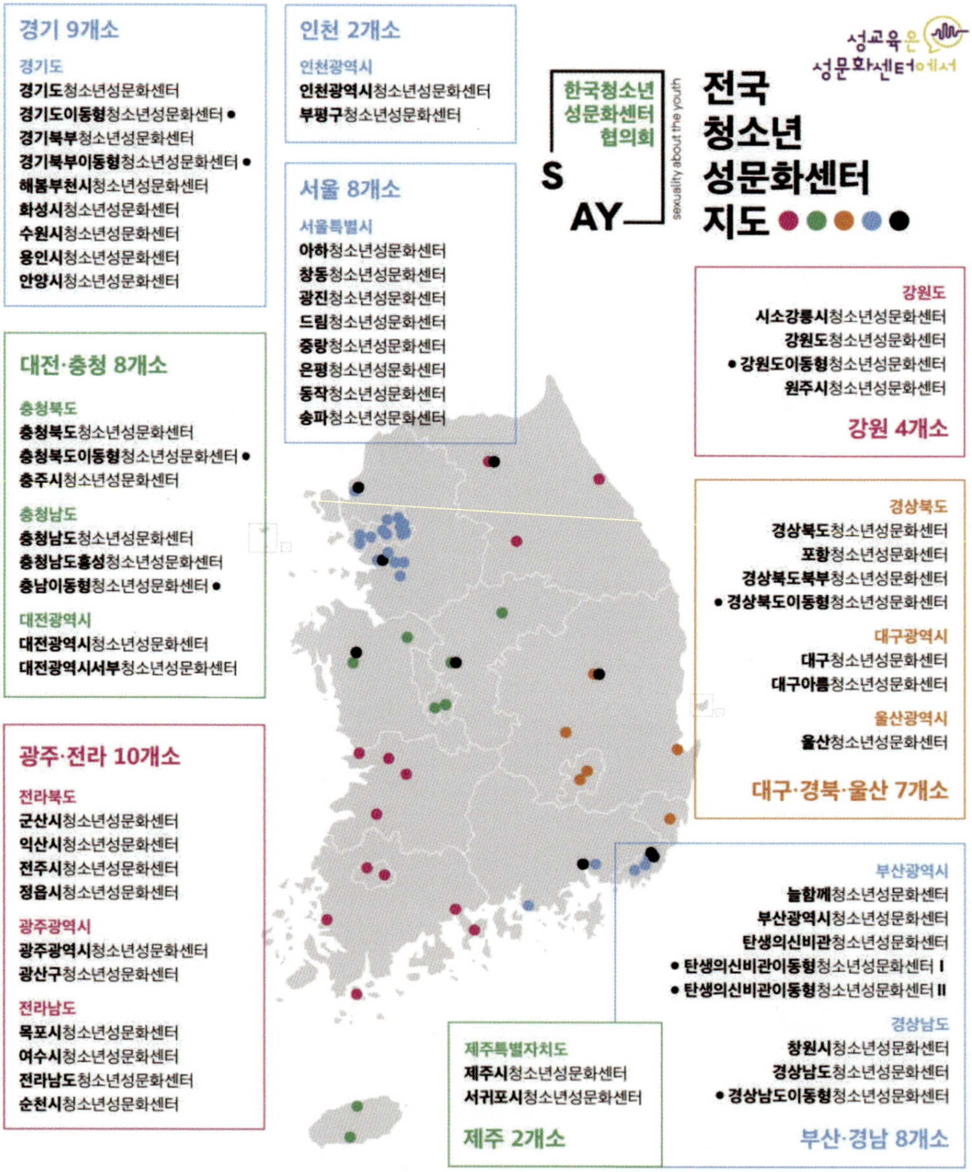

[그림 6-1] 전국 청소년 성문화센터 소재지(2024년 기준)

전국 청소년성문화센터 연락처 및 홈페이지

<서울>

아하청소년성문화센터 ☎ 02-2677-9220 www.ahacenter.kr
창동청소년성문화센터 ☎ 02-950-9650~4 cdsay.or.kr
광진청소년성문화센터 ☎ 02-2204-3170 시립광진청소년성문화센터: 네이버 블로그 (naver.com)
송파청소년성문화센터 ☎ 02-3012-1318 www.youth1318.or.kr/youth1318
드림청소년성문화센터 ☎ 02-2051-1375 blog.naver.com/sundream1375
중랑청소년성문화센터 ☎ 02-2207-7480 jsay.or.kr
은평청소년성문화센터 ☎ 02-6380-7480 www.instagram.com/yptacteen
동작청소년성문화센터 ☎ 02-823-7942 http://www.joeunsesang.org/plus

<부산>

늘함께청소년성문화센터 ☎ 051-558-1224~5 www.say2008.or.kr
부산광역시청소년성문화센터 ☎ 051-303-9622, 9632 www.bsycsay.or.kr
탄생의신비관청소년성문화센터 ☎ 051-508-1808 www.busansay.or.kr
탄생의신비관이동형청소년성문화센터1 ☎ 051-508-1308 www.busansay.or.kr
탄생의신비관이동형청소년성문화센터2 ☎ 051-508-1802 www.busansay.or.kr

<대구>

대구청소년성문화센터 ☎ 053-653-7755 www.dgsay.net
대구아름청소년성문화센터 ☎ 053-657-1388 www.daeguarm.net

<인천>

인천광역시청소년성문화센터 ☎ 032-446-1318 www.isc.or.kr
부평구청소년성문화센터 ☎ 032-500-2251~4 www.icbp.go.kr/gender

<광주>

광주광역시청소년성문화센터 ☎ 062-522-1388 www.gjsay1388.or.kr
광산구청소년성문화센터 ☎ 062-973-9553 www.wawasay.or.kr

<대전>

대전광역시청소년성문화센터 ☎ 042-222-8847~8 djsay.net:8024
대전광역시서부청소년성문화센터 ☎ 042-520-5088 www.dssay.net

<울산>
울산시청소년성문화센터 ☎ 052-256-1318 ulsansay.com

<경기>
경기도청소년성문화센터 ☎ 031-475-3253 www.tacteenwa.or.kr
경기도이동형청소년성문화센터 ☎ 031-405-3255 www.tacteenwa.or.kr
경기북부청소년성문화센터 ☎ 031-954-8050 congcong.or.kr
경기북부이동형청소년성문화센터 ☎ 031-953-8052 congcong.or.kr
부천시청소년성문화센터 ☎ 032-663-1318 www.bchello.co.kr
화성시청소년성문화센터 ☎ 031-8015-3900 hssay.hswf.or.kr
수원시청소년성문화센터 ☎ 031-251-1590, 1822 suwonsay.or.kr
용인시청소년성문화센터 ☎ 031-548-1318 www.ysay.or.kr
안양시청소년성문화센터 ☎ 031-360-3088 www.awhy3088.or.kr

(5) 일시쉼터의 제공서비스 보강

위기청소년과 최전방에서 만나고 있는 일시쉼터에 성매매 예방기능을 추가하여 가출청소년이 성매매로 전락하지 않도록 지속적으로 예방 및 지원보호를 제공해야 한다. 이를 위해서는 성매매노출 청소년을 위해 현장을 거점으로 성 착취에 대한 위기개입, 긴급보호, 홍보 등과 같은 정보제공 등을 할 수 있도록 내용적인 콘텐츠가 구성되어 있어야 하며 청소년의 성폭행 및 성매매와 관련된 전문가가 일시쉼터에 상주해야 한다. 더불어 성폭력 피해청소년 전용쉼터를 확대해야 한다.

(6) 청소년 성매매 예방정책 확대

청소년 성매매의 예방을 위한 대책은 여러 가지 있을 수 있으나 무엇보다도 빈곤가정에 대한 사회복지서비스 확대가 필요하다. 가정의 빈곤은 여러 가지 형태의 문제들과 연관이 있으며, 특별히 빈곤가정에서 금전적 어려움을 겪은 청소년의 경우에는 이를 해소하고자 극단적인 방법으로 성매매를 선택할 수도 있다. 그러므로 빈곤가정, 차상위 계층 가정 및 최근 경제위기로 흔들리고 있는 가정에 대해서 실질적으로 경제적 자립을 할 수 있도록 그들의 역량을 강화하는 서비스를 제공해야 하며 정부와 민간의 사회적 자원을 이들 가정에 연계해 줄 방안을 모색해야 한다. 더불어 성매매를 경험한 청소년들 중 대다수가 가출한 경험이 있으며, 가출 중에 성매매를 했던 것으로 나타난다. 따라서 청소년들이 가출했을 때 청소년쉼터나 보호시설 등이 충분히 확보되어 가출청소년들이 이용할 수 있도록 해야 한다. 이와 더불어 청소년 성매매는 인터넷 채팅에 의한 경우가 많기 때문에 인터넷의 정화기능을 살릴 필요가 있다. 채팅을 통해 조건 만남을 하려는 사이트가 있을 경우 인터넷 운영자에 대한 처벌을 강력하게 함으로써 인터넷 규제를 해야 할 것이다. 또한 인터넷 사용자들 스스로가 인터넷에 범죄행위가 발붙일 수 없도록 자정 기능을 수행해야 할 것으로 보인다.

〈표 6-6〉 아동 · 청소년 성매매자 등에 대한 처벌규정

<table>
<tr><th>구분</th><th>내용</th><th>처벌</th></tr>
<tr><td rowspan="2">성
구매자</td><td>아동 · 청소년의 성을 사는 행위를 한 사람(성구매자)
(「아동 · 청소년의 성보호에 관한 법률」 제13조 제1항)</td><td>1년 이상 10년 이하의 징역 또는 2천만 원 이상 5천만 원 이하의 벌금</td></tr>
<tr><td>아동 · 청소년의 성을 사기 위해 아동 · 청소년을 유인하거나 성을 팔도록 권유한 사람
(「아동 · 청소년의 성보호에 관한 법률」 제13조 제2항)</td><td>1년 이하의 징역 또는 1천만 원 이하의 벌금</td></tr>
<tr><td>성판매
알선자</td><td>아동 · 청소년에게 성매매 피해자가 되도록 강요행위를 한 사람(「아동 · 청소년의 성보호에 관한 법률」 제14조 제1항)
① 폭행이나 협박으로 아동 · 청소년에게 아동 · 청소년의 성을 사는 행위의 상대방이 되게 한 사람
② 선불금(先拂金), 그 밖의 채무를 이용하는 등의 방법으로 아동 · 청소년을 곤경에 빠뜨리거나 위계 또는 위력으로 아동 · 청소년으로 하여금 아동 · 청소년의 성을 사는 행위의 상대방이 되게 한 사람
③ 업무 · 고용이나 그 밖의 관계로 자신의 보호 또는 감독을 받는 것을 이용해 아동 · 청소년에게 아동 · 청소년의 성을 사는 행위의 상대방이 되게 한 사람
④ 영업으로 아동 · 청소년을 아동 · 청소년의 성을 사는 행위의 상대방이 되도록 유인 · 권유한 사람</td><td>5년 이상의 유기징역
(미수범 처벌)</td></tr>
</table>

구분	내용	처벌
성판매 알선자	①~③까지의 죄를 범한 사람이 그 대가의 전부 또는 일부를 받거나 이를 요구 또는 약속한 경우 (「아동·청소년의 성보호에 관한 법률」 제14조 제2항)	7년 이상의 유기징역 (미수범 처벌)
	아동·청소년에게 성매매 피해자가 되도록 유인·권유한 사람 (「아동·청소년의 성보호에 관한 법률」 제14조 제3항)	7년 이하의 징역 또는 5천만 원 이하의 벌금
성매매 장소 제공자	아동·청소년의 성을 사는 행위의 장소를 제공하는 행위를 업으로 하는 사람 (「아동·청소년의 성보호에 관한 법률」 제15조 제1항 제1호)	7년 이상의 유기징역
	아동·청소년의 성을 사는 행위의 장소를 제공하는 사람 (「아동·청소년의 성보호에 관한 법률」 제15조 제2항 제2호)	7년 이하의 징역 또는 5천만 원 이하의 벌금
	영업으로 아동·청소년의 성을 사는 행위의 장소를 제공하기로 약속한 사람 (「아동·청소년의 성보호에 관한 법률」 제15조 제2항 제4호)	7년 이하의 징역 또는 5천만 원 이하의 벌금
	성매매장소를 제공하는 업소이거나 성매매를 알선하는 업소로 사용되는 사실을 알면서 자금 토지 또는 건물을 제공한 사람 (「아동·청소년의 성보호에 관한 법률」 제15조 제1항 제3호)	7년 이상의 유기징역
성구매 알선자	영업으로 아동청소년의 성을 사는 행위를 알선하거나 정보통신망에서 알선정보를 제공한 사람 (「아동·청소년의 성보호에 관한 법률」 제15조 제1항 제2호)	7년 이상의 유기징역
	아동청소년의 성을 사는 행위를 알선하거나 정보통신망에서 알선정보를 제공한 사람 (「아동·청소년의 성보호에 관한 법률」 제15조 제2항 제3호)	7년 이하의 징역 또는 5천만 원 이하의 벌금
	영업으로 아동 청소년의 성을 사는 행위를 알선하거나 정보통신망에서 알선정보를 제공하기로 약속한 사람 (「아동·청소년의 성보호에 관한 법률」 제15조 제2항 제4호)	7년 이하의 징역 또는 5천만 원 이하의 벌금
	영업으로 아동·청소년의 성을 사는 행위의 장소를 제공·알선하는 업소에 아동청소년을 고용하도록 한 사람 (「아동·청소년의 성보호에 관한 법률」 제15조 제1항 제4호)	7년 이상의 유기징역
	영업으로 아동·청소년의 성을 사는 행위를 하도록 유인권유 또는 강요한 사람 (「아동·청소년의 성보호에 관한 법률」 제15조 제2항 제1호)	7년 이하의 징역 또는 5천만 원 이하의 벌금
	아동·청소년의 성을 사는 행위를 하도록 유인권유 또는 강요한 사람 (「아동·청소년의 성보호에 관한 법률」 제15조 제3항)	5년 이하의 징역 또는 3천만 원 이하의 벌금

7) 성 인권교육 확대

청소년 성과 관련하여 보다 장기적으로 광범위한 대상에 대한 성교육과 성평등 교육이 필요하다. 경찰청 통계에 따르면 성매수자는 20대의 비율이 30대에 이어 두 번째로 높다고 밝혔다. 일반적으로 성매매가 발생한 이후 교육 등의 프로그램을 통해 성매수자들의 생각을 교정하겠다는 것이 틀린 생각은 아니지만, 성매매에 대한 관용도는 상당히 오랜 기간에 걸쳐 형성된다는 사실을 생각할 때, 사후관리책보다는 사전 예방적인 의미에서의 교육이 필요하다. 이를 통해 장기적인 관점에서 성매수를 줄일 수 있을 것이다. 그렇기 때문에 20대를 비롯한 젊은 남성들을 대상으로 성교육과 성매수 방지교육 등이 학교를 비롯하여 직장 등에서 이뤄질 필요가 있다.

이와 관련해서 보다 중요한 관점은 양성평등의식과 깊은 관계가 있다. 다른 성을 돈을 주고 구매할 수 있다는 생각은 다른 성에 대한 대상화와 물상화가 그 근본원인이라 할 때, 성매수 방지교육이 양성평등교육에서 출발하여야 한다는 것은 분명하다.

아동·청소년에 대한 성 인권교육은 아동·청소년에게 각각의 개별법에 따른 성교육 및 성폭력, 가정폭력, 성매매 등 예방교육을 제공토록 의무화되어 있는데, 이를 성평등 관점에서 통합하여 실시할 필요가 있다. 현재는 학교 성 인권교육, 장애 아동·청소년 성 인권교육으로 나누어 실시되고 있다. 이러한 성 인권교육은 가정폭력, 성폭력, 성매매, 성희롱 예방 교육을 성평등의 관점에서 통합·실시할 수 있도록 규정한 「양성평등기본법」의 취지에도 부합하는 것이라 할 수 있다.

「양성평등기본법」에서 사용하는 용어의 뜻은 다음과 같다. 제3조(정의)

1. “양성평등”이란 성별에 따른 차별, 편견, 비하 및 폭력 없이 인권을 동등하게 보장받고 모든 영역에 동등하게 참여하고 대우받는 것을 말한다.
2. “성희롱”이란 업무, 고용, 그 밖의 관계에서 국가기관·지방자치단체 또는 대통령령으로 정하는 공공단체(이하 “국가기관 등”이라 한다)의 종사자, 사용자 또는 근로자가 다음 각 목의 어느 하나에 해당하는 행위를 하는 경우를 말한다.

가. 지위를 이용하거나 업무 등과 관련하여 성적 언동 또는 성적 요구 등으로 상대방에게 성적 굴욕감이나 혐오감을 느끼게 하는 행위

나. 상대방이 성적 언동 또는 요구에 대한 불응을 이유로 불이익을 주거나 그에 따르는 것을 조건으로 이익 공여의 의사표시를 하는 행위

3. "사용자"란 사업주 또는 사업경영담당자, 그 밖에 사업주를 위하여 근로자에 관한 사항에 대한 업무를 수행하는 자를 말한다.

5) 청소년 성매매에 대한 처벌

청소년 성매매에 대한 처벌로써, 아동·청소년의 성을 사는 행위를 한 자는 1년 이상 10년 이하의 징역 또는 2천만 원 이상 5천만 원 이하의 벌금에 처한다. 아동·청소년의 성을 사기 위하여 아동·청소년을 유인하거나 성을 팔도록 권유한 자는 1년 이하의 징역 또는 1천만 원 이하의 벌금에 처한다.

청소년 성매매는 과거 원조교제라는 용어에 대한 대체 용어로서 이에는 미성년 성관계, 금품 수수, 유인이나 강요, 오락 등의 내용을 포함한다. 특히 원조교제라는 용어는 돈을 주고 미성년자와 성관계를 갖는다는 뜻의 일본어로서 우리말로는 적합하지 않다는 점과 성의 잘못된 사용에 대한 의미가 나타나지 않는다는 점 등이 용어 사용의 문제점으로 제기되어 '청소년 성매매'로 대체되었다.

성매매는 「성매매 알선 등 행위의 처벌에 관한 법률」 제2조에 따라 불특정인을 상대로 금품이나 그 밖의 재산상의 이익을 수수하거나 수수하기로 약속하고 성교행위나 유사 성교행위를 하고, 그 상대방이 되는 것으로 정의한다. 그에 따라 청소년 성매매는 청소년이 「성매매 알선 등 행위의 처벌에 관한 법률」 제2조에 의한 행위를 하는 것이다.

youth welfare | chapter

07

청소년과 가출

[학습목표]

1. 청소년의 가출의 정의에 대해 학습한다.
2. 청소년 가출의 원인과 예방에 대해 학습한다.
3. 청소년 가출의 과제에 대해 학습한다.

1. 청소년 가출

많은 청소년이 가출을 시도하거나 가출 충동을 경험한다. 물론 대다수의 청소년들은 건강하게 성장 발달하지만 우울이나 충동성과 같은 성격 요인, 가정폭력이나 학대·빈곤 및 가족해체 등과 같은 가족요인, 학업 스트레스나 교사 및 또래로부터의 낮은 지지, 유해한 사회적 환경 등과 같은 요인들이 복합적으로 작용하여 가출하는 청소년이 증가하고 있다. 청소년기 가출은 청소년 개인은 물론 가정 및 사회에 심각한 영향을 준다. 특히 가출 이후 기존의 문제나 상황이 더욱 악화되어, 신체적·정신적 건강을 해치거나 비행행동을 유발하기도 한다. 또한 최근 가족 간의 갈등과 가족해체의 가속화로 인하여 청소년 가출이 지속적으로 증가하고 있다. 이들은 집이 아닌 거리를 비롯한 외부환경에서 생활을 하면서 건강 악화뿐 아니라 폭행 및 절도, 성매매 등의 범죄와 비행 등의 문제를 일으키거나 보다 쉽게 범죄의 대상이 되는 등 사회적 부작용이 심각하다. 또한 청소년들의 가출연령이 점점 낮아지고 있으며 6개월 이상 장기가출과 반복적인 가출이 늘어나고 있다. 따라서 가출청소년을 대상으로 상담, 보호, 및 교육문화 활동을 지원하여 일탈 및 비행을 예방하고, 가정 복귀와 사회 적응을 도와줌으로써 청소년들의 건전한 성장을 위하여 청소년 쉼터를 설치·운영하고 있다.

1) 청소년 가출의 정의

청소년기는 사회의 일원으로 불완전한 단계이기 때문에 보호자의 보호 없이 주거지를 떠나 생활하게 되면 비행이나 일탈을 할 가능성이 높아진다. 동시에 절도, 성매매, 폭행 및 금품갈취 등에 노출되어 범죄 피해를 당할 확률도 높다. 청소년 가출의 유발 요인을 탐색해 보는 연구는 가출의 횟수나 기간을 고려하지 않더라도 청소년 가출을 예방하기 위한 정책적 제언을 하는 데 중요한 역할을 한다. 가출과 관련된 위험요소들은 정상적인 청소년의 정서적 · 신체적 발달을 저해할 수 있다. 또한 가출기간 동안 겪은 심리적 불안, 정신적 충격은 약물남용 등의 부정적 영향을 장기적으로 미치기도 한다.

일반적으로 청소년 가출은 "18세 미만 청소년이 부모나 보호자의 동의 없이 의도적이거나 혹은 충동적으로 집을 떠나 최소한 24시간 동안 집에 들어오지 않은 것"이라고 정의한다. 가출은 부모의 허락 여부, 연령, 기간 등의 요소를 고려하여 정의하며, 기본적으로 보호자의 동의나 허락 없이 집에서 벗어나는 행위로서 보호자가 소재를 알지 못하는 경우여야 한다. 간단히 '부모의 허락을 받지 않은 18세 미만의 청소년이 24시간 이상 집에 들어가지 않은 것'이라고 정의하기도 한다.

깨알 tip. 청소년 가출이란?

청소년학 용어집에서는 청소년 가출은 '본인과 본인을 둘러싼 주위환경에 대한 갈등이나 불만에서 시작된 문제점에 대한 반발이나 해결을 위해 가족 구성원 중의 일원 또는 다수가 본인의 역할을 포기하고 새로운 대안을 찾기 위해 보호자의 승인 없이 무단으로 최소한 하룻밤 이상 집을 떠나 돌아오지 않는 충동적 또는 계획적 행위'라고 정의하고 있다.

우리나라 여성가족부에서도 가출을 '부모나 보호자의 허락 없이 하룻밤 이상 무단으로 집에 들어가지 않는 행위'로 정의하고 있다. 이러한 정의는 개인의 의지에 따라 '집에 들어가지 않는 것'으로 가출을 규정하여 가출에 대한 책임을 청소년 개인에게만 둠으로써 가출을 극히 단순하게 접근하는 문제가 있다. 그러나 상당수의 청소년들에게 가출은 개인적인 어려움이나 가족 상황에 대처하기 위한 방법이다. 그러므로 청소년 가출을 비행이나 일탈의 개념이 아니라 생존을 위한 적응의 관점에서 정의해야 한다는 관점이 있다.

청소년기는 아동에서 성인으로 전환해 가는 시기이다. 안정된 가정과 건전한 학교, 지지적인 지역사회에서 성장하는 청소년들은 사회적 기대에 부응하며 이 시기를 성공적으로 넘긴다. 비록 어려운 환경에 처해 있는 청소년일지라도 대다수는 책임감 있는 성인으로 성장하지만 인생 경로에서 어려움에 부딪히고 이를 극복하지 못한 채 오히려 더 큰 어려움을 초래하게 되는 청소년들도 있는데 가출청소년들이 바로 이들이다.

가출청소년의 상황은 의도적인 가출로부터 쫓겨난 경우, 실종된 경우 등 매우 다양하다. 청소년이 단순한 호기심 또는 심각한 가족 문제 때문에 적극적인 의지로 집을 나오는 가출뿐만 아니라 부모로부터 집에서 쫓겨나는 상황이나 더 이상 머물 수 있는 집이 없어지는 경우도 있다. 그래서 가출청소년이라는 용어와 홈리스 청소년이나 노숙 청소년, 실종 청소년이라는 용어가 혼용되고 있다.

특히 집을 나온 행위에 초점을 맞춰서 이를 일탈로 규정하고 귀가시키는 데 개입의 초점을 맞추기보다는 이들이 집을 나올 수밖에 없는 상황을 살펴보고 이들을 보호하고 이들에게 필요한 적절한 서비스를 제공하는 데 초점을 맞춰야 한다는 점이 강조되고 있다. 최근 학계에서는 '가출청소년'이라는 용어를 '가정 밖 청소년'으로 대체해야 한다고 전제하고 가출청소년을 '보호자의 동의 없이 하루 이상 무단 귀가하지 않거나 상당한 기간 동안 일정한 주거가 없거나 주거로서의 적절성이 낮은 곳에서 생활하는 24세 이하 청소년'으로 정의한 바 있다.

2) 가출청소년의 유형

청소년 가출을 이해하기 위해서는 청소년이 집을 나오게 된 다양한 상황을 이해해야 한다. 그에 따라 가출청소년과 구별하여 가정에서 쫓겨난 청소년, 홈리스 청소년, 실종청소년 등으로 그 유형을 구분할 수 있다.

(1) 가출청소년과 실종청소년

우리나라에서는 가출청소년은 '24세 이하의 청소년이 보호자의 허락 없이 24시간 이상 집을 나오거나 집에서 쫓겨나 보호자에게 소재를 알리지 않은 상황에서 주거 불안정성을 경험하고 있는 청소년'이라고 할 수 있다. 이들 청소년들은 거리나 쉼터에서 생활하거나 안정된 거주지를 확보하지 못하여 생활상의 어려움을 겪게 되므로 적절한 보호가 필요하다는 점이 강조되어야 한다. 여기서 연령은 「아동복지법」의 규정에 따라 18세 미만으로 규정되기도 하고, 보호해야 할 청소년을 고등학교 연령까지 포함하는 「청소년 보호법」의 규정에 따라 19세 미만으로 규정하지만 최근 19세 이상 24세 이하 청소년도 보호대상으로 확대해야 한다는 점이 강조되고 있다.

(2) 실종청소년

일반적으로 청소년 실종이란, 청소년이 집에서 없어지는 상황에 초점을 두어 규정한다. 부모나 보호자는 청소년이 집을 나가 귀가하지 않는 상황인 경우에 이 상황이 가출인지 사고인지, 혹은 유괴인지 알 수 없는 경우가 많다. 그러므로 미국의 실종·착취아동센터에서는 가출의 정의를 12시간 혹은 하룻밤 동안에 자발적으로 실종되는 것을 말한다. 또한 아동의 가출에 대해서는 12시간이나 하룻밤 이내라도 보호자가 아동이 가출했다고 믿을 만한 이유가 있는 경우에는 가능하면 신속하게 가출 신고를 해야만 한다고 규정하고 있다.

우리나라의 「실종아동 등의 발견 및 유전자 등에 관한 규칙」(행정자치부령) 제2조에 따르면, 실종아동을 '단순실종아동'과 '범죄실종아동'으로 구분하여 가출하거나 단순히 길을 잃은(미아) 경우는 '단순실종'으로 규정하고, 약취, 유인, 유기 및 사고 등과 같이 범죄가 의심되는 경우나 처음에는 단순 실종아동이었지만 범죄와 연루된 경우 '범죄실종아동'으로 규정하였다. 그리고 '단순실종아동'은 가출한 경우에는 '자발적 단순실종'으로 보고, 단순미아처럼 집을 잃은 경우에는 '비자발적 단순실종'으로 본다. 이 규정에 따르면, 가출은 실종의 범주에 포함되며 실종 중에서도 '자발적 단순실종'으로 구분된다.

2. 청소년 가출의 원인

청소년은 단순한 호기심과 충동 혹은 학업에 대한 압박이나 비행친구의 유혹 때문에 가출하기도 하지만 부모와의 갈등 혹은 가정폭력이나 방임, 가족해체 등으로 더 이상 집에서 생활하기에 어려운 상황이 되어 집을 나오기도 한다. 대개는 가장 주된 요인으로 가족 요인을 들고 있고, 그 외 학교 요인이나 개인 요인, 사회적 요인 등 다양한 요인이 복합적으로 작용한다고 파악되고 있다.

가출청소년의 특성에 관한 주요 연구들에 따르면, 가출청소년들은 자아개념이 낮고, 충동적이며, 대인관계가 원만하지 않고, 자신감이나 인내심이 부족하며 정서적으로 불안하거나 우울하고, 쉽게 화를 내는 경향이 있다. 특히 정서적으로 문제가 있는 청소년의 경우에는 가출을 반복하기도 한다. 가출청소년은 일반청소년들과 다른 심각한 심리적·정서적·성격적 장애가 있고 이런 특성이 가출행동에 직접적인 요인이 된다는 연구들도 있다. 하지만 일반적으로 청소년의 가출은 개인 특성과 관련된 요인뿐만 아니라 다른 상황적 요인들에 의해 함께 영향을 받는다. 즉, 비행 친구의 유혹이 있을 때, 자녀에 대한 부모의 학대나 무관심, 과잉보호 등의 양육행동 등은 낮은 자아정체감을 지닌 청소년들로 하여금 그렇지 않은 청소년에 비해 상대적으로 더 쉽게 가출하게 한다.

특히, 가족은 가장 중요한 가출 요인이다. 부모와 다른 가족구성원들과의 관계, 가정 환경적 요인 등 다양한 가족 요인이 청소년의 가출에 결정적으로 영향을 미친다.

청소년의 가출에 대해 또래와의 관계, 교사와의 관계, 학교 환경 등 다양한 학교 요인들이 영향을 미칠 수 있다. 청소년기는 다른 어떤 발달 단계보다도 친구의 영향이 중요한 시기로서 가족보다 또래집단과 보내는 시간이 많고, 그 영향력도 크다. 또래집단에 대한 소속감이나 승인이 청소년의 자아존중감이나 긍정적인 자기개념에 상당한 영향을 주게 되는데, 한 명의 친구와도 사귈 수 없거나 또래집단으로부터 인정받지 못하면 우울이나 자살충동 등을 경험하기도 한다. 이와 같은 맥락에서 가까운 친구나 또래집단의 가출에 동조하거나 함께 가출을 실행하기도 한다. 또한, 학교에서 보내는 시간도 점차 증가하게 되어 청소년기가 되면 일과 중에 대부분을 학교에서 보내게 되므로 학교생활은 청소년들에게 큰 영향을 준다. 그에 따라 교사와의 관계와 친구들과의 관계, 입시 위주의 학업성취 중심적인 학교환경 등이 청소년의 학교 적응에 영향을 준다. 가출청소년들의 경우에 지각, 결석, 정학이나 중퇴 등의 학교 관련 문제들을 보이고, 학교 스트레스가 가출 충동 및 가출을 예측하는 요인으로 확인된 바, 어떤 이유든지 학교 적응에 실패하면 결국 학교로부터 탈출을 시도하게 된다.

청소년을 둘러싼 다양한 유해환경들은 청소년의 가출을 촉발하고 유지하는 요인이 될 수 있다. 빠르게 발달하는 인터넷은 청소년들의 가치관에 부정적인 영향을 줄 수 있는 무분별한 정보들을 무차별적으로 제공함으로써, 청소년의 삶에 상당한 영향을 미쳐 가출의 한 요인으로 작용할 수 있다. 각종 불법 유흥업소들 역시 청소년들을 끌어들여 가출하게 하여 은신처로 활용되고 있다. 또한 청소년의 가출은 시대적 특성을 반영하기도 하는데 특정한 시대의 가출 유형은 그 시기의 사회적 · 경제적 · 문화적 배경에 따라 달라진다.

각종 커뮤니티와 SNS에 '가출팸'이라고 불리는 가출한 청소년들의 모임이 다수 존재하고 있다. 페이스북에는 '가출, 상처받은 아이들', '가출 또한 사회다' 등 가출한 청소년들이 도움을 요청하는 그룹이 만들어져 있다.

가출한 청소년들의 가출 사유는 주로 부모와의 문제로, 이는 가정 내 폭력이나 학대 등에서 기인하는 것으로 분석된다. 여성가족부의 '2021 청소년 통계'에 따르면, 가출 경험 청소년들 61%가 '부모님과의 문제'가 가출 사유라고 응답했다. 다음으로 학업 문제(20.8%), 친구들과 함께하기 위해서(8.0%) 순으로 나타났다.

또한, 청소년쉼터 이용자 조사 결과에서도 가정 내 폭력 및 학대로부터 탈출한 '생존형 가출'이 주요 가출 사유로 나타났다. 한국청소년쉼터협의회에 따르면, 청소년쉼터에 머물고 있는 청소년 중 절반가량은 '귀가를 원하지 않는다'(46.6%)고 답했으며, 그 이유로는 '가정폭력으로 집에 가기 두렵거나', '갈 집이 없다'고 답했다. 가출청소년들이 친구 집이나 PC방, 찜질방, 여관 등을 전전할 수밖에 없는 게 현실이다.

한국청소년정책연구원에 따르면, 가출청소년 4명 중 1명이 PC방이나 찜질방 등마저도 갈 형편이 안돼 노숙을 경험했다고 한다. 한국청소년정책연구원은 집을 나온 청소년들은 생활비 부족(62.0%)과 갈 곳 없음(34.8%)을 가장 큰 어려움으로 꼽았다고 지적했다.

「노숙인 등의 복지 및 자립지원에 관한 법률」, 「노숙인 등의 복지 및 자립지원에 관한 법률」 등의 지원 대상에서도 청소년은 배제되어 있어 지원받을 수 없다. 국회입법조사처는 "우리나라의 가정 밖 청소년은 청소년 쉼터 또는 귀가 외에는 주거 대안이 없다"고 지적하면서 "가정 밖 청소년 조사에서 4명 중 1명은 가출 이후 노숙 경험이 있었다고 하는 상황"이라고 전했다.

현재 가정 밖 청소년을 위한 주거 대안은 「청소년복지 지원법」에 근거한 청소년 쉼터에 한정돼 있다. 더 큰 문제는 쉼터에 입소 시 입소 동의권은 보호자에게 있다는 것이다. 쉼터 퇴소 이후 지원정책도 매우 제한적이라고 입법조사처는 지적했다.

전문가들은 가정 밖 청소년 지원을 강화하기 위해 법률에 '홈리스 청소년' 개념을 도입하고 청소년 주거권을 폭넓게 보장할 필요가 있다고 지적했다. 국회입법조사처는 가정 밖 청소년 지원 강화 정책으로 가정폭력 및 친족 성폭력 등 가정 내 학대 피해 청소년 당사자가 쉼터 입소 희망 시, 부모 연락 원칙을 배제하며 쉼터 입소 동의권 부여, 일시, 단기, 중장기쉼터 등 거주 기간 중심으로 운영되는 쉼터의 기능 일시보호, 자립지원으로 개편 운영, 불가피한 사유로 귀가하기 어려운 청소년쉼터 퇴소 청소년에게 자립정착금 지급 또는 사후관리 서비스 제공 등을 제시했다.

해외에서는 '홈리스 청소년' 개념을 도입하고 자립 지원 정책을 강화하는 추세다. 국회입법처에 따르면, 미국의 경우 가출청소년에 대한 21일의 단기 보호 이후에는 자립 지원으로 전환하고 있으며, 영국은 「홈리스 감소법」에 따라 홈리스 청소년에 대한 주거 지원 의무를 지방정부에게 부과하고 있다. 특히 영국의 「홈리스 감소법」은 2018년 법이 시행되자, 2019년에서 2020년 기간 동안 12만 1000명의 청소년들이 정부에 도움을 요청했다고 밝혔다.

3. 청소년 가출의 예방

청소년 가출을 예방하기 위해서는 국가적인 차원의 다양한 정책과 서비스가 필요하다. 고위험군 청소년뿐만 아니라, 발달상의 특성 때문에 청소년기에 처한 상당수의 청소년들은 가출 충동을 경험한다. 일단 가출한 이후에는 문제가 더욱 악화되어 회복 불가능한 정도의 신체적·정신적 후유증을 겪기도 하고 귀가 후 가정과 학교생활에 적응하는 데도 상당한 어려움을 겪게 된다. 그러므로 가출청소년에 대한 개입 노력뿐만 아니라 일반청소년들을 대상으로 하는 예방적 차원의 노력도 매우 중요하다.

① 가출 예방 전담부서 설치

현재 정부와 민간단체 차원에서는 가출청소년을 위한 서비스로 개별상담이나 집단활동을 진행하고 있다. 거리상담과 같이 청소년들이 주로 모이는 공공장소에서 실시하거나 학교나 수련시설 등과 같이 청소년들에게 접근할 수 있는 다양한 통로를 통하여 예방프로그램이 진행되고 있다. 그러나 지금보다는 체계적이고 적극적으로 예방서비스가 제공될 수 있도록 정책적 노력을 기울여야 한다. 이를 위해 가출 예방사업을 전담할 수 있는 주무부서나 기관을 설치하여 상시적인 프로그램을 실시해야 한다.

또한 상설 프로그램을 통하여 청소년들에게 가출의 실태 및 현황과 가출청소년들이 직면하게 되는 어려움, 가출경로 등에 대한 사항을 알려 주고, 가출 충동을 느끼는 상황에 대한 설명 및 이를 극복할 수 있는 방법 등에 대한 정보를 제공해 줄 수 있다.

② 맞춤형 상담 및 치료

현재 가출한 상태라면 상담을 통해 귀가할 수 있도록 유도하고, 귀가 후 가정과 학교생활에 보다 쉽게 적응할 수 있는 다양한 방법을 제공해 주어야 한다. 가족갈등이나 학교생활에서의 어려움은 청소년들이 가출을 결심하도록 하는 주된 요인이 되므로 가족이나 학교에서의 어려움을 극복할 수 있는 대처 능력이나 스트레스 관리방법,

문제해결 기술을 알려 주거나, 우울증이나 불안 등과 같은 정신건강상의 문제가 있는 경우에는 이를 극복할 수 있도록 상담과 치료를 병행해야 한다.

③ 가출청소년 가족 개입 프로그램 운영

가출청소년에 대해 개입할 때 그 가족을 포함시키는 것이 긍정적인 효과가 있는 것으로 나타났다. 가족은 가출에 대한 직접적인 요인이 되기도 하지만 동시에 가출로부터 청소년을 보호하기 위한 요인이 되기도 한다. 특히 청소년들은 아동기와는 달리 부모의 훈육방식에 대해 순종적이지 않고 저항하는 경향이 있으며, 이전까지의 갈등이 심각한 양상으로 드러나기도 하므로 청소년기는 아동기와는 다른 부모 역할이 필요하다. 그러나 상당수의 부모들은 이를 이해하지 못하여 청소년기 자녀와의 갈등을 더 심각하게 만드는 경향이 있다. 따라서 청소년기 자녀가 있는 부모들을 대상으로 청소년기의 부모역할에 대한 교육을 통해 가출을 예방하고 보다 애정적이고 긍정적인 자녀와의 관계를 형성할 수 있는 정보를 제공해 주는 것이 필요하다. 이와 더불어 청소년기의 발달적 특징, 청소년의 행동에 대한 이해와 대처방법, 위험행동의 징후, 청소년상담이나 복지기관에 대한 정보 등 다양한 측면에 대한 교육 및 정보제공이 필요하다. 물론, 가정폭력이나 이혼, 빈곤 등과 같은 가족문제나 상황에 대한 적절한 개입을 통해 그들로 인한 후유증을 최소화하도록 노력함으로써 가출을 예방하도록 노력하는 것도 중요하다.

④ 학교부적응 청소년 교육 프로그램 운영

학교는 청소년들이 주로 생활하는 곳으로서 학교부적응은 가출의 주된 이유 중의 하나로 지적되어 왔다. 그러므로 학교 차원에서 청소년들이 중도탈락하지 않도록 이들을 지지할 수 있는 다양한 프로그램을 제공해야 한다. 학업 성취를 위한 지도뿐만 아니라 인성지도 및 원만한 친구관계 형성을 위해서도 더 많은 노력을 기울여야 한다. 또한 가정환경이 어렵거나 학업성적이 낮은 학생들을 위해서는 별도의 교육과정을 운영하거나 수준별 학습을 진행하는 등 보다 적극적인 관심과 체계적인 지도방법을 마련함으로써 빈곤청소년이나 학업성적이 낮은 학생들이 학교생활에 보다 잘 적응할 수 있는 방법을 모색해야 한다. 가출 위험이 있는 청소년들을 사전에 발견하여 선도할 수 있도록 개별상담이나 집단상담을 실시하고 전체 학생들을 대상으로 하는 예방적 차원의 프로그램도 동시에 실시할 필요가 있다.

⑤ 사회안전망 구축

가출청소년들을 안전하게 보호하고, 유해환경으로부터 보호하는 정책과 서비스를 강력히 시행할 수 있는 법적・제도적 장치가 마련되어야 한다. 가출을 예방하는 것이 최우선이지만 가출 이후에라도 체계적인 보호시스템을 제공할 수 있게 된다면 가출이 장기화되지 못하고, 가출 이후 비행 행동이 심화되지도 못할 것이다. 이를 위해 가출청소년에 대한 신고체계를 강화하는 것이 필요하다. 즉, 학교나 지역사회는 가출이 의심되는 청소년이라고 간주될 경우에는 이를 상담소에 신고하여 청소년과 상담소가 연계되어 전문가로부터 적절한 상담서비스를 받을 수 있도록 해 주고, 이미 가출한 경우에는 안전한 보호처를 제공해 줌으로써 또 다른 비행 행동으로 이어지지 않도록 해야 한다. 이러한 체제가 확립된다면 청소년 가출은 상당수 감소될 것이고 궁극적으로는 청소년 가출을 예방할 수 있을 것이다. 또한 가출이 의심되는 청소년을 고용하거나 이들 청소년의 노동력을 착취, 혹은 불법적인 고용을 하지 못하도록 강력한 법적 규제를 마련한다면 청소년의 가출이 장기화되는 것을 예방할 수 있을 것이다.

청소년 가출을 예방하는 것이 무엇보다 우선되어야 하지만 일단 가출을 한 경우라면 이들을 안전하게 보호하는 한편 가출을 하게 된 원인에 대해 적절한 개입을 해야 한다. 가출청소년들에게는 주거, 교육, 직업훈련, 보건의료, 정신건강, 약물중독, 법률지원 등과 같은 다양한 차원의 서비스뿐만 아니라, 가출상황에서 성공적으로 벗어날 수 있도록 기본적인 일상생활기술을 습득할 수 있는 기회를 제공해 주어야 한다. 이들 서비스는 가출청소년의 욕구에 기초하여 그들이 필요한 복지서비스를 제공해 주어야 한다.

4. 청소년 가출의 과제

1) 가출청소년의 과제

가출청소년을 돕기 위해 이루어져야 하는 문제의 진단에는 청소년 개인뿐만 아니라 가족에 대한 진단이 필수적으로 포함되어야 한다. 관련하여 이에 대한 결과에 의하여 귀가 조치 및 치료적인 성격의 상담이나 일시·장기 보호조치가 이루어져야 한다.

가족이 가지고 있는 여러 가지 병리현상으로 인해 가출한 청소년을 아무런 변화가 없는 가정으로 다시 돌려보낸다는 것은 가출청소년 문제를 더욱 악화시키는 결과를 초래할지 모른다. 따라서 현실적인 위기 속에 있는 가출청소년들을 위한 위기 개입, 음식, 거처와 의료조치, 그리고 적절한 의뢰서비스를 제공하는 청소년쉼터와 같은 치료보호센터 프로그램이 운영되어야 한다. 또한, 가출의 유형에 따라 서비스 체계를 다양화할 필요가 있다. 즉, 단순 가출인 경우 일시 보호 및 상담을 할 수 있는 쉼터와 같은 기관이 가출청소년의 접근이 용이한 지역에 설치되어 유흥업소 등 유해환경과의 접촉을 막고 일시보호와 상담을 통해 귀가할 수 있도록 도와줄 필요가 있다. 만성 가출인 경우는 쉼터보다는 문제원인과 가출청소년의 욕구 등을 고려한 장기 보호기관, 가족치료 전문상담기관, 청소년 심리치료센터, 직업훈련원, 집단가정 등과 같은 다양한 대책방안이 마련되어야 할 것이다.

2) 정책의 변화

1991년 「청소년 기본법」이 제정되었으며, 1992년에는 최초로 '청소년쉼터'가 설치되었다. 또한 '국민의 정부'에서는 '청소년 선도 예방활동 강화'를 과제로 선정하였으며, '참여 정부'에서는 '가출청소년 쉼터 확대'가 대선공약으로 추진되기도 하였다. 2004년에는 「청소년복지 지원법」이 제정(2005년 2월 시행)됨으로써 청소년쉼터의 법적인 설치 근거가 마련되었다.

시행 초기에는 한 가지 유형의 쉼터로만 운영되었으며, 가출청소년의 상황과 요구 수준을 고려한 지원서비스 내용을 차별화할 필요성이 제기되어 2004년에 '일시쉼터(드롭인 센터)'를 설치하였고, 2005년에는 중장기 보호의 필요성이 제기되어 중장기 쉼터를 설치하여 운영하였다.

〈표 7-1〉 청소년쉼터의 발전단계

구분	내용
1. 도입기	• 1991년 「청소년 기본법」 제정(1993. 1. 1. 시행) • 1992년 최초의 청소년쉼터 설치 · 운영 • 1998년 5개 광역시별 청소년쉼터 설치 · 운영
2. 확대기	• 2004년 「청소년복지 지원법」 제정(2005. 2. 10. 시행) • 2004년 일시쉼터(드롭인센터) 설치 · 운영 • 2005년 중장기쉼터 설치 · 운영
3. 성숙기	• 2006년부터 정체성, 전문성 제고를 위한 정책 및 프로그램 개발 · 시행 • 2012년 청소년쉼터 신고제 도입 • 2012년 「청소년복지 지원법」 전부 개정(2012. 8. 2. 시행), 청소년복지시설에 관한 조항 정비

출처: 여성가족부.

청소년쉼터는 가출청소년의 생활보호와 상담, 자립역량 강화, 고충처리 및 문화활동 프로그램 기회 등을 제공하여 가출청소년들의 가정 혹은 학교, 사회로 복귀를 지원하며, 청소년 보호시설의 전문화와 차별화된 지원 서비스를 제공하기 위해 일시 또는 단기 및 중 · 장기 쉼터로 구분하여 설치 · 운영하고 있다. 청소년쉼터는 가출청소년을 일정 기간 보호하면서 상담 · 주거 · 학업 · 자립 등을 지원하는 시설(「청소년복지 지원법」 제31조 제1호)로서 가출청소년의 일시 보호와 숙식 제공 및 상담 · 선도 · 수련활동뿐만 아니라 학업 및 직업훈련 지원, 가출 예방을 위한 거리상담을 지원한다.

깨알 tip. 가출청소년 쉼터 지원내용에 대해 알아봅시다.

가출청소년 개인별 정서적 지지 및 심층 상담

- 거리상담 지원활동 시 또는 청소년쉼터 입·퇴소 시
- (필요시) 청소년상담복지센터, 정신건강센터, 국립정신병원 등 유관기관 연계 전문심리상담 및 치유 프로그램 참여지원

가출청소년 대상 검정고시, 대안학교 진학, 전문자격 취득 지원, 취업을 위한 직업훈련 등 개인별 적성을 고려한 맞춤형 교육지원 서비스 제공

이 밖에 청소년복지 지원 관리 등도 주된 업무이다. 2024년 기준 청소년쉼터는 자치단체 경상보조로 지원되고 있으며, 2024년 기준으로 전국에 136개소를 운영하고 있다.

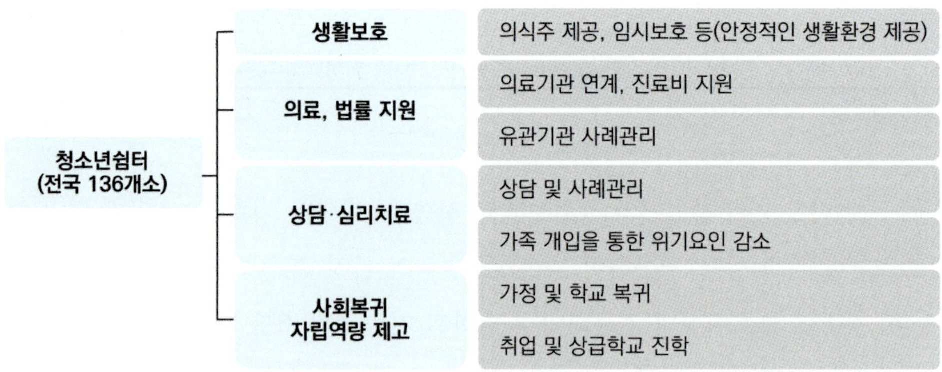

[그림 7-1] 청소년쉼터 운영지원체계

3) 청소년쉼터의 종류 및 유형별 기능

여성가족부에서 지원하는 쉼터의 종류는 일시·단기·중장기쉼터 등으로 구분되어 있고, 각 유형별 기능은 〈표 7-2〉와 같다. 청소년쉼터 중에서 가장 역사가 오래된

곳은 1992년 설립된 '서울YMCA 쉼터'이며, 2004년에는 가출청소년의 긴급 보호를 위해 일시보호시설인 '일시쉼터(드롭인 센터)'를 서울, 인천, 대전에 각각 설립하였으며, 2023년 현재 일시쉼터는 33개소, 단기쉼터는 66개소, 중장기쉼터는 39개소를 운영하고 있다.

〈표 7-2〉 **청소년쉼터 · 자립지원관 · 회복지원시설 운영현황**(2023.12 기준)

구분	청소년쉼터			청소년 자립지원관 (13개소)	청소년 회복지원시설(17개소)
	일시쉼터 (33 개소)	단기쉼터 (66 개소)	중장기쉼터 (39 개소)		
주요기능	거리상담, 가출예방, 조기발견, 초기개입, 일시보호 및 단기쉼터 연계 등	가정 · 사회복귀 지원 및 유관시설 연계 등	가정복귀가 어렵거나 특별히 장기간 보호가 필요한 가정 밖 청소년을 대상으로 사회복귀를 위한 학업 및 자립지원	주거안정 기반의 자립 사례관리	위탁청소년 보호 및 생활지원, 사회서비스 지원
입소기간	24시간~7일 이내 일시	3개월 이내 *3개월씩 2회에 한하여 연장 가능 (최장 9개월)	3년 이내 *1회 1년에 한하여 연장 가능(최장 4년)	1년 이내 필요시 *사례심의위원회 통해 6개월 이내 연장 가능(2회 한도)	6개월(법원결정)

* 시설 이용 문의: 전화(지역번호+1388), 문자(1388), 카카오톡(청소년상담1388 채널 추가), 청소년사이버상담센터(cyber1388.kr). '자립해냄' 어플 다운로드 후 이용 가능 여부 확인 가능

청소년쉼터의 운영을 내실화하기 위해 '일시 - 단기 - 중장기'로 특성화하여 구분하였으며, 쉼터 유형별로 운영 모형 및 운영 목표 등의 기준을 마련하여 운영하고 있다. 보다 체계적이고 전문적인 서비스 제공을 위해서 2015년부터 '청소년쉼터 서비스 표준 매뉴얼'을 제작하여 활용하고 있다. 또한, 청소년복지시설이 「사회복지사업법」 개정으로(2017. 2. 4. 시행) 사회복지시설에 편입됨에 따라 공공요금(전기, 가스, 수도 등)의 감면혜택을 받게 되었으며, 안전관리 인력 확보 등 시설안전의무를 강화하였다.

2018년에는 가출청소년의 조기 발굴·긴급구조 및 초기개입으로 신속한 가정 및 사회복귀를 돕기 위해 거리상담 전문인력을 30명에서 60명으로 확대하여 운영하고 있다.

전국	서울	부산	대구
136개소	17개소	5개소	6개소
인천	광주	대전	울산
8개소	5개소	6개소	5개소
경기	강원	충북	충남
31개소	8개소	7개소	10개소
전북	전남	경북	경남
6개소	4개소	7개소	5개소
제주	세종		
6개소	0개소		

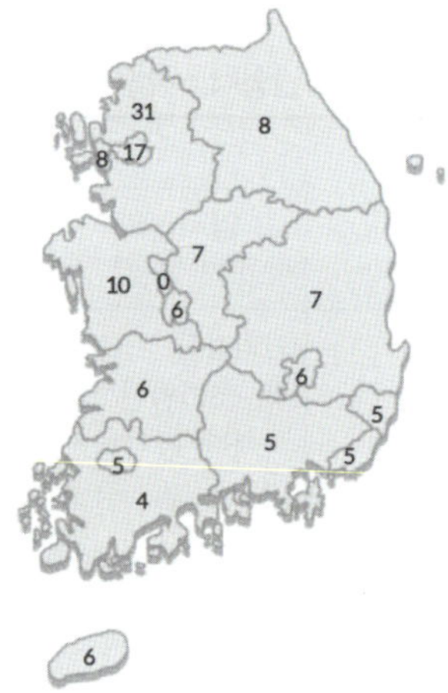

[그림 7-2] 전국 청소년쉼터 소재지 및 현황

출처: 2024년 2월 기준, 한국청소년상담복지개발원 홈페이지 참조.

youth welfare | chapter 08

청소년과 폭력

[학습목표]

1. 학교폭력의 개념과 특징을 학습한다.
2. 학교폭력의 유형과 원인을 학습한다.
3. 학교폭력의 해결방안을 학습한다.
4. 청소년범죄의 현황을 학습한다.
5. 청소년범죄의 예방활동에 대해 학습한다.

1. 학교폭력

1) 학교폭력의 개념

학교폭력의 개념을 살펴보기 전에 폭행의 개념을 정의해 볼 필요가 있다. 먼저, 폭행의 개념에 관하여 형법적으로 살펴보면 「형법」 제260조에 규정된 폭행죄는 "사람의 신체에 대한 유형력의 행사"를 가리키며 그 유형력의 행사는 신체적 고통을 주는 물리력의 작용을 의미한다.

일반적으로 학교폭력은 가해학생을 중심으로 타인에게 해를 입히기 위해 힘이나 무력을 동원하거나 언어적인 공격을 비롯하여 집단적 따돌림 등 다양한 수단을 사용하여 학교나 학교 주변에서 심리적이거나 신체적 피해를 입히는 행위로 정의하였다.

청소년보호위원회에서 정의한 학교폭력도 이와 유사한데, 학교폭력이란 학교나 학교 주변에서 학생들 상호 간에 고의적이며, 의도성을 가진 신체적, 정서적, 성적 가해행동이라고 정의하고 있다. 또한 여기에는 '고의적 괴롭힘, 따돌림, 금품 갈취, 언어적 놀림이나 협박, 욕설 신체적 집단적 폭행' 등이 속하는 것으로 규정하였다. 이러한 정의들에 따라 학교폭력은 단독 혹은 집단으로 발생하는 신체적, 언어적, 심리적인 폭력을 모두 포함하는 것이라고 볼 수 있다. 그러므로 타인의 입장에서 볼 때는 대수롭지 않은 행동이나 하찮은 놀림일지라도 그것을 당하는 사람이 그로 인해 심리적 또는 행동적 불편함을 느낀다면 이것은 분명한 폭력행위라고 볼 수 있다. 또한 청소년보호위원회에서는 학교폭력을 "주로 학교나 학교 주변에서 학생들 상호 간에 발생하는 의도성을 지닌 신체적, 정서적 가학 행위를 말한다"라고 정의한다. 통상 학교폭력은 본인보다 약한 처지에 있는 상대방을 불특정 다수의 학생들이 다른 사람이 보지 않는 장소에서 신체적 혹은 심리적 공격을 가하는 행동이라고 정의하기도 한다.

2) 학교폭력의 특징

학교폭력의 특징은 다양하게 나타나고 있는데 최근 학교에서 발생하는 학교폭력의 특징을 정리하면 다음과 같다.

① 학교폭력의 가해 행동은 같은 학교 학생이나 선후배, 또래 간에 가장 많이 발생한다. 즉, 다수의 학교폭력이 교내, 특히 교실에서 많이 발생하고 있는데, 피해자와 가해자는 같은 학교 학생이거나 같은 반 친구 간에 발생한다고 볼 수 있다.

② 학교폭력 가해 행동은 집요하게 가해자가 피해자를 괴롭힌다는 것이다. 특정 학생을 지목하여 지속적이면서도 집중적으로 괴롭히고 소외시키는 강한 집요함을 갖는다. 과거에는 학교폭력이 주로 일회성에 그쳤다면, 최근의 학교폭력은 그 피해 기간이 1개월 이상 장기적으로 지속된다는 점에서 폭력의 심각성이 더 커지고 있다.

③ 학교에서 발생하는 괴롭힘과 폭력의 방법과 형태가 최근 점점 더 은밀하면서도 위협적인 분위기에서 발생하여 주변에서 쉽게 인식하기 어렵다. 특히 심리적인 괴롭힘의 경우는 특히 더 은밀하게 폭력이 이루어지고 있어 목격자와 증거를 밝히기 어려워 이를 증명하는 데 한계가 있다. 또한 목격자가 있어도 또 다른 피해가 발생할 수 있다는 우려로 인해 선뜻 이를 인정하려 하지 않는다는 문제도 존재하고 있다.

④ 학교폭력이 가해지는 연령도 예전보다 점점 더 낮아지고 있어 초등학생을 중심으로 한 학교폭력에 관심을 가져야 한다.

⑤ 학교폭력에 관해 더 심각하게 생각해 봐야 할 것은 학교폭력의 가해 행동이 정신지체학생 등 저항할 수 없는 장애인을 대상으로 잔인하게 이루어지고 있다는 점이다.

⑥ 학교폭력의 가해 행동이 특별한 이유 없이 충동적, 무차별적으로 자행되고 있으며 심지어 타인을 괴롭히는 행동에 일부가 이에 개입하거나 동조하는 행위가

발생하기도 하며, 이런 행동을 정당화하여 한번쯤의 장난으로 치부하여 전혀 죄의식을 갖지 않는다는 것이다. 청소년들은 욕구를 조절할 수 있는 인내와 감성능력이 성인에 비해 다소 부족하다.

⑦ 가해학생 중 성적이 우수한 학생이 증가하고 있다. 이전에는 학업성적이 좋지 못하고 학교에 잘 적응하지 못하는 부적응 학생, 소위 문제아로 낙인 찍힌 학생들에게서 학교폭력 등과 같은 비행 행동이 일어나는 경우가 많았으나, 요즘에는 모범생이면서 공부를 잘하는 학생들에게서 학교폭력이 발생하는 경향이 늘고 있으며, 오히려 지능이 높은 학생들의 학교폭력은 극악성이 더 심한 경향이 있다.

3) 학교폭력의 유형

「학교폭력 예방 및 대책에 관한 법률」에 의해 '학교 내외에서 학생을 대상으로 발생하는 상해, 협박, 감금, 폭행, 유인, 약취, 모욕, 공갈, 명예훼손, 강요, 강제적인 심부름 및 따돌림, 성폭력, 온라인상의 따돌림, 정보통신망을 이용한 음란 폭력 정보 등에 의하여 신체, 정신 또는 재산상의 피해를 수반하는 행위'로 규정된다. 즉, 7가지의 행위(신체폭력, 언어폭력, 따돌림, 금품갈취, 성폭력, 강제 심부름, 사이버 폭력)를 학교폭력으로 규정하고 있다.

특히 강제 심부름과 사이버 폭력은 법률이 개정되면서 추가된 새로운 형태의 학교폭력이다. 학교폭력에 대한 조치가 강화되면서 학교폭력은 보다 은밀한 형태의 폭력으로 변화하고 있다. 가해자나 피해자의 신분과 폭력이 행해진 장소를 중심으로 학교 내 폭력과 학교 외 폭력으로 대별할 수 있다. 학교 내 폭력은 교사가 학생에 대해 행하는 폭력, 학생 간의 폭력, 학생이 교사에 대해 행하는 폭력을 말하고, 학교 외 폭력은 학생이 일반인에게 하는 폭력과 일반인이 학생에게 하는 폭력을 말한다.

(1) 신체적 폭력

신체적 폭력은 폭력의 대상이 된 학생 1인 또는 1인 이상을 상대로 하여금 물리적 피해를 당했을 경우를 말한다. 신체폭력은 상해와 폭행으로 나누어 볼 수 있다. 상해란 생리적 기능의 훼손과 육체적, 정신적 고통을 유발하는 것을 의미하며, 보행 불능, 수면장애, 식욕부진 등의 기능장애 등이 포함된다.

(2) 금품갈취

금품갈취는 상대방에게 폭행이나 협박으로 두려움을 느끼게 하여 재물이나 재산상의 이익을 취득하는 것이다. 여기에는 제3자로 하여금 취득하게 하거나 금전을 뜯거나 가해자에게 필요한 물품을 피해자로부터 빼앗는 행위도 포함된다.

(3) 언어폭력

언어폭력으로는 욕설 및 모욕 등이 있으며, 이는 「형법」상 협박죄, 명예훼손죄, 모욕죄 등에 해당한다. 여기서 협박은 상대방에게 명시적·묵시적 행위를 통해 현실적인 공포감을 주어 상대방이 두려움을 느끼는 것을 의미한다.

(4) 강요

강요는 「형법」상 강요죄에 해당하는 경우와 강제적인 심부름이 있다. 강제적인 심부름은 일명 셔틀이라고도 한다. 즉, 중·고등학교에서 학교폭력 가해 학생이 힘없는 피해자에게 빵이나 담배 등을 대신 사 오게 하거나 대리시험을 보도록 강요하는 행위를 말한다.

(5) 따돌림

'따돌림'이란 학교 안이나 밖에서 2명 이상의 학생들이 특정 학생이나 특정 집단의 학생들에게 반복적이거나 지속적으로 신체적 혹은 심리적 공격을 가해 상대방이 고통을 느끼게 하는 일체의 행위를 의미한다.

깨알 tip. 집단 따돌림에 대해서 알아봅시다.

집단 따돌림(bullying, 문화어: 모서리주기), 집단폭행 혹은 집단스토킹, 조직스토킹, 집단 괴롭힘은 집단에서 복수의 사람들이 한 명 또는 소수의 사람들을 대상으로 의도와 적극성을 가지고, 지속적이면서도 반복적으로 관계에서 소외시키거나 괴롭히는 현상을 말한다. 따돌리는 일 혹은 따돌림을 당하는 사람을 왕따라고 한다. 이를 줄여서 '따'라고도 한다.

한국청소년개발원에서는 학교에서 다수의 학생들이 특정 학생을 대상으로 2주 이상의 기간에 걸쳐 심리적 · 언어적 · 신체적 폭력, 금품 갈취 등을 행하는 것을 집단 따돌림으로 정의한다. 이러한 집단 따돌림은 소위 왕따라고 불리는 특정 학생이 주변의 힘센 다수의 학생에게 일방적으로 상해를 당하는 병적 현상을 말한다. 특정 집단 내에 존재하는 기준에서 벗어나는 언행을 하는 구성원을 벌주기 위한 의도적 행동, 특정인을 따돌리는 행동을 주도하는 구성원들의 압력에 동조하여 같이 괴롭히는 행동 등이 집단 따돌림의 행태이다. 흔히 왕따, 줄여서 '따', '따를 당하다'라고도 불린다. 학교 조직뿐 아니라 다른 사회 조직에서도 일어나는 현상이다. 왕따라는 단어는 1997년 탄생하여 언론에 소개되었다.

피해자는 심리적으로 괴로움을 당하고 심하면 육체적으로도 피해를 입으며 극단적인 경우에는 자살에 이르거나 묻지마 범죄의 원인이 되기도 한다.

출처: 위키백과.

4) 학교폭력의 원인

학생들의 폭력에 대한 왜곡된 의식, 성장과정에서 인내하고 대화하는 훈련의 부족, 이혼, 별거 등으로 인한 한부모가정의 증가와 맞벌이 부부의 증가, 가정 기능의 약화, 남을 배려하는 타인 지향적인 사고의 결여, 원만한 인간관계를 형성하는 방법의 미습득, 부모의 과잉보호와 과잉 통제, 폭력적인 내용의 대중매체, 학교폭력의 대처방안에 대한 연구와 노력의 부족 등으로 인해 청소년의 학교폭력은 날로 증가하고 있다.

청소년은 신체적, 심리적으로 미완성의 인격체로서 사춘기의 특이성을 갖고 있기 때문에 특이한 환경에서 잘못된 행동을 하면 비행을 저지를 수 있다. 청소년기에 정상적으로 발달하는 청소년은 양심과 도덕, 자기 통제력이 있다. 그러나 그렇지 못한 경우에는 자기 자신을 학대하거나 열등감을 느끼고 그다지 높은 기대를 하지 않으며 부정적인 행동을 나타내는 경향이 있고 외적 자아 기준체계가 불안정하다. 또한 자기 가족에 대해 불만족, 불화, 적대감을 가지고 있고, 대인관계도 성공적이지 못하며, 타인과 소외되어 불행한 인간관계를 지니는 경향이 있다. 더불어 이들은 부정적인 사고를 하는 경향이 강하며 폭력적인 성향과 반사회적인 행동특성을 나타낸다. 이러한 학생들은 반사회적 행동 후에 반성하거나 고민하지 않으며, 감정에 치우치거나 분위기에 휩싸이기 쉽고, 자기중심적으로 행동하고 지적판단능력과 자아조절기능이 약하다. 그러므로 이들은 정서적으로 불안하여 가정생활과 학교생활 등 모든 생활에 대해 불만을 나타내고 좌절을 거듭함으로써 이를 폭력 등의 반사회적 행동으로 나타낸다.

최근 청소년 폭력이 단순히 청소년 본인에게만 그 원인이 있지 않다는 연구결과들이 발표되고 있다. 오늘날 가정은 급격한 변화를 겪으면서 가정의 교육적 기능이 상대적으로 약화되고 부모들의 지나친 비합리적인 양육 태도 등으로 인해 청소년들을 더욱 공격적으로 만들고 있다.

청소년의 학교폭력은 입시 위주의 교육제도에서 비롯되곤 한다. 현재 학교에서 행해지고 있는 지식 위주의 교육과 학생 개개인의 개성을 무시한 획일적인 진로지도는 인성교육을 무시함으로써 학생들의 올바른 인격형성을 도모해 주지 못하고 있다. 이러한 비인격적이고 개성이 무시된 교육으로 인해 스트레스를 받고 현 교육제도에 적응하지 못함으로써 이에 대한 해소방법으로 폭력을 행사하기도 한다. 또한 학교에서 폭력을 행사하고, 비일관적이며, 감정적인 태도를 가진 교사들로 인해 학생들은 정신적인 피해를 입을 뿐만 아니라 교사의 폭력을 무의식중에 모방함으로써 폭력을 이용한 문제해결을 정당한 것으로 인식하게 된다. 더욱이 학교에서는 성적이 우수한 학생과 그렇지 못한 학생을 분리시켜 지도하는 경향이 있어 성적이 좋지 않은 학생들은 자신들이 문제학생이라는 인식을 갖게 된다. 그에 따라 무시와 차별을 당하는 학생들은 스트레스가 누적되어 스트레스 해소 방안의 폭발구로서 극단적인 폭력행동을 나타낸다.

오늘날 청소년들은 인터넷과 같은 다양한 대중매체와 접하면서 정신적인 면에서나 행동적인 면에서 이들로부터 상당한 영향을 받고 있다. 문제는 현대의 대중매체가 상업주의적인 면을 지나치게 강조함으로써 흥미 위주의 폭력적이고 성적인 문화를 무분별하게 청소년에게 전달하고 있다는 점이다. 이러한 대중매체의 상업주의와 비도덕적인 행위로 인해 청소년들은 쉽게 폭력문화에 물들게 되며, 그것들을 선호하는 경향을 보인다. 대중매체에서의 폭력의 미화가 청소년들의 폭력 조장에 영향을 미치는 것이다. 또한 다른 한편에서는 자신과 직접 관련이 없으면 신경을 쓰지 않는 무관심과 이기주의, 자신의 안전을 위하여 못 본 척 묵인하는 행동 등 개인만을 생각하는 사회적인 이기주의를 확산시키는 데도 영향을 미친다. 그리하여 폭력학생들은 자신의 행동을 반성하지 않고 계속적인 폭력으로 또 다른 폭력을 낳게 된다.

깨알 tip. 폭력에 대해서 구체적으로 알아봅시다.

일반적으로 사용되는 폭력에 대한 개념은 물리적, 심리적, 구조적 폭력이라는 세 가지 형태로 구별하여 살펴볼 수 있다.

① 물리적 폭력이란 직접 신체에 행해지는 폭력뿐 아니라 의도적 협박, 신체적 괴롭힘을 가하는 행위라 정의한다.

② 심리적 폭력이란 언어적으로 강요나 협박, 모욕 또는 내적·외적 두려움을 가하는 행위이다.

③ 구조적 폭력은 사회적·자연적 환경으로부터 시작되는 강압적 사회관계 또는 위협이나 상호적 인간관계로부터 받게 되는 심각한 갈등을 의미한다. 이 중에서 가장 쉽게 정의되는 폭력은 물리적 형태의 폭력이다.

5) 학교폭력의 해결방안

학교폭력의 원인을 종합해 보면 자아존중감, 가정적 요인이 되는 부모와 자녀 관계, 가정폭력, 학교 원인의 또래관계, 교사와의 관계 등과 사회적 요인 등의 원인들이 영향을 미치고 있다. 학교폭력의 문제를 해결하기 위해서는 가족, 학교, 사회 모두가 합심하여 청소년문제나 학교폭력에 대해 관심을 갖고 지속적으로 해결방안을 모색해야 한다.

(1) 가족적 측면

청소년의 자아탄력성을 회복시키고 향상시키는 방안을 모색하고 부모와 자녀 간의 의사소통과 상호 존중의 관계를 회복시켜야 하며 일방적이고 독선적인 교육 방식에서 탈피해야 한다. 가족은 상호 간의 애정적 유착과정이 자연스럽게 이루어져야 하며 무엇보다 먼저 가정의 교육적 기능을 회복해야 한다. 이를 위해 부모는 자녀에게 모범을 보이고, 건전한 가치관을 형성할 수 있도록 도와주며 일관된 양육방식으로 자녀를 지도하고 적절하고 건전한 방법으로 스트레스를 해소할 수 있는 습관을 길러 주어야 한다. 또한 부모는 청소년 자녀를 이해하려고 노력하며 애정적인 태도로 자녀를 대하고 충분한 의사소통을 해야 한다.

청소년들은 부부폭력이나 부모·자녀 간 폭력을 통해 이를 모방하여 폭력에 대해 무감각해지므로 부모는 가정에서 경험한 폭력이나 폭력을 허용하는 분위기가 청소년의 폭력행위와 직접 연결된다는 것을 인식해야 한다. 청소년들은 문제 해결수단으로 폭력 사용을 합리화할 수 있으므로 이러한 성향을 방지하고 제거할 수 있는 방안을 모색해야 하며, 자아통제력, 자아존중감, 자아탄력성들의 보호기재가 활성화될 수 있도록 다각적인 노력이 필요하다.

(2) 학교 측면

청소년폭력의 문제해결을 위해서는 학교환경을 개선하는 것이 중요하다. 현재의 학교교육은 전인교육과 동떨어져 입시 위주의 교육환경에 처해 있어 자신의 능력이나 존재를 발견하지 못한 청소년들은 비행이나 폭력행위에 노출될 가능성이 높다. 그러므로 학교폭력의 은밀성을 감안하여 학교수업에서 학교폭력을 주제로 다루거나 학급회의 또는 심리극 등을 통해 학교폭력에 대한 바른 이해와 학생들 스스로에 대해 개방적으로 이야기를 나눌 수 있게 한다. 또한 학교폭력에 의한 피해자와 가해자를 가장 정확히 알고 있는 학생들 스스로 학생회 활동의 활성화를 통해 공개토론하여 해결할 수 있는 방법도 효과적이라 할 수 있다.

한편, 학교에서의 적극적인 학생생활지도의 내실화를 통해 학생들의 고민과 갈등을 해결해 주고 문제발생을 예방하기 위한 적극적이고 체계적인 상담 및 지도 강화를 위해 학교폭력에 대해 전문적인 교육과 훈련을 받은 유자격 전담교사를 확보해야 한다. 또한 부모나 교사의 기대만큼 성취하지 못해 고립감과 좌절감을 느껴 반사회적 행동을 표출하기 쉬운 청소년들을 대상으로 자신의 존재 가치를 발견하고, 적성을 계발하며, 취미를 살릴 수 있는 다양한 프로그램을 개발하여 이들의 흥미를 유발시키고 잠재력과 가능성을 키워 주는 방법도 모색할 필요가 있다.

정부 차원에서도 예방과 대처능력을 향상시킬 수 있는 프로그램의 개발·보급·정책적 지원이 절실하며 폭력의 가해자와 피해자의 맞춤형 교정서비스가 필요하다. 사회의 비교육적 유해환경은 청소년들의 폭력행위와 결코 무관하지 않다. 학교 주변의 유흥가나 숙박업소 등 유해환경을 과감하게 정비하고 유해환경의 설치를 불허하고 제거할 수 있는 법적, 제도적 뒷받침이 필요하다. 방송매체 등도 성인 중심의 여러 가지 자극적이고 선정적인 프로그램과 기사들을 남발하는 것을 가능한 한 제한할 필요가 있다. 특히 현대의 청소년들은 다양한 대중매체들을 통해 각종 정보를 획득하고 공유할 뿐만 아니라 이를 통해 공격성을 학습하고 모방하기 때문에 방송매체를 통한 청소년 선도프로그램을 강화하고 청소년 대상의 여러 가지 문화행사 등을 적극적으로 활성화할 필요가 있다.

더불어 청소년기의 정신적 갈등을 해소하고 정서적 안정을 위하여 건전한 놀이문화가 정착될 수 있도록 충분하고 다양한 문화공간을 확보하는 것이 필요하다. 청소년기관 등을 통해 건전한 문화를 즐길 수 있는 프로그램이 개발되어 청소년들이 원하면 언제든 제공해 줄 수 있어야 한다. 이는 청소년들에게 독립적인 사회인으로서의 주체의식과 자긍심을 심어 줄 수 있을 뿐만 아니라 청소년 복지와 건전한 여가활동 수준을 크게 향상시킬 수 있을 것이며, 나아가 학교폭력을 감소시키는 데도 효과적일 것이다.

2. 청소년범죄의 현황

1) 청소년범죄 동황

우리나라 「소년법」은 "반사회성이 있는 소년에 대해 그 환경의 조정과 성행의 교정에 관한 보호처분을 하고 형사처분에 관한 특별 조치를 함으로써 소년의 건전한 육성을 기하기 위해" 제정된 법률이며, 「소년법」의 대상은 형법에 저촉되는 행위를 하였으나 형사책임연령에 달하지 않아 형사책임을 묻지 않는 10세 이상~14세 미만의 「촉법소년」, 14세 이상~19세 미만의 「형법」에 저촉되는 행위를 한 '범죄소년', 그리고 집단적으로 몰려다니며 주위 사람들에게 불안감을 조성하거나, 정당한 이유 없이 가출하거나, 술을 마시고 소란을 피우거나 유해환경에 접하는 등의 행동을 한 10세 이상~19세 미만의 '우범소년'이다. 여기에서 '청소년범죄'란 10~19세 미만의 청소년이 저지른 「형법」에 저촉되는 행위를 의미하며, '청소년 범죄자'는 촉법소년과 범죄소년을 의미한다. 즉, 우범소년은 포함되지 않는다.

그러나 현재 촉법소년에 대한 통계가 공표되지 않아 〈표 8-1〉에서는 경찰이 법원 소년부에 직접 송치하는 사건에 대한 통계를 활용하였으며, 여기에는 촉법소년 이외에도 일부 우범소년이 포함되어 있다.

청소년 범죄자의 현황을 살펴보면, 2021년 청소년 범죄자는 66,697명으로 2014년의 84,661명 대비 21.2% 감소하였다. 청소년 인구 수를 고려한 청소년 범죄율은 2014년 청소년 인구(10~19세 미만) 10만 명당 1,603.1명에서 등락을 거듭하다가 2020년에는 1,783.8명으로 최고치를 기록하였으나, 2021년에는 1,582명으로 상당히 큰 폭으로 감소하였다. 한편, 청소년 범죄자 중 촉법소년 등은 2014년 7,104명에서 2021년 12,680명으로 증가하였으나, 반면에 범죄소년은 2014년 77,557명에서 2021년 54,017명으로 감소하였다.

청소년 범죄자 수와 범죄율과 마찬가지로 전체 범죄자 수와 범죄율도 감소하는 추세를 보이고 있으나, 청소년 범죄자(2014년 대비 21.2%)에 비해 전체 범죄자의 감소폭(2014년 대비 27.6%)이 더 큰 것으로 나타났다. 전체 범죄자 중 청소년 범죄자가 차지하는 비율은 2014년 4.6%에서 등락을 거듭하다가 2021년에는 4.9%로 2014년 대비 0.4%p 증가하였다.

〈표 8-1〉 **연도별 청소년 범죄자 현황 및 구성비**(2014~2021) (단위: 명, %)

연도 / 구분	전체 범죄자		청소년 범죄자				청소년 범죄자 구성 비율 (b+c/a×100)
	전체 범죄자 (a)	전체 범죄율	청소년 범죄자 (b+c)	촉법소년 등 (b)	범죄소년 (c)	청소년 범죄율	
2014	1,886,615	4,036.7	84,661	7,104	77,557	1,603.1	4.5
2015	1,955,658	4,167.4	77,727	6,756	70,971	1,544.8	4.0
2016	2,026,900	4,300.7	82,704	6,788	75,916	1,719.5	4.1
2017	1,869,446	3,948.7	80,409	7,743	72,666	1,723.7	4.3
2018	1,757,794	3,698.8	74,477	8,335	66,142	1,650.7	4.2
2019	1,765,268	3,702.1	76,707	10,460	66,247	1,775.3	4.3
2020	1,649,450	3,446.5	75,543	11,063	64,480	1,783.8	4.6
2021	1,372,632	2,866.9	66,697	12,680	54,017	1,582.0	4.9

주: 1) 범죄소년은 14~18세 범죄자를 의미하며, [범죄분석]의 범죄자 연령 통계를 활용해 집계함.
2) 촉법소년 등은 경찰이 법원 소년부에 송치한 촉법소년과 우범소년을 의미하며, [사법연감]의 소년보호사건 접수 통계를 활용함.
3) 청소년 범죄자는 범죄소년과 경찰이 소년법원에 송치한 촉법소년 등의 수를 합계한 결과임.
4) 전체 범죄자는 [범죄분석]의 범죄자 연령 통계 중 14세 이상의 범죄자의 수에 경찰이 소년법원에 송치한 촉법소년 등의 수를 합계한 결과임.
5) 전체 범죄율 = 전체 범죄자(청소년 범죄자 + 성인 범죄자) / 10세 이상 인구 수 X 100,000
6) 청소년 범죄율 = (촉법소년 등 + 범죄소년) / 10~18세 인구 수 X 100,000

출처: 1) 대검찰청(2015~2022).
2) 법원행정처(2012~2022).

19세 미만 청소년 범죄자는 2013년 이후 강력(폭력) 범죄가 증가하면서, 2019년 현재 약 29% 내외를 유지하는 모습이다. 범죄유형별 소년범 구성 비율을 보면, 2019년 기준으로 재산범죄는 41.98%, 강력(폭력)범죄는 28.11%, 강력(흉악)범죄는 5.53% 비율을 기록했다.

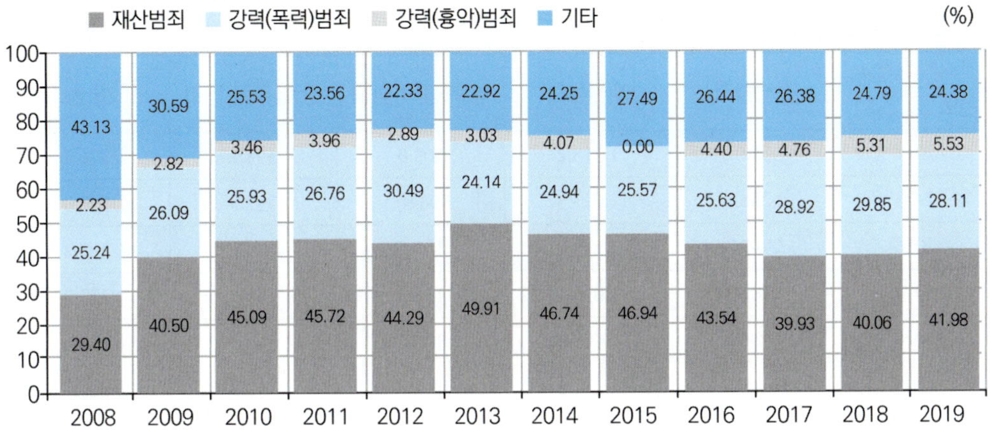

[그림 8-1] **연도별 범죄유형별 소년범 구성비**(2024년 2월 기준)

2) 범죄군별 현황

범죄소년이 저지른 범죄를 주요 범죄군별로 구분하여 현황을 살펴보면, 재산범죄율은 14세 이상~19세 미만 인구 10만 명당 927.9건으로 가장 높았고, 그다음은 강력(폭력)범죄 579.9명, 교통범죄 277.9명, 강력(흉악)범죄 181.0명 순으로 나타났다. 범죄소년의 재산범죄율은 증감을 반복하다가 2020년 14~19세 미만 인구 10만 명당 1,229.3명으로 가장 높았으나, 2021년에는 927.9명으로 지난 8년간 최저치를 기록하였다. 강력(흉악)범죄율은 2016년 이후 지속해서 증가해 2021년에는 14세~19세 미만 인구 10만 명당 181.0명으로 최고치를 기록하였다. 강력(폭력)범죄율은 2014년 14~19세 미만 인구 10만 명당 593.7명에서 대체로 증가하여 2020년 628.1명으로 최고치를 기록하였으나, 2021년에는 579.9명으로 상당히 큰 폭으로 감소하였다. 범죄소년이 저지른 교통범죄는 2014년 14세 이상~19세 미만 인구 10만 명당 276.4명에서 증감을 반복하다가 2021년 277.9명으로 2014년과 비슷한 수준이었다.

〈표 8-2〉 주요 범죄군별 범죄율 추이(2014~2021) (단위: 인구 10만 명당 범죄자 수)

연도 \ 구분	전체범죄	재산범죄	강력(흉악)범죄	강력(폭력)범죄	교통범죄
2014	2,380.7	1,113.2	105.0	593.7	276.4
2015	2,266.1	1,023.3	94.9	557.5	267.0
2016	2,569.0	1,119.0	125.8	658.8	308.2
2017	2,587.7	1,034.1	136.3	749.0	323.7
2018	2,486.0	995.9	145.0	742.0	271.2
2019	2,696.1	1,131.8	161.7	757.9	282.2
2020	2,747.0	1,229.3	174.0	628.1	322.8
2021	2,300.8	927.9	181.0	579.9	277.9

주 1) 각 범죄군은 14~18세 미만 '범죄소년'이 저지른 범죄만 집계함.
2) 각 범죄군의 범죄율 = 해당 유형의 범죄를 저지른 14~18세 범죄소년 수/14~18세 인구 수(주민등록인구 기준) x 100,000
3) 재산범죄: 절도, 장물, 사기, 횡령, 배임, 손괴.
4) 강력(흉악)범죄: 살인, 강도, 방화, 성폭력, [범죄분석] 상의 강력범죄(흉악)와 달리 「아동・청소년의 성보호에 관한 법률」의 성매수, 성매매 강요, 알선영업과 아동 청소년성착취물 범죄 포함.
5) 강력(폭력)범죄: 폭행, 상해, 협박, 공갈, 약취와 유인, 체포와 감금, 폭력행위 등(손괴・강요・주거침입 등), 폭력행위 등(단체 등의 구성・활동)
6) 교통범죄: 「교통사고처리특례법」, 「도로교통법」, 「도로법」, 교통방해죄

출처: 대검찰청(2015~2022).

3) 청소년 마약범죄 현황

마약류는 사람의 중추신경계에 영향을 미쳐 중추신경의 작용을 과도하게 하거나 억제하는 물질 중 신체적・정신적 의존성이 있는 것으로 관련 법규에 따라 규제대상으로 지정되어 관리되고 있는 물질이며 향정신성 의약품, 대마, 마약으로 구분된다.

최근 10년간 전체 마약류 사범과 청소년 마약류 사범은 모두 증가하고 있는데, 특히 청소년 마약류 사범은 10년 전 대비 1,084.2% 증가하여 전체 마약류 사범의 증가폭(78.4%)과 비교해 훨씬 더 큰 것으로 나타났다. 2021년 청소년 마약류 범죄의 종류

를 살펴보면, 마약이 43.6%로 가장 높은 비율을 차지하고 있고, 그다음은 향정신성의약품(42.7%), 대마(13.8%)의 순으로 나타나, 향정신성 의약품 비중이 상당히 높았던 이전과는 다른 양상을 보인다. 마약류는 성장 과정에 있는 청소년의 신체・정신발달에 큰 문제를 일으킬 수 있다는 점에서 성인 이상으로 중독 예방에 대한 집중적인 교육이 요구된다.

〈표 8-3〉 청소년 마약범죄의 마약류별 현황 (단위: 명, (%))

구분 연도	전체	청소년 마약류 사범		청소년 마약류 종류별			
		인원	비율	합계	향정신성 의약품	대마	마약
2012	9,255	38	0.4	38(100.0)	26(68.4)	12(31.6)	-
2013	9,764	58	0.6	58(100.0)	39(67.2)	17(29.3)	2(3.4)
2014	9,742	102	1.0	102(100.0)	48(47.1)	54(52.9)	-
2015	11,916	128	1.1	128(100.0)	78(60.9)	50(39.1)	-
2016	14,214	121	0.9	121(100.0)	91(75.2)	28(23.1)	2(1.7)
2017	14,123	119	0.8	119(100.0)	70(58.8)	49(41.2)	-
2018	12,613	143	1.1	143(100.0)	105(73.4)	36(25.2)	2(1.4)
2019	16,044	239	1.5	239(100.0)	167(69.9)	69(28.9)	3(1.2)
2020	18,050	313	1.7	313(100.0)	196(62.6)	78(24.9)	39(12.5)
2021	16,513	450	2.7	450(100.0)	192(42.7)	62(13.8)	196(43.6)

주: 마약류 통계에서 청소년 연령기준은 '19세 이하'를 기준으로 하고 있음.
출처: 대검찰청(2013~2022).

4) 범죄소년 특성

2021년도 범죄소년의 성별 구성 비율을 보면, 남자가 83.0%, 여자가 17.0%로 남자 청소년이 여자 청소년에 비해 약 5배 정도 많다. 범죄소년 중 여자 청소년의 비율은 2012년 16.9%에서 2014년과 2015년 14.8%까지 낮아졌으나, 이후 3년 연속 증가하여 2018년 18.5%로 최고치를 기록하였다가 2019년 이후 감소하는 추세를 보이고 있다.

〈표 8-4〉 범죄소년의 성별 현황(202~2021) (단위: 명, (%))

구분 / 연도	전체	남자		여자	
		인원	비율	인원	비율
2012	107,490	89,339	83.1	18,151	16.9
2013	91,633	76,767	83.8	14,866	16.2
2014	77,594	66,114	85.2	11,480	14.8
2015	71,035	60,534	85.2	10,501	14.8
2016	76,000	63,777	83.9	12,223	16.1
2017	72,759	60,264	82.8	12,495	17.2
2018	66,142	53,879	81.5	12,263	18.5
2019	66,243	54,437	82.2	11,806	17.8
2020	64,480	53,996	83.7	10.484	16.3
2021	54,017	44,840	83.0	9,177	17.0

주: 2012년에서 2017년까지 자료에는 14세 미만 촉법소년이 소수 포함되어 있음.
출처: 대검찰청(2013~2022).

범죄소년 중 학교에 재학 중인 학생이 차지하는 비율은 2012년 70.3%에서 이후 소폭의 등락을 반복하는 가운데 전체적으로는 증가하는 추세를 보여 2021년에는 82.3%로 최고치를 기록하였다. 이는 학교 밖 청소년 등 위기청소년에 대한 대응과 함께 여전히 학교 내에서의 청소년 범죄 예방을 위한 지속적인 노력이 필요함을 시사하고 있다.

〈표 8-5〉 **범죄소년 중 학생 현황**(2012~2021) (단위: 명, (%))

연도	전체	범죄소년		학생 신분의 범죄소년	
		인원(B)	구성비(B/A×100)	인원(C)	구성비(C/B×100)
2012	1,843,289	104,780	5.7	73,684	70.3
2013	1,859,697	88,731	4.8	60,438	68.1
2014	1,851,150	77,594	4.2	54,627	70.4
2015	1,888,959	71,035	3.8	57,672	81.2
2016	1,973,655	76,000	3.9	56,625	74.5
2017	1,818,237	72,759	4.0	55,074	75.7
2018	1,704,086	66,142	3.9	54,205	82.0
2019	1,723,499	66,247	3.8	49,726	75.1
2020	1,638,387	64,480	3.9	49,599	76.9
2021	1,531,705	54,017	3.5	44,455	82.3

주: 2012년에서 2017년까지 자료에는 14세 미만 촉법소년이 소수 포함되어 있음.
출처: 대검찰청(2013~2022).

전과가 있는 범죄소년의 비율은 2013년 46.1%로 최고치를 기록한 이후 감소하여 2021년에는 33.7%까지 하락하였다는 점에서 긍정적인 변화가 있었으나, 4범 이상 범죄소년의 비율은 14.4%이고, 전과가 있는 범죄소년 중 4범 이상이 차지하는 비율이 2013년 이후 지속해서 가장 높은 비율을 차지하고 있어 주목할만하다. 이는 향후 재범률이 높은 범죄소년에 대한 체계적인 교정교육과 지속적인 사후관리가 필요함을 시사한다.

〈표 8-6〉 범죄소년의 전과 현황(2012~2021) (단위: 명, (%))

연령 / 연도	전체	전과 없음	전과 있음	1범	2범	3범	4범 이상
2012	96,728(100.0)	56,527(58.4)	40,201(41.6)	14,403(14.9)	7,669(7.9)	5,001(5.2)	13,128(13.6)
2013	82,548(100.0)	44,502(53.9)	38,046(46.1)	12,388(15.0)	6,782(8.2)	4,552(5.5)	14,324(17.4)
2014	70,648(100.0)	40,996(58.0)	29,652(42.0)	9,853(13.9)	5,244(7.4)	3,429(4.9)	11,126(15.7)
2015	62,705(100.0)	35,650(56.9)	27,055(43.1)	8,636(13.8)	4,518(7.2)	3,110(5.0)	10,791(17.2)
2016	67,433(100.0)	41,173(61.1)	26,260(38.9)	8,444(12.5)	4,493(6.7)	2,978(4.4)	10,345(15.3)
2017	64,208(100.0)	40,168(62.6)	24,040(37.4)	8,039(12.5)	4,191(6.5)	2,773(4.3)	9,037(14.1)
2018	66,135(100.0)	43,827(66.3)	22,308(33.7)	7,164(10.8)	3,705(5.6)	2,554(3.9)	8,885(13.4)
2019	59,729(100.0)	38,272(64.1)	21,457(35.9)	6,681(11.2)	3,360(5.6)	2,517(4.2)	8,899(14.9)
2020	58,377(100.0)	37,079(63.5)	21,298(36.5)	6,636(11.4)	3,368(5.8)	2,362(4.0)	8,932(15.3)
2021	48,565(100.0)	32,209(66.3)	16,356(33.7)	4,886(10.1)	2,613(5.4)	1,846(3.8)	7,011(14.4)

주: 1) 2012년에서 2017년까지 자료에는 14세 미만 촉법소년이 소수 포함되어 있음.
2) 계는 범죄소년 중 전과 여부가 미상인 청소년을 제외한 수치임.
출처: 대검찰청(2013~2022).

3. 청소년범죄 예방활동

1) 학교폭력 예방 및 근절활동

경찰은 2005년 초부터 고교연합 폭력서클이 주도한 여중생 집단성폭력 등 학교폭력 관련 강력 사건을 계기로 교육부 등 관련 부처 및 민간 전문가들과 연계하여 종합적인 학교폭력 예방 및 근절 대책을 수립·추진하여 왔다. 2011년 대구 중학생 투신 사건을 계기로 학교폭력이 사회적 문제로 대두됨에 따라, 2012년 6월 학교전담경찰관(SPO) 제도를 도입하였다. 학교전담경찰관은 학교폭력 관련 예방(학생·교사 면담, 학교 폭력 예방교육, 경·학 협력 등), 사안 대응(117 등 신고사건 처리, 폭력 서클 정보수집·해체 등), 사후관리(추가 피해 방지 및 보호·지원 연계, 가해 학생 선도 등), 위기청소년 보호(학교·가정 밖 청소년 발굴 및 지원 연계 등) 등의 역할을 하며, 학교폭력 예방부터 사후관리까지 전담하여 처리하고 있다.

최근 10년간 경찰의 학교폭력 검거 인원은 대체로 감소하는 추세를 보인다. 2021년에는 11,968명의 청소년이 학교폭력으로 경찰에 검거되어 2019년에 비해 검거 인원이 큰 폭으로 감소하였던 2020년보다 소폭 증가하였다. 학교폭력 유형별 검거 인원을 살펴보면, 2014년까지는 폭행·상해에 이어 금품갈취가 높은 비율을 차지하고 있었으나, 2015년 이후에는 성폭력 비율이 급증하여 2021년에는 성폭력 비율이 24.0%로 폭행·상해(50.1%) 다음으로 높은 비율을 차지하고 있다. 이러한 데에는 성폭력에 대한 사회적 인식의 변화와 강제추행, 몰래카메라 등과 같은 성폭력범죄에 대한 단속이 강화된 것을 그 원인으로 찾아볼 수 있다.

〈표 8-7〉 **학교폭력 유형별 검거 및 조치 현황**(2012~2021) (단위: 명, (%))

구분 연도	전체	검거현황				조사현황			
		폭행·상해	금품갈취	성폭력	기타	구속	불구속	소년부송치	즉심·훈방 등
2012	23,877(100.0)	14,637(61.3)	5,912(24.8)	509(2.1)	2,819(11.8)	333(1.4)	15,615(65.4)	2,657(11.1)	5,272(22.1)
2013	17,385(100.0)	11,048(63.5)	2,603(15.0)	1,067(6.1)	2,667(15.3)	294(1.7)	11,016(63.4)	1,824(10.5)	4,251(24.4)
2014	13,268(100.0)	8,974(67.6)	1,582(11.9)	1,295(9.8)	1,417(10.7)	167(1.3)	8,586(64.7)	1,191(9.0)	3,324(25.0)
2015	12,495(100.0)	9,188(73.5)	1,153(9.2)	1,253(10.0)	901(7.2)	93(0.7)	9,157(73.3)	1,059(8.5)	2,186(17.5)
2016	12,805(100.0)	9,396(73.4)	1,161(9.1)	1,364(10.7)	884(6.9)	62(0.5)	9,852(76.9)	1,097(8.6)	1,794(14.0)
2017	14,000(100.0)	10,038(71.7)	1,191(8.5)	1,695(12.1)	1,076(7.7)	61(0.4)	10,556(75.4)	1,296(9.3)	2,087(14.9)
2018	13,367(100.0)	7,935(59.4)	1,377(10.3)	2,529(18.9)	1,526(11.4)	86(0.6)	9,546(71.4)	1,319(9.9)	2,416(18.1)
2019	13,584(100.0)	7,485(55.1)	1,328(9.8)	3,060(22.5)	1,711(12.6)	84(0.6)	9,233(68.0)	1,587(11.7)	2,680(19.7)
2020	11,331(100.0)	5,863(51.7)	1,184(10.4)	2,462(21.7)	1,822(16.1)	79(0.7)	7,710(68.0)	1,332(11.8)	2,210(19.5)
2021	11,968(100.0)	6,000(50.1)	935(7.8)	2,872(24.0)	2,147(17.9)	66(0.6)	5,194(43.4)	457(3.8)	6,251(52.2)

출처: 경찰청(2013~2022).

학교폭력 가해 학생에 대한 경찰의 조치현황을 보면, 예전에는 불구속 상태에서 검찰로 송치하는 비율이 높은 편이었으나, 2021년에는 학교폭력으로 입건된 가해 학생 중 경미한 범죄를 저지른 초범에 대한 즉심・훈방 등 선도조치가 52.2%로 가장 높은 비율을 차지하고 있다.

2012년 「학교폭력근절 종합대책」이 발표된 이후 부처별로 분산되어 있던 학교폭력 신고전화를 117로 통합하고, 2012년 6월 18일 전국 17개 지방경찰청에 '117신고센터'를 개소하여 경찰・교육부・여성가족부 합동으로 24시간 신고접수 및 상담서비스를 제공하고 있다. 최근 증가하고 있는 사이버폭력에 대응하기 위해 117채팅 신고앱인 '117챗(Chat)'을 개발하여 스마트폰으로 신고할 수 있도록 하고, 117신고센터로 접수된 사안에 대하여 콜백(call back) 서비스도 진행하고 있다. 2021년 학교폭력 신고건수는 37,845건으로 코로나19의 영향으로 급감하였던 2020년에 비해 증가하였으나, 여전히 2018년과 2019년보다는 낮은 수준이다.

〈표 8-8〉 연도별 「청소년 보호법」 위반사범 단속현황(2012~2021) (단위: 건, (%))

연도＼구분	계	폭행	모욕	법률상담	왕따	협박	성폭력	공갈	교사관련	기타
2018	61,887 (100.0)	15,702 (25.4)	18,179 (29.4)	19,995 (32.3)	2,588 (4.2)	1,821 (2.9)	1,289 (2.1)	881 (1.4)	808 (1.3)	624 (1.0)
2019	61,302 (100.0)	15,752 (25.7)	16,589 (27.1)	21,198 (34.6)	2,311 (3.8)	1.719 (2.8)	1,587 (2.6)	770 (1.3)	724 (1.2)	652 (1.0)
2020	28,241 (100.0)	6,629 (23.5)	7,926 (28.1)	9.553 (33.8)	870 (3.1)	1,157 (4.1)	968 (3.4)	449 (1.6)	150 (0.5)	538 (1.9)
2021	37,845 (100.0)	11,610 (30.7)	9,743 (25.7)	10,939 (28.9)	1,376 (3.6)	1,199 (3.2)	1,577 (4.2)	600 (1.6)	288 (0.8)	513 (1.4)

출처: 경찰청(2019~2022).

2) 유해환경 정화활동

정보통신산업의 발달로 인터넷 및 미디어에 폭력·음란성 매체물이 범람하고, 신종 풍속업소 등 유해업소가 해마다 늘어나면서 청소년 탈선과 이를 조장하는 유해환경은 지속해서 증가하고 있다. 이에 경찰은 각종 음란·폭력성 매체물과 술, 담배 등 청소년 유해약물을 청소년에게 판매하거나 유흥 주점·비디오방 등 유해업소에서 청소년을 고용하거나 출입시키는 등의 행위를 하는 「청소년 보호법」 위반 사범에 대하여 연 2회 단속하고 있다.

2021년에 총 5,120명의 「청소년 보호법」 위반 사범을 적발하였다. 이 가운데 청소년에게 술이나 담배를 판매하는 등 유해약물 단속 위반자가 4,288명(83.8%)으로 가장 많았다. 다음으로 성적퇴폐나 풍기문란 등 유해행위를 한 사람은 652명(12,7%), 청소년을 유해업소에 고용시키거나 출입하게 한 사람은 145명(2.8%), 청소년에게 유해한 매체를 통해 판매·대여하거나 포장 표시한 사람은 35명(0.7%)이었다.

3) 학교·가정 밖 청소년 발굴 및 지원

경찰은 2015년 「학교 밖 청소년 지원에 관한 법률」 시행에 따라 학교 밖 청소년 선도·지원계획 및 발굴 강화계획을 수립하는 등 학교 밖 청소년에 대한 발굴과 지원을 위해 노력하고 있다. 매년 ‘학교·가정 밖 등 위기청소년 집중 발굴 기간’을 운영하여 학교전담경찰관을 중심으로 학교 밖 청소년과 가정 밖 청소년을 찾아 지원하고 있다.

2021년에는 4,076명의 학교 밖 청소년을 발견하여 청소년지원센터에 연계하는 등 4,065건을 연계·조치하였다. 또한, 가정 밖 청소년에 대해서도 2021년에 1,131명을 발견하여, 가정에 복귀시키거나 쉼터 등에 연계하는 등 1,255건을 연계하였고, 77개(360명)의 가출팸도 해체하였다.

〈표 8-9〉 **학교 밖 청소년 발견 및 지원 현황**(2017~2021) (단위: 명, 건, (%))

구분	발견인원	연계조치건수				
		계	지원센터	학교 복귀	청소년 안전망	선도 프로그램
2017	8,607	7,129(100.0)	5,158(72.4)	412(5.8)	876(12.3)	683(9.6)
2018	6,753	6,070(100.0)	4,801(79.1)	417(6.9)	185(3.0)	657(10.8)
2019	6,335	6,576(100.0)	5,640(85.8)	170(2.6)	281(4.3)	485(7.4)
2020	5,393	5,642(100.0)	4,590(81.4)	182(3.2)	393(7.0)	477(8.5)

출처: 경찰청(2019~2022).

〈표 8-10〉 **가정 밖 청소년 발견 및 지원 현황**(2017~2021) (단위: 명, 건, (%))

구분	발견인원	연계조치건수					가출팸	
		계	지원센터	학교 복귀	청소년 안전망	선도 프로그램	개	명
2017	3,655	3,536(100.0)	3,048(86.2)	161(4.6)	131(3.7)	196(5.5)	51	254
2018	3,654	3,615(100.0)	3,223(89.2)	145(4.0)	107(3.0)	140(3.9)	91	435
2019	1,642	1,812(100.0)	1,247(68.8)	233(12.9)	139(7.7)	193(10.7)	108	567
2020	1,451	1,741(100.0)	1,071(61.5)	286(16.4)	252(14.5)	132(7.6)	125	674
2021	1,131	1,255(100.0)	931(74.2)	93(7.4)	135(10.8)	96(7.6)	77	360

출처: 경찰청(2019~2022).

4) 청소년꿈키움센터 운영 및 활동

법무부는 학교폭력 등 저연령 소년에 의한 비행이 증가함에 따라 위기청소년 및 비행 초기 단계에 있는 청소년의 재범 방지를 위한 장기적이고 체계적인 대책의 일환으로 2007년 7월부터 부산 · 광주 · 대전 · 청주 · 안산 · 창원 등 6개 지역에 청소년비행예방센터를 설립한 것을 시작으로, 2022년 현재 19개 센터(비직제 1개 기관 포함)를 운영하고 있다. 기관의 긍정적 이미지 제고 및 교육대상자의 심리적 부담감을 해소하고자 2013년 11월부터 대외명칭을 '청소년꿈키움센터'로 변경하여 사용하고 있다. 청소년꿈키움센터는 법원과 검찰청에서 의뢰한 비행청소년과 학교 등에서 의뢰한 위기 청소년에 대한 비행예방교육(대안교육) 및 부모나 후견인 등에 대한 보호자 교육, 소년부 판사 또는 검사가 의뢰한 비행 청소년 상담조사, 지역사회 청소년에 대한 각종 심리검사 및 상담, 일반학교 학생·교사 등에 대한 법교육을 실시하고 있으며 이외에 청소년 비행 관련 연구 및 교육프로그램 등을 개발하고 있다. 특히, 2012년부터 범정부 차원에서 추진하던 「학교폭력 근절종합대책」이 2013년 「현장중심 학교폭력예방 및 근절대책」으로 이어지는 가운데 학교폭력 가해학생 및 보호자 대상의 특별교육, 가족캠프뿐만 아니라 찾아가는 학교폭력예방교육, 주말 학교폭력예방캠프, 학교폭력예방 교원 직무연수 등 학교폭력 예방프로그램이 더욱 활성화되었다. 2014년부터는 지역사회 아동·청소년복지기관 등과 연계하여 법교육, 법캠프 등을 운영하는 등 교육대상자를 위기·비행청소년에서 일반청소년, 시설 청소년 등으로 확대하였다.

청소년꿈키움센터에서는 검찰과 법원에서 의뢰한 청소년 범죄자에 대한 교육 및 비행 진단과 학교장이 의뢰한 가해 학생과 그 부모 및 지역사회 일반 청소년 및 시설 청소년을 대상으로 다양한 비행예방활동을 하고 있다. 이 중 검찰과 법원에서 조건부 기소유예, 결정전 조사, 보호처분 집행을 위해서 의뢰한 청소년 범죄자를 제외한 비행예방활동은 크게 대안교육, 심리상담, 보호자교육으로 구분할 수 있다.

대안교육은 진로·성격 등 심리검사, 심성훈련, 체험교육 등 1~5일 과정의 프로그램을 운영하고 있는데, 교육과정을 이수하면 대안교육 수료증을 수여하고 교육 결과를 해당 학교에 통보하여 학생 생활지도의 자료로 활용하도록 하였으며, 학부모에게 적성검사 결과 등 자녀 지도에 필요한 정보를 제공하고 있다. 청소년심리상담은 지역사회의 24세까지의 청소년을 대상으로 지능·적성·성격 등 심리검사를 실시하고 소질과 특성에 맞는 진로지도 지침을 제공한다. 보호자 교육은 학교에서 의뢰한 보호자나 자발적으로 참여를 원하는 교육생의 보호자를 대상으로 자녀의 부적응 행동을 이해하고 건강한 성장을 도울 양육 방법 등을 교육하고 있다. 청소년꿈키움센터의 예방교육은 아동복지기관 등에서 의뢰한 취약·위기청소년보다는 학교에서 의뢰한 학교폭력 가해 학생에 대한 교육이 주를 이루고 있다. 대안교육 대상자 수는 2014년 이후 지속해서 증가하여 2018년 8,346명으로 최고치를 기록했으나, 2019년에 5,861명으로 감소했고, 코로나19 영향으로 2020년과 2021년에는 1,742명과 1,843명으로 급감했다. 청소년 심리상담실은 1996년 2월 서울소년분류심사원과 분류심사업무를 대행하는 4개 소년원에서 운영하기 시작하였으나, 현재에는 청소년꿈키움센터에서 운영하고 있다. 청소년 심리상담도 지역 사회 일반 청소년보다는 학교에서 의뢰한 학교폭력 가해 학생에 대한 심리상담이 주를 이루고 있다.

청소년 심리상담 인원은 2017년 8,357명으로 최고치를 기록했으나, 코로나19가 발생한 2020년에는 대폭 감소하여 1,413명이었고, 2021년에는 2,276명으로 전년보다 61.1% 증가하였으나 코로나19 발생 이전 수준을 회복하지 못하였다. 보호자 대상 교육은 2014년 7,955명으로 최근 8년 동안 최고치를 기록했으나, 2014년 이후 지속해서 감소했고 코로나19의 영향으로 감소폭이 더욱 커졌다. 2021년에는 2,294명으로 전년도의 1,945명보다 18.1% 증가하였으나 코로나19 발생 이전 수준으로 회복하지 못하였다.

〈표 8-11〉 **청소년꿈키움센터 비행예방활동 현황**(2014~2021) (단위: 명)

구분 / 연도	대안교육			청소년 심리상담			보호자 교육
	소계	학교의뢰	기타	소계	학교의뢰	기타	
2014	4,292	4,026	266	5,449	4,914	535	7,955
2015	4,395	4,035	360	6,585	5,492	1,093	7,532
2016	5,115	4,824	291	7,450	6,891	559	7,594
2017	7,969	6,623	1,346	8,357	7,251	1,106	5,689
2018	8,346	7,028	1,318	7,469	6,537	932	4,549
2019	5,861	4,930	931	7,701	6,140	1,561	3,865
2020	1,742	1,184	558	1,413	1,020	393	1,945
2021	1,843	1,579	264	2,276	1,686	590	2,294

주: 기타는 아동복지기관 등에서 의뢰한 취약·위기청소년을 의미함.
출처: 법무부 범죄예방정책국(2020~2022).

5) 또래상담

또래상담은 교우관계 증진을 목적으로 1994년 '한국청소년상담복지개발원'에서 개발한 또래상담 프로그램을 활용하여 시작되었다. 또래상담은 청소년 교육 및 상담 현장에서 효과를 인정받았으며, 2012년 「학교폭력근절 종합대책」의 일환으로 교육부와 여성가족부가 학교폭력 예방 또래상담 사업을 공동 추진하면서 2018년까지 전국 8,205개교 초·중·고등학교에서 또래상담을 실시하고 있다.

또래상담은 일정 시간 이상 상담 훈련을 받은 청소년이 어려움을 겪고 있는 친구를 직접 도와주는 상담활동으로 또래상담 동아리를 통하여 서로 배려하고 돕는 문화를 형성하는 청소년 자치활동이다. 또래상담자는 학교 내에서 학교폭력 및 따돌림 등 어려움을 겪고 있는 친구를 발견하여 문제해결을 위한 조력활동을 할 수 있도록 훈련받는다.

(1) 또래상담 사업 개요

또래상담 사업은 교우관계 증진을 목적으로 '한국청소년상담복지개발원'에서 개발된 또래상담 프로그램을 활용하여 1994년부터 개시되었다. 청소년 교육 및 상담 현장에서 효과를 인정받은 또래상담은 2012년 「학교폭력근절 종합대책(2012. 2. 관계부처 합동)」의 일환으로 여성가족부와 교육부가 학교폭력 예방 또래상담 사업을 공동으로 추진하면서 2022년 현재 전국 7,963개 학교에서 운영하고 있다.

〈표 8-12〉 2022년 또래상담 사업 실적 (단위: 개교, 명)

구분	또래상담 운영학교	또래상담 지도교사	또래상담자
2022. 12.	7,963	2,848	280,399

출처: 한국청소년상담복지개발원(2022).

(2) 또래상담 교육프로그램 및 사업 효과

또래상담은 일정 시간 이상의 상담 훈련을 받은 청소년이 어려움을 겪고 있는 친구를 조력하는 상담 활동으로 또래상담 동아리를 통해 서로 돕고 배려하는 문화를 형성하는 청소년 자치활동이다. 또래상담자는 학교 내에서 따돌림, 학교폭력 등 어려움을 겪는 친구를 발견하고, 문제해결을 위한 조력 활동이 가능하도록 훈련받는다. 또래상담 교육프로그램은 12회기의 기본교육 및 이를 이수한 또래상담자들을 대상으로 8시간 과정의 심화 교육이 운영되고 있다.

또래상담 사업의 효과를 확인하기 위해 매년 또래상담자 및 또래내담자를 대상으로 설문을 하고 있다. 2022년 또래상담자를 대상으로 공감, 의사소통, 이타성, 리더십, 학교폭력 인지능력, 학교폭력대처능력을 살펴본 결과 모든 영역에서 프로그램 실시 전(77.9점)의 점수 대비 실시 후(83.2점)의 점수가 유의미하게 높아진 것으로 나타났다. 뿐만 아니라 또래상담자에게 상담을 받은 또래내담자를 대상으로 또래관계 만족도, 학교생활 적응능력 등 학교생활 만족도를 조사한 결과 역시 프로그램 실시 전의 점수(76.9점)보다 실시 후의 점수(82.1점)가 높게 나타나 참여자 모두의 성장에 기여하고 있는 것으로 나타났다.

〈표 8-13〉 2022년 또래상담 사업 효과분석(학교폭력 대응역량 향상도) (단위: 점)

구분		사전(A)	사후(B)	변화량(B−A)
하위요인	공감능력	82.5	88.5	6.0
	의사소통능력	77.8	84.5	6.6
	이타성	79.1	85.2	6.1
	리더십	78.5	84.4	5.9
	학교폭력 인지능력	76.6	80.8	4.2
	학교폭력 대처능력	72.7	76.1	3.4
전체		77.9	83.2	5.4

출처: 한국청소년상담복지개발원(2022).

깨알 tip. 청소년에 대한 보호관찰을 알아봅시다.

소년법원에서 장단기 보호관찰(4호, 5호)을 처분받은 청소년 범죄자, 형사법원에서 보호관찰을 조건으로 선고유예나 집행유예를 선고받은 청소년 범죄자, 소년원에서 임시퇴원한 청소년 범죄자 및 검사가 조건부 기소유예의 한 형태로 보호관찰 선도위탁을 한 대상자에 대하여 실시한다.

최근 7년 동안 전체 보호관찰 대상자 수는 증가하고 있으나, 청소년 보호관찰 대상자 수는 감소 추세에 있다. 2021년 청소년 보호관찰 대상자는 11,853명으로 전년대비 12.2% 감소하였으며, 전체 보호관찰 대상자 중 청소년이 차지하는 비율도 44.2%에서 26.9%로 감소하였다.

청소년 보호관찰 대상자 중 여자 청소년이 차지하는 비율은 2021년 22.5%로 2014년 대비 5.4%p 증가하였다. 연령별로는 최근 5년 동안 14세 미만의 촉법소년의 비율이 2배 이상 증가하였고, 학생이 차지하는 비율도 증가하고 있다.

youth welfare | chapter 09

청소년과 진로

[학습목표]

1. 청소년의 진로에 대해 학습한다.
2. 청소년고용촉진대책에 대해 학습한다.

1. 청소년의 진로

현대사회의 직업과 더불어 고용환경은 급속히 변화를 맞고 있다. 그러나 청소년들의 진로에 대한 지원은 상위 단계의 진학이나 취업알선의 과제와 같이 그 범위가 매우 협소하다고 할 수 있다. 이는 빠르게 변화하는 직업의 세계를 고려할 때, 청소년 정책에서 진로 지원은 전 생애에 걸쳐 준비하여야 하며 광범위하게 실천되어야 할 과제이다.

청소년 진로개발의 체계적 지원을 위해 청소년의 직업의식과 더불어 진로에 대한 준비 행동에 대한 전반적인 검토를 비롯하여 향후 미래세계에 대한 전망도 함께 고려되어야 할 것이다.

청소년 진로에 있어 주된 환경 변화로는 인구 구조의 변화를 비롯하여 청소년 인구 구조의 변화, 산업환경의 변화, 여성 경제활동의 참여 확대, 학교에서 노동시장으로의 이행의 변화, 청소년의 직업관의 변화 등이 있다.

앞서 제시한 대로 지식기반 경제로의 전환과 산업구조의 변화 등 청소년을 둘러싼 근로환경이 크게 변화하고 있는데, 이에 따라 청소년의 직업의식과 직업결정 요인도 변화하고 있다. 그러나 현대사회에서 청년실업의 증가로 경제적 자립 시기가 지연되어 결혼, 출산과 같은 성인기의 과업을 기피하는 현상까지 나타나고 있다. 이러한 현상은 우리나라 청소년들의 고민거리 중 1위가 공부나 직업(취업)인 이유와 결코 무관하지 않다. 최근 청소년 아르바이트가 증가하고 있는데, 이는 미래의 진로결정을 위한 탐색의 기회가 되기보다는 생계와 경제적 문제 해결을 위한 용돈벌이 수단에 머물러 있다. 따라서 청소년의 진로개발을 촉진할 수 있는 직업교육과 학교 밖 직업체험활동의 활성화가 요구된다. 모든 청소년이 합리적인 진로결정과 직업역량을 기르는 것은 성인기의 삶과 복지 수준에 직접적인 영향을 미치게 된다.

1) 청소년을 둘러싼 직업환경의 변화

(1) 인구 구조의 변화

2020년부터 우리나라 인구는 절대적인 규모가 처음으로 감소하기 시작하는 '인구 데드크로스'가 발생하였다. 2020년 5,184만 명으로 정점을 이루었던 우리나라의 인구는 2021년 기준 통계청 장래 인구추계에 의하면 2050년에는 4,736만 명, 2070년에는 3,766만 명으로 줄어들 것으로 예상된다. 특히, 우리나라는 인구변화의 속도가 빠르게 진행되고 있어서 사회의 지속가능성이라는 측면에서 여러 위험에 노출될 수 있다. 인구구조 변화가 초래할 위험은 절대인구문제뿐 아니라 연령구조 고령화, 지역소멸 등 3대 위험으로 대표된다. 장기간의 저출산은 경제적 측면에서 노동수급에 직접적인 영향을 미치며, 고령화는 국민 전체의 소득분배를 악화시키는 요인으로 작용한다. 인구구조 변화로 인한 다양한 복지비용 증가는 재정의 지속가능성을 훼손시키며, 재정부담을 둘러싼 세대 간 갈등이 발생하고, 고용연장, 경로우대의 조정, 주거지원 관련 정책 등을 중심으로 연령대별 이해관계가 대립한다. 이처럼 인구구조 변화는 경제적 효율성, 분배의 형평성, 지역과 세대 간 갈등을 초래하는 위험을 내재하고 있고, 이는 정치적 갈등으로 이어질 수 있다는 점에서 국가의 최상위 정책 어젠더로 추진해야 할 주제이다.

저출산 고령화 현상이 '정책 문제'로 등장한 이후 정부는 관련 위원회를 구성하고, 5개년 기본 계획을 작성하는 등 대응책을 마련하고 있다. 지속가능한 사회를 위한 조건은 다양할 수 있으나, 핵심은 역시 세대를 잇는 사회구성원의 재생산이라고 할 수 있다. 출산 혹은 출생이라고 하는 일면 개인의 선택으로 간주되었던 영역이 공공 문제화되어 정책과제로 다루어지고 있는 이유는 인구의 수에 따른 국가 경제규모, 생산, 소비, 세대, 지역 등 실로 다차원적 공공의 문제와 연계되기 때문이다.

UN의 2022년 인구추계 결과를 중심으로 우리나라 인구구조의 주요 특징을 살펴보면, 2020년 이후 인구 고령화가 빨라지면서 2050년에는 65세 이상 인구 비중이 39.3%

로 주요국 중 가장 높은 수준이 될 전망이다. 이러한 인구 고령화의 가속도는 저출산보다는 베이비붐 세대의 대규모 은퇴에 주로 기인한다. 한편, 외국에서도 출산율 반등 사례가 많지 않고 반등폭도 제한적인 점을 감안할 때 출산율의 극적인 반등을 기대하기 힘들며 인접국들의 동반 고령화로 외부 유입 가능성도 크지 않아 우리나라 인구구조의 고령화는 확률적 예측이 아니라 사실상 예정된 미래가 되었다. 한국을 포함한 OECD의 주요국 데이터를 바탕으로 인구구조를 외생변수로 포함하는 패널 VAR을 추정한 결과 인구 고령화가 진행될수록 경제성장률 및 실질금리는 하락하고 물가상승률은 상승하는 것으로 나타났다. 이에 따라 '인구구조 변화만을' 고려한 한국의 실물경제 변수들의 장기 추세치는 저성장·저금리 및 물가의 상승 반전에 따른 장기 스태그플레이션(secular stagflation)의 가능성이 존재한다는 점을 시사한다. 특히, 우리나라는 여타 OECD 국가들에 비해 인구 고령화의 속도가 가파른 만큼 점진적으로 고령화되는 다른 국가들에 비해 그 영향이 매우 클 전망이다.

급격한 인구 고령화에 대응하여 향후 정책 목표는 고령화의 부정적 효과를 완화하는 한편 인구구조 변화에 대한 신속한 적응을 지원하는 것이 되어야 한다. 한정된 인구 자원을 효율적으로 활용하기 위해 노동시장의 선진화를 통해 생산성을 도모하는 동시에 고령 인구 확대에 대비하여 고령 친화적인 근로환경을 조성하여 생산연령인구의 축소를 보완할 필요가 있다.

(2) 직업구조의 변화

청소년기 지나친 입시 위주의 교육만 받다가 아무런 준비 없이 자신의 적성에 맞으면서 전망 있는 진로를 선택하는 것은 쉽지 않다. 자신의 정체성에 맞으면서도 유망한 진로를 결정하기 위해서는 우선 신뢰도 높은 직업에 관련된 정보가 필요하다.

직업 정보는 직업의 내용뿐 아니라 임금, 향후 전망, 취직 방법 등을 소개하여 청소년들이 진로선택 및 구직활동을 효과적으로 할 수 있도록 도와주는 역할을 한다. 여기서 직업 정보란 정확하고 예측 가능한 것이기보다는 직업의 방향이나 변화의 패턴을 이해하고 미래를 준비하는 것을 의미한다. 왜냐하면 미래의 직업은 현재나 과거의 직업구조와 달리 훨씬 빠른 기간 내에 변화되고 생성되며, 통합 · 분화 · 소멸될 것이기 때문이다. 또한 직업의 종류와 기능도 세분화 · 전문화 · 다양화되어 갈 것이다.

직업의 종류와 업무의 변화는 가속화되어 현재 직업의 25%가 과거 25년 전에는 없었던 직업이며, 또한 현존하는 직업의 52~70% 정도가 없어질 예정이다. 이에 따라 새로운 직업이 생겨나고 있으며, 남아 있는 직업의 경우라도 직무의 내용과 방법이 많이 바뀔 것으로 예측된다.

(3) 인공지능시대 AI교육

인공지능기술의 발전으로 제조업 등 산업현장뿐만 아니라 교육 · 문화 · 예술 등 사회 각 영역에서 인공지능 활용 가능성이 증대되고 있다. AI를 비롯하여 에듀테크를 활용한 혁신은 교육의 전 단계에서 진행 중이다. 또한, 디지털 교수 · 학습 통합 플랫폼 구축을 통해 AI · 빅데이터 기반 개인별 맞춤형 학습과 에듀테크(서비스 · 콘텐츠) 통합을 본격적으로 진행에정이다.

그러나, 인공지능이 우리의 삶에 밀접해짐에 따라 인공지능 도입에 따른 예상치 못한 윤리적 이슈도 함께 부각되고 있다. 기술발전 속도를 법적 규율이 따라가지 못하는 인공지능 분야는 사후적 규제보다는 예방적 · 자율적 규범(윤리)이 강조된다. 이에 따라, 세계 각국 및 주요 국제기구는 AI윤리의 중요성을 인식하고 인공지능의 신뢰성 확보를 위한 다양한 기준과 원칙을 마련하고 있다. 국내에서는 범정부 「인공지능 윤리기준」('20.12.), 「인공지능 개발과 활용에 관한 인권 가이드라인」(인권위, '22.5.) 등을 마련하여 적용 중이다.

〈표 9-1〉 국내외 주요 AI 윤리원칙(31개) 주요내용

	제목	주체	개요	주요 원칙	주요 특징
1	Preparing for the Future of Artificial Intelligence ('16)	President National Science and Technology Council Committee on Technology (정부기관)	美 정부의 입장에서 AI 기술과 관련하여 나아갈 방향 제시한 정부 보고서	공공선, 공정성, 안전, 투명성, 이해가능성, 선을 위한 AI(AI for good), 인간 가치(Human values)	• AI를 주요 성장동력으로 보고 美 정부의 역할 강조 • 윤리원칙 제시보다는 국제인도법에 근거한 AI 무기체계 개발 등 다양한 AI 관련 이슈를 제시하는 데 초점
2	Tenets ('16)	Partnership on AI (민간 연구소)	학계, 재계, 정책입안자 등 다양한 주체들의 협력 도모	AI 혜택 최대화, 다양한 주체들 간 협력, 사생활보호, 견고함, 해악금지, 설명가능성	• 학계, 기업, 정책입안자 등 다양한 주체들 간 협력을 강조하고, 이를 통해 대중교육 등 추진할 것을 제안 • 기술 혜택 최대화의 전제로 사생활 보호, 연구공동체의 책임, 견고성, 해악금지 등 제시
3	AI Policy Principles ('17)	Information Technology Industry Council (민간 협회)	개발자에 대한 정부 차원의 지원 및 공적 영역과 사적 영역의 협업 강조	안전과 제어가능성, 해석가능성, 인간 존엄성, 데이터의 대표성, 유연한 규제접근, 기회의 평등	• 개발자의 입장을 강조, 정부의 규제나 개발자에 대한 정보공개 요구에 부정적 • 다만 개발자에게도 안전한 설계, 데이터 대표성 등 높은 수준의 책임성 요구
4	DeepMind Ethics & Society Principles ('17)	DeepMind (기업)	사내에서 AI 연구 수행 시 윤리적 고려사항 제시	사생활 침해 금지, 평등, 도덕성, 포용성, 안전과 책무성, 거버넌스·규제	• 연구자에게 필요한 윤리원칙과 체크리스트를 제시하면서도 안전과 책무성을 보장하는 거버넌스·규제 필요성 제기
5	Asilomar AI Principles ('17)	Future of Life Institute (민간 연구소)	미국 보스톤의 비영리 연구단체인 삶의 미래 연구소(Future of Life Institute) 주관으로 작성한 윤리원칙	인권보장, 개인정보보호, 해악금지, 공공성, 데이터 관리, 책임성, 통제성, 투명성, 무기경쟁 회피	• 스티븐 호킹·일론 머스크 등 다수의 AI학자, 미래학자 및 산학연 관계자들이 서명 • AI 기술 연구자, 정책 입안자, 관련 산업 종사자에게 필요한 윤리원칙 제시
6	AI at Google: Our Principles ('18)	Google (기업)	구글 AI 개발자에게 필요한 윤리원칙 제시	사회적 혜택 증진, 불공정한 편견 지양, 설명가능, 사생활침해 방지	• 개발을 제한해야 되는 AI 어플리케이션으로 해를 끼치는 기술, 인명을 해하는 무기관련 기술, 국제 규약 위반 감시기술 등 제시
7	Microsoft AI principles ('18)	Microsoft's AETHER(AI and Ethics in Engineering and Research) (기업)	MS AI 개발자에게 필요한 윤리원칙 제시	공정성, 신뢰성 및 안전, 사생활 및 보안, 포용성, 투명성, 책무성	• MS 사내 윤리강령 성격이 강하며, 책임질 수 있는 AI와 이를 위한 교육 강조
8	OpenAI Charter ('18)	OpenAI (민간 연구소)	AI 기술 연구자에게 필요한 윤리적 태도와 원칙 제시	공공선, 해악금지, 안전 담보, AI개발 선두주자, 타 연구단체 협력	• 연구자의 자유로운 연구 증진에 초점, 고도로 자율적인 AGI(artificial general intelligence) 상정
9	Principles for Trust and Transparency ('18)	IBM (기업)	IBM 직원들을 대상으로 AI 연구를 위해 제시된 윤리원칙	인간 지능 증강(augment), 데이터 소유권, 국경 간 데이터 이동, 투명성	• AI는 인간을 대체하는 것이 아니라 증강(augment)하기 위한 것임을 명시 • AI 사용 여부·시기, 학습 데이터 출처 고지 등 규정
10	The Montreal Declaration for a Responsible Development of AI ('18)	University of Montreal (민간 대학)	몬트리올 대학에서 개발된 사회적으로 책임있는 AI 연구를 위한 윤리원칙	복지(well-being), 자율성 존중, 사생활 보호와 친밀성, 연대성, 민주적 참여, 공평, 다양성 포용, 사려	• 친밀성(intimacy), 사려(prudence), 지속가능한 발전 등 다른 가이드라인에 잘 등장하지 않는 원칙 제시 • 윤리원칙 제시와 함께 서명으로 선언에 동참하도록 장려

	제목	주체	개요	주요 원칙	주요 특징
11	지능정보사회 윤리가이드라인 ('18)	정보문화포럼 (정부기관)	인간 중심의 지능정보사회 구현	이용자 주도성, 이용자/시민참여, 공익, 공정성, 위험예방, 프라이버시 보호	지능정보기술 관련 개발자 및 공급자의 윤리의식 고취 및 이용자의 오남용 방지 지침 주체별(개발자, 공급자, 이용자) 세부지침 마련
12	AI in the UK: Ready, Willing and Able? ('18)	영국 정부 (정부기관)	영국 정부 차원에서 정책적으로 접근할 수 있는 제언 제시	데이터 접근과 제어, 이해가능한 AI, 디지털 이해력 증진, 공중보건 관리	영국이라는 특정 국가 입장에서 공중보건 데이터 관리, AI 디지털 이해력 제고 등 구체적으로 취할 수 있는 AI 관련 정책을 제시
13	카카오 알고리즘 윤리헌장 ('18)	카카오 (기업)	카카오 내 AI 관련 연구 시 지향되어야 할 윤리원칙 제언	사회윤리 준수, 차별 경계, 학습데이터 운영, 알고리즘 독립성 및 설명, 기술 포용성, 아동·청소년 보호	국내기업 최초 AI 윤리헌장으로, 알고리즘과 데이터에 대한 관리, 아동과 청소년에 대한 보호 필요성 등 강조
14	The Future Computed: AI and its role in Society ('18)	Microsoft's AETHER (기업)	AI가 가져올 미래의 변화에 대응하기 위해 MS의 Aether 연구소에서 책자 제작	AI에 의한 진보, 공정성, 신뢰성 및 안전, 사생활·보안, 포용성, 투명성	AI가 경제·사회적 진보를 이끌고 지역적·전 지구적 문제를 해결할 것이라는 관점 AI가 직업과 직장에 미치는 영향에 공공부문과 민간부문이 협력해 대응할 필요성 제시
15	Discriminating Systems-Gender, Race, and Power in AI ('19)	AI Now (민간 연구소)	작업환경에서 다양성을 확보하기 위해 고려할 사항 제시	다양성, 해악금지, 개방성, 투명성	급여지급 기준의 인종별, 성별 공개, 직원 채용 시 투명성 준수 등 제시 특히 AI 시스템 사용 시 투명성·편견·해악에 대한 철저한 점검·감시·추적·공개를 강조
16	Ethically Aligned Design(Ver. 2) ('19)	The IEEE Global Initiative on Ethics of Autonomous and Intelligent System (민간 학회)	IEEE에서 Ethics in Action 캠페인과 함께 아울러 공개된 보고서	인권, 복지우선, 책무성, 투명성, 오용의 인식	각 원칙별로 이론적 배경, 참고자료를 제시하고 윤리원칙뿐만 아니라 관련 분야들에 대한 자료 수록
17	이용자 중심의 지능정보사회를 위한 원칙 ('19)	방통위 - KISDI (정부기관)	안전한 지능정보서비스 환경조성 및 이용자의 권리와 자유에 근거한 윤리원칙 제시	사람중심 서비스, 투명성과 설명가능성, 책임성, 안전성, 차별금지, 참여, 프라이버시와 데이터거버넌스	안전한 지능정보서비스 환경조성 및 이용자 보호를 위해 모든 주체 사이의 협력 강조 기업과 연구자들의 의견을 폭넓게 수렴하여 작성 이용자 보호의 관점 강조
18	로봇 윤리 기본 원칙(수정) ('19)	산업통상자원부 (정부기관)	2007년에 만들어진 로봇윤리헌장을 수정 보완	인간의 존엄성 보호, 공공선, 행복추구, 투명성, 제어가능성, 책무성, 안전성, 정보보호	로봇산업계에 종사하는 연구원, 개발자 및 사용자가 로봇과 AI을 설계·제작·공급·사용·관리하는 데 기준으로 삼는 가이드라인 제시
19	인간중심의 AI 사회 원칙 ('19)	일본 총무성 (정부기관)	25명의 산학연 전문가로 구성된 '인간 중심의 AI 사회 원칙 위원회'를 통해 제안	인간중심, 교육교양, 개인정보 보호, 보안, 공정경쟁, 공정성, 책임성, 투명성, 혁신	저출산, 고령화, 지방쇠퇴, 재해 재난 등 일본이 처한 어려움을 AI가 해결할 수 있을 것으로 상정 AI를 공공재로 활용하여 사회의 근본적인 변화와 혁신을 달성하여 지속 가능한 발전 추구
20	Ethics Guidelines for Trustworthy AI ('19)	EU (국가 정부기관)	EU 산하의 50여 명으로 구성된 AI 전문가 그룹 주도	인간 권리·자율성 보장, 기술적 견실성, 사생활, 데이터 관리, 투명성, 다양성, 차별금지, 복지, 책무성	범국가 차원의 협업을 통해 신뢰할 수 있는 AI를 위한 윤리원칙 정립에 초점을 맞춤 각 원칙의 평가 리스트를 구체적으로 제시

제목		주체	개요	주요 원칙	주요 특징
21	Recommendation of the Council on AI ('19)	OECD (범국가 정부기관)	OECD 디지털 경제 정책 위원회 주관하에 제작	포용적 성장, 지속가능 발전, 인간중심 가치, 공정성, 투명성, 설명가능성, 견고성, 보안 및 안전, 책무성	윤리원칙뿐 아니라 정책 입안자들에 대한 제언 제시, 국가별 정책 수립과 국제적 협력 도모
22	The global landscape of AI ethics guidelines ('19)	Jobin. A., Ienca, M. & Vayena, E. (개인)	전 세계의 주요 84개의 AI 윤리 가이드라인을 분석	투명성, 정의, 해악금지, 책임, 사생활보호, 혜택 추구, 자유, 신뢰, 지속가능성, 연대성	주요 윤리원칙을 빈도수별로 분석하고 주로 선진국을 중심으로 발표되고 있음을 밝힘
23	Understanding artificial intelligence ethics and safety ('19)	The Alan Turing Institute (국영 연구소)	영국의 국영 연구소인 Alan Turing 연구소에서 제작	존중, 연결, 보호, 돌봄, 공정성, 책임성, 지속가능성, 투명성	AI 기술이 데이터를 처리할 때 발생할 수 있는 위험이나 문제점을 예방하는 데 필요한 윤리원칙에 초점
24	BEIJING CONSENSUS on artificial intelligence and education ('19) AI와 교육에 대한 베이징 합의	UNESCO	SDG를 달성하기 위해 신흥 기술을 효율적으로 활용하겠다고 약속한 '칭다오 선언'을 시대에 맞게 결의 변경	교육정책, 교육관리·실행, 교수과정·교사지원, 학습·학습평가, 삶과 일을 위한 가치·기술개발, 평생학습기회에 활용, 공정하고 평등한 AI사용, 데이터·알고리즘에서 윤리, 투명성 등 확보 등	2030 교육 의제를 달성하기 위해 AI 기술을 활용하는 방법에 대한 지침 및 권장 사항
25	Principles Artificial Intelligence: A Map of Ethical and Rights-Based Approaches ('20)	Berkman Klein Center For Internet & Society (민간 연구소)	36개의 윤리 가이드라인에 등장한 윤리원칙들을 주제별로 분석	사생활보호, 책무성, 안전과 보안, 투명성과 설명가능성, 공정성과 차별금지, 인간의 기술 통제, 전문적 책임	정부, 정부 기관, 사적 기관 등 다양한 주체들이 제시한 윤리원칙들을 8개의 주제로 분류하고 분석
26	Rome Call for AI Ethics ('20)	로마 교황청 (민간기관)	로마 교황청에서 인간의 혁신적인 미래를 위한 AI 윤리원칙 제정	투명성, 포용성, 책임성, 불편부당성, 신뢰성, 보안과 사생활 보호	종교 기관인 가톨릭교회에서 제정한 윤리원칙으로, 인간 가족(human family)에 대한 봉사, 젊은 세대에 대한 준비, 자연의 회복 필요성 등 제시
27	자율주행차 윤리 가이드라인 ('20)	국토교통부	자율주행자동차의 도입으로 발생할 수 있는 부정적 효과 감소, 책임 소재를 가릴 수 있는 방향 제시, 행위 주체들의 행동원칙 준수 권고	(기본가치) 인간은 존엄하기 때문에 인간의 명령에 복종, 인간의 행복 추구, 인간의 생명 보호 및 공공선 추구, 지속가능한 발전 (행동원칙) 투명성, 제어 가능성, 책임성, 안전성, 보안성	자율주행자동차의 기본가치와 행동원칙 제시 행위 주체인 설계자, 제작자, 관리자, 서비스 제공자, 이용자가 적용 대상
27	사람이 중심이 되는 인공지능(AI) 윤리기준 ('20)	범정부 합동	국내외 주요 인공지능 윤리원칙 분석+윤리 철학의 이론적 논의와 연계	(3대 원칙) 인간의 존엄성 원칙, 사회의 공공선 원칙, 기술의 합목적성 원칙 (10대 핵심요건) 인권보장, 프라이버시 보호, 다양성 존중, 침해금지, 공공성, 연대성, 데이터 관리, 책임성, 안전성, 투명성	인공지능 개발에서 활용에 이르는 전 단계에서 모든 사회 구성원이 참조하는 기준 특정 분야에 제한되지 않는 범용성을 가진 일반 원칙 구속력 있는 '법'이나 '지침'이 아닌 도덕적 규범이자 자율 규범

제목		주체	개요	주요 원칙	주요 특징
29	인공지능(AI) 개인정보보호 자율점검표('21)	개인정보 보호위원회	AI기술·서비스 환경에 적합한 자율적인 개인정보보호 이행·점검에 필요한 사항 안내 ※「개인정보 보호법」상 주요 준수사항 포함	적법성, 안전성, 투명성, 참여성, 책임성, 공정성	AI 개발·운영에 참여하는 자의 개인정보 보호에 대한 인식 제고와 개인정보보호를 자율적으로 실천하는 데 필요한 자율 점검표 마련 AI서비스 이외 분야 개인정보처리자도 자율적으로 활용 가능 법령상 준수해야 할 의무·권장 내용에 대한 점검항목(16개), 확인사항(54개)으로 구성
30	국가 인공지능 사업추진 윤리원칙('21)	한국지능정보사회진흥원(NIA)	지능정보기술로 국가사회의 혁신성장과 디지털 기반 ESG 가치 실현에 기여	(기획 - 사람과 책임) 법 제도 마련, 장기적 비전과 실행과제 제시, 다양한 의견수렴 (실행 - 안전과 평등) 국민의 편익과 행복 우선 추구, 다양성 보장 및 편향 방지, 제도와 윤리규범 안에서 개발·활용 등 (확산 - 공익과 민주사회) 인공지능 교육 및 국제사회 협력 추진, 인공지능 영향력을 고려한 사업개선, 사업성과와 혜택의 고른 분배 등	국가의 인공지능 사업을 추진하는 과정에서 지켜야 할 최소한의 규범 사업추진 단계별(기획, 실행, 확산) 3가지의 핵심가치와 9가지의 윤리원칙 제시
31	The Recommendation on the Ethics of Artificial Intelligence (유네스코 인공지능 윤리 권고 ('21.11.))	UNESCO	인공지능 기술의 개발과 사용에 있어 세계 공동으로 적용할 수 있는 권고안 마련	(교육과 연구) 관련 충분한 AI 리터러시 교육 제공, 교수·교사 연수 및 이러닝에서의 AI 기술의 윤리적·책임 있는 사용에 대한 연구계획 지원, AI교육을 충분히 누리지 못하는 모든 이의 참여와 리더십 장려, AI윤리 커리큘럼 개발 협력, 민간기업 독려 등	회원국들에 법적 절차를 포함하여 인공지능 윤리 권고 적용 제안 유네스코의 중심영역(교육, 과학, 문화, 정보통신)과 관련된 AI시스템의 광범위적 윤리적 영향 강조

출처: 사람이 중심이 되는 인공지능 윤리기준(과기정통부 등 범정부, '20.12.) 등을 참고하여 정리('22.1월 기준).

(4) 미래 직업능력

4차 산업혁명 시대에는 기술과 사회발전 속도가 더 빨라진다. 그만큼 변화가 많고 불확실성도 커질 것이다. 따라서, 학교에서 직업기초능력을 튼튼히 다지는 것이 무엇보다 중요하다. 직업기초능력이 튼튼한 사람은 빠른 환경변화에도 충분히 대응해 나갈 수 있기 때문이다. 직업기초능력은 청소년기에 학교 현장에서 가장 효과적으로 준비할 수 있다.

직업기초능력은 문서를 작성하거나 이해하고 자기의 의사를 표현할 수 있는 '의사소통능력', 기초연산이나 기초통계 등의 '수리능력', 논리적 사고를 바탕으로 문제를 인식하고 대안을 제시할 수 있는 '문제해결능력', 자기를 관리하고 경력개발 계획을 수립할 수 있는 '자기개발능력', 시간, 예산, 물자, 인적자원을 관리할 수 있는 '자원관리능력', 갈등관리, 협상 등에 필요한 '대인관계능력'이 있다. 그리고 컴퓨터를 활용하고 각종 정보를 처리하고 활용할 수 있는 '정보능력', 다양한 기술들을 이해하고 적용할 수 있는 '기술능력', 조직의 목표와 국제적 환경변화를 이해할 수 있는 '조직이해능력', 성실성과 준법성 등의 '직업윤리' 등도 있다.

① 디지털 문해력

앞으로 거의 모든 직업은 컴퓨터와 IT 기술을 바탕으로 할 것이다. 따라서, 근로자들은 컴퓨터와 IT기술을 이해하고 활용할 수 있어야 한다. 이러한 능력을 디지털 문해력(digital literacy)이라고 한다. 디지털 문해력은 실제 소프트웨어를 개발하거나 프로그래밍할 수 있는 기술자적 능력을 말하는 것이 아니라, IT와 컴퓨터에 대한 높은 이해와 활용 능력을 말한다. 즉, 컴퓨터 소프트웨어와 하드웨어의 특징을 이해하고 이를 업무에 활용하고 적용할 줄 아는 능력이다.

② 창의력 및 융·복합 능력

4차 산업혁명 시대를 맞아 기술, 산업, 학문 간 융합이 더욱 활발히 일어나고 있다. 산업현장의 변화에 맞춰 대학 학과도 타 학문과 융합되고 있다. 네이버가 자율주행차를 개발하듯이 기업 업종 간 경계도 모호해지고 있다. 기존 배달서비스에 온라인 플랫폼이 접목되어 새로운 부가가치를 창출하고 있다. 이와 같이 4차 산업혁명의 융·복합 특징은 이전에 없던 새로운 제품과 서비스를 창출하는 좋은 토양이 되고 있다. 자율주행자동차, 스마트팩토리, 지능형 로봇, 스마트시티, 스마트 유통 등은 미래 유망산업으로 각광을 받고 있는데, 이들 분야는 모두 다양한 기술이 융합되어 가능해진 것이며, 더욱 발전하기 위해서는 창의성이 반드시 필요한 분야이다. 4차 산업혁명 시대에는 누가 먼저 새로운 아이디어로 새로운 제품과 서비스를 개발하고, 새로운 산업을 선도하느냐가 매우 중요해지고 있다. 4차 산업혁명으로 인한 불확실성의 증가는 기회의 증가를 의미한다.

③ **문제해결 능력**

기술진보와 세계화, 세대 및 계층 간 갈등 및 욕구 분출 등으로 인해 사회와 산업현장에서 발생하는 문제들의 복잡도가 매우 높아지고 있다. 하나의 상품과 서비스를 개발하거나 시스템을 구축하거나 정책을 기획하고 추진하기 위해서는 기술 간 검증, 국내외 제도 및 문화 간 충돌, 다양한 이해관계자의 협력 등이 필요한데, 이러한 과정에서 발생하는 문제의 복잡성이 더 커지고 있다. 또한, 디지털 세상은 편안함을 주지만, 문제가 한번 발생하면 지금은 상상도 할 수 없는 큰 피해를 줄 수도 있다. 따라서, 불확실하고 복잡한 문제를 창의적이고 능동적으로 해결할 수 있는 능력이 더욱 필요하다. 예를 들어, 스마트팩토리는 기계장치들이 서로 소통하면서 자동으로 제품을 생산한다. 제대로 작동하면 문제가 없지만 한번 사고가 발생하면 그 피해가 막대하고 원인을 찾기도 매우 어렵다. 이유는 모든 생산시설이 통합시스템으로 연결되기 때문이다. 이처럼 사회와 시스템이 복잡해질수록 일상적이지 않은 문제를 찾아내고 해결할 수 있는 사람이 더욱 필요해진다. 단답형 사고로는 복잡한 기술 변화와 사회 환경을 헤쳐 나갈 수 없다.

④ **협업 능력**

이제는 한 명이 모든 지식과 기술을 습득하여 처음부터 끝까지 해내는 시대가 아니다. 하나의 제품을 만들거나 프로젝트를 수행하려면 다양한 분야의 전문가들이 참여해야 한다. 그만큼 전문지식과 기술이 복합적이고 복잡하기 때문이다. 또한 세계 각지에 경쟁자들이 있기 때문에 좀 더 빠른 시간에 제품이나 프로젝트를 완성해야 한다. 스마트폰을 개발할 때는 정보통신기술자를 비롯하여 전자기술자, (배터리)전기기술자, 제품디자이너, UI(사용자인터페이스)/UX(사용자경험) 전문가, 컴퓨터 프로그래머, 마케팅 전문가 등 다양한 분야의 전문가들이 참여하여 팀을 구성한다. 구성원들 간의 원활한 협업을 위해서는 다른 전문가들이 사용하는 기술과 언어를 이해하고, 그들이 일하는 방식과 생각하는 방식을 이해할 수 있어야 한다. 협업 능력이 뛰어나야 리더가 될 수 있다.

⑤ 공감 및 소통 능력

우리 사회는 인터넷과 SNS, 가상현실 등으로 연결된 초연결 사회로 나아가고 있다. 기업은 제품개발 단계에서부터 소비자의 의견을 반영하고 있다. 정치인이나 연예인 등은 대중과 소통하려고 노력한다. 또 기업인들의 개인적 일탈이 기업 경영에 큰 타격을 입히는 사례를 뉴스에서 종종 접하곤 한다. 이러한 현상은 앞으로 더욱 자주 목격될 것이다. 스마트폰 등 모바일 기기의 확산과 SNS의 영향이 커지고 있기 때문이다. 디지털화된 세상에서 다른 사람과 공감하고 소통하는 능력은 매우 중요해졌다. 우리의 행동과 생각이 전 세계에 실시간으로 공유되고 영향을 미치기 때문이다. 최근에 블로거를 비롯한 1인 미디어콘텐츠 창작자(1인 크리에이터), 유튜버 등의 영향력이 점점 커지는 이유는 이들이 대중과 공감하고 소통하는 능력이 뛰어나기 때문이다. 같은 디자이너, 같은 기계공학기술자, 같은 변호사라 하더라도 사람들의 욕구(needs)를 이해하고 공감하고 소통할 수 있는 사람이 성공할 수 있다.

⑥ 자기주도적 학습 능력

농업 시대와 산업화 시대를 살아왔던 조부모 세대는 한번 배운 기술이나 지식을 평생 활용할 수 있었다. 1990~2000년대 전기(前期) 정보화시대를 겪은 부모님 세대도 학교나 직업현장에서 습득한 기술과 지식의 수명이 비교적 길어서 큰 어려움 없이 직업 활동을 할 수 있었다. 그러나, 4차 산업혁명 시대의 기술진보 속도가 매우 빨라

기술과 지식의 수명도 점점 짧아지고 있다. 산업현장에서 요구하는 직업능력이 점점 고도화되고 있다. 또 사람의 수명도 길어지기 때문에 살아가면서 지금보다 더 많은 직업을 갖게 될 것이다. 이상과 같은 이유로 평생교육이 점점 중요해지고 있어, 국가 차원에서 평생교육에 많은 투자를 하고 있다.

정해진 과정에 따라 교육을 받는 것은 학교생활 동안이고, 졸업 후에는 스스로 지식과 기술을 찾아 습득해야 한다. 학교에서 자기주도적인 학습 태도를 몸에 익혀야 성인이 되어 사회에 나가서도 잠재력을 발휘해 성과를 낼 수 있다. 학교생활 중에 기초직업능력을 갖추는 데 노력해야 한다. 사회에 나가면 기초직업능력을 키우기가 쉽지 않기 때문이다. 4차 산업혁명이라는 거친 변화의 바람을 이겨 내기 위해서는 뿌리가 튼튼해야 하는데, 기초직업능력은 빠른 변화에도 흔들리지 않게 튼튼한 뿌리가 되어 줄 것이다. 논리력, 표현력, 협력과 소통 능력, 디지털 문해력 등 기초직업능력이 튼튼한 사람은 4차 산업혁명이라는 불확실성의 시대에도 훌륭한 인재가 될 것이다.

2) 청소년의 진로

진로는 직업, 일과 혼용되고 있으나 생계수단으로서의 직업뿐 아니라 무보수의 사회적 활동 및 역할까지 포함하며, 전 생애에 걸친 자기계발을 의미한다. 일과 직업은 좋은 삶을 위한 자아실현의 수단이며, 이는 진로발달을 전제로 한다. 진로발달은 전 생애에 걸쳐 이루어지는데, 특히 청소년기는 직업세계뿐 아니라 자신과 환경에 대한 이해를 바탕으로 자신에게 적합한 직업군을 탐색, 선택, 준비하는 핵심적인 시기다. 따라서 청소년기의 진로발달 정도와 자아정체감, 적응유연성은 밀접한 관계가 있다.

반면, 직업교육은 특정 분야에서 요구되는 인력을 양성하기 위한 교육적인 활동이다. 여기에는 지식기반 사회에서 특정 직업에 진입하기 위해서는 해당 직종이 요구하는 일정 수준 이상의 직업적인 역량을 갖추어야 한다는 관점이 반영되어 있다. 즉, 청소년의 진로개발을 촉진하는 차원에서 직업교육 프로그램이 제공되어야 하며, 이를 통해 궁극적으로 청소년의 자립을 지원할 수 있어야 한다. 특히, 진로발달과 직업교육은 모든 청소년이 필요로 한다. 따라서 취약 위기 청소년에게 진로 직업교육 기회의 개방성과 접근성이 보장되어야 한다. 취약 위기 청소년은 자기관리, 감정조절, 문제해결, 인내심, 의사소통 등 기초직업능력이 상대적으로 부족한 경우가 많아 진로발달과 관련된 각종 교육 및 체험에서 소외되지 않도록 지원하는 것이 중요하다. 또한 직업교육 시 심리·정서적인 상담과 치료, 자립생활기술 훈련과 교육이 결합된 종합적인 복지지원이 전제될 필요가 있다.

청소년들의 진로교육 경험을 살펴보면 2017년 63.5%의 청소년이 진로와 직업 수업을 경험하였으며, 2011년 72.3%에서 2014년 81.0%로 증가하였다가 다시 2017년 감소하였다. 반면 진로와 직업 수업이 도움이 된다는 응답률은 높은 편이었으며, 2011년 57.9%에서 2014년 58.3%, 2017년 65%로 계속 증가하고 있다. 특히 진로와 직업 수업이 도움이 된다는 응답은 13~18세 청소년이 68.9%로 19~24세 청소년 61.9%보다 높게 나타났다. 따라서 다양한 영역의 진로교육 경험 기회를 제공할 필요가 있다.

〈표 9-2〉 진로교육의 경험

(단위: %)

구 분			경험 없음	경험 있음	전혀 도움 안 됨	별로 도움 안 됨	약간 도움됨	매우 도움됨
2017년	연령별	13~18세	36.9	63.1	4.2	27.0	62.3	6.6
		19~24세	36.1	63.9	4.0	34.0	58.0	3.9
	성별	남	37.2	62.8	3.8	32.2	59.3	4.7
		여	35.6	64.4	4.4	29.6	60.5	5.5
	지역별	대도시	37.4	62.6	3.6	30.4	61.7	4.4
		중소도시	35.3	64.7	4.8	32.4	56.8	6.0
		농산어촌	36.7	63.3	3.9	29.1	62.0	5.0

주: '도움 정도'는 '경험 있음' 응답자를 기준으로 합이 100이 되도록 산출한 결과임.
출처: 여성가족부(2011, 2014, 2017). 청소년종합실태조사.

3) 직업구조의 변화

청소년을 둘러싼 진로 · 직업 환경의 변화는 청소년 인구의 감소, 정보통신기술의 발달, 지식기반 경제로의 전환, 산업 및 직업 구조의 변화, 학교에서 노동시장으로의 이행 지연, 취약 위기 청소년의 지속적 증가 등으로 요약할 수 있다. 우리나라의 산업구조는 1960년대 이후 1차 산업의 비중은 빠르게 감소하였으며, 2000년 대 초반까지 정보통신기술의 혁신에 힘입어, 제조업과 3차 산업이 높은 비중을 차지하였다. 현재까지도 산업 대분류별 매출액을 기준으로 하면 제조업(32.3%)의 비중이 가장 높고, 도 · 소매업(20.8%), 금융, 보험(14.4%) 순으로 상위 3개 업종이 전체 산업별 매출액의 67.5%를 차지한다(통계청, 2015). 그러나 인공지능, 로봇기술, 생명과학이 주도하는 4차 산업혁명의 시대를 맞이한 지금 산업구조의 변화는 직업구조의 변화로 이어질 수밖에 없다.

깨알 tip. 4차 산업혁명에 대해서 알아봅시다.

제4차 산업혁명(Fourth Industrial Revolution, 4IR)은 정보통신기술(ICT)의 융합으로 이루어지는 차세대 산업혁명이다. 18세기 초기 산업혁명 이후 네 번째로 중요한 산업 시대이다. 이 혁명의 핵심은 빅데이터 분석, 인공지능, 로봇공학, 사물인터넷, 무인운송수단(무인항공기, 무인자동차), 3차원 인쇄, 나노기술과 같은 6대 분야에서 새로운 기술혁신이다.

제4차 산업혁명은 클라우스 슈바프(Klaus Schwab)가 의장으로 있는 2016년 세계경제포럼(World Economic Forum, WEF)에서 주창된 용어이다. 『제3차 산업혁명』(The Third Industrial Revolution)을 저술한 제러미 리프킨(Jeremy Rifkin)은 현재 제3차 산업혁명이 진행 중이라고 말한다.

제4차 산업혁명은 물리적, 생물학적, 디지털적 세계를 빅데이터에 입각해서 통합시키고 경제 및 산업 등 모든 분야에 영향을 미치는 다양한 신기술로 설명될 수 있다. 물리적인 세계와 디지털적인 세계의 통합은 O2O를 통해 수행되고, 생물학적 세계에서는 인체의 정보를 디지털 세계에 접목하는 기술인 스마트워치나 스마트 밴드를 이용하여 모바일 헬스케어를 구현할 수 있다. 가상현실(VR)과 증강현실(AR)도 물리적 세계와 디지털 세계의 접목에 해당될 수 있다.

출처: 위키백과.

산업구조의 변화, 기술의 발달, 생활양식과 의식의 변화, 경제환경의 변화에 따라 직업은 탄생, 발전, 퇴보, 소멸의 과정을 거친다. 현존하는 직업의 상당수가 과거에는 없었던 직업이며 머지않은 장래에 현존하는 직업의 대부분이 사라지고 그 자리를 새로운 직종이 채워 나갈 것이다.

청년 고용률은 2018년 42.7%로 2017년보다 0.6% 증가하였으며, 실업률은 2017년보다 0.3% 떨어졌다. 2018년 15～29세 청년층 고용률은 42.7%로 전년보다 0.6% 증가했다. 청년 고용률은 지속적으로 감소하다 2014년 이후부터 증가 추세이다. 연령대별 고용률은 15～24세가 26.2%로 2017년 대비 1.0% 감소한 반면, 25～29세는 70.2%로 전년 대비 1.5% 증가했다. 2018년 15～29세 청년층 실업률은 9.5%로 전년보다 0.3% 감소했다. 2013년 이후 청년층 실업률은 계속 증가하다가 2018년 소폭 감소(-0.3%p)하였고, 연령대별 실업률을 살펴보면, 15～24세는 10.5%로 전년보다 0.2% 증가한 반면, 25～29세는 8.8%로 전년보다 0.7% 감소한 것으로 나타났다.

〈표 9-3〉 청년층(15~29세)의 고용률 및 실업률 (단위: %, %p)

연도	고용률[1]	15～24세	25～29세	실업률[2]	15～24세	25～29세
2011	40.4	23.1	69.6	7.6	9.7	6.4
2012	40.3	24.1	69.2	7.5	9.0	6.6
2013	39.5	23.9	68.8	8.0	9.3	7.1
2014	40.5	25.6	69.0	9.0	10.0	8.3
2015	41.2	26.7	68.9	9.1	10.5	8.1
2016	41.7	26.9	69.5	9.8	10.7	9.2
2017	42.1	27.2	68.7	9.8	10.3	9.5
2018	42.7	26.2	70.2	9.5	10.5	8.8
전년 대비	0.6	-1.0	1.5	-0.3	0.2	-0.7

출처: 통계청, 「경제활동인구조사」.
주: 1) 청년층(15～29세) 인구 중 취업자가 차지하는 비율
2) 청년층(15～29세) 경제활동인구 중 실업자가 차지하는 비율

4) 자립준비 기간의 확대

지식기반사회가 도래하면서 고학력 근로자에 대한 수요가 증가하는 동시에 다양한 직업능력을 위해 더 많은 교육과 훈련을 필요로 하고 있다. 2015년 현재 우리나라 15세 이상 24세 이하 청소년의 경제활동 참가율은 30.1%(6만 2천여 명)로 10년 전에 비해 약 3.2% 감소하였다. 이는 동일 고등학교 졸업자의 대학 진학률이 크게 증가한 데서 비롯된 것으로 보이는데, 1995년 대학 진학률(전문대 포함)은 51.4%였던 데 반해 2008년에 83.8%까지 상승한 후 하락하여 2018년에는 69.7%를 기록하였다. 이는 우리 사회의 고학력화 현상을 뚜렷하게 보여 주는 결과이며, 그만큼 자립을 준비하는 기간이 길어져 본격적인 경제활동 참여시기가 늦춰지는 결과로 이어지고 있다. 다만, 만 19세 이상 24세 이하 후기 청소년의 경제활동 참가율은 2009년 이후 꾸준하게 증가하고 있는데, 주로 아르바이트를 통해 경제활동 참여가 이루어지고 있는 것으로 파악된다. 한국청소년 정책연구원의 조사에 따르면 청소년 아르바이트의 주된 목적은 생활비나 용돈의 충당(68.5%), 원하는 것 구매 (10.9%), 등록금 충당(8.4%), 가족의 생활비 및 부채상환(4.5%) 등의 순으로 나타났다.

특히 같은 연구에서 대학 진학 후기 청소년의 경우 가족의 생활비나 부채 상환을 위해, 안정된 일자리를 구하지 못해 아르바이트를 한다는 응답이 상대적으로 높았다. 즉, 직업체험 등 자립을 준비하기 위한 목적보다 당장의 생계 유지를 목적으로 경제활동에 참여하는 경우가 많은 것을 알 수 있다. 또한 '괜찮은 일자리'와 '그렇지 않은 일자리'로 고용시장이 양극화되면서 취업경쟁은 더욱 심화되고 있어 학력 인플레와 입직 연령의 고령화는 당분간 지속될 전망이다. 이러한 상황은 자립을 준비하는 청소년기는 연장되고, 전체 생애주기에서 근로기간은 단축되어 지역사회기반연계체계 중심 운영, 포괄적인 서비스 일환으로 직업능력 향상 프로그램 운영 생산성 저하뿐만 아니라 성인기 이후의 삶 전체에도 영향을 미칠 수 있다.

5) 취업의 불확실성 증가

취업의 불확실성은 빈곤 및 사회적 부담과 직결되는 사안이다. 1990년대 후반 외환위기 이후, 일을 해도 빈곤한 상태에 놓여 있는 근로빈곤층이 신빈곤층으로 등장하면서, 청소년과 같이 노동유연성에 취약한 이들에 대한 국가 차원의 질 높은 보호가 필요하다는 인식이 증대하였다.

이른바 교육도, 취업도 하지 않으며 훈련도 받지 않는 일명 니트족이 등장하였으며, 다문화사회로 접어들면서 이주배경 청소년이 점차 증가하고 있는데, 이들의 기초학력 미달비율은 일반 학생에 비해 상대적으로 높은 상황이다. 또한 시설보호 아동・청소년 역시 진로선택에서 불리한 위치에 놓여 있다.

이는 청소년들이 노동시장에 진입하는 과정에서 출발점 자체의 불평등이 존재하고 있다는 것을 의미하며, 이러한 상황은 장래에 사회적 부담 요인으로 작용할 수 있다. 특히 직업능력은 성공적인 자립과 연결되는 개념으로, 취약 위기 청소년의 직업능력을 제고하기 위해서는 아웃리치를 통해 대상 청소년을 조기에 발견하는 것이 중요하다. 이후 개별화된 자립지원 계획을 수립하여 포괄적이고 지속적인 서비스를 맞춤형으로 제공하여야 한다. 주목할 점은 청소년이 아르바이트에 참여하는 과정에서 「근로기준법」을 포함하여 노동관계법의 보호를 받지 못하고 부당대우를 받는 등 인권의 사각 지대에 놓이는 경우가 발생한다는 점이다. 부당대우의 형태는 임금체불, 최저임금 위반, 약속한 임금을 받지 못하는 경우가 가장 많은 것으로 나타났다. 특히 18세 미만 청소년의 경우 서면으로 근로계약서를 체결해야 함에도 불구하고 소규모 영세사업장의 경우 이를 지키지 않는 경우가 많았다. 따라서 아르바이트 업종별 근로조건 및 가이드라인을 마련하고 근로감독을 통한 지속적인 모니터링이 요구된다. 이와 함께 1일 7시간의 근로시간 제한이 재학생에게는 다소 과도한 수준일 수 있는 반면, 비재학 청소년에게는 제약이 될 수 있다. 또한 두 곳 이상에서 근로하는 경우 합산 시간이 파악되지 않아 장시간 근로에 노출될 위험도 있으므로 학기 중과 방학 혹은 평일과 주말을 구분한 근로시간 설계가 필요하다.

한편 청소년이 부당대우를 경험했을 때 상당수가 참고 일을 하거나 일을 그만두는 등 소극적으로 대응하는 경우가 많아 노동인권 교육이 요구된다. 특히 근로계약서 작성 규정 준수, 급여명세서 작성, 휴게권 보장, 근로감독 강화 등 근로환경을 개선하고, 고용주를 대상으로 한 「노동법」 교육이 강화될 필요가 있다. 이와 함께 업무과정에서 발생하는 재해에 대한 보호조치를 강화하여야 한다.

2. 청소년 고용촉진대책

1) 청소년 고용촉진대책 수립

1990년대 후반 외환위기 이후 청년실업 해소와 청년 고용촉진을 위한 대책들이 마련되기 시작하였다. 2003년에 일자리 창출, 산학협력, 해외취업 등 중·단기 대책을 종합한 '청년실업종합대책'이 수립되었고, 이듬해에는 청년 미취업자에 대한 취업지원과 취업능력을 제고하기 위하여 「청년실업해소특별법」이 제정되었다. 2009년에는 비경제활동 상태에 있는 청년까지 노동시장으로 유인하기 위한 법의 적극적 기능을 강조하기 위하여 「청년고용촉진 특별법」으로 법제명이 변경되었다.

그간 범부처 종합계획의 수립현황을 살펴보면, 2005년에는 학교와 노동시장 간의 원활한 이행에 초점을 둔 '청년고용촉진대책'이 마련되었고, 2006년에는 청년실업 해소방안의 일환으로 '해외취업촉진대책'이 수립되었다. 이후 취업애로계층 청년이 지속적으로 증가하면서 2008년에는 청년 친화적 일자리 지원, 직업체험 확대 등을 중점으로 '청년고용촉진대책'이 수립되었다. 특히 2013년에는 「청년고용촉진 특별법」이 일부 개정되어 청년의 나이가 만 34세로 상향 조정되었고, 공공기관 및 지방공기업의 청년미취업자 고용 의무가 권고에서 의무사항으로 변경되었다. 2014년에는 일자리 창출 및 일자리 미스매치를 해소하기 위한 경기활성화를 골자로 '일자리단계별 청년

고용대책'이 발표된 바 있다.

최근 저성장 등 경제적·구조적·제도적 요인으로 인해 청년층 고용절벽 우려가 가속화되면서 2015년에는 '청년 고용절벽 해소 종합대책'이 발표 추진되고 있다. 동 대책에는 향후 3년 이내 20만 개 이상의 청년일자리 창출계획 등이 포함되어 있다.

2009년에는 글로벌 금융위기로 시작된 경기불황으로 청년고용 상황이 악화되자 청년실업대책 차원에서 「청년 고용 추가대책」을 발표한 바 있다. 2009년 말 경기회복으로 고용 상황이 점차 개선되고 있었음에도 불구하고, 청년들의 안정적 일자리에 대한 쏠림현상이 심화될 것으로 예상되자, 「청년·중소기업 미스매치 해소대책」을 마련하여 2010년부터 본격적으로 시행하였다. 또한, 2010년 10월에는 향후 2년간 청년친화적 일자리 7만 개 이상 창출 등을 주요 골자로 '청년 내일 만들기 1차 프로젝트'를 발표하였으며, 2011년 5월에는 '2차 프로젝트'를 발표하여 고용노동부와 교육과학기술부(현, 교육부) 간의 경계를 넘어 청년이 노동시장에 진입한 후 교육과 훈련을 통해 자기계발과 재도약 기회를 충분히 갖도록 지원하는 데에 중점을 두었다.

2013년 10월 「청년고용촉진 특별법」을 개정하여 2014년 1월부터 3년간 한시적으로 공공기관 등에서 신규직원을 채용할 때 청년 미취업자를 정원의 3% 이상을 의무적으로 고용하도록 하였으며, 「청년고용촉진 특별법」을 개정해 청년 나이를 만 34세로 상향조정하여 30대 미취업자들의 취업기회 제한을 해소하였다. 청년고용지원정책 일환으로 '청년취업 인턴제도'를 확대하기도 하였으며, 2014년 4월에는 「일자리단계별 청년고용대책」을 발표하였다. 이는 청년층의 조기취업 촉진 및 장기근속 유도에 주력하였으며 양질의 일자리 창출 및 일자리 미스매치 해소를 위해 경기활성화, 5대 유망서비스산업 규제개혁 등을 통해 보완한다는 내용을 담고 있다.

2015년 7월에는 인력미스매치 해소를 위한 구조적인 대책과 아울러 단기간에 청년 일자리를 확보하기 위한 종합대책을 마련한 「청년 고용절벽 해소 종합대책」을 발표하였다. 정년연장 등에 따른 단기 고용충격 완화, 현장 중심의 인력양성 등 미스매치 해소, 청년 고용지원 인프라 확충 및 효율화라는 3가지 추진과제를 통해 2015~2017

년간 20만 개 이상의 청년일자리 기회 창출을 목표로 관련 사업을 추진하였다. 2016년 4월에는 관계부처 합동으로 사업연계 강화 방안을 발표하였으며, 주요 내용은 일자리 발굴 및 채용연계, 중소기업 근속을 위한 경제적 지원(청년 내일 채움 공제), 수요자 맞춤형 정보전달, 청년 눈높이에 맞는 진로지도 등으로 구성된 다양한 관련 정책이 추진되고 있다.

2018년 3월 정부는 1990년대 이후 청년고용 부진이 심화·고착화되고, 체감실업률도 지속적으로 높아지는 상황에서 청년고용위기를 극복하기 위한 특단의 청년일자리 대책을 발표하였다. 양질의 일자리가 늘어나도록 모든 정책수단을 총동원하여 청년에 대한 실질적 지원을 통한 체감도를 제고하고, 민간부문 청년 일자리 수요를 창출하는 데 중점을 두고 있다. 특히, 실질적 역량 강화를 통해 에코세대가 노동시장에 유입되는 2018~2021년까지 18~22만 명의 일자리를 창출하여 2021년까지 청년실업률을 8%대 이하로 안정화한다는 것이 목표이다. 청년의 소득, 주거, 자산 형성을 돕고 청년을 고용한 사업체에 지원을 강화하며, 창업을 활성화하기 위해 생활 혁신형 창업자에게 최대 1억 원의 오픈 바우처를 지원하고, 쉽게 창업자금을 확보할 수 있도록 혁신모험펀드로 투자를 유도하고, 창년 창업기업에 5년간 법인, 소득세를 100% 감면해 주고 있다. 그리고 지역주도형 청년일자리 사업을 통해 2021년까지 7만 명 이상을 지원하고 현지 진출 기업 수요를 반영한 맞춤형 사전교육 및 매칭서비스로 제대로 된 해외일자리 기회를 확대하고, 해외 창업 청년에게도 지원을 한다.

정부는 청년에게 와닿는 정책을 위해 청년대표, 전문가, 관계부처 등으로 구성된 청년일자리 대책TF가 주체가 되어 정책을 수립하고 청년이 원하는 곳에서 일할 수 있는 사회를 위해 '청년구직자 일자리 안전망'을 구축하여 청년을 고용한 기업에 인센티브를 제공하고, 청년구직활동지원금과 청년센터를 통해 청년의 공정한 출발을 지원한다는 것이다. 그리고 청년대상 훈련을 확대하고 진로지원을 강화하여 청년의 직업능력개발을 확대하고, 취업성공패키지의 내실화·일자리 매칭 활성화를 통해 취업지원 인프라를 확충한다는 것이다.

2022년 고용노동부는 취업애로 청년부터 재학 청년까지 청년의 다양한 상황에 맞춘 취업서비스를 민관이 협업하여 확대 지원하고, 동시에 채용부터 입직 이후의 임금 결정까지 공정하게 이루어질 수 있는 공정 채용문화를 확립하였다. 이를 위해 취업애로 청년 지원을 강화하고, 구직을 단념하거나, 취업 불안과 우울을 경험하는 청년들에 대해서 구직의욕을 지원하는 「청년도전지원사업」의 프로그램을 다양화하였다. 또한, 민간기업 주도로 기업탐방, 프로젝트형 일경험, 인턴십 등 다양한 방식의 일경험을 확대하였다. 아울러 능력 중심의 투명한 공정 채용과 직무・성과 중심 보상 및 근로시간 자율 선택이 보장되는 공정한 고용문화를 확립하고, 채용의 모든 과정에서 충분하고 정확한 채용정보 제공, 능력중심 채용모델 개발・보급 확대 등을 통해 투명한 공정채용을 확산하는 정책을 펼쳤다.

2022년 고용노동부에서 실시하고 있는 청년 대상의 주요 일자리 정책은 주로 15~34세 연령을 대상으로 하고 있으며, 정책의 주요 내용은 다음과 같다. 첫째, 청년추가고용장려금은 청년을 정규직으로 추가로 고용한 중소기업 등에 인건비를 지원함으로써, 양질의 청년일자리를 창출하기 위한 제도이다. 둘째, 청년내일채움공제는 중소기업 등에 정규직으로 취업한 청년에게 자산형성 방식의 지원을 통해 장기근속을 유도하는 사업으로, 실제 사업을 신청한 청년의 근속률이 높게 나타났다. 셋째, 청년구직활동지원금은 구직활동을 하는 미취업 청년(만 18~34세)에게 청년구직활동지원금을 지원하여 노동시장 진입을 보다 원활하게 할 수 있도록 지원한다. 넷째, 온라인 및 오프라인청년센터를 제공하여 정책 연계를 강화하고, 취업지원 프로그램 등을 제공하여 청년이 보다 쉽게 정책에 접근할 수 있도록 도와주고 있다. 또한 대학 내 진로지도를 통해 취업 기능을 강화하기 위한 대학일자리센터 운영, 기업이 청년을 우선 채용한 후 현장훈련을 실시하는 일・학습 병행제, 청년들에게 다양한 직업세계 및 산업현장에 대한 체험기회를 제공하여 중소기업 인력 미스매치 해소 및 노동시장으로의 조기진입을 유도하는 중소기업탐방프로그램 등을 운영하고 있다. 2022년 2월 발표한 '2021년 공공기관 청년고용의무 이행결과'에 따르면 2021년 공공기관 청년고용

의무제 적용기관 445개소의 86.5%(385개소)가 청년고용의무를 이행했다. 적용 대상 기관의 2021년 전체 정원(39만 5,422명) 가운데 신규로 고용된 청년은 22,973명으로 5.8%인 것으로 나타났다. 이행기관 비율은 86.5%(445개소 중 385개소)로 조사되었다. 청년고용의무제에 따른 청년 채용인원은 2016년 19,000명, 2017년 19,000명, 2018년 26,000명, 2019년 29,000명으로 지속적으로 증가하다가 2020년 22,798명으로 감소하였고, 2021년에는 22,973명으로 전년대비 소폭 증가하였다. 정원대비 청년 신규고용 비율 역시 지속적으로 증가하다가 2019년 7.4%를 최고점으로 2020년 5.9%로 하락하였으며, 2021년에는 5.8%를 기록했다. 한편, 2021년 청년고용의무를 이행한 기관의 비율은 2015년 70.1%를 시작으로 지속적으로 증가하고 있으며, 2021년에는 2020년 84.9%에서 1.6%p 증가한 86.5%로 나타났다. 신규고용 인원 및 비율 결과는 2020년 코로나19 상황과 청년인구 감소 등 외부적 원인의 영향을 받을 수 있음을 감안할 때, 공공기관에서는 청년고용을 위한 노력을 지속적으로 해 왔다고 볼 수 있다.

2) 직업탐색 취업지원 프로그램

고용노동부 산하의 각 지역별 고용지원센터에서 직업탐색 프로그램을 운영하고 있다. 대표적인 프로그램으로 중・고생을 대상으로 하는 2일 프로그램인 잡스쿨과 청년 직장체험프로그램 등이 있다. 한국고용정보원에서 운영하는 보호관찰 대상 청소년을 위한 잡스쿨이 별도로 운영되고 있다. 2012년에는 직업체험관인 '한국 잡월드'가 개관되었다.

고용노동부와 한국고용정보원에서 제공하는 워크넷에서는 청소년들의 근로의욕을 향상하고 올바른 직업탐색 기회 제공 및 효율적인 취업지원을 위해 '청년직업지도(CAP+)프로그램', '성취 프로그램', '취업희망 프로그램', '취업특강 프로그램', '고졸 청년취업지원(Hi) 프로그램' 등 다양한 프로그램을 운영하고 있다. 이 중 대표적인 프로그램을 간략히 소개하면, '청년직업지도(CAP+) 프로그램'은 청년 취업준비생들이 자신의 직업흥미와 특성을 충분히 이해하고, 이를 기반으로 꿈을 설계해 나가는 가운데 합리적인 진로 및 직업 선택과 취업을 돕기 위해 개발된 취업지원 프로그램이다. 진로탐색과 기업탐색, 취업서류 준비, 실전 모의면접, 취업성공요소의 분석을 통한 취업준비행동 실천계획 수립 등을 통해 취업 준비를 지원한다. '성취 프로그램'은 구직의욕과 취업자신감이 낮은 구직자를 대상으로 구직 효능감 제고 및 구직기술 습득에 초점을 둔 프로그램이다. '취업희망 프로그램' 역시 구직자의 원만한 사회진출 및 적응지원을 위한 대인관계 향상 및 사회생활 적응 프로그램으로 구성되어 있다. '고졸청년취업지원(Hi) 프로그램'은 특성화고에 재학 중인 고졸예정 취업준비생과 고교를 졸업하고 취업을 준비하고 있는 고졸청년층을 대상으로 개발된 취업지원 프로그램으로 자신의 미래 삶을 고민해 보고 일터와 채용정보를 이해할 수 있도록 관련 정보를 제공할 뿐만 아니라 취업서류와 면접 요령, 그리고 취업과 직장적응을 위한 기초상식을 배울 수 있는 기회를 제공하고 있다. 한편, 고용노동부는 청소년들의 건전한 직업관 형성과 진로 및 직업선택을 지원하기 위해 직업체험을 할 수 있는 '한국잡월드'를 운영하고 있다. 어린이와 청소년들에게 다양한 직업체험과 탐색 기회를 제공하고 건전한 직업관 및 근로의식 형성을 유도하여 자신에게 맞는 진로 및 직업 선택을 지원하고 있다.

진로지도프로그램은 내용과 성격에 따라 집단상담, 취업특강, 직업심리검사로 구분할 수 있다. 집단상담 프로그램은 성취프로그램, 청년 니트 취업지원프로그램, 청년직업지도프로그램, 취업희망프로그램 등이 있다. 성취프로그램은 구직 의욕과 취업자신감이 낮은 만 18세 이상 구직자를 대상으로 자신감을 높이고 구직기술을 습득하는 데 초점을 두며 5일(30시간) 과정으로 운영된다. 청년층(만 15~29세)을 대상으로 총 4.5일간(27시간) 진로지도 및 직업탐색, 구직기술 향상의 기회를 제공하며 전국 특성화고교와 민간기관에서도 위탁운영하고 있다. 취업희망 프로그램은 만 18세 이상 구직자의 원만한 사회진출과 적응을 돕기 위하여 대인관계 향상과 의사소통 개선에 초점을 두는 4일(23시간) 과정의 프로그램이다.

3) 직업진로지도 내실화

고용노동부에서는 청소년의 올바른 직업관 형성과 자신에게 적합한 직업 선택을 지원하기 위하여 심리검사 및 다양한 진로지도 서비스를 제공하고 있다. 또한 청소년들은 전국 고용센터와 워크넷을 통하여 각종 심리검사를 받을 수 있다.

청소년 개인의 적성과 능력, 흥미 등의 심리적인 특성들이 각 직업에서 요구하는 능력 수준 및 특성에 얼마나 적합한지를 과학적인 방법으로 측정하여 보다 만족할 만한 직업을 탐색할 수 있도록 도와주고 있다. 이 검사는 온라인과 지필검사를 통해 서비스를 지원받을 수 있다. 초등학교 5학년부터 성인에 이르기까지 다양한 연령을 위한 검사가 있으며, 성격, 흥미, 적성 등 다양한 심리특성을 파악하여 진로 및 직업 선택에 도움을 준다. 워크넷에서 실시하고 있는 직업심리검사는 실시간 검사를 통해 워크넷의 방대한 직업정보 및 구직정보 탐색이 한 번에 가능하다는 점에서 매우 효율적이다.

이 조사는 청소년의 특성을 충분하게 반영하여 진로발달과 관련된 정확한 정보를 제공하여 향후 진로결정과 선택에 도움을 줄 수 있으며, 청소년들의 진로발달에 관한 정보를 제공함으로써 직업상담원 및 교사들로 하여금 보다 합리적이고 효율적인 진로지도를 가능하도록 하는 길잡이 역할을 하도록 하고 있다. 한편, 한국고용정보원에서는 대학생 및 성인의 진로탐색 지원에 도움을 주고자 직업심리검사를 제공하고 있으며 직업심리검사는 자기탐색 및 진로 설정에 유용한 도움을 주고 있다.

〈표 9-4〉 청소년용 직업심리검사 개요

검사명	대상	검사 목적
고등학생 적성검사	고1~3	직업적성능력의 측정
직업가치관검사	중3~고3	직업가치관 이해 및 적합직업 안내
청소년 진로발달검사	중2~고3	진로성숙도 및 진로미결정 원인 측정
초등학생 진로인식검사	초5~6	자기이해, 직업세계인식, 진로태도
청소년 인성검사	중1~고3	5가지 성격요인(30가지 하위요인) 검사
청소년 직업흥미검사(개정)	중1~고3	직업적 흥미 탐색 및 적합 직업/학과 안내
중학생 진로적성검사	중1~중3	학업적성능력을 측정하여 관련 직업목록 제공
직업흥미탐색검사(간편형)	중1~고3	직업흥미 탐색 및 진로 탐색

출처: 워크넷(http://www.work.go.kr).

청소년에게 효과적인 진로지도를 위하여 「진로와 직업」 교과서, 초・중・고・대・특성화고용 진로 지도프로그램(CDP), 사회과・과학과 진로탐색자료(중・고), 특성화고 취업지원로드맵, 대학교 취업지원로드맵, 직업카드, 직업동영상 활용매뉴얼, 사이버진로교육원 이러닝콘텐츠 등의 진로교육 자료와 진로지도기법이 개발・보급되고 있다. 「진로와 직업」 교과서는 초등학교와 중학교용으로 2003년도에 개발・보급되었으며, 지속적으로 개정(초등학교 2007년 개정, 중학교 2011년 개정)되고 있으며, 고등학교 교과서는 2010년 개발・보급되어 학교 현장에서 활용되고 있다. 진로지도 프로그램(CDP)은 초・중・고・특성화고・대학 등 각 학교에서 수업시간에 활용할 수 있도록 개발된 한 학기용 자료로서 총 5종으로 개발・보급되었으며, 교사용 매뉴얼과 학습자용 워크북, 수업진행용 슬라이드 등으로 구성되어 있다. 특성화고 및 대학교 졸업 예정자들의 효과적인 취업지원을 위해 학교급(특성화고/대학교)에 따라 학년별로 강조해야 할 구직역량과 이를 위한 활용자원 등을 체계적으로 제시한 학교급별 취업지원 로드맵을 개발・보급한 바 있다.

이 외에도 청소년 직업진로지도 및 교과통합형 진로지도를 위해 중・고등학교의 사회과・과학과 세부 과목들에 대해 단원별 진로지도를 위한 탐색자료집을 개발하여 보급했고, 학부모대상 진로특강자료, 직업심리검사 해석을 위한 동영상과 슬라이드 등을 개발하여 단위학교로 보급하였다. 카드형태의 직업진로교육 매체인 '직업카드' 역시 전국 고용센터와 학교에서 청소년 진로지도를 위해 활용되고 있으며, 온라인 콘텐츠도 개발되어 청소년 워크넷 사이트에서 활용되고 있다. 직업 진로지도 접근성 강화를 위해 자기주도적 진로 학습이 가능한 사이버진로교육센터를 개원하여 이력서 작성과 면접 준비에 필요한 강좌 등 다양한 온라인 학습을 제공하고 있다. 대학생들의 진로지도 · 취업지원을 위해 학년별 진로 · 취업지원 표준모델을 개발하여 대학생들이 학년별로 특화된 취업교육을 받을 수 있도록 진로지도를 체계화하고, 전담진로교수 매칭, 컨설턴트 연계, 진로실적 관련 교수평가제 도입 등 대학 내 교수 · 학사제도 또한 개선하여 학생들에게 체계적인 진로지도가 제공될 수 있도록 시스템화하였다. 아울러 대학 내 학생경력개발시스템과 워크넷을 연계하여 학생들이 맞춤형 진로계획을 수립하고 직업심리검사결과와 관심 있는 직업과 직무, 자격, 훈련 정보 등을 원스톱으로 제공받을 수 있도록 하였다. 최근 4차 산업혁명으로 인한 미래의 산업구조 및 직업세계 변화에 대비하기 위하여 미래 산업 및 직업전망을 예측하고, 관련 정보를 청소년들에게 제공할 필요성이 커졌다. 이에 고용노동부는 2016년 자유학기제 전면시행에 맞춰 체험형 미래직업 탐색 프로그램(3D프린팅, 로봇, 드론 등), 「근로기준법」 강의, 일터 안전보건체험 프로그램 등을 개발하여 보급하였다.

4) 정보화 기술을 활용한 온라인 취업지원 확대

취업지원서비스는 1987년 5월에는 텍스트 기반의 서비스를 제공하였다. 그후 1996년 9월에는 국내외 취업알선 서비스가 추가되기에 이른다. 1998년 11월에는 인터넷 방식의 '워크넷(WorkNet)' 시스템을 구축하여 취업 업무에 활용하였다. 워크넷은 온라인을 통해 구인 · 구직자에게 직접 일자리정보나 직업정보 등 고용정보를 제공하고 있는 플랫폼이다.

2008년에는 인터넷의 보급에 발맞춰 워크넷 시스템을 개편하여 청년층의 취업지원을 위한 온라인 고용정보서비스를 강화하여, 이력서 작성기법과 직업에 대한 상담, 구직신청, 채용정보 북마크, 알선요청 등 개별 온라인 취업지원서비스를 제공하고 있다. 또한 '맞춤 메일링 서비스'를 도입하여 수요자가 필요로 하는 직업·취업정보를 수시로 제공하고 있다.

워크넷에 '지역 고용동향' 항목의 신설을 통해 고용지원센터 등에서 제작한 각종 지역단위 고용정보를 구인·구직자에게 제공하고 있다.

2011년 7월부터는 워크넷 한 곳에서 민간취업포털과 지자체 일자리정보를 쉽고 빠르게 검색할 수 있도록 통합일자리 서비스를 제공하고 있으며, 정부3.0 공동데이터 개방과 관련하여 Open API 제공과 지역 워크넷, 시간선택제, 정부지원 일자리 등 다양한 서비스를 마련하였다. 또한 모바일 서비스를 제공하여 PC 외에도 스마트폰, 태블릿 PC 등을 이용해 언제 어디서나 워크넷 서비스를 이용할 수 있도록 시스템을 개선하고 있다.

한편, 청년실업문제의 심화에도 불구하고 청년고용정책에 대한 인지도가 높지 않아 산재되어 있는 취업지원 사업정보를 모아 2016년 1월부터 청년들에게 한 번에 제공할 수 있는 청년 워크넷을 구축하여 서비스를 제공하고 있다.

청년정책의 인지도를 높이고 참여를 촉진하기 위해 청년정책을 한눈에 볼 수 있는 온라인 청년센터를 구축하여 맞춤형 정책정보 검색과 정책 간 핵심정보를 비교해 주고, 상담원 50명을 일자리·창업·주거 등 분야별로 수요에 따라 배치하여 카카오톡이나 전화를 기반으로 실시간 채팅 상담을 진행하고 있다.

한편, 청년실업문제의 심화에도 불구하고 청년고용정책에 대한 인지도가 높지 않자, 산재되어 있는 범부처 취업지원 사업 정보를 모아 한 번에 청년들에게 제공할 수 있는 플랫폼으로 청년워크넷을 구축하여 2016년 1월부터 서비스를 제공하고 있다. 중앙정부 및 자치단체가 시행하고 있는 청년 취업지원사업을 7가지 유형으로 구분하여 지원규모, 혜택, 지원조건 등의 정보를 제공하고 있다. 청년들의 관심을 유도하기 위하여 취업지원관련 콘텐츠를 지속적으로 추가 업로드하고 있으며, 청년고용정책참여단을 통한 취업지원사업 모니터링, 청년 친화적 안내문으로 대체하는 등 콘텐츠 질 향상을 위해 다양한 노력을 기울이고 있다. 이 외에도 청년 친화 강소기업에 대한 정보 제공, 메뉴구조 단순화, 검색기능 개선 등의 노력에 힘입어 청년 워크넷 1일 평균 방문자 수가 지난해에 비해 큰 폭으로 증가하였다.

2018년 10월 고용노동부는 청년정책의 인지도를 높이고 참여를 촉진하기 위해 청년정책을 한눈에 볼 수 있는 온라인청년센터를 구축하였다. 맞춤형 정책 정보 검색과 정책 간 핵심정보를 비교해 주고, 일자리・창업・주거 등 분야별로 수요에 따라 배치하여 카카오톡이나 전화를 기반으로 실시간 채팅 상담을 제공하여 이용자의 편의를 향상시키고 있다. 또한 온라인청년센터에서는 구직 활동할 때 공간이 필요한 청년들에게 사전 예약하여 이용할 수 있도록 시스템을 마련하여 운영하고 있다. 더불어 노동과 관련된 용어가 낯선 청년들을 위해 용어 풀이를 제공하는 등 다방면으로 청년에게 구직정보를 제공하고 있다.

5) 청소년 근로 보호대책

정부는 2005년 6월 20일 「청소년근로보호 종합대책」을 수립하여 현재까지 추진해 오고 있다. 「청소년근로보호 종합대책」은 고용노동부・교육과학기술부(현 교육부)・여성가족부・경찰청 등 범정부적으로 마련한 종합적・체계적인 보호대책으로 청소년 근로 보호를 위한 지도・점검의 강화방안, 교육 내실화를 통한 청소년근로 보호 인식의 제고방안, 캠페인 등 다양한 홍보 추진 방안, 청소년 일자리 정보 제공 및 피해 구제 강화 방안, 제도 개선을 통한 연소자 근로여건 개선방안, 성과점검을 통한 평가 실시 등을 주요 내용으로 한다. 고용노동부에서는 2008년 6월 「연소근로자 보호대책」을 마련하여 연소자 다수 고용 사업장에 대한 지속적인 지도・점검, 피해사례 일제 신고기간 운영, 한국청소년단체협의회 등 유관기관과의 협조체제 구축 등을 통해 기본적인 근로조건 보호를 위한 정책적 노력을 기울이고 있다. 고용노동부는 관계부처와 합동으로 「청소년 근로환경개선 종합대책(2012. 11.)」을 마련하고 청소년 고용사업장에 대한 지도 · 점검을 강화하였으며, 청소년 권리구제를 위한 다양한 신고체계 구축, 청소년 눈높이에 맞는 교육홍보실시, 사업주들의 법 준수 의식 확립 및 청소년들도 노동관계법을 인지하도록 하여 권리를 보장받을 수 있도록 노력하고 있다. 2014년에는 「청소년 근로권익 보호방안(2014. 5.)」을 마련하였는데, 청소년 근로권익보호를 위해 최저임금 위반제재를 강화하고 청소년의 근로권익 인식개선을 위해 교육 · 홍보 콘텐츠를 제작해 취업사이트 등에 제공하고, 또한 청소년이 손쉽게 상담받을 수 있도록 민 - 관 협력 네트워크를 구축해 실질적인 도움을 줄 수 있도록 하였다. 여성가족부는 2013년부터 서울 및 수도권 일부지역을 대상으로 청소년 아르바이트 부당처우 사례에 대해 24시간 문자 상담(#1388) 서비스 제공 및 청소년이 아르바이트 현장에서 근로계약서 미작성, 최저임금 미지급, 성희롱 등의 부당처우 문제가 있을 때, 이를 구제하기 위해 현장에 근로현장도우미를 파견해 문제를 해결하는 '청소년 근로현장도우미' 사업을 시범 실시하였으며, 2018년부터는 신규 사업으로 편성, 수도권 외에도 경상권, 전라권으로 서비스를 지원하였고, 2019년에는 충청권까지 확대하였다. 2022년도에는 사업방식을 민간단체를 통한 지원에서 광역 지방자치단체 보조를 통한 지원으로 변경하여, 기존 중앙지원단 및 4개 권역의 지역본부로 운영 중인 '청소년근로보호사업'을 중앙지원단 및 17개 시 · 도로 확대하여 청소년의 서비스 이용 접근성을 높여 보다 많은 청소년에 대한 근로보호를 강화하였다. 이 사업은 청소년들의 요청이 있는 경우, 근로현장 도우미가 사업장을 방문하여 사업주와 중재해결하고 있으며, 권익침해 사례 및 성희롱 · 폭언 · 폭행 등이 중재가 되지 않거나, 심각한 사안의 경우에는 노동관서나 경찰서로 신고 연계를 실시하고 있다. 또한 아르바이트 청소년의 근로여건, 사유 등을 파악하여 건강 · 진로상담, 학업복귀, 직업교육, 자립지원 등의 서비스를 청소년상담복지센터, 학교밖청소년지원센터, 구청 및 주민센터 등과 연계하고, 성희롱, 성폭력 등 젠더폭력에 대해서는 통합지원센터 등과 연계를 통해 지원하고 있다.

6) 청소년 일자리 정보 제공 및 피해 구제 강화

워크넷(Work-Net)에서는 청소년층의 진로 · 직업 · 진학 · 취업가이드, 직업심리검사, 청소년 직장 체험, 진로와 직업 관련 이러닝 학습 콘텐츠 등을 제공하고 있다. 특히 2010년부터 잡영(jobyoung)을 통해 청년 취업준비생을 위한 워크넷의 특화 서비스를 제공하고 있다. 고용노동부는 연소근로자들이 권리 구제방법을 몰라서 보호제도를 활용하기 어려운 경우를 감안하여 '1318 알바신고센터'를 2011년 도입하였다. 고등학교에 설치되어 있던 알바신고센터를 대학교, 청소년상담복지센터 등에 추가로 설치하였다. 이는 1318 알바신고센터에 배치된 전담교사(생활지도교사 등)가 수집된 피해사례를 지방고용노동관서(총 47개)의 전담 근로감독관에게 전달하면, 근로감독관은 센터와 긴밀히 연계하여 신속히 권리구제를 할 수 있도록 하는 제도이다. 2012년 12월에는 모바일 앱(법 안 지키는 일터 신고해~앱) 및 청소년 신고 대표전화(1644-3119)를 구축하고, 전국노동관서에 청소년 전담 근로감독관(48명)을 지정하는 등 청소년들이 실시간으로 상담과 신고를 할 수 있도록 온 · 오프라인 신고체계를 구축하였다. 최근에도 고용노동부는 법 위반 사업장에 대한 신고 편의성을 높이기 위해 은퇴 전문 인력을 '청소년근로조건 지킴이'로 위촉(반기별 130명)하고, 청소년들이 쉽게 신고할 수 있도록 권역별 알바신고센터(10개소)를 지정 · 운용해 청소년이 어디에 도움을 요청하더라도 근로감독관이 즉시 대응할 수 있는 체계를 구축할 계획이다. 또, 한국공인노무사회와 업무협약을 통하여 전국 공인노무사 131명을 '청소년 근로조건 보호위원'으로 위촉하여 무료로 권리구제, 상담 등을 실시하고 있다. 특성화고 현장실습생을 보호하기 위해 교육청(취업지원센터)에 제출된 현장실습 현황 자료를 활용하여 각 지방고용청마다 현장실습 사업장 관리시스템을 구축해 주기적으로 현장실습 실태조사를 실시하고, 문제가 있는 사업장은 감독을 강화할 계획이다.

youth welfare | part

03

청소년복지의 접근방법

contents

youth welfare | chapter 10

청소년복지정책

[학습목표]

1. 청소년복지정책의 개념과 필요성에 대해 학습한다.
2. 우리나라의 청소년복지정책에 대해 학습한다.
3. 외국의 청소년복지정책에 대해 학습한다.

1. 청소년복지정책

1) 청소년복지정책의 개념

청소년 정책은 청소년을 대상으로 하는 국가와 지방자치단체의 행동지침이자 청소년의 삶의 질 보장을 위한 일련의 계획과 절차로서 청소년에게 발생하는 다양한 문제를 해결하기 위한 사회정책이다. 청소년 정책의 개념은 국・내외적으로 다양하게 정의되고 있고 청소년 관련 정책, 청소년복지정책, 청소년육성정책으로 혼동되게 사용되고 있다. 하지만 대부분의 청소년복지정책은 청소년의 문제를 해결하고 이들의 욕구를 충족시키는 것과 청소년의 참여를 강조하고 있다.

청소년 정책의 범주는 청소년 개념과 청소년 정책의 정의에 따라 크게 광의의 범주와 협의의 범주로 구분할 수 있다. 우선 광의의 범주에서 살펴보면, 국가 정책으로 시행되는 여성가족부가 진행하는 청소년복지정책을 말한다. 여기서 중요한 점은 국가의 청소년 정책에 대한 총괄적인 조정기능이다.

한편, 청소년 정책을 협의의 범주의 의미에서 살펴보면 청소년 활동, 청소년 복지, 청소년의 권리와 참여, 청소년의 비행 및 범죄, 청소년 안전과 보호, 청소년의 교육, 청소년과 노동, 청소년 정책 추진체제 등 대체로 여성가족부가 주도하는 좁은 의미의 청소년 정책들을 의미하는데, 일종의 청소년복지 프로그램을 운영하는 형태로 이해해도 된다. 물론 청소년 관련 부처인 '보건복지부(청소년복지의 일부 업무)'와 교육부(청소년 교육 중 일부 업무, 청소년의 안전과 보호)', '고용노동부(청소년과 노동의 일부 업무)' 등이 일부 청소년 관련 정책 및 업무를 추진하고 있으며, 여성가족부와 정책적 협력관계를 유지하고 있다. 협의의 범주의 청소년 정책은 대체로 「청소년 기본법」을 기본으로 하고 「청소년활동 진흥법」, 「청소년복지 지원법」, 「청소년 보호법」, 「아동・청소년의 성보호에 관한 법률」, 「학교 밖 청소년지원에 관한 법률」 등 관계 법령에 맞게 추진하거나 중장기 청소년 정책 기본계획에 근거하여 실행된다. 한편,

대상을 아동과 청소년으로 구분하지 않고, 아동 정책과 청소년 정책을 통합하여 넓은 의미로의 청소년 정책으로 정의하기도 한다. 한편, 아동 및 청소년에 관한 근거 법률, 즉 「아동복지법」과 「UN아동권리협약」에 따라 아동(0세~18세 미만)과 「청소년 기본법」 등에 따른 청소년(9세~24세)의 연령을 구분하여 아동정책과 청소년 정책으로 구분하기도 한다. 이 중 겹쳐지는 연령인 9세~17세에 해당하는 정책은 각 정책의 수립과 추진 부처에 따라 아동정책 혹은 청소년 정책으로 분류하는 경우도 있다.

「제6차 청소년정책기본계획(2018~2022)」은 청소년이 미래를 준비하는 존재일 뿐 아니라 현재 삶을 영위하는 존재라는 인식에 기초한다. 이에 따라 「제6차 청소년정책기본계획(2018~2022)」은 청소년들이 공정하고 안전한 사회 환경 속에서 자기주도적 참여와 활동을 통해 현재를 즐길 수 있도록 하고, 미래사회에서 요구되는 역량을 갖추는 데 필요한 종합적인 지원을 추진하는 것을 핵심 방향으로 설정하고 있다. 이와 더불어 청소년들이 스스로 기획하고 도전하는 활동을 통해 민주시민으로 성장할 수 있도록 청소년 참여를 확대하고 청소년을 존중하는 사회적 기반을 강화하는 데 필요한 과제들이 제시되어 있다. 또한 청소년들이 급속한 사회변화에 적응뿐만 아니라 도전하고 협력하는 창의·융합인재로 성장하도록 지원하기 위해서는 청소년 정책의 패러다임을 공급자 중심이 아닌 수요자인 청소년 중심으로 전환하여야 하므로 청소년이 주도하는 활동으로 프로그램을 개편하고 수요자 중심의 청소년 인프라를 구축하기 위한 과제들이 포함되어 있다. 아울러 사회적 격차와 빈곤 등 어려운 여건에 있는 청소년들이 차별 없이 성장할 수 있도록 사회안전망을 강화하며, 청소년들이 찾아오기를 기다리기보다는 직접 찾아가는 서비스를 확대하여 지속적이고 충분한 지원 아래 성인기로 이행할 수 있도록 종합적 보호·지원체계를 마련하기 위한 정책들도 포함되어 있다. 청소년 정책의 추진체계와 관련하여 지방자치단체의 청소년 정책에 대한 관심과 이행을 촉구함으로써 청소년 정책에 대한 투자를 확대하도록 유도하고, 지역과 현장의 전문성을 제고하며, 청소년시설의 체질을 성과지향적 조직으로 개선하는 것을 주요 정책 방향으로 설정하고 있다.

비 전	현재를 즐기는 청소년, 미래를 여는 청소년, 청소년을 존중하는 사회			
정책 목표	청소년 참여 및 권리증진	청소년 주도의 활동 활성화	청소년 자립 및 보호지원 강화	청소년 정책 추진체계 혁신
	청소년 주도의 지원적 · 협업적 청소년정책으로의 전환			
중점 과제 (12)	청소년 참여 확대	청소년활동 및 성장지원체계 혁신	청소년 사회안전망 확충	청소년 정책 총괄·조정 강화
	청소년 권리증진 기반 조성	청소년 체험활동 활성화	대상별 맞춤형 지원	지역 중심의 청소년 정책 추진체계 강화
	청소년 민주시민 성장 지원	청소년 진로교육 지원체제 강화	청소년 유해환경 개선 및 보호지원 강화	청소년지도자 역량 제고

〈4대 정책목표, 12개 중점과제, 144개 세부과제〉

[그림 10-1] 「제6차 청소년 정책기본계획(2018~2022년)」 비전, 목표 및 중점과제

출처: 여성가족부(2018).

이러한 청소년 정책은 크게 넓은 의미의 청소년 정책과 좁은 의미의 청소년 정책으로 구분할 수 있다. 넓은 의미의 청소년 정책은 모든 청소년들이 인간다운 사람을 누릴 수 있도록 하는 국가의 보편적이고 제도적인 정책을 의미하고, 좁은 의미의 청소년 정책은 문제에 직면한 요보호 청소년들을 지원하는 선별적 정책을 의미한다.

2) 청소년복지정책의 필요성

대한민국 「헌법」에는 대한민국 주권은 국민에 있고, 모든 권력은 국민으로부터 나온다. 엄연히 「헌법」에서 명시하고 있는 내용으로 국민이 국가권리의 주체임을 강조

한다. 따라서 국민의 일원이자 우리 사회의 구성원으로서 청소년도 마땅히 국가로부터 존엄하게 대우받고 기본적인 권리를 보장받아야 할 존재이다.

그렇기에 국가는 청소년 정책을 통해 모든 청소년의 삶의 질 향상을 위해 노력해야 할 책임이 있다. 또한 인권은 인간으로서 누구나 당연히 누려야 하는 자연권이자 「헌법」에 그 권리가 보장된 기본권이다. 따라서 청소년도 마땅히 특별한 관심을 필요로 하는 존재로서 인권을 가진다. 하지만 우리 사회에서는 전통적인 유교적 관습과 문화에 의해 연령이 적은 자의 인권을 가볍게 여기는 경향이 있다. 최근에 들어서야 아동권리의 보장이라는 국제적인 변화 속에서 청소년의 인권에 대한 인식이 점차 강조되고 있는 추세라고는 하나 여전히 UN아동권리협약에서 주요 조항으로 규정하고 있는 생존권, 보호권, 발달권, 참여권 중 주로 생존권, 보호권, 발달권에 제한되어 있고 참여권의 경우 매우 빈약한 상황이다.

우리나라 청소년들이 느끼는 주관적 행복지수는 경제협력개발기구 국가들 중 최하위 수준이다. 주관적 행복지수는 '주관적 건강'과 '학교생활 만족도', '삶의 만족도', '소속감', '주변상황 적응', '외로움' 등 6가지 영역에 대한 응답률을 수치화한 것인데, 한국청소년의 주관적 행복지수는 82.0점으로 2009년에 비해 꾸준히 상승하고 있지만 여전히 OECD 국가 중 최하위에 있다.

변화하는 사회 환경은 청소년의 성장과 발달에도 많은 영향을 미친다. 따라서 국가는 청소년에게 영향을 미치는 정보통신기술의 발전 등 스마트 미디어의 영향력 증가, 가족구조와 기능의 변화(이혼가구 증가, 다문화가족 증가, 교육환경의 변화, 아동청소년의 불균형 성장) 등 다양한 사회 환경의 변화를 고려하여 청소년 정책을 수립할 필요가 있다.

2. 우리나라의 청소년복지정책

우리나라 청소년 정책의 내용은 법 제정과 밀접한 관련이 있다. 우리나라에서 독자적인 정책 영역으로서 청소년 정책계획이 수립된 것은 1984년에 12월에 청소년문제개선종합정책 홍보계획 보고가 이루어지면서부터이다. 이를 계기로 1985년부터 1987년까지 청소년문제개선종합대책이 세워졌고 이후 5차에 걸쳐 범정부 청소년 정책기본계획이 수립되어 진행되고 있다. 이 계획은 청소년 정책이 독자적인 국가정책으로 자리매김하고 업무영역을 확보하였다는 점에서 의미가 있다.

1) 시기별 주요정책

(1) 청소년문제개선종합대책(1985~1987)

1980년대 청소년 문제가 일부 문제 청소년의 문제를 넘어 일반 청소년들에게까지 확산됨으로써 청소년 대책이 일부 문제 청소년에 대한 대응에 그쳐서는 안 되며 청소년 대책이 다수의 일반 청소년을 포함하여 문제행동에 대한 사전예방과 더불어 건전육성으로 확대되어야 한다는 인식 속에서 1985년 3월 청소년문제개선종합대책이 수립되었다. 이 대책이 과거 일부 청소년의 문제대응 중심에서 벗어서 일반 청소년까지 포함하여 청소년의 건전육성이라는 정책적 패러다임으로 변화하는 계기를 마련하였다는 점에서 의의가 있다. 이 대책에서는 청소년대책위원회의 기능 강화, 청소년 관계법의 제정 추진, 청소년활동에 대한 지원, 청소년 연구와 개발추진 등을 담고 있다. 하지만 이 대책은 청소년 정책 대상이 불명확하고 사업추진에 필요한 예산 확보 방안이 수립되지 않아 실현가능성에 많은 한계를 가지고 있었다.

(2) 한국청소년기본계획(1992~2001)

한국청소년기본계획은 1991년 「청소년 기본법」 제정과 함께 청소년에 대한 체계적이고 장기적인 종합계획의 필요성에 따라 수립되었다. 이 계획은 문제 청소년의 선도와 보호를 위한 10개년의 종합계획으로 국가의 종합적이고 중·장기적인 청소년 정책이란 점에서 의의가 있다. 즉, 최초로 청소년 정책비전을 제시하였으며 보편적·예방적·종합적 정책방향을 제시하였고 교육정책과 구분되는 청소년 정책의 고유영역(수련활동)을 개척하였다는 점에서 의미가 크다. 하지만 수련경비의 비현실성, 정책대상인 청소년을 객체화·대상화하였다는 점, 수련활동을 극기훈련, 학교단체활동, 수련시설활동으로만 인식하였다는 한계가 있었다.

(3) 제1차 청소년육성 5개년계획(1993~1997)

제1차 청소년육성 5개년계획에서는 청소년 정책을 독자 영역으로 완성하고, 이에 따라 청소년 시설 등 인프라 구축 확장을 추진하였다는 점에서 의의가 있다. 아울러 청소년수련시설의 양적 증가와 함께 93종에 이르는 다양한 수련프로그램을 개발하였고, 국가자격제도인 청소년지도사 제도를 시행하였다는 점에서 의미가 있다.

이 계획에서는 중점과제로 가정과 학교의 역할을 증대시키고, 건전한 청소년 활동의 지원, 청소년 보호 및 선도, 청소년 교류 활성화, 국민 참여 확산 및 추진체계 강화 등을 제시하였다. 또한 가정의 교육기능을 강화하고 이를 학교교육기능과 연계, 추진하며, 청소년의 건전한 의식의 함양과 생활태도를 기르기 위한 사회환경의 개선, 청소년 문화활동 기반의 조성 등이 주요사업으로 추진되었다.

하지만 여전히 청소년을 학생 그리고 미래의 주역으로 보아 청소년들의 현재의 삶의 질 개선에 관심을 보이지 못했으며 보호, 선도, 교화 위주의 정책이었고 청소년기를 미래를 위한 준비기로 바라보는 등 기존의 전통적인 청소년육성 관점에서 크게 벗어나지 못하였다. 또한 다양한 이해와 요구, 수요를 반영하지 못한 범부처 차원의 종합대책의 성격을 갖추지 못하였고, 청소년 참여가 보장되는 정책적 고려가 이뤄지지 못했으며 주관 부처 중심사업으로 대상 중심사업으로서의 특성을 살리지 못하였다는 한계가 있었다.

(4) 제2차 청소년육성 5개년계획(1998~2002)

제2차 청소년육성 5개년계획은 제1차 청소년육성 5개년계획과 달리 동반자적 청소년 지위 부여, 소수 문제 청소년 보호 위주에서 다수청소년 육성정책 시도, 청소년을 정책대상에서 정책 파트너, 참여 주체로 인식하는 것 등을 정책기조로 삼았다. 이에 제2차 청소년육성 5개년계획은 청소년을 우리사회 미래의 주인공으로 인식할 뿐만 아니라 사회의 구성원으로서 그 권리를 존중해야 한다는 사회적 인식을 마련하였다는 점에서 의미가 있다.

이 계획은 5개 정책분야에서 20개 과제영역을 선정하여 추진하였는데 이전의 선도, 보호, 교화 위주의 청소년 정책에서 탈피하여 청소년의 권리보장과 자율적인 참여 확대, 청소년이 주체가 되는 체육 중심, 문화 중심의 수련활동체제를 만들고, 정보화와 국제화 시대에 맞는 주도능력 배양, 청소년의 복지증진과 자립 지원, 가정과 지역사회의 역할 강화와 참여 확산을 중점과제로 제시하였다. 그 결과 청소년들이 정책의 주체라는 인식전환과 참여확대 및 권리존중의 인식 확대가 이뤄졌고 이 밖에도 청소년수련활동 여건의 확충, 청소년지도자 양성 및 수련 프로그램 개발과 보급, 청소년보호대책 활성화, 청소년복지지원 및 고충상담체제 구축, 청소년 국제교류 및 자원봉사활동 확대, 청소년육성 재원 확충 및 법령정비 등의 성과를 이루었다. 하지만 이 계획은 청소년의 인권과 권리, 참여에 대한 국민적 공감대 형성 면에서 미흡하였다는 평가를 받고 있으며, 지역사회 중심의 청소년육성 추진체제 구축 부진, 문화, 예술, 체육, 관광 등과 연계한 청소년육성시책의 시너지 효과창출 미흡, 정부 각 부처 청소년육성정책의 체계적 연계·협력이 미흡하다는 한계를 가지고 있었다.

(5) 제3차 청소년육성 5개년계획(2003~2007)

제3차 청소년육성 5개년계획에서는 제1차, 제2차 청소년육성 5개년계획의 정책 기조와 성과를 바탕으로 청소년이 속해 있는 환경적인 변화에 부응하며 적극적으로 국제적 준거에 맞게 청소년 정책의 비전과 목표, 정책과제 등을 제시하였다는 점에서 의의가 있다.

이 계획에서는 청소년 사회참여의 구조적 한계와 21세기 세계화, 정보화, 고령화시대를 맞이하여 청소년의 역량을 신장하고 청소년 참여를 확대하는 것이 시대적 요구로 부각되고 있음에도 불구하고 청소년의 참여를 보장하기 위한 여건이 미흡하고 다양한 참여 프로그램이 부족한 점을 고려하였다.

그 결과 청소년수련활동인증제 도입, 청소년활동 정보시스템 구축, 청소년 인권에 대한 사회적 관심 고취, 위기청소년 사회안전망 구축, 방과 후 아카데미 실시, 청소년 대상 성범죄자 신상등록 및 취업제한 추진, 청소년행정체계의 일원화, 청소년 유해환경 접촉실태조사 연례화, 비학생을 위한 청소년할인제도(청소년증) 도입, 청소년 관련 법의 개정 추진, 청소년특별회의 시행 등 청소년 정책이 국가의 주류정책으로 자리잡는 데 기여하였다. 하지만 이 계획은 새롭게 출범한 국가청소년위원회의 총괄조정능력 미비, 진로·자립부문에 있어 여전히 취약계층을 대상으로 한 잔여적 접근, 지역사회 중심의 정책환경 조성 미흡의 한계를 가지고 있었다.

(6) 제4차 청소년 정책기본계획(2008~2012)

제4차 청소년 정책기본계획에서는 제1, 2, 3차 청소년육성 5개년계획의 정책기조와 성과를 바탕으로 다양한 체험 기회를 확대하고, 자기주도적인 진로 지원, 시민 역량 및 인성교육 강화, 건강한 가족기능 강화, 청소년 사회안전망 강화, 청소년 유형별 맞춤형 서비스 강화, 유해환경으로부터 보호, 유익한 환경 조성, 청소년 친화적 사회문화 조성, 청소년시설, 단체의 전문인력의 역량 제고, 지역중심 추진체계 개편, 범부처 총괄기능 강화 등의 내용을 제시하고 있다. 또한 제4차 청소년 정책기본계획은 4대 영역 12대 중점과제로 구성되어 있으며 범정부 차원의 포괄적이고 종합적인 국가기본계획으로 각 부처에서 수립·추진되는 청소년 관련 정책을 포괄하고 있어 청소년 관련 정책의 시너지 효과를 높일 수 있다는 의의를 가지고 있다. 하지만 이 계획은 청소년 역량 강화를 한 청소년 지원 인프라 확충 부족, 범부처 사업 연계 미약, 시범사업 위주의 사업추진으로 청소년 정책 확장 미흡, 청소년 유해환경 예방을 위한 지역사회 안전환경 조성 미흡의 한계를 가지고 있었다.

(7) 제5차 청소년 정책기본계획(2013~2017)

제5차 청소년 정책기본계획에서는 제4차 청소년 정책기본계획을 기본으로 하여 가족과 여성정책과 연계한 발전전략을 지향하고, 위기 청소년을 포함하여 모든 청소년을 글로벌 시민으로 성장시키기 위한 필수역량 함양을 정책과제로 하고, 청소년의 건강한 성장을 위해 청소년의 정신건강을 강조하고, 청소년의 참여와 권리증진을 부각하는 한편, 청소년의 진로와 자립 등 미진했던 분야의 정책과제도 적극 개발하였다. 제5차 청소년 정책기본계획은 청소년 참여 및 권리증진, 청소년의 다양한 역량강화, 청소년 친화적 환경 조성, 청소년 복지 및 자립 지원, 청소년 정책 추진체계 강화 등 5대 영역 15대 중점과제로 구성되어 있다.

(8) 제6차 청소년 정책기본계획(2018~2022년)

① 청소년참여 및 권리증진

「제6차 청소년정책기본계획」에서는 첫 번째 정책목표인 '청소년참여 및 권리증진'을 달성하기 위해 청소년참여 확대, 청소년 권리증진 기반 조성 및 청소년 민주시민 성장지원이 중점과제로 제시되어 있다. 중점 과제별 주요 내용을 살펴보면, 우선 청소년 참여를 확대하기 위해 청소년 참여제도를 내실 있게 운영하도록 컨설팅, 운영모델 제공, 모니터링 등을 지원하며, 청소년 사회참여 활성화를 위한 청소년의회 등의 설치 및 운영에 관한 조례를 제정하고, 청소년 참여예산제 운영 매뉴얼의 보급 등이 계획되어 있다. 또한 청소년 어울림마당과 동아리 활동을 지역사회와 연계하여 운영함으로써 지역 청소년문화의 활성화를 도모하고, 사회참여 및 자기개발 관점의 자기주도형 자원봉사모델을 확산하고자 한다. 청소년 참여기구의 위원 구성 방법을 다원화하여 청소년의 대표성을 강화하고, 청소년이 스스로 실천하고 공유하는 활동을 지원함으로써 청소년 참여를 내실화하고자 한다. 학교에서의 참여 및 권익을 증진시키기 위해 학생 대표의 학교운영위원회 참관 및 의견 제안 등 학교 공동의 의사결정과정에 학생의 참여를 보장하고, 청소년 참여기구를 통해 교육정책에 대한 의견을 수렴함으로써 학생 자치활동 및 교육정책에 대한 참여를 활성화하며, 학생자치법정의 운영을 확대할 계획이다. 청소년참여 방식을 다변화하기 위하여 온・오프라인상의 청소년 의견수렴을 활성화하고, 청소년 관련 정책의 심의・협의 조정 등을 위한 위원회에 청소년(19~24세) 위원의 위촉을 권고하며, 청소년특별회의가 제안하는 정책제안을 적극적으로 검토・수용하는 등 청소년의 정책 참여를 활성화하고자 한다.

② 청소년주도의 활동 활성화

청소년주도의 활동을 활성화하기 위해 제시된 주요 과제는 청소년활동 및 성장지원체계 혁신, 청소년 체험활동 활성화 및 청소년 진로교육 지원 체제 강화이다. 첫째, 청소년활동 및 성장지원체계 혁신을 위한 방안으로 역량 기반 청소년활동 지원체계 구축, 청소년주도 프로젝트 활동 활성화, 과학기술・산업 분야 핵심 인재 양성, 수요자 중심의 청소년활동 인프라 재구조화가 제시되어 있다. 역량 기반 청소년활동 지원체계를 구축하기 위해 4차 산업혁명 시대에 부합하는 역량지표 개발을 통해 역량 중심 청소년활동 기반을 마련하고자 한다. 민주시민, 사회정서 활동, STEAM・메이커 활동 등을 중심으로 프로그램 모형을 개발하여 시범 운영을 추진하고, 창의적・융합적 사고력 신장을 위한 활동 인프라 구축 지원을 확대하며, 역량 기반 청소년수련활동 인증기준을 개발하여 단계적 도입을 추진하는 등 창의적 융합인재 양성을 지원하고자 한다.

청소년이 주도하는 프로젝트 활동을 활성화하기 위해 청소년들이 스스로 구상하고 실행하는 사업추진체계를 마련하며, 청소년이 기획하고 과제를 개발하는 자기주도형 자원봉사 활동을 확대할 계획이다. 청소년활동을 연계한 청소년자기도전포상제를 확산하며, 프로젝트 기반 청소년활동 및 아이디어 창출을 지원해 줄 수 있도록 청소년 지도사의 전문역량을 강화하고자 한다.

③ **청소년의 자립과 보호 지원 강화**

청소년의 자립 및 보호 지원 강화를 위한 주요 과제는 청소년 사회안전망 확충, 대상별 맞춤형 지원, 청소년 유해환경 개선 및 보호 지원 강화의 3가지로 구성되어 있다. 첫째, 청소년의 사회안전망을 확충하기 위하여 제안된 과제들을 살펴보면, 위기유형별 청소년에 대한 상담, 회복, 자립 지원까지의 종합적 지원을 위해 지역사회 청소년통합지원체계(CYS-Net)를 체계적으로 활용함과 동시에 CYS-Net의 운영 활성화를 위해 지자체의 적극적 관심과 서비스 제공 확대를 도모함으로써 촘촘한 청소년복지지원체계를 운영하고자 한다. 또한 위기 유형에 따른 필수연계 기관 및 지역자원과의 연계를 활성화하여 통합지원 서비스를 제공하도록 하고, 위기청소년 빅데이터 수집 및 분석 시스템 환경 구축, 위기청소년 평가 및 진단 도구 개발·보급 등을 통하여 위기청소년의 발굴 - 진단 - 분석평가 체계를 고도화할 예정이다. 사회안전망과의 조기 연결을 위한 현장 아웃리치(거리 및 사이버)를 활성화하고, 전국 청소년상담복지센터를 통한 청소년 맞춤형 상담 서비스 제공, 빅데이터 분석에 기반한 상담서비스 질 제고, 전문상담교사를 통한 학교폭력 및 학교 부적응 학생의 학교 적응 상담 지원 강화, 청소년 동반자를 통한 정서·심리 상담 지원 등 다양한 채널을 통해 위기청소년에 대한 맞춤형 심리·정서상담 서비스를 제공하고자 한다. 이와 더불어 주거 우선의 자립 여건 마련을 위한 청소년(청년) 맞춤형 주거지원 방안을 마련하며, 비진학 또는 미취업 후기 청소년(19~24세)의 사회진출을 지원할 예정이다.

제6차 청소년 정책기본계획은 청소년이 미래를 준비하는 존재일 뿐 아니라 현재 삶을 영위하는 존재라는 인식에 기초하여 공정하고 안전한 사회환경 속에서 청소년들이 자기 주도적 참여와 활동을 통해 현재를 즐기고, 미래사회에서 요구되는 역량을 갖추는 데 필요한 종합적인 지원을 추진하는 것을 핵심 방향으로 제시하고 있다. 이를 위해 청소년들이 스스로 기획하고 도전하는 활동을 통해 민주시민으로 성장할 수 있도록 청소년 참여를 확대하고 청소년을 존중하는 사회적 기반을 강화하는 데 필요한 과제들이 제시되어 있다. 또한 청소년들이 급속한 사회변화에 도전·적응하며 협력하는 창의·융합인재로 성장하도록 지원하기 위해서는 청소년 정책의 패러다임을 공급자 중심이 아닌 수요자인 청소년 중심으로 전환하여야 하므로 청소년이 주도하는 활동으로 프로그램을 개편하고 수요자 중심의 청소년 인프라를 구축하기 위한 과제들도 포함하고 있다.

아울러 사회적 격차와 빈곤 등 어려운 여건에 있는 청소년들이 차별 없이 성장할 수 있도록 사회적 안전망을 강화하며, 청소년들이 찾아오기를 기다리기보다는 직접 찾아가는 서비스를 확대하여 지속적이고 충분한 지원 아래 성인기로 이행할 수 있도록 종합적 보호·지원 체계를 마련하기 위한 정책들이 포함되어 있다. 청소년 정책의 추진체계와 관련하여 지방자치단체의 청소년 정책에 대한 관심과 이행을 촉구함으로써 청소년 정책에 대한 투자를 확대하도록 유도하고 지역과 현장의 전문성을 제고하며, 청소년 시설의 체질을 성과지향적 조직으로 개선하는 것을 주요 정책방향으로 설정하고 있다.

2) 주요 교육복지정책

(1) 교육복지우선지원사업

교육복지우선지원사업은 대부분 경제적으로 취약한 여건에 위치한 청소년에게 교육, 복지 및 문화 지원 프로그램을 제공하여 교육의 기회를 균등하게 지원하기 위해 추진되고 있다. 예를 들어, 학습을 하기 어려운 환경에 놓여 있는 청소년에게는 보충학습 프로그램을 제공하고 있으며, 경제적인 어려움으로 문화적 욕구를 충족시키지 못하는 학생에게는 문화체험 프로그램을 제공한다. 즉, 교육복지우선지원사업의 핵심은 교육 취약계층 청소년의 개별적 상황을 진단하여 청소년에게 필요한 맞춤형 복지 서비스 프로그램을 제공하는 데에 있다. 또한 교육복지우선지원사업은 자율성을 보장하여 운영하는 것이 가장 큰 특징이다.

교육복지우선지원사업은 2011년 '교육복지 투자우선지역 지원사업'이 지방으로 이양된 것이다. 교육복지 투자우선지역 지원사업은 지난 2003년 서울과 부산의 저소득층 밀집지역 2곳을 중심으로 시범사업의 형태로 시작되다가 2005년부터는 공모제를 도입하였는데, 이때 사업 대상 지역을 광역시로 확대하여 총 15개 지역에 사업을 실시한 바 있다. 그후 2006년에는 인구 25만 명 이상의 중소도시로 대상지를 확대하여 16개 시·도를 포함해 총 30개 지역에서 사업을 진행하였고 2008년 말에는 우리나라의 모든 지역으로 확대하였다.

사업을 보다 안정적으로 추진하도록 하기 위해 2010년 말에는 「지방교육재정 교부금법 시행령」과 「초·중등교육법 시행령」을 개정하였으며, 2011년에는 지방 이양 사업으로 전환하여 '교육복지우선지원사업'으로 명칭을 재정비하였다. 이 과정에서 재원은 특별교부금에서 보통교부금으로 바뀌었으며, 사업 대상은 기존의 지역 단위에서 개별 학교로 변경되어 진행되었다.

깨알 tip. 교부금(교부세)에 대해서 알아봅시다.

국가 또는 지방자치단체가 특정한 목적을 위하여 교부하는 금전을 총칭하는 말이다. 교부세(交付稅)라고도 한다. 교부금은 국가가 지방자치단체의 재정을 지원하기 위한 것, 국가 또는 지방자치단체가 그 사무의 일부를 위임하고 이에 소요되는 비용을 충당해 주기 위한 것, 국가 등이 특정한 행정목적을 위해 지급하는 것 등으로 구분할 수 있다. 지방교부세는 국가가 지방교부세법의 규정에 의하여 지방자치단체의 행정 운영에 필요한 재정지원을 위하여 지급하는 교부금으로서 지방교부금이라고도 한다. 지방교부세는 보통교부세와 특별교부세로 구분되는데, 보통교부세는 매년 기준 재정수입이 기준 재정수요에 미달하는 지방자치단체에 그 미달액을 기초로 하여 교부한다. 또한 지방교육재정교부금은 초·중등교육의 재정지원을 위해 지방교육재정교부금법의 규정에 의하여 지급하는 교부금을 말한다. 이 교부금은 지방자치단체가 교육기관 및 교육행정 기관을 설치, 경영하는 데 필요한 재원을 국가가 지원하여 지역간 교육의 균형 발전을 도모하기 위한 것이다.

출처: 기획재정부 홈페이지(https://www.moef.go.kr/sisa/dictionary/detail?idx=516).

2011년에는 교육복지우선사업으로 전환되고 1,356교(초등교 670·중 681·고 5)가 지원을 받았으며, 2012년 이후에는 매년 1,800여 개교 이상이 지원을 받고 있다. 2018년 현황을 살펴보면, 보통교부금은 약 1,426억으로 총 3,573개교(사업학교 1,720교,

연계학교 1,853교)가 교육복지우선지원사업의 혜택을 받고 있다.

교육복지우선지원사업은 사업 대상 학생 중 학교장이 일정한 절차를 거쳐 선정한 학생에게 필요한 학습, 심리치료, 문화체험, 복지 프로그램 등을 제공하는 사업이다.

깨알 tip. 교육복지우선지원사업 대상 학생은 누구인가요?

「국민기초생활보장법」 제12조에 따른 교육급여 수급권자, 「국민기초생활보장법」 제2조 제10호에 따른 차상위계층의 자녀, 「한부모가족지원법」 제5조에 따른 보호대상자인 한부모 가족의 자녀, 「북한이탈주민의 보호 및 정착지원에 관한 법률」 제2조 제2호에 따른 보호대상자의 자녀, 「다문화 가족지원법」 제2조 제1호에 따른 다문화 가족의 자녀, 「장애인 등에 대한 특수교육법」 제15조에 따른 특수교육에 해당되는 대상자, 이 밖에 교육감이 정하는 사람의 자녀를 말한다.

사업의 추진 근거는 「초·중등교육법 시행령」 제54조와 「교육복지우선지원사업 관리·운영에 관한 규정」이며, 학교 및 대상 학생 선정 등 기본적 사항은 교육감이 정하며, 교육감이 정하는 범위 내에서 사업학교의 학교장이 자율적으로 교육복지 프로그램을 구성하여 운영하게 된다.

사업 시행 초기에는 학습영역 및 정서적인 지원 등의 복지 프로그램 영역 등을 실시하였으나 청소년의 수요를 충분히 파악하지 못했다. 이로 인해 청소년을 위한 맞춤형 복지 서비스라는 기본적인 사업 방향이 실현되도록 교육복지우선지원사업의 방식을 개선하도록 노력하고 있다.

교육복지우선지원사업은 교육에 대한 취약 청소년의 격차를 해소하거나 제거하여 이들의 삶의 질을 향상하기 위해 추진된 교육복지사업으로 지속적으로 사업규모가 확장되고 있으며, 교육복지를 실시하는 해당 학교에서도 긍정적인 평가를 받고 있다.

(2) 방과후학교

방과후학교는 학생과 학부모의 요구와 선택을 반영하여, 수익자 부담 또는 재정 지원으로 이루어지는 정규수업 이외의 교육 및 돌봄 활동으로, 학교계획에 따라 일정 기간 동안 지속적으로 운영하는 학교교육활동이다(방과후학교 운영 가이드라인, 2019).

방과후학교의 운영은 대부분 수요자 중심을 원칙으로 운영한다. 모든 프로그램은 청소년의 요구 조사를 기반으로 기획되고 있다. 예를 들어, 학생이 선택하지 않는 과목은 폐강하기도 한다. 물론 경제적인 여건이 어려운 학생은 방과후학교 수강료를 지원받기도 하지만, 원칙적으로 수익자 부담이 원칙이다.

방과후학교는 학생과 학부모의 요구를 바탕으로 방과후 또는 방학 중 프로그램을 개설할 수 있고, 학생들의 자발적인 참여를 원칙으로 한다. 방과후학교는 학교의 교육기능에 대한 보완과 이에 대한 확장과 확대를 위해 진행된다. 또한 가정 내 상황 등으로 인해 돌봄이 필요한 청소년들에게 사회적인 자원과 네트워크를 동원하여 돌봄 서비스를 제공하기도 한다.

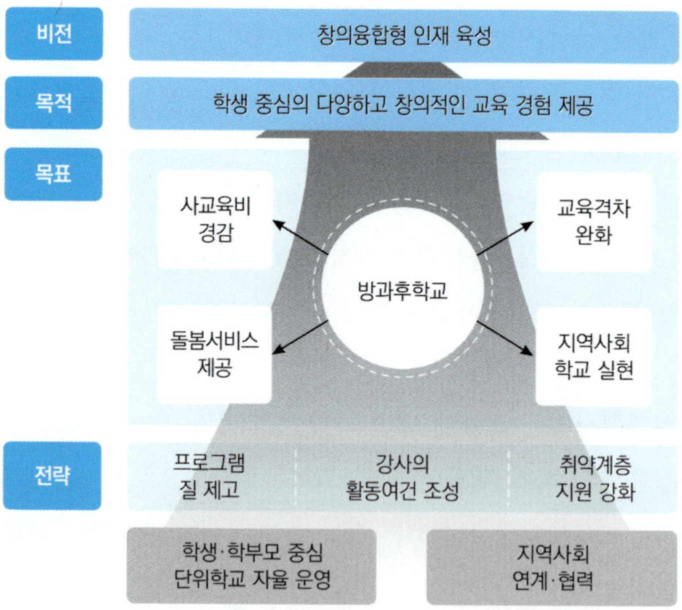

[그림 10-2] 방과후학교 비전 · 목표 · 전략

출처: 여성가족부.

(3) 농산어촌 지역 교육

정부는 도시에 비해 불리한 교육환경을 갖고 있는 농어촌 지역의 교육환경을 바꾸고자 하는 필요성을 바탕으로 교육의 기호를 확대하기 위해 정책적 · 제도적 지원을 추진해왔다. 1960년대 후반에 「도서 · 벽지 교육진흥법(1967)」을 제정하여, 교육의 혜택이 미치지 않는 도서 지역에 학교 시설의 확충을 비롯하여 교재에 대한 무상공급 등의 교육에 대한 여건을 개선시켜 주기도 하였다. 또한 담당 교사들에게 별도의 수당을 지원해 주었다.

1980년대는 농어촌의 학생 수가 급격이 줄어들고, 이로 인해 소규모 학교가 증가하면서 교육내실화를 위한 정책이 '통폐합'이라는 이름으로 1982년 실시되었다.

1995년에 실시했던 교육개혁에서는 농어촌 지역 내에 우수학교를 육성하는 것을 교육개혁의 과제로 삼았고, 이를 바탕으로 소규모 학교의 통 · 폐합과 지역 거점학교 설립을 추진하였다.

이후 2000년에는 나날이 소규모화되는 농어촌 학교를 적정 규모로 키우기 위하여 시 · 도교육청의 기준에 따라 「지방교육 재정교부금법」 및 동 시행령에 근거하여 재정 지원을 받고 있다. 2004년에는 「농어업인 삶의 질 향상 및 농어촌지역 개발촉진에 관한 특별법」 및 동 시행령이 제정되었고, 농어촌 학교의 학생, 교사, 학교시설 등의 교육여건을 개선하기 위해 종합적이고 체계적인 지원 근거의 틀을 마련하기도 하였다. 이후 최근까지 농어촌 지역의 교육환경을 개선하고, 우수고를 육성하는 등의 사업을 전개하고 있으며, 기숙형 공립고 지원사업, 농어촌 거점별 우수 중학교 육성사업, 농어촌 학교 ICT 지원사업 등 학교의 특성을 반영한 특화된 사업을 지원하고 있다.

농어촌 학교를 대상으로 추진되고 진행된 앞서의 다양한 지원 사업들은 최초에 계획되었던 목표를 달성하는 등의 성과를 만들어내었다. 그러나 아쉬운 부분도 있는데, 많은 지원 사업들이 단기적인 사업으로 추진되어 계속적인 지원을 통한 성과를 거두는 것을 확인하기 어려웠다. 또한 예산의 한계로 인해 지원받은 학교의 수가 제한적인 것도 어려움으로 평가되기도 한다. 따라서 향후에는 이를 보완하기 위하여 예산의 충분한 확충과 더불어 지속적인 사업으로 육성되기 위해 정책을 추진하는 환경을 마련해야 할 것이다.

(4) 탈북학생 교육지원정책

탈북학생이란 북한이나 중국 등에서 태어나서 대한민국에 입국하여 한국 학교에 재학 중인 북한이탈주민의 자녀이다. 최근 북한을 비롯한 중국 등에서 태어난 자녀의 한국 입국이 늘어나고 있는데 이들은 「북한이탈주민의 보호 및 정착지원에 관한 법률」에 따른 '보호대상자'로 인정하기 어려워 정부에서 지원하는 정착 지원 혜택을 받지 못하지만, 부모의 탈북 과정 중 외국에서 태어나 학습 결손이 크고 교육적 지원이 필요하다고 사료되어 교육부에서 이들을 탈북학생 범주에 포함시켜 교육을 지원을 하고 있다. 한 가지 알아 두어야 할 사항은 최근 한국에 정착한 탈북주민이 늘어나고 있고 이에 따라 한국에서 출생한 탈북주민 자녀도 늘어나고 있지만, 이들은 원칙적으로 통일부 정착지원 및 교육부 탈북학생 교육지원 대상은 아니다.

〈표 10-1〉 탈북학생 지칭 용어 및 지원 비교

구 분	북청소년	탈북학생		탈북가정 한국 출생 자녀
		북한 출생	제3국 출생	한국 출생
개념	북한이탈주민 중 청소년 연령에 해당하는 집단을 포괄하는 용어	북한이탈주민으로 보호결정이 된 청소년으로 초·중·고등학교에 재학 중인 경우	부모 중 최소 한 명이 북한이탈주민으로 중국 등 제3국에서 출생 후 국내에 입국해 초·중·고등학교에 재학 중인 경우	북한이탈주민의 자녀로 한국 출생
연령대	만 6~24세 이하	나이 구분		없음
교육부 및 시·도 교육청 지원 사업 참여 여부	학교 재학 시 가능	가능		원칙적으로 불가능

출처: 한국교육개발원(2017). 재구성.

탈북주민의 입국 현황을 살펴보면 1948년부터 1990년대 말까지는 누적 집계로 1천 여 명 정도에 불과했으나, 2000년대 들어서면서 한국 입국 탈북주민의 규모가 크게 증가하여 2010년 말에는 2만 명에 이르렀고, 2018년 9월에는 잠정적으로 32,147명에 달하였다.

탈북주민이 지속적으로 증가하면서 탈북학생의 수도 지속적으로 늘어나고 있다. 최근 들어 탈북주민의 입국 규모는 줄어들고 있으나 중국 등 제3국에서 출생한 탈북주민의 자녀 입국은 계속 늘어나고 있어 전체 탈북학생 규모는 계속 늘어나고 있다.

교육부는 매년 4월 1일 탈북학생의 재학 실태를 파악하고자 '탈북학생 통계조사'를 실시하고 있다. 2018년 4월 조사 결과, 총 2,805명의 탈북청소년이 교육 기관에 재학하고 있었다. 이 가운데 2,538명(전체의 90.5%)은 정규 초·중·고등학교 및 기타학교(특수학교, 공민학교, 고등공민학교, 고등기술학교, 각종학교, 방송통신 중·고등학교, 학력인정 평생교육시설)에 재학하고 있으며, 267명(전체의 9.5%)의 청소년은 정규학교가 아닌 전일제 대안교육시설에 다니고 있는 것으로 조사되었다. 이 외에 정규학교나 대안교육시설에서 재학하지 않고 학원을 다니거나 검정고시를 준비하는 탈북청소년이 일부 있을 것으로 예상된다. 탈북학생의 정규학교 재학 현황을 살펴보면 초등학교 재학생이 932명으로 36.7%를 차지하고 있고, 중학교 재학생은 682명(26.9%), 고등학교 재학생은 751명(29.6%), 기타학교 재학생은 173명(6.8%)으로 집계되었다.

탈북학생 교육의 목적은 기본적으로 우리 사회의 통합된 일원으로 적응·성장시키고 통일 미래의 맞춤형 인재로 육성하는 데 있다. 즉 탈북학생의 한국 입국 초기 단계부터 지역사회 정착에 이르는 정착 단계까지 통합적인 교육을 통해 이들이 대한민국에 원만히 적응하고 한 사회의 건강한 일원으로 자랄 수 있도록 하는 데 교육의 목적이 있다. 교육부는 탈북학생의 학교와 사회적응력을 높이기 위해 '입국 초기 교육', '전환기 교육', '정착기 교육' 순으로 교육단계를 체계화하여 교육을 지원한다. 정규교육 과정을 토대로 하고 대안교육시설 등의 다양한 교육기관에서 탈북학생이 교육지원을 받을 수 있도록 교육부와 통일부는 시·도교육청 및 한국교육개발원, 북한이탈주민 지원재단과의 연계와 협력을 통해 각종 교육서비스를 제공하고 있다. 교육부, 시・도교육청, 한국교육개발원 탈북청소년교육지원센터는 「탈북학생 교육지원 기본계획」을 수립, 학교 내 탈북학생을 대상으로 중앙・지역 단위의 유기적 연계를 바탕으로 체계적인 교육지원을 실시하고 있으며, 학교 밖 탈북청소년에 대해서는 통일부와 북한이탈주민지원재단은 지역기관과 연계하여 다양한 지원을 제공하고 있다.

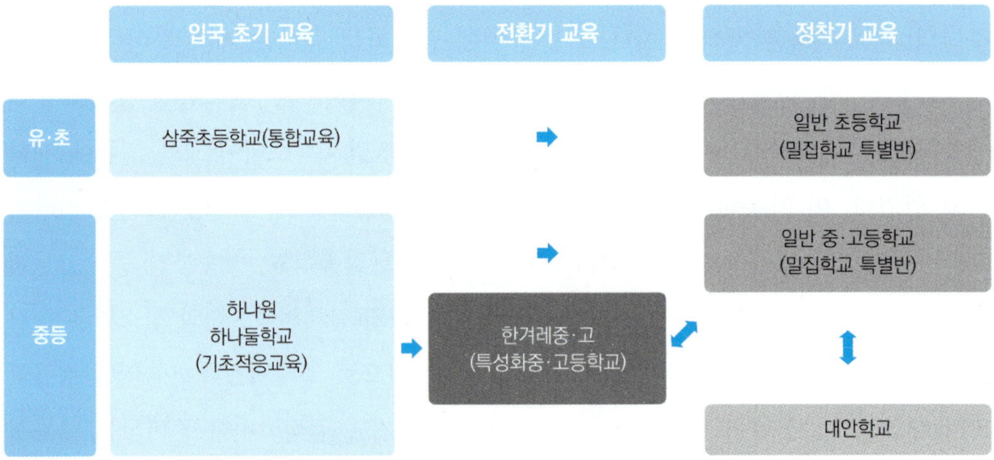

[그림 10-3] 탈북학생 단계별 교육지원체계

출처: 한국교육개발원 탈북청소년교육지원센터(2018).

'탈북학생 맞춤형 교육강화' 영역의 목표는 하나원에서 정규학교에 이르는 경로에 따른 적응력 향상을 위한 맞춤형 교육강화이다. 탈북학생의 학교 적응을 위해서 탈북학생 밀집지역 초・중학교에서는 학습 부진을 보충하고 사회문화 적응을 할 수 있도록 도움을 주는 '탈북학생 밀집학교 특별반'을 운영하였다.

'제3국 출생 학생 교육지원'을 위하여 이중 언어 강사를 활용한 한국어 교육지원 등을 다문화사업 등과 연계하여 실시하였다. 마지막으로 남북한 학생 및 학부모의 상호 교류를 통한 가정・학교・사회의 상호이해・협력 강화를 위한 동아리 활동을 지원하는 등의 '남북한 상호 이해교육' 사업도 실시하였다.

3) 학교 밖 청소년 지원사업

(1) 추진 배경

우리나라에서는 매년 약 5만여 명의 청소년들이 학업을 중단하고 있다. 학교 밖 청소년도 2016년 기준 36만여 명으로 추산되고 있으며, 학교 밖 청소년들은 스스로 진로를 찾고 직업을 구하는 과정에서 많은 시행착오와 좌절을 경험하고 있으며, 여러 사회적 기회를 박탈당하고 있다.

이에 따라 학력이 단절된 청소년에게 지속적으로 학업을 이어 갈 수 있는 환경을 마련하고, 스스로의 자립에 불편함을 겪고 있는 청소년에게 체계적인 자립을 할 수 있게 지원하는 것이 필요하다. 이를 위해 2007년부터 학교 밖 청소년을 대상으로 기초적인 자립기술 습득 및 자립동기 강화를 목적으로 하는 자립지원 프로그램(두드림)이 운영되었다. 또한 2014년 5월 28일 「학교 밖 청소년 지원에 관한 법률」이 제정되어 '학교 밖 청소년 지원'에 대한 법적 근거가 마련되었고, 2015년 5월 29일 법률 시행에 따라 전국 206개의 학교 밖 청소년 지원센터 '꿈드림'이 지정 · 설치되어 운영되고 있다.

이를 위해 2007년부터 취약청소년을 대상으로 자립 동기 강화, 기초적인 자립 기술 습득 등을 목적으로 하는 자립지원 프로그램(두드림)이 운영되었고, 특히, 검정고시 지원 및 학습클리닉 프로그램 등을 통해 학업을 지속할 수 있도록 지원하는 프로그램(해밀)을 2009년부터 운영하였다. 2014년 5월 28일에는 「학교 밖 청소년 지원에 관한 법률」이 제정되어 학교 밖 청소년 지원에 대한 법적 근거가 마련되었으며, 2015년 5월 29일 법률 시행에 따라 2022년 현재 전국 220개의 '학교밖청소년지원센터(꿈드림센터)'가 지정 · 설치되어 운영되고 있다

〈표 10-2〉 학교 밖 청소년 지원 사업 연혁

연 도	추 진 내 용
2007	• 학업중단 청소년 지원 프로그램 운영
2012	• 청소년상담복지센터 학업중단숙려제 연계, 숙려제 상담 및 자퇴 후 학업 복귀 서비스 지원
2013	• 「학업중단 예방 및 학교 밖 청소년 지원방안」 마련(교육부 공동, 2013. 11.)
2014	• 「학교 밖 청소년 지원에 관한 법률」 제정(2014. 5. 28.)
2015	• 「학교 밖 청소년 지원에 관한 법률」 시행(2015. 5. 29.) • 「학교 밖 청소년 지원대책」 마련(2015. 5. 12.) • 전국 199개 '학교밖청소년지원센터' 지정 · 설치 • 「2015 학교 밖 청소년 실태조사」 시행
2016	• 전국 202개 '학교밖청소년지원센터' 지정 · 설치 • 「학교 밖 청소년 발굴 · 지원 강화 대책」 마련(2016. 6. 14.)
2017	• 학교 밖 청소년 전문 직업훈련 기관 '내일이룸학교' 운영(구 취업사관학교)
2018	• 전국 206개 '학교밖청소년지원센터' 지정 · 설치 • 「2018 학교 밖 청소년 실태조사」 시행
2019	• 전국 214개 '학교밖청소년지원센터' 지정 · 설치 • 「학교 밖 청소년 지원 강화 대책」 마련(2019. 11. 21.)
2020	• 전국 219개 '학교밖청소년지원센터' 지정 · 설치
2021	• 전국 220개 '학교밖청소년지원센터' 지정 · 설치 • 「학교 밖 청소년 지원에 관한 법률」 개정(2021. 3. 23.) · 시행(2021. 9. 24.) - 의무 교육단계 학교 밖 청소년의 정보를 사전동의 없이 학교밖청소년지원센터로 연계 가능 • 「2021 학교 밖 청소년 실태조사」 시행
2022	• 메타버스 기반 학교 밖 청소년 온라인 플랫폼(스마트 꿈드림센터) 구축 · 운영

출처: 여성가족부(2022).

(2) 꿈드림(학교밖청소년지원센터) 설치 현황

2022년 꿈드림센터는 전국 220개소(시 · 도 센터 16개소, 시 · 군 · 구 센터 204개소)에서 운영되고 있으며, 전담 인력은 시 · 도 센터별로 6명 이상씩, 시 · 군 · 구 센터별로 2~4명 이상씩 배치되어 활동하고 있다.

〈표 10-3〉 학교 밖 청소년지원센터 운영현황 (단위: 개소)

구분	소계	서울	부산	대구	인천	광주	대전	울산	세종	경기	강원	충북	충남	전북	전남	경북	경남	제주
총계	220	26	17	9	9	6	3	5	1	31	12	13	16	10	23	15	21	3
시 · 도	16	1	1	1	1	1	1	1	1	1	1	1	1	1	1	1	1	
시 · 군 · 구	204	25	16	8	8	5	2	4	1	30	11	12	15	9	22	14	20	2

출처: 여성가족부(2022).

(3) 사업목표 및 대상

「학교 밖 청소년 지원에 관한 법률」 제2조에 근거하여, 학교 밖 청소년 지원사업의 목표는 '학교 밖 청소년'에게 상담 · 교육 · 취업 · 자립 지원 등의 서비스를 지원함으로써 '학교 밖 청소년'이 건강한 사회구성원으로 성장할 수 있도록 돕는 것을 말한다. 주요 연령대는 9세 이상부터 24세 이하 청소년을 대상으로 한다.

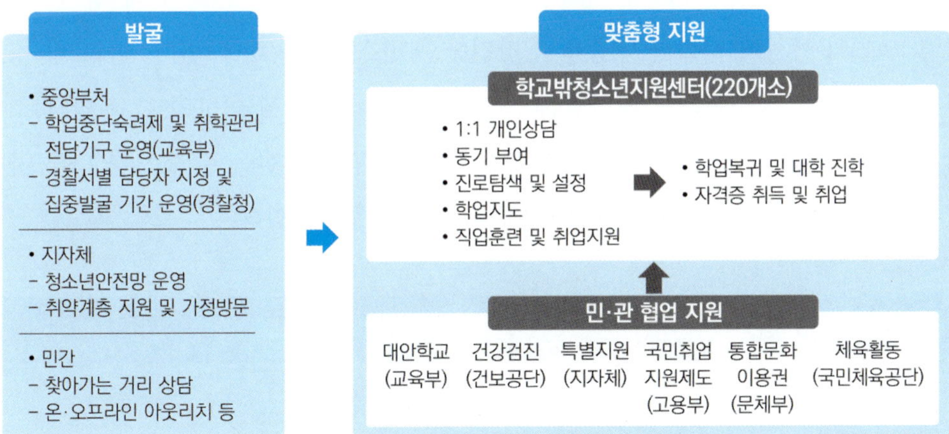

[그림 10-4] 학교 밖 청소년 발굴 · 연계 체계

출처: 여성가족부(2002).

(4) 학교 밖 청소년 지원 서비스

'학교밖청소년지원센터'에서는 연계된 청소년의 특성과 요구에 따라 맞춤형 서비스를 지원한다. 서비스의 종류는 교육지원, 상담, 직업, 취업, 자립지원 등이다.

학교 밖 청소년 지원 서비스에서 학업형 청소년에게는 멘토링, 학습동아리, 검정고시 등처럼 학력을 취득하고, 상급학교 진학할 수 있는 교육서비스를 제공한다. 또한 직업형 청소년에게는 직업에 필요한 역량을 강화하는 사업이나 진로에 필요한 교육활동 등의 교육을 지원하고 이를 통해 세금 내는 시민이 되기 위한 기초능력을 실시한다고 볼 수 있다. 이를 위해 내일이룸학교에 연계하거나 고용노동부에서 진행하는 직업훈련 등에 참여한다.

또한 2016년부터 학교 밖 청소년 건강검진 제도를 도입하여 학교 밖 청소년이 건강하게 성장할 수 있도록 지원하고 있다. 3년 주기로 학교보건법에 따라 학교 연계 병원에서 건강검진을 받는 학생에 비해 건강관리에 취약한 학교 밖 청소년을 생애주기별 국가건강검진(영·유아, 일반, 생애, 암 검진 등) 체계에 포함하여 지속적인 건강관리를 추진하며, 학교 밖 청소년의 질병 예방과 조기 발견을 위해 생애전환기 연령(10대)의 특성에 적합한 맞춤형 건강진단 서비스를 제공하고 있다. 학교 밖 청소년 건강검진은 「청소년복지 지원법」을 근거로 9세 이상 18세 이하의 학교 밖 청소년이 우선 적용 대상이며, 19세 학교 밖 청소년도 건강검진을 받을 수 있으나 다른 국가건강검진과 중복되지 않는 경우에 한해 검진을 받을 수 있다

영·유아(0~5세)	학동기(6~18세)	성인기(19~64세)	노년기(65세~)
영유아 건강검진 ※ 건강보험 가입자 및 의료급여 수급권자	취학 학동기 ※ 초1, 초4, 중1, 고1 학생 건강검사 미취학 학동기 (9~18세 학교 밖 청소년) (19세 청소년은 국가건강검진과 중복되지 않는 경우에 한해 검진 가능)	일반검진 및 암 검진	일반 건강검진 및 암 검진 (의료급여 생애전환기 검진 미취학 학동기 (만 66세 이상)

[그림 10-5] 생애주기별 국가건강검진

출처: 여성가족부(2022).

검진 항목으로는 상담 및 진찰, 신체 계측, 혈액검사, 간염 검사(B형 및 C형), 결핵 검진, 구강 검사 등이 있으며, 검진 비용은 전액 국가 지원으로 학교 밖 청소년이라면 누구나 무료로 건강검진을 받을 수 있다. 학교 밖 청소년은 가까운 꿈드림센터를 방문하거나 우편, 전자메일로 학교 밖 청소년 건강검진 신청서를 작성하여 신청 후 가까운 학교 밖 청소년 검진 기관을 방문하여 검진을 받으면 된다.

3. 외국의 청소년복지정책 현황

1) UN청소년 정책 현황

1945년에 창설된 UN은 국제평화를 비롯한 안전에 대한 보장과 국가 간 우호적인 관계 발전, 인도적인 문제 해결 및 인권과 기본적 자유의 증진을 위한 협력을 진행하는 것을 목표로 한다. UN 회원국은 1945년 창설 당시 51개국으로 구성되었다가 2018년 현재 총 193개국이 회원국으로 활동하고 있다.

UN의 청소년 정책은 국제평화를 위한 청소년의 역량 강화와 함께 청소년의 권리증진 등에 초점을 맞추고 있다. 1964년 UN 전문기구인 'UNESCO(United Nations Educational, Scientific and Cultural Organization)'가 프랑스 그레노블(Grenoble)에서 개최한 '세계청소년회의'에서는 학교교육의 보완책으로서 학교 밖 청소년교육의 필요성과 기능을 천명하기도 했다.

- 국제청소년위원회의 설립
- 청소년지도자와 전문가 간의 정보교환을 촉진시키기 위한 대책 마련, 전문가의 자질향상과 이를 통한 정보문헌 조사연구와 관련된 역할을 수행하는 지역 센터의 설치
- 청소년과 학교 밖 청소년의 교육, 이러한 요소들의 통합 조정과 관련된 연구와 조사활동의 활성화
- 이 회의의 후속조치로서 지역회의 형태나 혹은 이 회의에서 논의된 주제 중의 하나를 선택하여 심층 연구하는 연구모임 형태의 협의기구 설립

- 전 세계의 다양한 분야에서 활동하는 각국 청소년지도자의 지역모임 혹은 국제모임의 소집
- 청소년문제를 검토하고 학교 밖 청소년교육 계획을 수립하기 위한 정부의 요청에 따른 전문가의 파견
- 기술적인 지원을 받고 있는 프로그램에 청소년을 위한 학교 밖 교육도 포함시킴으로써 개발도상에 있는 지역들도 자신들의 청소년프로그램을 위해 필요한 자료와 전문가를 지원받도록 하는 것
- 아프리카, 남미, 아시아 등의 개발도상국 청소년에게 특별한 관심을 가지고 청소년 교육과정을 준비하는 것

출처: 유네스코한국위원회 청년원(1995).

SDGs 우선순위 과제에는 '청소년의 권한 강화', '참여', '역량 강화', '교육', '고용', '기업가정신', '성평등', '건강권', '기후변화', '지속가능 생산과 소비', '빈곤', '이행 기제' 등이 폭넓게 제시되었다. SDGs 17개 목표는, ▲빈곤 퇴치 ▲기아 해소와 식량 안보 ▲보건 증진 ▲양질의 교육보장과 평생학습 ▲성평등과 여성 역량 강화 ▲물과 위생 ▲에너지 ▲경제성장과 일자리 ▲인프라와 산업화 ▲불평등 해소 ▲도시 ▲지속 가능한 소비와 생산 증진 ▲기후변화와 대응 ▲해양자원 ▲육상 생태계 ▲평화로운 사회와 제도 ▲이행 수단과 글로벌 파트너로 구성되어 있는데, 이를 구체적으로 살펴보면 다음과 같다.

1. 모든 지역에서 모든 형태의 빈곤을 종식시킨다.
2. 기아를 종식하고, 식량안보를 확보하며, 영양 상태를 개선하고 지속가능한 농업을 증진한다.
3. 모든 사람의 건강한 삶을 보장하고 웰빙을 증진한다.
4. 모든 사람을 위한 포용적이고 형평성 있는 양질의 교육보장과 평생교육의 기회를 증진시킨다.
5. 양성 평등을 달성하고 여성과 여아의 역량을 강화한다.
6. 모든 사람을 위한 식수와 위생시설의 접근성을 높이며 지속가능한 관리를 확립한다.
7. 모든 사람을 위한 저렴하고 신뢰할 수 있으며 지속가능한 현대적인 에너지의 접근을 확립한다.
8. 지속적 · 포괄적 · 지속가능한 경제성장을 촉진하며 완전한 고용과 모두를 위한 양질의 일자리를 증진한다.
9. 복원력이 있는 인프라 시설을 구축하고, 포용적이고 지속가능한 산업화를 진흥시키며 혁신을 장려한다.
10. 국가 내, 국가 간 불평등을 완화한다.
11. 포용적이고 안전하며 복원력 있고 지속가능한 도시와 인간 거주지를 조성한다.

12. 지속가능한 소비와 생산의 양식을 확립한다.
13. 기후변화와 그 영향에 대처하는 긴급행동을 시행한다.
14. 지속가능한 발전을 위한 해양, 바다, 해양자원을 보존하고 지속가능하게 이용한다.
15. 육상 생태계를 보호·복원하고 지속가능하게 이용하며 산림을 지속가능하게 관리하고, 사막화를 방지하며, 토지 황폐화를 막고 생물 다양성 감소를 억제한다.
16. 지속가능한 발전을 위해 평화롭고 포용적인 사회를 확대하고, 사법 정의에 대한 접근성을 높이며, 모든 차원에서 효과적이고 신뢰할 수 있는 포용적인 제도를 구축한다.
17. 이행수단을 강화하고 지속가능한 발전을 위한 글로벌 파트너십을 확대한다.

출처: 한국청소년정책연구원(2015). 지속가능발전목표(SDGs)와 청소년 삶의 질 정책방안 연구.

UN은 "청소년교육의 중요한 목적은 그들의 모든 재능을 개발하고, 그들이 보다 높은 도덕적 자질을 획득하며 평화·자유·만인의 존엄과 평등의 고상한 이상에 깊은 애착을 가지고 인간과 인간의 창조적 업적에 대한 존경과 애정이 고취되도록 훈련하는 것이다. 이러한 목적을 달성하기 위하여 가족은 중요한 역할을 담당한다. 청소년은 자신들이 관리하도록 소명받은 이 세계에 대한 책임감을 의식하여야 하며, 인류행복의 미래에 대한 확신으로 고무되어야 한다"고 하였다.

UN은 '참여(participation)', '개발(development)', '평화(peace)'를 주제로 하여 1985년을 '세계청소년의 해'로 결의하면서 각 회원국이 청소년 정책을 국가정책의 우선순위로 두어야 한다고 권고하였다. 또한 청소년의 연령대를 15세에서 24세로 정의하였으며, 청소년에 대한 정의를 앞으로 어른이 될 세대, 미래를 이끌어 갈 세대를 넘어 우리사회에 기여하는 중요한 세대로 인지할 것을 회원국에 권고한 바 있다.

또한, 새천년개발목표(the Millennium Development Goals: MDGs)는 세계 빈곤 퇴치 및 타파에 관한 범세계적인 의제이다. 2000년 9월에 참여한 191개 UN회원국가는 2015년까지 '빈곤의 감소', '보건', '교육의 개선', '환경보호'에 관해 지정된 8가지 목표를 실천하는 것에 동의를 하였다. 주요내용으로는 극심한 빈곤과 기아 퇴치, 보편적 초등교육의 달성, 성평등과 여성능력의 고양, 유아(영아) 사망률 감소, 산모건강의 증진, 환경지속성 보장, 개발을 위한 국제 파트너십 구축 등이다. MDGs는 2015년 이후 지속가능발전목표라는 새로운 발전목표로 이어지게 된다.

2015년 9월 25일에 채택된 지속가능발전목표(Sustainable Development Goals: SDGs)는 지난 2000년에 채택되어 이행해 온 새천년개발목표(MDGs)의 달성 시한이 2015년으로 종료되면서, 이를 대신해 2016년부터 2030년까지 달성하기로 한 새로운 발전목표이다.

SDGs의 논의에서도 이러한 관점이 계승되었다. SDGs의 우선순위 과제에는 청소년의 권한강화, 역량강화, 고용, 기업가 정신, 성평등, 지속가능한 생산과 소비 등이 폭넓게 제시되기도 하였다. SDGs의 17개 목표를 살펴보면 빈곤 퇴치, 기아 해소와 식량안보, 보건 증진, 양질의 교육보장과 평생학습, 성평등과 여성 역량 강화, 물과 위생, 에너지, 경제성장과 일자리, 인프라와 산업화, 불평등 해소, 지속 가능한 소비와 생산 증진, 기후변화와 대응, 평화로운 사회와 제도, 이행 수단과 글로벌 파트너십 등이다.

2) 유럽연합 청소년 정책 현황

유럽 내 국가 연합체인 '유럽연합(European Union: EU)'은 유럽의 정치・경제통합을 실현하기 위하여 1993년 11월 1일 발효된 「마스트리히트 조약(Maastricht Treaty)」에 따라 출범하였다. 유럽연합의 정부형태는 국가연합이며, '유럽의회(European Parliament: EP)', 각국 정상들의 모임인 '유럽이사회(European Council)', 회원국 간 문제를 해결하기 위해 각국 장관들의 회의체인 '각료이사회(Council of the European Union: CEU)', 각종 정책입안 및 집행을 담당하는 '집행위원회(European Commission)' 등 4개 기관이 유럽연합의 핵심기구를 형성한다. 이 외에도 '유럽사법재판소(Court of Justice of the European Union)', '유럽회계감사원(European Court of Auditors)', '유럽경제사회위원회(European Economic and Social Committee: EESC)', '지역위원회(Committee of the Regions: COR)', '유럽중앙은행(European Central Bank: ECB)', '유럽옴부즈맨(European Ombudsman)', '유럽투자은행(European Investment Bank: EIB)' 등의 기관을 두고 있다.

유럽연합의 주요 정책을 결정하는 '각료이사회'는 정책분야별로 각 회원국을 대표하는 관계장관으로 구성된다. 여기에는 외교, 일반(general affairs), 경제 · 재무, 사법 · 내무, 고용 · 사회 정책 · 보건 · 소비, 경쟁력(competitiveness), 교통 · 통신 · 에너지, 농업 · 수산, 환경, 교육 · 청(소)년 · 문화 · 체육이사회 등 10개의 각료이사회로 구성된다. 회의는 의장이 소집하거나 회원국 또는 '집행위원회'의 요청으로 개최한다. 따라서 유럽연합의 청(소)년 관련 정책은 청(소)년을 비롯해 교육과 문화 등 유관 분야의 정책과 긴밀히 연계되어 있다. 참고로 유럽연합의 경우 youth를 15~29세의 연령으로 정의하고 있어 여기서는 청(소)년으로 표기하였다. 유럽연합의 청(소)년정책은 집행위원회 내 교육문화부서(Directorate-General Education and Culture: EAC)에서 담당한다. EAC를 중심으로 수립되어졌던 유럽연합의 청소년정책은 그동안 '청(소)년 행동 프로그램(2007~2013)'과 '청(소)년 전략 2010~2018(Youth Strategy: 2010~2018)'을 중심으로 이루어졌고, 이후 2018년 11월에 새로운 '청(소)년 전략 2019~2027(Youth Strategy: 2019~2027)'을 수립하여 오늘에 이르고 있다. 여기서는 유럽연합의 청소년정책 변천을 살펴보는 의미에서 청(소)년 행동 프로그램(2007~2013)과 청(소)년 전략 2010~2018을 간략히 살펴보고, 새롭게 수립된 '청(소)년 전략 2019~2027'을 기술하였다. 우선 '청(소)년 행동 프로그램'은 유럽연합에서 유럽 내 청(소)년을 위해 고안한 프로그램으로, 적극적인 유럽 시민의식과 젊은 유럽인들 간의 연대감 · 관용을 고취하고, 유럽연합의 미래 형성에 청(소)년들의 적극적인 참여를 목표로 삼았다. 또한 청(소)년의 교육적, 사회적, 문화적 배경에 상관없이 모든 젊은 세대의 유럽연합 회원국 간 이동을 촉진하고자 하였다. '청(소)년 행동 프로그램'은 ▲유럽의 청(소)년(Youth for Europe) ▲유럽봉사활동서비스(European Voluntary System: EVS)▲세계의 청(소)년(Youth in the World) ▲청(소)년 지원 시스템(Youth Support System) ▲청(소)년 분야에서 유럽협력을 위한 지원(Support for European Cooperation in the Field of Youth) 등으로 구성되었다.

유럽연합은 2022년을 유럽 청소년의 해(European Year of Youth)로 제정하였다. 2021년 우르즐라 폰 데어 라이엔 유럽연합 집행위원장이 2022년을 유럽 청소년의 해로 제정할 것을 제안한 후, 동년 10월 유럽의회와 유럽이사회가 이를 승인함으로써 2022년을 유럽 청소년의 해로 선포한 것이다. 더 친환경적이고 더 포용적이며 더욱 디지털화된 더 나은 미래를 건설하기 위하여 청소년의 중요성을 조명하기 위해 제정한 유럽 청소년의 해를 계기로 유럽연합은 에라스무스와 유럽연대봉사단에 800만 유로의 예산을 지원하게 되었다. 이를 통해 유럽 전역에서 청소년들이 더 많은 것을 배우고, 비전을 함께 공유하며, 더 많은 사람들을 만나고 다양한 활동에 참여할 수 있는 많은 기회들을 유럽 청소년들에게 제공하기 위해서이다.

〈표 10-4〉 유럽연합 Youth Strategy 2019~2027의 3개 분야

분 야	세부 정책
참여하다(Engage)	• 새로운 EU 청(소)년 대화(EU Youth Dialogue) 출범 • EU에 참여 가능한 유럽 청(소)년 포털의 통합 • 청소년 민주생활 참여 강화 및 유럽과 기타 선거 참여 촉진 • Erasmus+를 통한 유럽 전역의 참여활동에 대한 학습 지원 및 관심 제고 등
연결하다(Connect)	• 유럽과 유럽 밖, 각지의 청(소)년 네트워크 구축 • 정책협력 및 지역사회 구축을 통한 유럽 연대 조직 지원 • 국경 간 학습 이동 및 연대에 대한 참여 확대, 법적·행정적 장벽 제거 검토 등
권한을 부여하다(Empower)	• 양질의 청(소)년 고용을 위한 실용적인 도구 개발 및 보급 • 청(소)년 노동의 인식, 혁신, 역량강화 등을 다루는 풀뿌리 활동 지원 • 디지털 청(소)년 노동에 대한 상호학습 지원 및 증거 구축 • 청(소)년 근로자 기술 및 청년업무 자금조달 등

출처: EU(2018. 12. 18.). Official Journal of the European Union, C456. volume 61.(2022. 11. 1. 인출). https://eur-lex.europa.eu/legal-content/EN/TXT/PDF/?uri=OJ:C:2018:456:FULL&from=EN.

youth welfare | chapter 11

다문화청소년 정책

[학습목표]

1. 다문화청소년의 개념에 대해 학습한다.
2. 다문화청소년의 현황에 대해 학습한다.
3. 다문화청소년의 적응문제에 대해 학습한다.

1. 다문화청소년의 개념

1) 다문화청소년의 정의

다문화란 한 사회에 하나의 문화만 존재하는 것이 아니라 여러 문화들이 동시에 공존하는 것을 말한다. 최근 한국사회는 노동시장의 개방, 국제결혼 등 외국과의 교류가 증대되면서 다양한 문화들이 유입되고 있다. 다문화주의는 외부에서 들어온 이러한 문화들을 수용하고 존중하여, 다양한 문화가 공존하도록 노력하는 것을 중요한 내용으로 한다. 즉, 다문화주의란 민족마다 다른 다양한 문화나 언어를 단일의 문화나 언어로 동화시키지 않고 공존시켜 서로 수용, 존중하는 것을 목적으로 하는 사상, 운동이나 정책을 의미한다. 다문화 속에는 둘 이상의 문화가 결합되어 구성된 다문화가정이 있고, 그러한 가정에서 태어나거나 자라게 되는 다문화청소년이 있다. 현재 다문화청소년에는 국제결혼가정의 청소년, 외국인 가정의 청소년, 새터민가정의 청소년, 한민족가정의 청소년 등이 속한다. 그러나 현재 한국의 「다문화 가족지원법」의 제2조에서는 다문화 가족을 결혼이민자나 한국 국적을 취득한 자로 이루어진 가족으로 정의하고 있어 학문적 개념 정의와 법이 시행되는 현실적인 상황에서 차이를 보이고 있다.

우리나라의 9세에서 24세 사이 청소년 인구는 1979년에 전체 인구의 36.9%인 1,401만 명으로 최고점에 도달한 이후 지속적으로 감소하고 있다. 이러한 감소 추세는 2015년에 전체 인구의 19%인 953만 명으로 2030년에는 더욱 낮아져 13.7%인 716만 명이 될 것으로 예상하고 있다. 반면에 고령인구의 비율은 계속 증가할 것으로 전망되므로 청소년 인구 감소와 고령인구 비율 증가에 대비한 장기적인 차원에서의 청소년정책이 필요하다. 한편 최근 한부모가정이 증가하고 있고 가족의 형태도 다양하게 변화하고 있을 뿐만 아니라 이주노동자, 결혼이민자도 증가하면서 외국인, 혼혈인 등이 사회구성원이 되는 다민족·다문화사회로 진입하고 있다. 특히 다문화가정 자녀가 꾸준히 증가하고 있다. 교육부는 다문화가정 학생을 국내 출생, 중도 입국, 외국인근로자, 기타 외국인 자녀 등으로 구분하고 있는데, 이들 중 국내 출생 다문화가정 학생이 가장 많은 것으로 나타난다. 또한 학교급별로 보면 다문화가정 자녀 중 국내 출생 자녀의 비율이 모든 학교급에서 높은 편이며 그다음으로 중도 입국 청소년, 외국인 근로자 자녀 순이다. 특히 다문화가정 자녀 중 중도 입국 학생의 비율은 초등학교에서보다 중학교와 고등학교에서 높은 것으로 나타나고 있어 현재 다수의 다문화가정 학생이 한국에서 성장하여 중·고등학교에 입학하고 있는 것으로 나타나고 있다.

과거 우리 사회에서는 국제결혼처럼 한국인이 다른 국적을 가진 사람과 결혼을 통해 형성된 가정을 국제결혼가정 혹은 혼혈가정으로 불렀다. 그러나 이러한 용어가 갖고 있는 상징적 차별성을 시정하기 위한 사회적 합의가 진행되면서, 그 대안으로 다문화가정, 다문화자녀라는 용어가 사용되고 있다. 다문화청소년은 다문화가족의 자녀 중 만 9세에서 24세의 연령 범위에 있는 경우를 의미한다. 여기서 다문화 가족이란 「다문화가족지원법」에 근거해 보면, 결혼이민자가 우리나라 국민과 결혼하여 가정을 이룬 경우, 출생 당시 아버지나 어머니 중 한 명이 대한민국 국민인 경우다. 그러나 현실적으로 다문화청소년의 개념은 단순히 다문화가족의 자녀라는 범위를 넘어서 연구자나 관련 기관의 목적에 따라 보다 광범위하고 다양하게 사용되고 있다.

가장 전형적인 유형의 다문화청소년은 부모 중 한 명이 결혼이민자인 경우이며, 그 외에도 한국인 부모 사이에 출생하였으나 부모가 이혼 또는 사별로 인하여 외국출신과 재혼을 하게 된 가정의 청소년이다. 또한 「청소년복지 지원법」에서는 다문화가족 청소년 외에 이주배경 청소년을 규정하여, 중도입국 청소년 및 중도입국하는 새터민 자녀, 무연고 외국인 자녀, 외국인근로자 자녀 등을 포괄하고 있다. 여기서 중도입국 청소년이란 결혼이민자가 한국인과 재혼하여 본국에서 성장하던 자녀를 데리고 오는 경우를 의미한다.

초기 다문화교육 정책은 결혼이주여성과 한국인 사이에 출생한 자녀와 외국인 근로자 자녀에 초점이 맞추어져 있었으나, 다문화가정 학생의 유형이 다양화됨에 따라 2010년부터는 중도입국 자녀도 정책 대상에 포함되었다.

2) 다문화청소년 현황

우리사회에서 다문화가족과 다문화아동 · 청소년에 대한 관심이 높아지고 있다. 다문화가족이란 광의의 개념으로는 한 가족 내에 다양한 문화가 공존하고 있는 가족을 의미한다. 협의의 개념으로 살펴보면, 국제결혼을 통해 형성된 가족만을 의미한다. 「다문화가족지원법」에는 통상 다문화가족의 정의를 협의의 개념으로 사용한다. 이 「다문화가족지원법」에 기초하여 현재 다문화가족 관련 제도 및 정책 등이 설계되었다.

다문화가족을 협의의 개념으로 살펴보면, 국제결혼을 통해 형성된 가족으로 그 개념이 제한되어 있다. 2008년에 제정된 「다문화가족지원법」에는 다문화가족을 협의의 개념으로 사용하고 있다. 법에 기초하여 다문화가족의 생활안정, 교육지원, 가정폭력 피해자 지원, 실태조사, 다문화가족지원센터 설립 등을 지원하고 있다. 다문화가족 자녀 수는 2007년에는 44,258명, 2009년에는 107,689명으로 2배 가량 증가, 2010년에는 약 3배 증가한 121,935명으로 파악되었다. 이후 다문화가족 자녀 수는 지속적으로 증가하다가 2015년에는 197,550명으로 소폭 감소하였으나 2017년부터 222,455명, 2018년 237,705명, 2019년 264,626명, 2020년 266,321명, 2021년 289,529명으로 지속적인 증가세를 보이고 있다. 2021년 다문화가족 자녀의 연령대별 분포를 살펴보면, 만 6세 이하(미취학 연령)는 114,555명(39.6%)으로 가장 많은 비율을 차지했다. 만 7~12세(초등학생 연령)는 108,953명(37.6%), 만 13~15세(중학생 연령)는 43,433명(15.0%), 만 16~18세(고등학생 연령)는 22,588명(7.8%)으로 나타났다. 초등학생 연령 이하 자녀가 223,508명으로 전체 다문화가족 자녀의 77.2%를 차지했다.

〈표 11-1〉 다문화가족 자녀 수 연령별 현황 (단위: 명, (%))

연도	연령별 현황				
	계	만 6세 이하	만 7~12세	만 13~15세	만 16~18세
2007	44,258(100.0)	26,445(59.8)	14,392(32.5)	2,080	(4.7)
2008	58,007(100.0)	33,140(57.1)	18,691(32.2)	3,672	(6.3)
2009	107,689(100.0)	64,040(59.5)	28,922(26.9)	8,082	(7.5)
2010	121,935(100.0)	75,776(62.1)	30,587(25.1)	8,688	(7.1)
2011	151,154(100.0)	93,537(61.9)	37,590(24.9)	12,392	(8.2)
2012	168,583(100.0)	104,694(62.1)	40,235(23.9)	15,038	(8.9)
2013	191,328(100.0)	116,696(61.0)	45,156(23.6)	18,395	(9.6)
2014	204,204(100.0)	121,310(59.4)	49,929(24.5)	19,499	(9.5)
2015	197,550(100.0)	116,068(58.8)	61,625(31.2)	12,567	(6.4)
2016	201,333(100.0)	113,506(56.4)	56,768(28.2)	17,453	(8.7)
2017	222,455(100.0)	115,085(51.7)	81,826(36.8)	15,753	(7.1)
2018	237,705(100.0)	114,125(48.1)	92,368(38.9)	19,164	(8.1)
2019	264,626(100.0)	117,045(44.2)	104,064(39.3)	26,524(10.0)	16,993(6.4)
2020	266,321(100.0)	105,939(39.8)	107,265(40.3)	34,440(12.9)	18,677(7.0)
2021	289,529(100.0)	114,555(39.6)	108,953(37.6)	43,433(15.0)	22,588(7.8)

출처: 행정안전부(2022). 2021년 지방자치단체 외국인주민 현황.

또는 모의 국적별 다문화가족의 자녀 수를 살펴보면, 베트남 99,398명(34.3%), 중국 52,030명(18.0%), 중국 출신 한국계 41,369명(14.3%), 필리핀 24,450명(8.4%) 순으로 조사되었다. 이들 네 국가 출신 부모의 자녀가 전체 다문화가족 자녀의 75.0%를 차지하였다.

〈표 11-2〉 부 또는 모의 국적별 다문화가족 자녀 수 현황 (단위: 명, (%))

연도	합계	중국(한국계)	중국	베트남	필리핀	일본	캄보디아	몽골	태국	미국	러시아	대만	기타
2008	58,007 (100.0)	16,681 (28.8)	10,889 (18.8)	8,194 (14.1)	6,378 (11.0)	6,508 (11.2)	-	816 (1.4)	870 (1.5)	2,406 (4.1)	303 (0.5)	1,515 (2.6)	3,447 (5.9)
2009	107,689 (100.0)	18,669 (17.3)	35,932 (33.4)	22,491 (20.9)	10,687 (9.9)	6,838 (6.3)	-	1,681 (1.6)	1,563 (1.5)	683 (0.6)	736 (0.7)	770 (0.7)	7,639 (7.1)
2010	121,935 (100.0)	31,404 (25.8)	29,800 (24.4)	27,517 (22.6)	11,926 (9.8)	5,734 (4.7)	2,554 (2.1)	1,807 (1.5)	1,711 (1.4)	821 (0.7)	766 (0.6)	1,129 (0.9)	6,766 (5.5)
2011	151,154 (100.0)	33,186 (22.0)	34,852 (23.1)	34,256 (22.7)	13,937 (9.2)	14,510 (9.6)	3,565 (2.4)	2,250 (1.5)	2,082 (1.4)	1,207 (0.8)	1,090 (0.7)	1,191 (0.8)	9,028 (6.0)
2012	168,583 (100.0)	39,278 (23.3)	33,231 (19.7)	41,238 (24.5)	15,820 (9.4)	16,237 (9.6)	4,690 (2.8)	2,468 (1.5)	2,427 (1.4)	1,422 (0.8)	1,139 (0.7)	1,615 (1.0)	9,018 (5.3)
2013	191,328 (100.0)	42,294 (22.1)	37,084 (19.4)	49,458 (25.8)	18,020 (9.4)	17,806 (9.3)	5,961 (3.1)	2,802 (1.5)	2,663 (1.4)	1,697 (0.9)	1,289 (0.7)	1,758 (0.9)	10,496 (5.5)
2014	204,204 (100.0)	43,890 (21.5)	38,824 (19.0)	54,737 (26.8)	19,568 (9.6)	18,185 (8.9)	6,777 (3.3)	2,952 (1.4)	2,767 (1.4)	1,855 (0.9)	1,319 (0.6)	1,892 (0.9)	11,438 (5.6)
2015	197,550 (100.0)	35,439 (17.9)	40,351 (20.4)	57,464 (29.1)	19,918 (10.1)	7,773 (3.9)	7,016 (3.6)	2,771 (1.4)	2,254 (1.1)	6,140 (3.1)	1,017 (0.5)	2,877 (1.5)	14,530 (7.4)
2016	201,333 (100.0)	36,610 (18.2)	37,963 (18.9)	56,468 (28.0)	20,146 (10.0)	9,485 (4.7)	6,909 (3.4)	2,719 (1.4)	2,543 (1.3)	5,874 (2.9)	1,058 (0.5)	2,522 (1.3)	19,036 (9.5)
2017	222,455 (100.0)	38,090 (17.1)	43,197 (19.4)	71,864 (32.3)	22,270 (10.0)	6,886 (3.1)	9,448 (4.2)	3,132 (1.4)	2,609 (1.2)	4,899 (2.2)	997 (0.4)	2,995 (1.3)	16,068 (7.2)
2018	237,506 (100.0)	39,642 (16.7)	44,016 (18.5)	77,218 (32.5)	22,873 (9.6)	6,930 (2.9)	10,037 (4.2)	3,212 (1.4)	2,875 (1.2)	5,581 (2.3)	1,034 (0.4)	3,081 (1.3)	21,007 (8.8)
2019	264,626 (100.0)	41,149 (15.5)	49,286 (18.6)	88,476 (33.4)	24,502 (9.3)	7,858 (3.0)	10,850 (4.1)	3,607 (1.4)	3,944 (1.5)	8,417 (3.2)	1,304 (0.5)	3,543 (1.3)	21,690 (8.2)
2020	266,321 (100.0)	40,877 (15.3)	49,680 (18.7)	89,056 (33.4)	23,520 (8.8)	7,487 (2.8)	10,867 (4.1)	3,589 (1.3)	3,939 (1.5)	9,477 (3.6)	1,289 (0.5)	3,483 (1.3)	23,057 (8.7)
2021	289,529 (100.0)	41,369 (14.3)	52,030 (18.0)	99,398 (34.3)	24,450 (8.4)	8,492 (2.9)	11,881 (4.1)	3,829 (1.3)	5,386 (1.9)	10,477 (3.6)	1,766 (0.6)	3,884 (1.3)	26,563 (9.2%)

주: 캄보디아는 2009년 이전에는 '기타'에 포함되었지만 2010년부터 별도로 분류되었음.
출처: 행정안전부(2022). 2021년 지방자치단체 외국인주민 현황[2)]

다문화 초·중·고 학생 수는 지속적으로 증가하고 있으며, 2021년 다문화학생 수는 총 160,058명으로 전체 학생(5,332,044명)의 3.0%를 차지하고 있다. 학교급별 전체 학생 대비 국제결혼가정 및 외국인가정의 아동 비율은 초등학생의 경우 2.1%, 중학생의 경우 0.6%, 고등학생의 경우 0.3%로 나타났다. 다문화학생 비율은 전년도 대비 각 학교급별 0.1%씩 증가했다. 학령기 아동 수는 매년 감소하고 있으나, 다문화학생 수는 점차적으로 증가하고 있는 추세로 보인다.

〈표 11-3〉 연도별 다문화학생 현황 (단위: 명, (%))

인원 수 \ 연도	2015년	2016년	2017년	2018년	2019년	2020년	2021년	2022년
다문화학생 (A)	82,536	99,186	109,387	122,212	137,225	147,378	160,058	168,645
전체 학생 수 (B)	6,137,374	5,931,646	5,773,998	5,633,725	5,461,614	5,355,832	5,332,044	5,865,460
다문화학생 비율 (A/B×100)	1.34	1.67	1.89	2.17	2.51	2.75	3.00	2.88

출처: 교육부·한국교육개발원(2022).

〈표 11-4〉 2022년 학교급별 다문화학생 수 현황 (단위: 명, (%))

구 분 \ 유 형		국제결혼가정		외국인가정	계	
		국내출생자녀	중도입국자녀	외국인가정자녀		
학교급	초	84,241	5,087	22,312	111,640	(66.2)
	중	29,940	2,874	6,900	39,714	(23.5)
	고	11,614	1,784	3,346	16,744	(9.9)
	각종학교	234	193	120	547	(0.3)
합계		126,029	9,938	32,678	168,645	(100.0)

출처: 교육부·한국교육개발원(2022).

2. 다문화청소년의 적응문제

청소년에게 자아정체성이란 '나는 누구인가.', '나는 무엇을 할 수 있는가.', '나는 어디에 소속되어 있는가'에 대한 대답이다. 또한 자아정체성은 현재와 미래의 자신의 역할이나 존재가치, 가치관을 형성하는 토대가 된다.

청소년은 주변 환경에 대한 탐색과 상호작용을 통해서 정체성을 형성하는데, 자아정체성은 청소년의 현재 심리적 안정과 적응뿐만 아니라 미래를 위한 진로탐색과 준비에도 결정적 영향을 미친다. 한편, 국가정체성 및 민족정체성은 자신이 어느 나라 사람이며 어떤 민족의 문화를 따르고 있는가를 확신하는 신념으로, 부모 나라의 고유문화와 주류문화를 동시에 접하고 있는 다문화청소년들에게는 자아정체성 성취의 중요한 영역이다. 다문화청소년들은 가족 내에서의 이중문화와 사회적 편견과 차별로 인해 자아정체성 확립에 혼란을 경험할 수 있다. 그러나 자신의 국가정체성을 적절히 탐색하고 해결한 청소년들은 그렇지 않은 청소년들보다 자아존중감이 높고 긍정적 발달을 보인다. 반면, 국가정체성이나 민족정체성에 혼란을 겪는 청소년들은 지역사회에 융합되지 못하고 사회적응에 어려움을 보이는 것으로 확인된다.

현재 우리나라 다문화청소년의 국가정체성 혼란에 관한 연구결과는 확인하기가 어렵고, 단지 국가정체성과 자아정체성, 진로성숙도 간의 관계를 분석한 연구가 실시되었다. 이 연구결과에 의하면, 다문화청소년의 자아정체성은 일반가정 청소년과 유사한 수준이고, 자신의 국적을 한국과 외국(부모의 나라) 두 곳 모두라고 응답한 다문화청소년이 국적을 한국이나 외국 중 하나로만 응답한 청소년보다 자아정체성과 진로성숙도가 높은 것으로 나타났다. 또한 다문화청소년의 74%가 자신을 한국 사람이라고 응답했으며, 약 25%는 자신을 '한국 사람이기도 하고 외국 출신 부모의 나라 사람이기도 하다.'라고 인식하고 있어 양쪽 부모 나라에 대한 정체성을 모두 형성하고 있는 것으로 나타났다. 특히 다문화청소년들은 연령이 증가함에 따라 자신을 한국과 동일시하는 경향이 강해져서, 중학교 진학 이후 한국인으로서의 정체성이 초등학교 시기보다 강화되는 것으로 확인된다.

다문화가족의 증가에 따른 다문화가정 학생이 교육 분야에서 소외되는 현상이 나타나고 있다. 또한 전체 학교 밖 청소년 중에서 다문화가정 자녀가 큰 부분을 차지하는 것으로 나타난다. 이러한 현상은 학교에서 체계적인 정책 지원을 제공하지 못해 다문화가정 자녀들이 학교에 적응하기 어렵기 때문이다. 다문화가정 학생 중 학교에 진입하지 못하거나 학교를 중도에 포기한 학생에게 교육기회를 제공하기 위한 대표적인 정부의 정책으로 '다솜학교' 정책을 들 수 있다. 학교 진입에 어려움을 겪고 있는 중도입국 청소년을 대상으로 하는 다솜학교는 교육소외계층 학생에게 교육기회를 제공한다는 점에서 긍정적으로 볼 수 있지만, 보통의 한국학생들과의 교류를 차단할 수도 있다는 점에서 한계를 보인다. 이에 따라 학교 진입이 어려운 다문화가정 학생의 학교 진입을 독려하기 위한 또 다른 정책으로 학교 내에 특별학급을 설치하여 운영하는 방안도 실시되고 있다. 특별학급의 설치는 제도적으로 교육 접근이 취약한 학생에게 교육기회를 확대한다는 점에서 의미 있는 정책이다. 그러나 현재 재외 교포 또는 결혼 이주민의 자녀인 중도입국 청소년은 우리나라에서 의무교육을 받을 수 있지만, 한국어를 제대로 배우지 못한 채 입국하는 탓에 공교육에 제대로 적응할 수 없다는 것이 문제로 지적되고 있다. 이들은 일상생활에 필요한 언어구사는 가능해도 학업을 따라가기가 어렵고 부모 역시 맞벌이가 많아 방치되기 일쑤여서 학교 밖에 머무는 중도입국 청소년이 많은 것으로 나타났다.

최근에는 교육부에서 중도입국 청소년들이 일반학교에 진학하기 전에 한국어 및 기본교과 교육과 문화적응을 위한 다문화 예비학교를 설치・운영하고 있다. 또 법무부는 중도입국 청소년이 언어장벽과 생활고로 사회부적응자로 전락할 것에 대비하여 2015년부터 초기적응 교육과 공교육 진입을 강화하고 있다. 이를 위해 교육부가 지정한 전국 예비학교에 중도입국 청소년을 위한 조기적응 프로그램을 제공하고, 제공대상도 확대해 나가고 있다. 아울러 법무부 산하 출입국관리사무소에 이민자 네트워크 코디네이터를 배치하여 중도입국 청소년의 입국 시부터 공교육 진입을 유도하고 외국인 등록 또는 체류연장 시 공교육에 진입한 청소년은 체류기간의 혜택을 주고 있다. 건강한 다문화사회를 한국사회에 정착시키기 위해서는 학교에 진입하지 못하는 청소년, 학교를 다니다가 중도에 포기하는 다문화가정 학생들에게 교육기회를 제공하기 위한 정책적 대응이 필요하다.

1) 다문화청소년 지원정책 현황

다문화청소년은 대부분 학령기에 해당되기 때문에 현재 다문화청소년 지원정책은 대부분 여성가족부와 교육부에서 주관하고 있다. 여성가족부는 다문화 가족의 학령기 자녀 성장에 대응하여 성장주기별 지원정책을 추진하고 있고, 교육부는 다문화학생에 대한 교육의 출발선 평등을 실현하고 다문화 인재를 양성하는 데 중점을 둔다.

(1) 여성가족부의 다문화청소년 지원정책

여성가족부는 2016년 3월 '다문화가족 자녀지원종합대책' 발표를 통해 다문화청소년의 성장주기별 지원과 다문화가족 자녀의 성장배경을 고려하여 수요자 특성에 맞는 정책을 재설계한다는 추진방안을 발표했다. 여성가족부의 다문화청소년 지원 사업은 크게 '성장주기에 따른 맞춤형 지원'과 '중도입국 청소년 지원'으로 살펴볼 수 있다. 특히 여성가족부 지원사업은 학교에 재학 중인 청소년의 범위를 넘어 학교 밖에 있는 청소년, 중도입국 청소년을 포괄한다는 점에서 의미가 있다.

(2) 교육부의 다문화청소년 지원정책

교육부는 '2016년 다문화교육 지원계획'을 통해, 다문화청소년의 가정 생성 배경, 출생지 등의 특성을 고려한 맞춤형 지원 방향을 발표했다. 교육부의 다문화청소년 지원사업은 주로 학교에 재학 중인 다문화학생을 중심으로 이루어지고 있으며, 글로벌브리지, 다문화학생 진로, 직업교육지원, 다문화멘토링, 이중언어교육 등이 대표적인 사업이다.

글로벌브리지 사업은 다문화청소년의 잠재능력을 적극 계발하고 글로벌 인재로 육성하기 위해 특별프로그램을 제공하는 데 목적을 두고, 우수 다문화청소년을 발굴하여 육성하는 사업이다.

2) 다문화청소년 지원의 개선방안

(1) 다문화가정 자녀에 대한 인식전환의 필요

다문화청소년 지원을 위한 정책방향을 적절히 설정하기 위해서는 우선적으로 현재 우리 사회가 다문화가족과 다문화청소년에 대해 갖고 있는 부정적인 고정관념을 수정해야 한다. 최근까지 우리 사회에서 일반적으로 다문화가족이라고 하면 '결혼이주여성', '이주노동자'를 먼저 떠올리면서, 한국어 능력이 부족하고 사회적응력이 떨어지며 경제수준이 낮은 집단이라고 인식하는 경향이 있다. 이런 영향으로 다문화가정 자녀들도 한국어능력과 학업능력이 떨어져서 학교적응에 심각한 문제가 있을 것이라는 부정적 시각이 있다. 그러나 다문화가정 자녀들은 영유아기나 아동기 때에는 외국인 어머니의 한국어 실력이 제한되어 있기 때문에 언어발달이 다소 느릴 수 있으나, 청소년 시기에 이르면 한국어와 학교공부에 자신감을 갖게 된다. 사실상 다문화청소년들이 학교부적응이나 학업성취에 문제를 보인다 할지라도 그것은 '다문화가정'이라는 배경보다는 부모의 경제 수준이나 교육 수준과 더 관련이 있다. 우리 사회에서 다문화청소년들이 건강하게 성장하도록 지원하기 위해서는 다문화가정의 자녀를 열등하고 결핍된 존재로 보는 시각을 버리고, 다문화청소년들이 '다문화가정'이라는 배경으로 인해 성취 기회와 결과에서 사회적 차별을 받지 않도록 지원해야 한다.

(2) 다문화청소년 역량강화를 위한 통합프로그램의 개발

최근 다문화청소년 지원대책을 발표한 각 부처의 정책과제를 살펴보면 '글로벌 인재 육성', '역량 개발'이라는 용어를 공통적으로 사용하고 있다. 이러한 정책과제를 위한 세부사업들은 주로 한국어교육, 이중언어교육, 국제교류 및 부모 나라 방문하기, 다문화청소년 직업대안학교 운영 등에 초점을 두고 있다. 일반가정 청소년들과 분리되어 다문화청소년만을 대상으로 실시되는 이와 같은 지원사업들이 다문화청소년의 글로벌 역량강화에 어느 정도 효과가 있는지에 대해서는 다각적인 검증이 필요할 것이다. 다문화청소년이 단순히 이중문화에서 성장한다는 점만을 부각하여 '글로벌 인재 육성'이라는 용어를 쉽게 적용하지 말고, 다문화청소년을 능동적이고 주체적인 사회구성원으로 성장하도록 지원하기 위해서는 심리사회적 영역에서 어떠한 역량이 강화되어야 하는지에 대한 심도 깊은 검토가 필요하다.

또한 다문화청소년을 일반가정 청소년과 분리하여 다르게 실시하는 지원사업보다는 동일한 방식으로 구별 없이 참여할 수 있는 통합프로그램 지원과 인프라 개발이 확대되어야 한다. 다문화가족은 단순히 동질적인 집단이 아니다. 다문화가족은 부모의 출신국, 거주기간, 경제 수준, 연령, 교육 수준에 따라 다양한 가치관과 생활방식, 양육방식을 가지고 있다. 다문화청소년들 또한 부모의 사회경제적 수준과 양육태도, 지역, 연령에 따라 다양한 욕구와 문제에 직면할 것이다. 실질적으로 다문화청소년의 자아개념과 학교생활, 사회적 능력은 가정의 경제 수준과 부모의 직업에 따라 차이가 있는 것으로 나타났다. 따라서 단순히 다문화라는 이유로 다문화청소년에 대한 지원사업을 일괄적으로 실시하기보다는 다문화청소년의 상황과 욕구를 고려하여 일반가정 청소년과 함께 통합적 지원이 필요한 영역과 그렇지 않은 영역을 구분하여 자원을 투입할 필요가 있다. 특히 현재 다문화가정 자녀 대상의 지원사업 중 많은 영역이 초등학생 연령층에 집중되어 있으며, 중학생과 고등학생을 위한 지원사업은 상대적으로 제한적이다. 따라서 다문화가정 자녀들이 청소년기 동안 발달적 위기를 극복하고 자아탐색과 진로문제와 관련된 준비와 선택을 지원할 수 있는 개입 프로그램의 개발이 확대되어야 한다.

(3) 지역사회 기존 서비스 자원의 다문화적 역량 개발

현재 각 부처와 지자체에서 주관하는 다문화가정 자녀 지원사업은 기존에 지역사회에 있는 지역아동센터, 아동보육시설, 지역사회복지관, 청소년수련시설, 드림스타트사업 등의 자원을 활용하는 경우가 많다. 사실상 우리 사회가 다문화가족을 분리와 차별이 아니라 다문화주의의 관점에서 통합적인 지원을 지향한다면, 다문화가족 및 청소년에게만 중점을 두는 서비스가 아니라 모든 지역사회 서비스 자원에 다문화적 역량을 키우는 것이 우선되어야 한다.

(4) 다문화청소년의 국가정체성과 이중문화환경의 긍정적 유지

다문화청소년들은 청소년기에 자아정체성에 대한 고민을 하면서 자신의 민족정체성이나 국가정체성 문제에 의식적으로 직면할 수 있다. 아동기에도 외국 출신 부모의 존재와 외모 차이로 인해 특정한 문화적 차이를 인식할 수 있지만, 청소년들은 인지적 성숙으로 인해 자신의 현재와 미래를 생각하면서 주류문화가 자신을 어떻게 평가하는지에 민감해진다. 이주민과 다문화가족에 관련된 다양한 경험을 갖고 있는 외국의 경우, 다문화청소년의 민족정체성 형성은 주류사회에 적응하는 데 긍정적으로 기여하는 것으로 나타났다.

즉, 자신의 국가정체성 및 민족정체성 문제를 고민하고 해결한 다문화청소년들은 그렇지 않은 청소년들보다 자아존중감이 높고 학교 적응 정도도 높았다. 이러한 측면을 고려한다면, 다문화가정 자녀에게 단순히 한국어교육, 이중언어교육과 같은 언어발달 지원만을 강조하기보다는 다문화청소년들이 바람직한 국가정체성을 형성하고 이중 문화환경을 긍정적으로 수용할 수 있도록 지원하는 방안이 필요할 것이다.

(5) 이주배경청소년 지원사업

이주배경청소년이란 「청소년복지 지원법」 제18조에 따라 다문화가족의 청소년과 그 밖에 국내로 이주하여 사회 적응 및 학업수행에 어려움을 겪는 청소년을 의미한다. 남북 분단이라는 정치 · 사회적 특수성과 다문화가정의 증가 등으로 이주배경청소년(북한이탈 · 중도입국 · 다문화청소년)에 대한 관심은 꾸준히 증가하고 있다. 또한 2012년 「청소년복지 지원법」의 전부 개정으로 이주배경청소년을 지원하는 '이주배경청소년지원센터'의 설치 근거가 마련되어 이주배경청소년에 대한 보다 적극적인 지원이 이루어질 수 있는 기틀이 마련되었다.

〈표 11-5〉 이주배경청소년 현황 (단위: 명)

북한이탈청소년[1]	중도입국청소년[2]	외국인주민 자녀[3]
815	3,240	275,990
통일부('21. 12.)	법무부('21. 12.)	행정안전부('20. 11.)

주: 1) 북한이탈청소년: 거주자 연령 기준으로 18세 이하인 자.
2) 중도입국청소년: 결혼이민자의 전혼 관계에서 출생한 자녀 중 외국인 등록 · 귀화한 미성년자.
3) 외국인주민 자녀: 한국 국적을 취득한 자의 자녀 및 한국인과 결혼한 한국 국적을 가지지 않은 자의 자녀.

다문화청소년의 증가와 함께 사회 부적응 현상도 발생하고 있는데, 다수의 다문화청소년이 외모의 차이, 한국어 소통 능력의 부족 등으로 일상생활에서 어려움을 겪고 있다. 중도입국청소년은 이주자로서의 어려움과 청소년기의 정체성 혼란 등을 동시에 겪게 되며, 외국인근로자 가정의 청소년은 신분상의 불안정(미등록, 단기 비자 등)으로 정규학교 입학에 어려움을 겪거나 학교생활이 불안정한 상황이다. 또한, 다문화가정 청소년은 진로나 학업능력 향상을 위한 정서적 · 환경적 요인이 취약한 경향이 있어, 낮은 학업 성취도 및 진로 설계의 어려움 등을 호소하기도 한다. 이에 따라 여성가족부는 '이주배경청소년지원센터'를 통해 북한이탈 · 중도입국 · 다문화 등 이주배경청소년의 입국초기 적응과 후기 청소년 사회진출 지원을 위한 교육프로그램을 제공하고 있다. 이주배경청소년의 사회 적응을 위한 '레인보우스쿨'에서는 한국어 교육, 사회문화 체험, 특기 · 적성활동, 생활정보(편 · 입학) 등을 제공하며, 2022년 기준 전국 12개 시 · 도에서 24개소를 운영하고 있다. 이주배경청소년의 사회진출을 지원하기 위한 진로교육과정은 진로기초과정 '무지개 잡(job)아라'와 진로심화과정 '내 - 일을 잡아라' 프로그램으로 구성되어 각각 4개소에서 운영하고 있다. 여성가족부는 일반 청소년과 청소년 지도 인력의 다문화 이해도 제고 및 소통 역량 강화를 위한 교육프로그램을 개발하여 제공하고 있다. 주요 프로그램으로 일반 청소년을 위한 다문화 감수성 증진 프로그램과 각계각층의 청소년 교육 전문가를 위한 다문화 연수 프로그램이 있다. 청소년 다문화 감수성 증진 프로그램은 초등, 중등 프로그램으로 각각 13차시로 구성되어 있으며 전국 50개 기관에서 운영하고 있다. 다문화사회 청소년 지도인력 양성을 위하여 예비 청소년지도사(대학생)와 청소년수련시설 종사자, 다문화가족지원센터 등 현장 인력을 대상으로 연수 프로그램을 운영하고 있으며 이주배경청소년에 대한 지식, 다문화 사회의 지도자로서 태도・인식, 현장 실무에 적용할 수 있는 다양한 기술 역량을 향상할 수 있도록 연간 300명을 목표로 연수사업을 운영하고 있다.

youth welfare | chapter 12

청소년복지 접근방법

[학습목표]

1. 청소년 상담에 대해 학습한다.
2. 청소년을 위한 전문인력에 대해 확인한다.
3. 청소년의 권리에 대해 학습한다.
4. 청소년 참여정책의 현황을 학습한다.
5. 주요 청소년 지원사업을 학습한다.

1. 청소년 상담

1) 청소년 상담의 배경

청소년기는 신체적 · 정서적 부분 등에서 급격한 성장이 이뤄지는 시기로서 본격적인 발달단계에 앞서 과도기적 모습을 갖고 있기도 하며, 기본적으로는 불안정한 심리적 특성을 보이기도 한다. 이처럼 빈번하게 발생하는 심리적 문제를 방치할 경우 성인기에 접어들어 다양한 문제를 나타낼 가능성이 높고 이는 개인과 사회에 악영향을 미칠 수 있다. 따라서 효과적인 청소년 상담이 요구되며, 이를 통해 가족 내 갈등, 또래집단 내에서의 갈등, 학업문제 등을 해결할 필요가 있다. 이러한 문제들에 대해서 적절히 대처하지 못할 경우 많은 사회적 문제를 야기할 수 있으므로 청소년들의 정서적 · 인지적 · 사회적 어려움과 불편함에 대해서 적극적인 예방과 개입활동이 요구된다.

이에 대하여 예방과 개입을 비롯하여 지역사회 중심의 청소년육성을 종합적으로 지원하기 위해서 당시 체육부(현재 문화체육관광부)가 청소년을 위한 상담정책 일환으로 1990년부터 「청소년복지 지원법」을 근거로 청소년종합상담실을 운영하고 있다. 이는 2018년 현재 17개 시 · 도에 설치 및 운영되고 있다. 또한 당시 체육부 청소년종합상담실은 1993년도에 '청소년대화의 광장'(현 한국청소년상담복지개발원)으로 지역사회의 건강한 청소년육성을 위하여 다양한 상담 서비스를 제공하였고, 상담, 교육, 학술 및 연구 활동을 통해 청소년상담정책을 발전시키기 위해 힘써 왔다.

그러다 2005년에 '국가청소년위원회'가 발족하면서 그동안 '청소년보호위원회' 중심으로 추진된 기존의 업무와 문화관광부 청소년국을 중심으로 추진된 청소년육성업무가 통합되어 운영되면서 청소년정책환경의 커다란 변화가 진행되었다.

구체적으로 살펴보면, '청소년종합상담실'은 '청소년상담복지센터'로 명칭이 변경되면서, 그 역할과 기능이 확장되었다. 또한 2012년 8월 2일부터 「청소년복지 지원법」 제22조에 의거하여 '한국청소년상담원'도 '한국청소년상담복지개발원'으로 명칭이 변경되었다. 이를 통해 청소년 전문상담을 비롯하여 청소년 학업 중단・취약계층・인터넷 중독 등 청소년상담복지사업을 종합적으로 수행하는 기관으로 기능이 확대되었다.

깨알 tip. 한국청소년상담복지개발원에서 하는 일은 무엇인가요?

한국청소년상담복지개발원은 「청소년복지 지원법」 제22조에 의거하여, 청소년 상담 및 복지와 관련한 정책을 연구하고, 복지 프로그램을 개발하는 등 청소년복지 증진을 위해 다양한 업무를 실천하는 기관이다. 현재 전국에 400여 개가 있으며, 청소년상담복지센터와 학교밖청소년지원센터(청소년지원센터 꿈드림)를 총괄하는 업무를 수행하고 있다. 한국청소년상담복지개발원은 청소년들의 건강한 성장과 밝은 미래를 위하여 다양한 상담복지사업을 진행하고 있는 여성가족부 산하의 공공기관이다. 최근에는 학교 밖 청소년을 비롯하여 미디어 중독 청소년 등 다양한 위기청소년을 위한 지원사업에 관심을 갖고 사업을 수행하고 있다.

최근 사회환경이 급격하게 변화하고, 전통적인 사회적 가치관이 무너지면서 이로 인해 청소년이 경험하게 되는 어려운 점들이 발생하고 있다. 예를 들어, 가정의 붕괴로 인해 이를 경험하게 되는 청소년들의 고통이 심화되고 있다. 관련하여 이를 예방하고 개입할 수 있는 가정과 학교는 1차 사회적 안전망으로 기능을 충분히 발휘하지 못하고 있으며, 이는 우울, 자살위험, 폭력, 인터넷 및 스마트폰 중독 등을 높이는 결과를 초래하기도 한다. 이러한 문제 등으로 위기청소년들이 급격히 늘어나고 있는 추세이다. 여성가족부는 이러한 어려운 상황에 처한 위기청소년의 문제에 대응하기 위해 기존 청소년상담활동을 강화하고 있는데, 지역 내 소재한 청소년상담복지센터를 중심으로 지역사회청소년통합지원체계인 CYS-Net를 구축하여 위기청소년에 대한 지원활동을 전개하고 있다.

이러한 활동을 통해 변화하는 시대에 맞춰 청소년이 당면한 문제를 해결하고자 적극적인 개입을 실시하고 있으며, 이를 통해 청소년이 겪고 있는 문제를 해결하는 등의 성과를 거두고 있다. 또한 보다 적극적인 문제해결을 위한 상담기법을 개발하여 제공하고 있다.

2) 청소년 상담의 개념

청소년 상담은 청소년을 대상으로 실시하는 상담의 한 분야이다. 상담에 대한 전문가와의 관계를 통해 청소년기에 갖게 되는 문제를 다루고, 이에 대한 적절한 해결책을 제시한다. 청소년 상담은 청소년이 1차적인 상담 대상이다. 그러나 단지 청소년에 국한시키지 않고, 가족을 비롯하여 교사, 친구 등 청소년을 둘러싼 환경까지도 상담의 범주에 포함시킨다. 결국 청소년 상담은 '청소년의 심리 · 정서 · 행동의 변화를 꾀하고, 청소년과 관련이 있는 사람이나 기관을 대상으로 직 · 간접적인 개입을 통하여 청소년의 바람직한 발달과 성장을 추구하는 전문적인 조력활동'으로 정의된다.

(1) 시 · 도 청소년상담복지센터 현황

시 · 도 청소년상담복지센터는 2012년 8월 2일 전부개정 시행된 「청소년복지 지원법」 제29조에 따라 설치 · 운영되고 있으며, 시 · 도의 청소년상담 및 긴급 구조 등의 중심적인 역할을 맡고 있다. 시 · 도 청소년상담복지센터는 광역자치단체의 청소년상담 전문기관으로서 지역의 시 · 군 · 구 청소년상담복지센터와 연계하여 '청소년전화 1388' 운영, 지역사회 청소년통합지원체계(청소년안전망) 운영, 찾아가는 상담 전문가인 청소년동반자 운영, 긴급 구조 및 일시보호 사업, 청소년 인터넷 중독예방 · 해소 사업 등을 추진하고 있으며, 그 밖에도 심리 상담 및 놀이치료, 또래상담사업, 학부모 상담자원봉사회 운영, 청소년상담 관련 심리교육, 지도자 양성, 학부모의 청소년 문제에 대한 정보 제공과 자문 등을 시행하고 있다.

시 · 도 청소년상담복지센터는 1990년에 대구, 광주에 최초로 '청소년 종합상담실'이라는 명칭으로 설립되었으며, 1991년도에 부산(현재 진구), 대전(현재 동구), 충북(청주), 1992년도에 인천(현재 동구), 전북(전주), 1993년도에 경기(수원), 강원(춘천), 경남(창원), 1994년도에 충남(천안), 전남(현재 무안), 경북(안동), 1995년도에는 제주(제주), 1997년도에 서울(중구), 1999년 울산(중구)에 설치되었다. 이후 2006년 시 · 도

청소년상담지원센터로 변경되었다가 2012년 8월부터 시 · 도 청소년상담복지센터로 다시 명칭이 변경되었으며 2022년 현재 전국 17개 시 · 도에서 설치 · 운영하고 있다.

(2) 시 · 군 · 구 청소년상담복지센터 현황

시 · 군 · 구 청소년상담복지센터는 「청소년복지 지원법」 제29조에 따라 생활권 중심의 실질적인 청소년상담체제를 구축하고자 2022년 기준 17개 광역자치단체 및 215개의 기초자치단체에서 센터를 설치 · 운영하고 있다. 시 · 군 · 구 청소년상담복지센터는 대부분 시 · 도 및 시 · 군 · 구의 지방비로 운영 재원을 지원받고 있다. 지역별 시 · 도 및 시 · 군 · 구 청소년상담복지센터의 기초자치단체 수 대비 설치 비율은 전국 94.7% 수준으로 나타났다. 시 · 군 · 구 청소년상담복지센터는 지역 내 청소년들에게 물리적으로 접근이 용이하고, 문화적으로 적합한 상담 서비스를 효율적이고 통합적으로 제공하기 위해 설립되었으며, 적극적으로 찾아가는 상담과 지역사회 내 전문 인력 활용 등의 통합적이고 문제 영역별 전문화된 상담 서비스를 제공하고 있다.

〈표 12-1〉 2022년 시 · 도 및 시 · 군 · 구 청소년상담복지센터 설치 현황 (단위: 개소(개), %)

구분	계	서울	부산	대구	인천	광주	대전	울산	세종	경기	강원	충북	충남	전북	전남	경북	경남	제주
시 · 도	17	1	1	1	1	1	1	1	1	1	1	1	1	1	1	1	1	1
시·군·구	223	25	15	8	10	5	2	5	0	32	13	12	15	14	22	22	21	2
계	240	26	16	9	11	6	3	6	1	33	14	13	16	15	23	23	22	3
설치율	94.7	96.2	94.1	100.0	90.9	100.0	50.0	83.3	100.0	100.0	73.7	100.0	100.0	100.0	100.0	95.8	100.0	100.0

주: 설치율은 지방자치단체 수 대비 청소년상담복지센터 설치 비율
출처: 여성가족부(2022).

(3) 전국 시 · 도 및 시 · 군 · 구 청소년상담복지센터 상담 활동

2021년 전국 시 · 도 및 시 · 군 · 구 청소년상담복지센터의 청소년안전망 서비스 지원 실적은 6,082,537건으로 2020년 이용 건수(4,692,127)보다 29.6%만큼 증가하였

다. 성별로는 남자 2,766,467건(45.5%), 여자 3,316,070건(54.5%)으로 남자 이용자보다 여자 이용자가 더 많았다. 2021년 시・도 및 시・군・구 청소년상담복지센터 청소년안전망 서비스 유형별 추세를 살펴보면, '개별지원서비스'가 37.8%(2,298,995건)로 가장 많고, 그다음으로 '집단프로그램' 21.1%(1,285,484건), '그룹지원서비스' 16.2%(984,405건), '개인상담' 11.4%(692,288건) 등의 순으로 나타났다.

청소년과 성인 이용자를 비교하면 '청소년'이 79.6%(4,842,923건), '성인'이 20.4%(1,239,614건)이었다. 세부적으로 살펴보면, 청소년 이용자 중 '초등학생' 26.2%(1,591,162건), '중학생' 25.8%(1,569,540건), '고등학생' 19.9%(1,209,064건), '대학생' 3.8%(229,754건), '근로청소년' 0.4% (24,819건), '무직청소년' 3.6%(218,584건)로 초등학생 이용자가 가장 많았다. 성인 이용자는 '학부모'가 11.5%(700,547건)로 가장 많았으며, '청소년지도자'가 6.8%(416,436건), '기타'가 2.0%(122,631건)이었다. 2022년 전국 시・도 및 시・군・구 청소년상담복지센터의 청소년안전망 서비스 지원 실적은 7,234,322건으로 2021년 이용건수(6,082,537건)보다 18.9%p만큼 증가하였다. 성별로는 남자 3,334,098건(46.2%), 여자 3,890,224건(53.8%)으로 남자 이용자보다 여자 이용자가 더 많았다.

2022년 시・도 및 시・군・구 청소년상담복지센터 청소년안전망 서비스 유형별 추세를 살펴보면, '개별지원서비스'가 42.6%(3,083,827건)로 가장 많고, 그다음으로 '집단프로그램' 20.3%(1,474,301건), '그룹지원서비스' 14.1%(1,020,392건), '개인상담' 10.8(782,447건) 등의 순으로 나타났다.

〈표 12-2〉 2022년 시 · 도 및 시 · 군 · 구 청소년상담복지센터 대상별 상담실적 (단위: 건)

구분		대상별									
		초	중	고	대	근로 청소년	무직 청소년	학부모	청소년 지도자	기타	소계
개인상담		219,018	233,046	163,998	36,516	4,712	31,708	78,398	13,595	1,456	782,447
집단프로그램		761,037	421,573	196,106	14,189	388	5,692	36,438	34,485	4,393	1,474,301
전화상담		16,882	49,466	69,542	47,584	3,111	21,193	108,206	108,979	68,430	493,393
심리 검사	개별	40,298	38,533	23,441	4,265	577	3,636	11,994	640	366	123,750
	집단	23,602	39,982	21,480	3,170	19	197	3,455	1,242	841	93,988
사이버 상담	메일	2,588	12,026	10,443	2,873	29	1,628	916	284	1,887	32,674
	채팅	2,343	5,973	20,550	16,949	971	7,427	2,779	682	4,444	62,118
사업 수행 프로그램		30,929	18,199	10,777	939	141	832	2,902	626	242	65,587
지원 서비스	개별	685,073	777,818	568,534	123,817	22,456	133,182	534,056	218,184	20,707	3,083,827
	그룹	350,694	289,684	193,914	13,732	4,702	13,374	50,888	75,545	27,859	1,020,392
기타 상담		250	396	312	104	20	78	290	264	131	1,845
합 계		2,132,714	1,886,696	1,279,097	264,138	37,126	218,947	830,322	454,526	130,756	7,234,322

주: 기타는 부모 및 가족을 제외한 교사, 지역사회 보호자 등을 의미함.
출처: 청소년안전망 통계시스템(2022).

3) 청소년 상담 목표

청소년 상담은 생활지도, 심리치료와 혼용되기도 하는데, 대상과 목적에서 부분적인 차이가 있다. 일반적으로 학교현장에서의 상담은 생활지도를 의미하며, 심리치료는 심리 · 정서적 장애의 치료를 목적으로 한다. 반면 상담은 일반청소년을 대상으로 적응, 의사결정, 문제해결, 성장을 돕는 포괄적인 활동이다. 이들을 일직선상에 놓는다면 생활지도와 심리치료가 각각 양쪽 끝에 있고, 상담은 그 중간에 위치한다. 청소년 상담의 목표는 다음과 같다.

① 첫째, '변화'를 촉진하는 것이다

여기서 변화는 상담자와의 관계, 작업동맹을 통해 사고 · 감정 · 행동을 변화시키는 것과 지금까지와는 다른 방식으로 자신과 타인, 상황과 환경을 이해하고 느끼고 반응하는 것을 포함한다. 최근에는 청소년을 둘러싼 환경의 변화를 이끌어 내는 것으로 변화의 범위가 확장되고 있는 추세이다.

② 둘째, '적응기술'을 증진하는 것이다

청소년기는 급격한 신체적, 정서적 변화를 경험하는 시기이므로 생활 전반에서 심리, 정서, 행동적 부적응을 경험하기도 한다. 따라서 상담은 부적응 문제를 해결하는 것뿐만 아니라 다양한 생활영역에서 청소년의 적응력을 높이는 것을 목표로 한다.

③ 셋째, 목표는 '성장'의 기회를 제공하는 것이다

의사소통과 대인관계를 포함한 사회기술의 증진, 자기탐색의 기회를 통한 잠재력 계발 등을 포함한다. 따라서 상담의 과정 자체가 청소년의 긍정적인 자아개념과 자아정체성 형성에 도움이 될 수 있다.

결국, 청소년 상담은 예방과 발달, 문제해결과 치료, 그리고 교육의 목적을 가지며, 상담의 목적과 내담자의 특성, 그리고 상담자의 전문성에 따라 다양한 접근방법이 적용될 수 있다. 대표적으로 인간이 자신의 존재를 어떻게 자각하고 느끼는지에 관심을 두는 정신분석 상담, 인간중심 상담, 실존주의 상담 등이 있다. 이와 함께 인간의 심리 · 정서적 문제를 사고와 연결하여 인지과정의 변화를 강조하는 합리적 · 정서적 상담, 문제가 되는 행동을 변화시킴으로써 사고의 변화를 도모하는 행동수정, 그리고 현실치료 등을 들 수 있다. 이러한 각각의 개입 방법들은 철학적 기반과 인간관, 심리 · 정서적 문제에 대한 시각이 상이하며 각각의 상담이론에 기반을 둔다. 상담자는 편견과 선입견에 따라 특정한 상담이론과 접근방법을 채택할 것이 아니라, 개방적인 자세로 다양한 이론적 접근방법을 이해하고 통합하도록 노력하여야 한다. 또한 상담과정에서 내담자에게 적합한 접근방법을 찾고 상담의 기술과 전략을 습득하기 위해 노력하여야 하며, 이러한 과정과 노력은 상담의 목표달성에 기여할 수 있다.

4) 청소년 상담 방법

청소년 상담의 방법은 상담자와 내담자의 접촉방식에 따라 크게 대면상담과 통신상담으로 구분된다. 먼저, 대면상담은 상담자와 내담자가 직접 만나서 상담하는 면대면 방식으로 개인상담과 집단상담이 있다. 개인상담과 집단상담은 상담의 목적과 상담기법에서는 유사하나 집단상담은 집단구성원 간의 관계와 역동이 핵심적인 요소로 다루어진다는 차이가 있다. 따라서 집단상담은 타인의 다양한 시각을 접할 필요가 있거나 사회기술 습득이 필요한 내담자에게 보다 유용하다. 또한 집단상담은 집단치료와 달리 구성원의 태도나 행동의 변화가 주된 관심사이며, 집단이라는 구조와 과정 속에서 상호존중, 수용, 자기이해를 경험할 수 있기 때문에 청소년에게 널리 적용가능한 방법이다.

5) 청소년 상담의 진행과정

청소년 상담의 진행과정은 상담이론과 상담의 방법에 따라 다양하다. 일반적으로 청소년 상담의 진행과정은 크게 계약단계, 계획단계, 개입단계, 평가단계 등 4단계로 구분할 수 있다.

① 먼저, 계약단계에서는 상담이 이루어지기 전에 문제확인, 관계형성, 상담에 대한 동기부여가 이루어진다.

② 계획단계에서는 상담방법을 결정하고 청소년의 욕구, 환경, 자원 전반에 대한 사정과 상담의 목표를 설정한다.

③ 개입단계는 계획을 실행하는 단계로 상담이 이루어진다.

④ 평가단계에서는 개입 전반을 평가하고 상담 종결 및 의뢰 여부를 결정한다. 그러나 실제 상담의 진행과정에서 각 단계는 명확하게 구분되기보다 중복되거나 단계를 넘나드는 환류가 발생하는 경우가 일반적이다.

청소년과의 상담을 진행하는 과정에서는 성인과의 상담에서 사용되는 대부분의 기술이 적용될 수 있다. 그러나 상담자와의 관계, 상담과정, 상담전략 면에서 차이가 있는데, 일반적으로 청소년 상담은 유연하고 자유로운 분위기에서 진행하는 것이 좋다.

6) 청소년상담 1388

2005년 4월 27일, 국가청소년위원회 출범과 동시에 청소년 긴급전화 1388, 가출청소년상담 전화 1588-0924, 한국청소년상담원의 상담 전화 및 청소년(상담)지원센터의 상담 전화 등을 1388로 통합하고, 청소년의 생활환경 변화와 발맞춰 모바일(2007년)과 사이버(2011년) 등의 상담 매체를 추가하여 청소년 안전망의 관문으로 운영하고 있다. '청소년상담1388'은 청소년은 물론, 학부모, 교사 등 일반 국민 누구나 청소년을 위하여 이용하는 상담 채널로서 청소년 상담, 긴급구조, 자원봉사 및 수련활동 정보제공, 인터넷 중독치료 등 청소년 관련 모든 문제에 대해 365일 24시간 원스톱 서비스 제공을 목적으로 한다. 청소년상담1388 서비스 제공 수는 2005년 9월 통합 이후 20,777건에 불과하던 것이 2006년도 98,466건으로 증가하였고, 이후 모바일 상담과 사이버상담을 합하여 2020년에는 936,037건, 2021년에는 852,431건으로 증가하였다.

2021년은 17개 시・도 및 214개 시・군・구 청소년상담복지센터 등 전국 238개 센터에서, 2022년은 17개 시・도 및 215개 시・군・구 청소년상담복지센터 등 전국 240개 센터에서 청소년전화1388을 운영하고 있으며, 모바일은 문자와 카카오톡 및 페이스북, 사이버는 인터넷 채팅 및 게시판 상담 등을 통하여 청소년상담1388을 운영하고 있다.

〈표 12-3〉 청소년상담1388 주요 실적 (단위: 건)

구분	실적			증감	
	2020년(A)	2021년(B)	2022년(C)	B–A(%)	C–B(%)
청소년상담1388 이용실적(상담건수)	936,037	852,431	836,035	-83,606(-8.9)	-16,396(-1.9)

출처: 청소년안전망 통계시스템(2022).

7) 청소년동반자 프로그램

위기청소년은 심리적 어려움을 겪더라도 상담에 대한 동기가 낮아 상담이나 공공서비스를 이용하는 것을 꺼리는 경향이 있다. 이러한 이유로 자격과 경험을 갖춘 청소년상담 전문가가 상담 및 심리, 정서적 지지 등을 통해 위기청소년들과 지속적인 관계를 형성하여 청소년의 건강하고 성공적인 삶을 지원하는 상담 프로그램이 필요하게 되었다. 이에 따라 2005년 후반, 국가청소년위원회는 위기청소년의 문제해결을 돕고 위기 요인을 개선하고자 하는 노력의 목적으로 현장 중심 지역사회 자원개발 및 연계에 힘쓰고 유기적인 관계 형성을 바탕으로 청소년들의 삶을 지원할 수 있는 '청소년동반자(Youth Companions) 프로그램'을 시범적으로 도입하였다. 청소년동반자들은 위기청소년에게 각종 상담, 심리·정서적 지지, 자활 지원, 학습·진로 지도, 문화 체험 등을 제공하는 역할을 하고 있다. 2005년도에 4개 시·도(서울·경기·광주·경남)에서 시범운영을 통해 청소년동반자 223명이 활동하였고, 2008년도에는 16개 시·도로 확대되어 운영되면서 청소년동반자도 470명으로 증가하였다.

2022년에는 1,363명의 청소년동반자가 전국 청소년상담복지센터에 배치되어 활동함에 따라 42,110명의 청소년이 지원받았다. 이처럼 청소년동반자 프로그램의 지속적인 확대로 인해 더욱 많은 고위기청소년이 개인 특성과 필요에 따른 수준 높은 상담지원서비스를 받을 수 있었다.

〈표 12-4〉 연도별 청소년동반자 사업 운영 현황 (단위: 명)

구분	2008년	2009년	2010년	2011년	2012년	2013년	2014년	2015년
청소년 동반자 수	470	1,270	880	880	980	985	1,000	1,044
수혜 청소년 수	14,510	24,515	25,675	26,324	31,226	31,190	33,471	34,775
구분	2016년	2017년	2018년	2019년	2020년	2021년	2022년	
청소년 동반자 수	1,066	1,146	1,261	1,313	1,349	1,354	1,363	
수혜 청소년 수	35,710	38,456	41,392	43,246	36,974	42,023	42,110	

2. 청소년을 위한 전문인력

현재 「청소년 기본법」에서 청소년지도자는 청소년지도사(제21조), 청소년상담사(제22조), 청소년육성전담공무원(제25조), 청소년지도위원(제27조)으로 명시되어 있고, 사회복지사의 전문적 지위는 아직 인정되고 있지 않다. 하지만 청소년쉼터와 같은 청소년시설 외에도 다양한 기관에서 사회복지사들이 실질적인 청소년업무를 수행하는 만큼 추후 「청소년 기본법」에 사회복지사도 포함되어야 할 것이다. 여기에서는 「청소년 기본법」에서 명시한 청소년지도자 외에 초·중등교육법 제28조와 교육과학기술부 훈령 제203호(교육복지우선지원 사업관리운영에 관한 규정 및 지방자치단체의 조례)를 통해 학교 현장에서 청소년들을 지원하고 있는 학교사회복지사를 포함하여 살펴보도록 한다.

1) 학교사회복지사

(1) 학교사회복지의 개념

학교사회복지사를 알아보기 전에 먼저 학교사회복지에 대해 살펴볼 필요가 있다.

우선, 학교사회복지란 학교에서 발생하는 학생들의 문제를 개인의 문제로 인식하지 않고 개인을 둘러싼 환경과의 상호작용의 문제로 인식하고, 이를 해결하기 위해서 노력하는 일련의 과정을 말한다. 문제해결 과정에서 학생과 가정, 그리고 지역사회의 연계를 통해 해결하는 것을 우선한다.

학교사회복지는 학생이 자신의 잠재력과 가능성을 최대한 발휘하기 위한 최상의 조건의 교육환경과 공평한 교육기회를 제공하기 위해서 노력하여야 한다. 다시 말해, 학교사회복지는 학교에서의 교육의 본질적인 목적을 최우선으로 달성하고, 이를 기반으로 학생이 보다 나은 내일을 만들기 위해 학생복지를 실현하는 것을 도와주는 교육의 한 부분이자, 사회복지의 전문분야라고 말할 수 있다.

(2) 학교사회복지사의 개념

앞서 살펴본 학교사회복지업무를 수행하는 전문인력으로 학교사회복지사가 있다. 학교사회복지사란 '학교사회 복지사업에 관하여 전문적 지식이나 경험을 가진자로서 학교사회복지사 자격검정에 합격하고 한국학교사회복지사협회에서 실시하는 자격연수를 마친 자'이다. 이들은 교육복지우선지원사업 실시학교, 교육복지센터, 지방자치단체 학교사회복지사업 실시 학교, 민간지원 학교사회복지사업 실시학교 등에서 학생들의 문제해결과 복지증진 및 최적의 교육환경을 만드는 업무를 수행한다.

〈표 12-5〉 학교사회복지사의 주요업무

목표	세부업무
학교사회복지 실천을 위한 여건 조성	• 관련 협의체 및 협력부서 조직 • 사무실 및 학생 상담공간 마련과 환경구성 • 학생/학부모/교사/지역사회 대상 홍보활동 • 자원봉사자 모집, 배치 • 학교욕구조사 및 지역사회조사

목표		세부업무
학생 대상 활동	개별사회사업	• 수시 개별상담 및 전문가 의뢰 • 복합적인 문제와 욕구를 가진 학생을 위한 다양한 전문가로 구성된 지원팀 운영 • 심리검사
	집단사회사업	• 자아성장을 위한 집단활동 학습전략, 진로탐색, 자원봉사, 또래상담 등 • 문제해결을 위한 집단활동 의사소통기술훈련, 분노조절, 행동수정 등 • 예방교육 폭력예방, 공동체의식 향상 등
	기타 문화행사	• 문화체험 행사 및 방학 중 캠프 • 즐거운 학교생활을 위한 문화이벤트 • 건강한 청소년문화를 위한 학생활동 지원
가족 자원 활동		• 가정방문, 부모상담 • 장학금, 생활보조금 등 연계 • 결손가정 학생을 위한 정서적 후원자 결연
학교 변화를 위한 활동		• 학생복지 이해 증진을 위한 교사연수 • 학생 원조를 위한 교내 서비스 체계 마련 • 학생 옹호활동 및 학교체계 변화를 위한 활동
지역사회 자원 구축 및 연계 서비스		• 지역사회자원 조사 및 개발 활동 • 전문가, 전문기관과의 공조체계 마련 • 지역사회 학생복지 지원협의체 결성 및 운영 • 지역사회 인식개선과 환경개선을 위한 캠페인 및 참여활동

출처: 학교사회복지사 홈페이지.

(3) 학교사회복지사의 역할

학교사회복지사의 역할을 알아보기 전에 학교사회복지의 관점을 확인할 필요가 있다. 학교사회복지의 관점으로 청소년은 또래, 가족, 학교, 지역사회 등 다양한 환경체계 안에서 상호작용을 하고 있다.

일반적으로 학생이 가지고 있는 문제는 학생 개인에게서 비롯되는 경우도 있지만, 상당수는 다양한 환경체계 안에서 긍정적이지 않은 상호작용으로 어려움을 가지게 된다. 따라서 학생들의 이러한 어려움을 해결하기 위해서 학생 자신뿐만 아니라 환경

체계에 대한 개입을 해야 한다.

이러한 관점에서 학교사회복지는 학생들의 어려움을 해결하기 위해 교사, 학부모, 지역사회 유관기관(사회복지기관, 상담기관, 의료기관, 종료기관 등)의 다양한 전문가들과 협력이 필요하다. 학교사회복지사의 주요 역할은 크게 임상전문가, 교육자, 자문가, 매개자, 조정자, 옹호자, 자원개발자, 협력자, 조사연구자, 정책제언가로 구분할 수 있다.

첫째, 임상전문가의 역할은 어려움을 겪고 있는 학생의 심리・정서적 문제를 예방하고 이를 해결하는 전문가로서 학생의 문제를 진단하고 이에 대한 원인을 명확히 사정하고, 이를 토대로 개별상담, 집단상담 및 치료적 개입을 실시하는 것을 의미한다.

둘째, 교육자의 역할은 학생, 학부모, 교사들에게 학생문제의 원인과 예방법을 교육하거나 학교사회복지의 전문적 지식을 활용하여 교사에게 효과적인 학생지도나 학급운영에 대한 방법에 대해 자문하고, 학부모에게는 올바른 자녀양육과 교육에 대한 방법에 대해 자문하는 것을 의미한다.

셋째, 매개자의 역할은 가정・학교・지역사회의 관계를 증진시키는 역할을 수행하며, 학교의 교육목적을 지역주민들에게 알리거나 반대로 지역주민의 요구를 학교에 전달하는 것을 의미한다. 또한 지역사회의 자원을 학생과 가족에게 연계하는 것도 포함한다.

넷째, 조정자의 역할은 학교사회복지사가 학생과 주변 환경 사이에서 양자 모두에게 문제해결 서비스를 제공하거나 이들 사이에서 발생하는 갈등상황을 서로의 입장에서 생각할 수 있도록 중재하여 각자에게 필요한 만큼 도움을 주는 것을 의미한다.

다섯째, 옹호자의 역할은 학생과 가족의 권리를 위해 그들의 입장에서 대신하여 싸워 주는 역할을 의미한다.

여섯째, 자원개발자는 학생과 가족 및 학교에 필요한 지역사회 자원을 발굴하거나 개발을 촉진하는 것을 의미한다.

일곱째, 공조자 및 협력자의 역할은 학교사회복지사가 학생들을 돕는 과정에서 협력해야 하는 다양한 전문가 및 관계기관들과 정보를 교환하고 서로 협력하는 것을 의미하며 문제해결을 위해 외부의 자원이 필요한 경우에는 매개자 및 연계자의 역할이 함께 수행될 수도 있다.

여덟째, 조사연구가의 역할은 효과적 복지서비스 제공을 위해 실태조사 및 평가조사를 실시하는 것을 의미한다.

아홉째, 정책제언가의 역할은 학생에 대한 정책의 영향을 모니터링해서 새로운 정책을 개발하거나 현존하는 정책을 수정하도록 돕는 것을 의미한다.

〈표 12-6〉 학교사회복지사가 하는 일

역할	내용
임상전문가	• 학생을 위한 개별·집단 상담 및 치료적 개입
교육자/자문가	• 학습, 진로를 위한 정보의 제공 • 사회성 기술, 학습전략, 의사소통훈련, 각종 예방을 위한 교육
매개자/연계자	• 학생과 가족에게 필요한 자원의 발굴, 연계
조정자/중재자	• 학생과 환경 사이에서 양자 모두의 문제해결 과정을 조정, 중재
옹호자	• 학생과 가족의 인권을 보장하기 위한 옹호활동
자원개발자	• 학생과 가족, 학교에 필요한 지역사회 자원의 발굴 및 개발촉진
공조자/협력자	• 교사를 비롯하여 다양한 전문가, 관련기관과의 협력, 공조
조사연구자	• 실태조사 및 효과성 연구를 통한 효과적 복지서비스 제공
정책제언가	• 학생복지 증진을 위해 다양한 수준에서의 정책감시, 제언에 참여

(4) 학교사회복지사 되기 위한 절차 안내

학교복지사 자격시험에 응시할 수 있는 사람은 다음의 자격기준에 해당해야 한다.

〈표 12-7〉 2020년 기준 학교사회복지사 자격시험 응시자격

구분	2020년 제16회 학교사회복지사 자격시험 응시자격
필수자격요건	1. 사회복지사 1급 자격증 소지자 2. 학교사회복지론[1)6)]을 이수한 자 3. 아동복지론[2)6)] 또는 교육학 관련 교과목[3)6)] 중 1과목 이상을 이수한 자

선택자격요건	「사회복지사업법」 개정 공포일 (2018.12.11.) 이전부터 활동을 시작하여	4-1. 240시간 이상의 학교사회복지 관련 실습[4]을 이수한 자, 혹은 4-2. 초·중·고등학교에서 학생복지업무를 전담하는 사회복지사로 6개월 이상 근무한 자, 혹은 4-3. 사회복지기관에서 학교사회복지 관련 실무[5]를 1년 이상 담당한 경력이 있는 자

※ 필수자격 요건은 3가지 사항 모두 충족되어야 하며, 선택자격 요건은 3가지 중 한 가지 이상이 충족되어야 한다.
 * 법령에서 고등교육법에 의한 4년제 대학졸업자와 동등 이상의 학력이 있다고 인정하는 자로서 전공·학과에 관계없이 보건복지부령이 정하는 「사회복지학 전공교과목과 사회복지 관련 교과목」(필수10, 선택4)을 이수한 경우로 사회복지사 1급 자격증 취득자라면 응시 가능하다.

1) 학교사회복지론은 학교사회사업론의 명칭도 가능하며, 한국학교사회복지학회 혹은 한국학교사회복지사협회가 주최한 학교사회복지 기초과정 연수(30시간) 이수로 대체할 수 있다.
2) 아동복지론은 청소년복지론 혹은 아동·청소년복지론으로 대체할 수 있다.
3) 교육학 관련 교과목이란 교육학 개론(교육의 이해), 교육행정론(교육행정 및 교육경영, 교육행정의 이해), 교육정책론, 교육사회학, 교육심리학, 교육철학 및 교육사, 교육과정 및 교육평가, 교육방법 및 교육공학 등 교직 필수과목을 의미하며, 2급 정교사 이상의 자격을 갖고 있는 자는 교과목을 이수한 것으로 간주한다(초·중·고등 교육법에 의한 교직 필수과목).
4) 학교사회복지 관련 실습 240시간 중 120시간은 실습으로 이수해야 하며(학점실습이 아니어도 가능), 나머지 120시간은 인턴, 직업체험활동, 자원봉사활동 등(이하 기타)으로 대체할 수 있다. 실습 관련 활동의 인정 여부는 아래 ①~③의 조건을 모두 충족하여야 한다.
 ① 활동장소: 학교를 원칙으로 하며 지역교육복지지원센터, 한국학교사회복지사협회를 포함한다.
  • 단, 지역교육복지지원센터의 실습인 경우, 슈퍼바이저의 학교사회복지사 자격증 소지를 증명할 수 있는 경우에만 인정한다.
  • 파견의 인정범위: 단체·센터·기관 등에서 학교 현장으로 파견된 경우, 실습은 인정 불가하나 기타의 경우에는 학교장의 직인이 첨부된 확인서 제출 시, 인정 가능하다.
 ② 실습지도자: 사회복지현장실습 지침의 기준(1급 사회복지사 자격증 취득 후 3년 이상 사회복지 관련 실무경력자, 2급 사회복지사 자격증 취득 후 5년 이상 사회복지 관련 실무경력자)에 의거하여서만 가능하다. 단, 실습 외 활동은 실습지도자의 자격에 제한을 두지 아니한다.
 ③ 활동시간: 실습은 학기 중 활동만 인정하며 기타의 경우에만 방학의 활동도 인정한다.
  • 학교사회복지 관련 실습은 1개월당 최대 40시간까지만 인정가능하다.
  • 실습은 3개월 이상 지속해야 하며, 기타의 경우 활동시간을 합산할 수 있다.
  • 동일 기간 내 실습과 자원봉사는 중복으로 인정 불가하다.
5) 사회복지기관에서 학교사회복지 관련 실무란 아래 ①, ② 중 한 가지를 의미한다.
 ① 학교에 상주하여 학생 및 기타 관련 체계에 사회복지서비스 제공
 ② 사회복지 기관에서 학교와 관계하여 사회복지 서비스를 제공하는 아동복지 또는 청소년복지 분야의 실무
 ※ 아동·청소년을 대상으로 한 단순 서비스가 아닌 학교와의 소통(학교 연계)에 근거하여 각 학생들을 대상(개인사례관리)으로 한 서비스에 관한 실무경력 확인을 위해 실무경력 증빙서류(예: 학교 연계를 증빙하는 협약서·프로그램 진행 기록, 학교 측 공문·학교 직인이 찍힌 확인 문서 사본 등(원본대조필)를 제출해야 함.
 ②-1 다음과 같은 경우에는 인정 불가
  (1) 사회복지기관에서 대상 학생의 사례관리를 진행하며 학교와 단순 협력한 경우
  (2) 사회복지기관에서 혹은 학교로 파견되어 단순 강사활동을 한 경우
6) 학교사회복지론, 아동복지론, 교육학 관련 교과목 이수의 경우 학점인증제 기관에서 이수한 경우도 인정한다.

2) 청소년상담사

(1) 청소년상담사의 개념

청소년상담사란, 「청소년 기본법」(제22조 1항)에 의거하여 여성가족부에서 실시하는 청소년상담사 자격검정에 최종합격하고 청소년상담사 연수기관에서 실시하는 연수과정을 마친 자에게 부여하는 국가자격증을 말한다. 청소년상담사는 청소년 전문 상담기관인 한국청소년상담복지개발원, 청소년상담센터를 비롯하여 청소년수련관, 청소년쉼터, 청소년관련 복지시설 등에서 직무를 수행한다.

청소년상담사의 주요업무는 청소년 보호선도, 건전생활의 지도, 청소년을 위한 지역사회의 유익한 환경의 조성 및 유해환경의 정화활동, 수련활동의 여건조성 장려 및 지원, 청소년단체의 육성 및 활동지원 등의 직무를 수행한다. 아울러 청소년상담사의 자질을 향상시키기 위하여 매년 8시간의 보수교육을 이수해야 한다.

깨알 tip. 청소년상담사란?

청소년상담사란 청소년 상담 관련 분야의 상담 실무경력 및 기타 자격을 갖추어 대통령령이 정하는 자격검정에 합격하고 연수를 마친 자로서 청소년상담사 자격증을 교부받은 자임

(2) 청소년상담사의 역할

청소년상담사는 급수에 따라서 주요역할 및 세부내용이 상이하게 구분된다. 먼저 청소년상담사 1급은 청소년 상담을 주도하는 지도인력이다. 주요직무로는 청소년 상담 관련 정책을 개발하고, 관련한 행정업무를 총괄한다. 또한, 상담기관 설립 및 운영, 청소년들의 제 문제에 대한 개입, 2급 및 3급 청소년상담사의 교육 및 훈련 등의 역할을 수행한다.

청소년상담사 2급은 청소년 상담의 전반적 업무를 수행하고 청소년의 개별 문제

영역에 대한 전문적인 개입을 하고, 심리검사에 대한 해석을 진행하여 이를 활용하고, 청소년 상담과 관련된 독자적인 연구를 설계하고 수행한다. 또한 3급 청소년상담사 교육 및 훈련 등의 역할을 수행한다.

마지막으로 청소년상담사 3급은 실제 청소년 상담을 수행하는 실행인력이다. 청소년상담사 3급은 청소년에 대한 상담 업무를 수행하고, 집단상담에 대한 공동지도자 업무를 수행한다. 아울러 심리검사를 실시하고 이를 채점하며, 청소년 상담 관련의뢰 체계를 활용하고, 청소년상담실에 관련하여 제반 행정을 담당하는 역할을 수행한다.

(3) 청소년상담사가 되기 위한 절차 안내

청소년상담사 자격의 소관부처는 여성가족부로 실시기관은 한국산업인력공단이다.

응시자격은 대학원에서 청소년(지도)학, 교육학, 심리학, 사회사업(복지)학, 정신의학, 아동(복지)학 분야 또는 그 밖의 총리령이 정하는 상담 관련 분야(이하 "상담관련분야"라 한다)를 전공하고 박사학위를 취득한 자이다. 대학원에서 상담 관련 분야를 전공하고 석사학위를 취득한 후 상담실무경력이 4년 이상인 자이며, 2급 청소년상담사로서 상담실무경력이 3년 이상인 자이다.

필기시험의 합격결정에 있어서는 매 과목 100점을 만점으로 하여 매과목 40점 이상, 전 과목 평균 60점 이상 득점한 자를 필기시험 합격예정자로 결정한다. 필기시험 합격예정자에 대해서는 한국청소년상담원에서 응시자격 서류심사를 실시하며 심사결과 부적격자인 경우에는 불합격 처리한다. 다만, 필기시험 합격자 발표 후라도 제출된 서류 등의 기재사항이 사실과 다르거나 응시자격 부적격 사유가 발견될 때에는 필기시험 합격을 취소한다.

〈표 12-8〉 청소년상담사 시험과목 및 배점

<table>
<tr><th rowspan="2">등급</th><th colspan="2">시험과목</th><th colspan="2">시험방법</th></tr>
<tr><th>구분</th><th>과목</th><th>필기</th><th>면접</th></tr>
<tr><td rowspan="2">1급
청소년상담사
(5과목)</td><td>필수
(3과목)</td><td>• 상담사 교육 및 사례지도 • 청소년 관련 법과 행정
• 상담연구방법론의 실제</td><td rowspan="2">필기시험
과목당 25문항</td><td rowspan="2">면접</td></tr>
<tr><td>선택
(2과목)</td><td>• 비행상담 · 성상담 · 약물상담 · 위기상담 중 2과목</td></tr>
<tr><td rowspan="2">2급
청소년상담사
(6과목)</td><td>필수
(4과목)</td><td>• 청소년 상담의 이론과 실제 • 상담연구방법론의 기초
• 심리측정 평가의 활용 • 이상심리</td><td rowspan="2">필기시험
과목당 25문항</td><td rowspan="2">면접</td></tr>
<tr><td>선택
(2과목)</td><td>• 진로상담 · 집단상담 · 가족상담 · 학업상담 중 2과목</td></tr>
<tr><td rowspan="2">3급
청소년상담사
(6과목)</td><td>필수
55과목)</td><td>• 발달심리 • 집단상담의 기초
• 심리측정 및 평가 • 상담이론
• 학습이론</td><td rowspan="2">필기시험
과목당 25문항</td><td rowspan="2">면접</td></tr>
<tr><td>선택
(1과목)</td><td>• 청소년이해론 · 청소년수련활동론 중 1과목</td></tr>
</table>

비고: "청소년 관련 법" 이란 「청소년 기본법」, 「청소년복지 지원법」, 「청소년 보호법」, 「아동 · 청소년의 성보호에 관한 법률」, 「청소년활동 진흥법」, 「학교폭력예방 및 대책에 관한 법률」, 「소년법」을 말하며, 그 밖의 법령을 포함하는 경우 여성가족부 장관이 고시한다.

※ 시험과목 중 법령관련 출제기준일은 시험 시행일 기준임

〈표 12-9〉 응시자격

구 분	자격 요건	비고
1급 청소년 상담사	1. 대학원에서 청소년(지도)학 · 교육학 · 심리학 · 사회사업(복지)학 · 정신의학 · 아동 (복지)학 · 상담학 분야 또는 그 밖에 여성가족부령으로 정하는 상담 관련 분야(이하 "상담관련 분야"라 한다)의 박사학위를 취득한 사람 2. 대학원에서 상담관련 분야의 석사학위를 취득한 후 상담 실무경력이 4년 이상인 사람 3. 2급 청소년상담사로서 상담 실무경력이 3년 이상인 사람 4. 제1호 및 제2호에 규정된 사람과 같은 수준 이상의 자격이 있다고 여성가족부령으로 정하는 사람	1. 상담분야 박사 2. 상담분야 석사 + 4년 3. 2급 자격증 + 3년

구 분	자격 요건	비고
2급 청소년 상담사	1. 대학원에서 청소년(지도)학 · 교육학 · 심리학 · 사회사업(복지)학 · 정신의학 · 아동(복지)학 · 상담학 분야 또는 그 밖에 여성가족부령으로 정하는 상담 관련 분야(이하 "상담관련분야"라 한다)의 석사학위를 취득한 사람 2. 대학 또는 다른 법령에 따라 이와 동등한 학력을 인정받는 기관에서 상담관련분야 학사학위를 취득한 후 상담 실무경력이 3년 이상인 사람 3. 3급 청소년상담사로서 상담 실무경력이 2년 이상인 사람 4. 제1호부터 제3호까지에 규정된 사람과 같은 수준 이상의 자격이 있다고 여성가족부령으로 정하는 사람	1. 상담분야 석사 2. 상담분야 학사 + 3년 3. 3급 자격증 + 2년
3급 청소년 상담사	1. 대학 및 「평생교육법」에 따른 학력이 인정되는 평생교육시설의 청소년(지도)학 · 교육학 · 심리학 · 사회사업(복지)학 · 정신의학 · 아동(복지)학 · 상담학 분야 또는 그 밖에 여성 가족부령으로 정하는 상담 관련 분야(이하 "상담관련분야"라 한다)의 학사학위를 취득한 사람 2. 전문대학 또는 다른 법령에 따라 이와 동등한 학력을 인정받는 기관에서 상담관련 분야 전문학사를 취득한 사람으로서 상담 실무경력이 2년 이상인 사람 3. 대학 또는 다른 법령에 따라 이와 동등한 학력을 인정받는 기관에서 학사학위를 취득한 후 상담 실무경력이 2년 이상인 사람 4. 전문대학 또는 다른 법령에 따라 이와 동등한 학력을 인정받는 기관에서 전문 학사학위를 취득한 후 상담 실무경력이 4년 이상인 사람 5. 고등학교를 졸업하고 상담 실무경력이 5년 이상인 사람 6. 제1호부터 제4호까지에 규정된 사람과 같은 수준 이상의 자격이 있다고 여성가족부령으로 정하는 사람	1. 상담분야 4년제 학사 2. 상담분야 2년제 + 2년 3. 타 분야 4년제 + 2년 4. 타 분야 2년제 + 4년 5. 고졸 + 5년

※ 상담관련 학과 인정 시 법령에 나열되어 있는 10개 '상담관련분야'(청소년학, 청소년지도학, 교육학, 심리학, 사회사업학, 사회복지학, 정신의학, 아동학, 아동복지학, 상담학)과 이에 포함된 10개 학과명의 조합일 경우 인정하고 조합된 학과명에 10개 학과명 이외의 추가적인 문구 있을 때에는 인정 불가

- 인정 예시: 청소년+상담학, 심리+상담학, 교육+심리학 등
- 상담관련 분야 학과명 중에 '학'자는 빠져 있더라도 인정됨

※ 상담관련 학과 인정 시 '학위'명이 아닌 '학과명' 또는 '전공'명으로 판단

- 대학의 경우: 학부명, 학과명, 전공명 중 어느 한 곳에 상담관련 분야가 명시되어 있으면 인정
- 대학원의 경우: 학과명, 전공명 중 어느 한 곳에 상담관련 분야가 명시되어 있으면 인정

(단, 교육학과의 경우에는 학과명만으로는 인정 불가하며 여성가족부령이 정하는 상담관련 분야에 해당할 경우 인정)

※ 국외에서 취득한 학위증명서, 졸업증명서 등은 원본서류에 대해 대사관 확인(아포스티유 협약 가입 국가는 아포스티유 증명서로 대체 가능) 후 한국어로 번역 · 공증하여 서류심사 기간 내에 공단 서류심사 기관에 제출하여야 함

3) 청소년지도사

(1) 청소년지도사의 개념

'청소년지도자'라 함은 「청소년 기본법」에 의한 청소년지도사 및 청소년상담사와 청소년시설 · 청소년단체 · 청소년 관련 기관 등에서 청소년육성 및 지도업무에 종사하는 자를 총칭한다. '청소년지도사'란, 「청소년 기본법」 제21조에 근거하여, 청소년 활동 등 청소년육성 업무 경력 및 기타 자격을 갖춘 자로서 검정에 합격하고, 소정의 연수 시간을 이수한 자에게 여성가족부장관이 부여하는 국가자격이다. '청소년상담사'란, 「청소년 기본법」 제22조에 근거하여, 청소년 상담관련 분야의 실무경력 및 기타자격을 갖춘 자로서 검정에 합격하고, 소정의 연수 시간을 이수한 자에게 여성가족부장관이 부여하는 국가자격이다. 국가 전문자격인 청소년지도사 자격증 소지자는 2022년까지 총 66,095명이 배출되었으며, 청소년상담사 자격증 소지자도 33,817명을 넘어서고 있다.

청소년지도사는 1991년부터 명지대학교에 청소년지도학과가 개설되고 자격제도가 시행되어 청소년지도사가 배출되기 시작하였다. 청소년지도사란 「청소년 기본법」(제21조 1항)에 의거하여 실시되는 청소년지도사 자격검정(소관부처: 여성가족부 청소년활동진흥과)에 최종합격하고 청소년지도사 연수기관(한국청소년활동진흥원)에서 실시하는 연수과정(30시간 이상)을 마친 자 또는 이러한 사람에게 여성가족부 장관이 부여하는 국가자격증을 의미한다. 이들은 청소년 수련시설(청소년 수련관, 청소년수련원, 유스호스텔, 청소년야영장, 청소년문화의 집, 청소년특화시설 등)과 단체, 사회복지시설과 단체 및 학교 등 청소년 관련 모든 활동현장에서 청소년활동 지원, 청소년복지 증진, 청소년보호와 관련된 직무를 수행하며 자질향상을 위하여 정기적으로 보수교육(매년 8시간)을 받아야 한다.

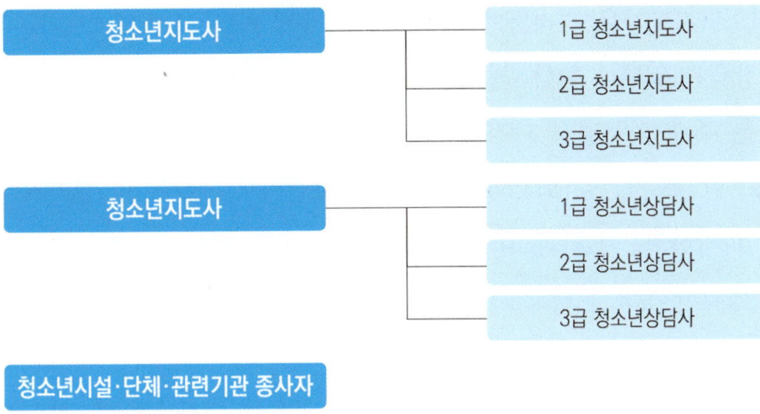

[그림 12-1] 청소년지도자의 분류

출처: 여성가족부(2022).

(2) 청소년지도사의 역할

청소년지도사는 청소년복지 관련한 사업 및 프로그램 등을 전담하여 청소년의 수련활동, 지역 및 국가 간의 교류활동을 비롯하여 동아리활동과 봉사활동 등을 지도한다. 청소년지도사는 청소년수련원, 청소년수련관, 청소년유스호스텔, 청소년센터 등에서 일을 한다.

청소년지도사는 급수에 따라서 주요역할 및 세부내용이 상이하게 구분되어져 있는데 구체적인 내용은 다음과 같다.

첫째, 청소년지도사는 청소년 지도활동에 대하여 요구되는 지식과 전문적인 기술을 습득해야 한다. 특히 전문 영역인 봉사, 동아리, 야외 레크리에이션, 문화예술, 스포츠, 특수청소년 지도활동 및 청소년 기관운영과 행정과 수련도구에 대한 활용법에서 행사기획 진행에 이르기까지 다양한 전문성을 보유해야 한다.

둘째, 청소년지도사는 설계자의 역할을 수행해야 한다. 설계자로서 청소년지도사는 청소년들의 특성과 요구를 분석한 자료를 바탕으로 청소년 지도의 목표를 설정하고 이를 바탕으로 프로그램을 개발해야 한다. 또한 설계한 프로그램을 시행하여 목표를 달성할 수 있어야 한다.

셋째, 청소년지도자는 격려자의 역할을 수행하야 한다. 청소년지도자는 청소년의 개인적 성장을 지원해야 한다. 청소년이 갖고 있는 문제를 해결하고, 이들이 어려움을 호소하는 주요 의사결정 과정을 돕고 합리적인 적응을 촉진하도록 해야 한다.

넷째, 청소년지도자는 지도자의 역할로서 청소년의 문제행동 및 심리적 부적응 등의 원인을 파악하고, 이를 해결하기 위해 지역사회를 변화시키고자 노력해야 한다. 또한 보다 명확한 목표를 갖고 해결중심적인 사고를 바탕으로 지역사회의 변화를 도모해야 한다.

다섯째, 청소년지도자는 분석가와 예술가의 역할을 수행해야 한다. 청소년지도사는 객관적인 시각을 갖고 청소년들을 위한 다양한 시각을 갖고 있어야 분석가의 역할을 충실히 수행할 수 있다.

(3) 청소년지도사 자격취득

청소년지도사가 되려면 반드시 청소년지도학을 비롯한 청소년학을 이수하여 자격요건을 충족해야 하는데, 청소년학은 교육학, 심리학 등을 기초로 설립되었으며, 전공을 따로 나누지 않으나 구체적인 연구 분야는 청소년지도학 분야, 사회교육학 분야, 청소년지도행정 분야, 청소년상담 분야 등으로 나누고 있다. 비슷한 종류의 자격증인 청소년상담사와 헷갈리는 경우가 있는데, 청소년상담사는 상담을 주로 하는 차이가 있다고 생각하면 이해가 쉽겠다.

청소년지도사는 여성가족부 장관의 위탁을 받아 한국산업인력공단에서 연 1회, 청소년지도사 자격 검정시험을 실시(「청소년 기본법」 제21조, 동법 시행령 제20조 제1항 및 동법 시행규칙 제4조)한다. 또한 합격자 연수를 진행하는데, 여성가족부 장관의 위탁을 받아 한국청소년활동진흥원에서 자격검정 합격자 연수를 실시(「청소년 기본법」 제21조 제2항, 동법 시행령 제21조)한다.

〈표 12-10〉 청소년지도사 자격검정의 과목 및 방법

구분	검정과목	검정방법	
1급	청소년연구방법론, 청소년 인권과 참여, 청소년정책론, 청소년기관운영, 청소년지도자론	주·객관식 필기시험	
2급	청소년육성제도론, 청소년지도방법론, 청소년심리 및 상담, 청소년문화, 청소년활동, 청소년복지, 청소년프로그램 개발과 평가, 청소년문제와 보호	객관식 필기시험	면접 (3급 청소년지도사 자격증 소지자는 면접시험 면제)
3급	청소년육성제도론, 청소년활동, 청소년심리 및 상담, 청소년문화, 청소년지도방법론, 청소년문제와 보호, 청소년프로그램 개발과 평가	객관식 필기시험	면접

주: 청소년지도사 자격검정의 과목과 관련된 전공과목의 인정범위는 여성가족부장관이 별도로 정하여 고시함.
출처: 「청소년 기본법 시행령」 [별표 2] 청소년지도사 자격검정의 과목 및 방법(제20조제3항 관련).

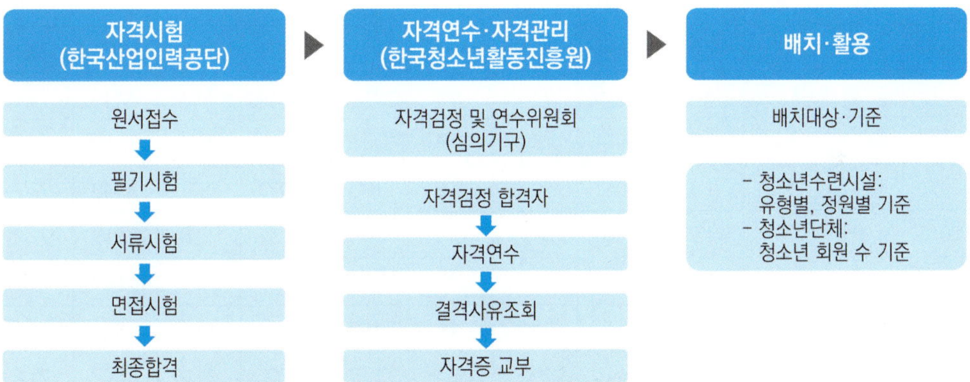

[그림 12-2] 청소년지도사 자격검정 및 연수 체계도

출처: 여성가족부(2021).

청소년지도사 자격검정의 합격 기준은 필기시험 매 과목 40점 이상, 전 과목 평균 60점 이상의 점수를 얻어야 한다. 또한 2008년 1월부터는 2급 자격기준 중 대학졸업(예정)자 또는 이와 동등 이상의 학력이 있는 자로서 2급 청소년지도사 자격검정에 필요한 과목 모두를 전공과목으로 이수한 자와, 3급 지도사의 경우 전문대학 졸업(예정)자 또는 이와 동등 이상의 학력이 있는 자로서 3급 청소년지도사 자격검정에 필요

한 과목 모두를 전공과목으로 이수한 자는 해당 급수의 청소년지도사 자격검정에서 필기시험을 면제한다.

자격검정에 합격한 자를 대상으로 실시하는 연수는 30시간 이상으로 하며, 자질과 전문성을 함양할 수 있는 내용으로 구성된다.

〈표 12-11〉 청소년지도사 양성현황

연도별	계	1급		2급		3급		남		여	
		인원	비율	인원	비율	인원	비율	인원	비율	인원	비율
계	66,096	2,473	3.7	47,866	72.4	15,756	23.8	19,312	29.2	46,784	70.8
2022	3,759	322	8.6	2,778	73.9	659	17.5	1,097	29.2	2,662	70.8
2021	4,317	179	4.1	3,404	78.9	734	17.0	1,252	29.0	3,065	71.0
2020	4,245	107	2.5	3,294	77.6	844	19.9	1,172	27.6	3,073	72.4
2019	3,929	135	3.4	2,966	75.5	828	21.1	1,114	28.4	2,815	71.6
2018	3,872	64	1.7	3,024	78.1	784	20.2	1,092	28.2	2,780	71.8
2017	3,781	51	1.3	3,032	80.2	698	18.5	1,032	27.3	2,749	72.7
2016	4,096	76	1.9	3,346	81.7	674	16.5	1,137	27.8	2,959	72.2
2015	4,062	28	0.7	3,275	80.6	759	18.7	1,062	26.1	3,000	73.9
2014	106	-	-	62	58.5	44	41.5	25	23.6	81	76.4
2013	3,837	41	1.1	3,041	79.3	755	19.7	935	24.4	2,902	75.6
2012	3,262	8	0.2	2,502	76.7	752	23.1	620	19.0	2,642	81.0
2011	3,051	82	2.7	2,262	74.1	707	23.2	606	19.9	2,445	80.1
2010	3,295	53	1.6	2,374	72.0	868	26.3	634	19.2	2,661	80.8
2009	2,931	34	1.2	2,165	73.9	732	25.0	556	19.0	2,375	81.0
2008	2,744	27	1.0	2,086	76.0	631	23.0	463	16.9	2,281	83.1
2007	909	31	3.4	695	76.5	183	20.1	295	32.5	614	67.5
2006	1,248	90	7.2	792	63.5	366	29.3	505	40.5	743	59.5
2005	1,392	31	2.2	456	32.8	905	65.0	391	28.1	1,001	71.9
2004	1,317	74	5.6	663	50.3	580	44.0	440	33.4	877	66.6

연도별	계	1급		2급		3급		남		여	
		인원	비율	인원	비율	인원	비율	인원	비율	인원	비율
2003	1,370	90	6.6	700	51.1	580	42.3	510	37.2	860	62.8
2002	1,429	117	8.2	837	58.6	475	33.2	577	40.4	852	59.6
2001	1,583	97	6.1	990	62.5	496	31.3	700	44.2	883	55.8
2000	988	113	11.4	585	59.2	290	29.4	464	47.0	524	53.0
1999	868	128	14.7	530	61.1	210	24.2	439	50.6	429	49.4
1998	593	120	20.2	280	47.2	193	32.5	302	50.9	291	49.1
1997	635	131	20.6	314	49.4	190	29.9	375	59.1	260	40.9
1996	341	47	13.8	193	56.6	101	29.6	195	57.2	146	42.8
1995	715	101	14.1	361	50.5	253	35.4	411	57.5	304	42.5
1994	708	96	13.6	375	53.0	237	33.5	444	62.7	264	37.3
1993	713	-	-	485	68.0	228	32.0	467	65.5	246	34.5

출처: 여성가족부(2022).

3. 청소년의 권리

현재 우리나라에서는 UN아동권리위원회(Committee on the Rights of the Child)의 권고 등을 따라 청소년의 권리 증진을 위해 힘쓰고 있다. 이러한 노력의 연장선으로 지난 2011년에는 청소년희망센터를 개소하여 청소년의 권리침해에 대하여 예방하고 있다. 또한 청소년희망센터는 청소년의 권리에 대한 사회적 인식을 제고하고 있으며, 청소년 권리교육을 비롯한 청소년 권리교육 강사 양성 등의 업무를 통해 청소년의 권리를 증진하기 위한 업무를 수행하고 있다.

청소년의 권리와 관련하여 우리나라가 UN아동권리협약 비준 당사국이 되면서 청소년 정책은 권리보장의 관점에서 새롭게 출발하였다. 이후에 협약에 명기된 차별하지 않는 원칙, 아동 이익 최우선 등의 원칙을 바탕으로 아동보호전문기관이 설치 운영되고, 아동정책조정위원회와 청소년 정책위원회가 도입되고 이를 통해 청소년의 권리 증진을 위한 정책이 추진되기 시작했다.

또한 「제2차 청소년육성 5개년 계획(1998~2002년)」과 이를 발전적으로 계승한 「제3차 청소년육성 5개년 기본계획(2003~2007년)」을 바탕으로 청소년에 대한 인권신장과 더불어 참여가 확대되는 정책이념으로 패러다임이 전환되었다. 나아가 사회 구성원으로서 청소년의 시민권 보장을 위한 정책이 추진되면서 '청소년참여위원회' 등 청소년 정책에 대한 참여기구가 만들어졌다.

이후 「제4차 청소년 정책기본계획(2008~2012)」에서는 시민역량 증진 및 인성교육 강화를 기반으로 청소년의 권리 및 참여에 대한 정책이 추진되었다.

「제5차 청소년 정책기본계획(2013~2017)」에서는 3대 중점과제를 추진하였는데, 그 내용을 살펴보면, 첫째는 청소년의 참여 활성화와 둘째는 청소년의 건강권 보호, 셋째는 청소년의 권리증진 기반 조성이다.

2018년에 수립된 「제6차 청소년 정책기본계획(2018~2022)」에서는 '청소년 참여 및 권리증진'이라는 목표하에 청소년의 참여를 확대하고, 청소년을 존중하는 사회적 기반을 강화하는 방향으로 설정하였다. 그간 우리나라에서는 청소년 정책에 청소년의 참여를 확대하고자 노력하였으며, 일부 지방자치단체에서는 청소년 참여 예산제를 도입하기도 했다. 그 밖에도 청소년의 발달, 참여 등의 내용을 담은 법률의 재정비 등 청소년의 기본생활 보장을 위한 정책을 추진하기 위한 제도적 기반을 마련하기 위해 노력하고 있다.

UN을 비롯한 국제사회에서는 청소년의 사회 참여를 주요한 의제로 제시하고 있다. 현재 우리나라도 청소년이 정책의 과정에 직접적으로 참여하는 청소년 참여기구를 지속적으로 운영 · 지원하고 있다. 이는 청소년들의 사회참여 기회를 확대하고 나아가 민주시민으로서의 청소년 인권을 확립하기 위함이다. 대표적인 청소년 참여기구로 '청소년참여위원회', '청소년운영위원회', '청소년특별회의'가 있다.

2018년 12월 기준으로 여성가족부 및 지방자치단체 230여 개에서 청소년참여위원회를 구성하여 운영하고 있다. 청소년특별회의는 450여 명의 청소년이 참여하고 있으며, 이 외에도 자신이 거주하는 지역사회의 문제점을 인식하고 이를 개선하기 위해 청소년이 직접 기획하고 참여하는 '청소년프로그램 공모사업(참여 분야)'을 통해 다양한 활동을 전개하고 있다. 또한, 여성가족부는 청소년 및 청소년 지도자들이 청소년 참여 활동과 관련된 내용을 소통 · 공유할 수 있는 온라인 플랫폼인 '청소년참여포털'도 운영하고 있다.

국제사회에서 청소년의 권리는 아동의 권리 차원에서 지속적으로 논의되어 왔다. 국제사회에서 통용되는 아동의 나이는 18세 미만인데, 이러한 연령 기준은 청소년의 연령과 중첩되며, 이러한 중첩현상은 국내의 아동과 청소년의 연령구분에서도 마찬가지이다.

1) 아동의 권리에 관한 국제협약의 형성 배경

20세기에 들어오면서 청소년권리에 관한 국제적 논의가 활발해졌다. 우선, 제1차 세계대전과 같은 전쟁으로 수많은 아동이 기아, 질병, 영양실조 등으로 고통받는 현실 속에서 아동 권리에 관한 최초의 국제적 선언인 '아동권리선언'이 작성되었다.

이른바 '제네바 선언'으로도 불리는 이 선언은 1924년 11월 26일 국제연맹총회에서 채택되었다. 이 선언은 전문과 5개 조항으로 구성되었는데, '아동에게 최상의 것을 제공할 의무'를 명시하고 있다. 이는 아동의 기본적인 생존을 위해 필요한 것에 초점을 맞추고 있다. 아동권리선언은 이후 이루어지는 국제조약 제정의 출발점이 되었다는 점에서 큰 의미를 지닌다.

제2차 세계대전 당시 발생한 대량학살과 인권침해 행위로 인하여 국제사회는 인권보장을 위한 노력을 기울이게 되었고, 그 결과 1948년 12월 10일에 UN총회에서 '세계인권선언'이 채택되었다. 전문과 30개조로 이루어진 이 선언은 시민적 · 정치적 권리와 경제적 · 문화적 권리에 대한 내용을 담고 있다. 이러한 보편적 인권을 위한 노력과 함께 아동 및 청소년 인권에 대한 논의도 심화되어 1959년 11월 20일 UN총회에서 제네바 선언의 내용을 확대, 보완하고 세계인권선언의 정신을 아동에게 반영한

'UN아동권리선언'이 채택되었다. 전문과 10개조로 구성된 이 선언에서는 아동을 보호의 대상이 아닌 인권의 주체로 인식하여 진일보한 모습을 보이고 있다.

1960년대부터는 법적 구속력이 없는 선언에 그쳤던 인권 관련 선언들을 법적 구속력이 있는 국제조약으로 발전시키려는 움직임이 본격화되었다. 이러한 배경 속에서 1989년 11월 20일 UN총회에서 아동의 권리에 관한 국제협약이 채택되고, 1990년 9월 2일 20개 국가가협약을 비준함으로써 이 협약이 발효되었다. 우리나라도 1991년 11월 20일 이 협약을 비준하였으며, 일반적으로 승인된 국제법규로서 국내법과 같은 효력을 가지게 되었다.

2) 청소년헌장에 명시된 청소년의 권리

청소년헌장에서도 대한민국 청소년이 누려야 할 권리를 명시하고 있다. 청소년헌장은 1990년 5월에 제정되었으며, 1998년 10월에 청소년의 주체적 삶과 자율성 및 참여를 강조하는 내용으로 개정되었다.

청소년헌장은 전문과 청소년의 권리에 관한 12개 조항 및 청소년의 책임에 관한 9개 조항으로 구성되어 있다. 청소년헌장에 명시된 청소년의 권리는 정신적·신체적으로 균형 있게 성장할 권리, 차별받지 않을 권리, 폭력으로부터 보호받을 권리, 사적인 삶의 영역을 침해받지 않을 권리, 표현의 자유에 대한 권리, 건전한 모임을 만들고 활동할 권리, 배움을 통한 자아실현의 권리, 일할 권리와 직업을 선택할 권리, 여가를 누릴 권리, 문화예술 활동에 참여할 권리, 정보에 접근할 권리, 정책결정 과정에 참여할 권리를 포함한다.

3) UN아동권리협약

1989년 11월 'UN총회'는 아동의 권리 보장을 위하여 'UN아동권리협약(Convention on the Rights of the Child: CRC)'을 만장일치로 채택하였으며, 우리나라는 1991년 11

월에 아동권리협약, 2004년 9월에 2개의 선택의정서(① 아동의 무력분쟁 참여, ② 아동매매, 성매매 및 아동음란물의 금지)를 비준하였다. 동 협약은 세계인권선언에서 아동기에는 특별한 돌봄과 원조를 받을 권리가 있다는 국제연합의 선언을 상기하고 있다. 이는 경제, 사회 등 전반에 있어 인간의 존엄성과 자유를 보장하는 가운데 어떤 환경, 조건에 관계없이 아동의 생존권이 존중되고 그들의 잠재력이 최대한 개발되도록 지지하여야 함을 규정하고 있다. 기본이념은 차별의 금지(제2조), 아동 이익 최우선의 원칙(제3조), 생명 존중(제6조), 아동의견 존중(제12조) 등이다. 동 협약 제44조 제1항에 따라 협약에 비준한 국가는 협약이 발효한 후 2년 이내에 이행상황에 대한 최초 국가보고서를 제출해야 하며 그 후에는 5년마다 제출할 의무가 있다.

4. 청소년 참여정책의 현황

한국의 청소년 참여는 1998년 제2차 청소년육성 5개년 계획이 수립되면서 정책의 중요한 부분이 되었다. 그후 제3차 청소년육성 5개년 계획에서는 계획수립 단계에서부터 청소년들을 참여시키려는 노력을 기울여 지방청소년육성정책 및 청소년시설에서의 청소년 참여를 보장하면서, 청소년 참여를 청소년 정책의 기본이념으로 삼았다(국가청소년위원회, 2006).

여성가족부는 청소년의 눈높이에 맞춘 청소년 정책을 추진하기 위하여 청소년 참여기구인 '청소년참여위원회', '청소년운영위원회', '청소년특별회의'를 운영하고 있으며, 청소년의 의견을 수렴하기 위해 다방면의 매체를 활용하고 있다. 또한 이를 통해 청소년의 시민역량 강화를 도모하고 있다. 이를 통해 청소년들의 사회참여 기회를 확대하고 있다.

2012년 6월 한국은 다양한 노력을 통해 청소년참여정책의 발전을 이룬 결과 UN에서 '공공행정상(Public Service Awards: UN PSA)'을 수상하기도 하였다.

청소년 참여활동은 다양하게 구성되고, 실천하고 있으며 대표적인 참여활동 방법으로는 청소년 참여기구인 청소년특별회의, 청소년참여위원회, 청소년운영위원회 등을 통한 활동과 청소년프로그램 공모사업인 청소년 참여 지역사회 변화프로그램이 있다.

1) 청소년특별회의

(1) 목적 및 기능

청소년특별회의는 「청소년 기본법」 제12조에 의거하여 청소년 분야의 전문가가 토론을 통해 청소년이 원하는 바를 정책의제로 발굴하고, 이를 정부에 제안하여 정책으로 만드는 노력을 하는 기구이며, 17개 시·도 청소년과 전문가로 구성되어 있다. 청소년특별회의는 2004년에 시범사업을 거쳐 2005년 「청소년 기본법」에 근거규정이 마련되면서 매년 개최되고 있는데, 매년 만들어진 정책의제에 따라서 정부에 보고 및 제안한다. 이를 위해 청소년특별회의는 청소년과 함께하면서 범정부적 차원에서 청소년을 위한 정책을 설정하고 추진하고 있는 기구이다. 다시 말해, 청소년 정책의 중요성을 구체화하고 나아가 이를 사회적인 공감대로 확산하기 위하여 청소년특별회의가 역할을 하고 있으며, 이는 청소년의 권익과 복지를 비롯하여 역량강화를 통해 사회발전의 동력으로 청소년 정책을 모색하기 위한 목적으로 설립되었다.

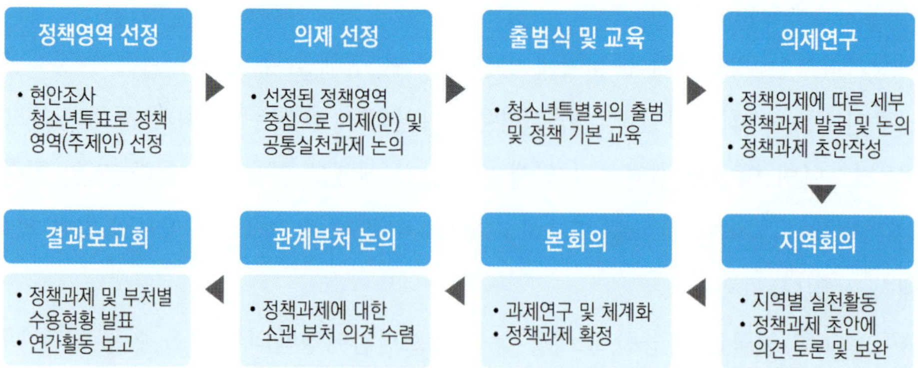

[그림 12-3] 청소년특별회의 추진절차

출처: 여성가족부(2022).

(2) 활동내용

청소년특별회의는 청소년의 관점과 시각에서 국가 차원의 정책과제를 발굴하고, 정부에 제안하는 기구로서 활동을 수행한다. 청소년특별회의의 위원 구성은 매년 2~3월경에 시・도별로 공개모집을 통한 심사를 거쳐 구성하고 있으며, 신청 대상은 만 9세에서 24세까지의 청소년으로 활동기간은 원칙적으로 1년이나 사정에 따라 달라질 수 있다. 청소년특별회의의 활동 내용으로는 전국단위 회의(5월 출범식, 9월 예비회의, 11월 본회의 등)와 지역단위 정기회의(청소년 제안 정책토의 등)가 있으며, 지역단위별로 필요시 캠페인, 토론회, 워크숍 등의 행사 참여를 하고 있다. 그동안 청소년특별회의에서 발굴한 정책과제로는 아동・청소년 성범죄자 신상공개제도 열람 간소화, 청소년의 의견이 반영된 다양한 공모전 실시, 국립중앙청소년 안전기구 설치 운영 등 지난 10년간 총 388개의 정책과제를 제안했고, 이 중 344개의 과제가 수용되어 정부정책으로 추진되고 있다.

청소년특별회의는 범정부적 차원의 청소년 정책과제를 마련하여 추진하고 점검함으로써 청소년 정책이 국가 주요 정책과제로 인식되는 계기를 마련하였고, 청소년과 청소년전문가의 의견을 효율적으로 수렴하여 청소년 정책에 반영함으로써 청소년의 참여보장 및 권익증진을 제도화하는 데 기여하였다. 또한 민주주의 체험과 지역 및 국가 공동체 문제에 대한 인식 제고 등을 통해 실질적인 민주시민 학습을 할 수 있게 하였고, 범사회적으로 청소년에 대한 관심을 가지고 정부와 청소년기관・단체, 학교, 언론, 기업 등이 지원할 수 있는 사회 분위기를 조성하였다. 최근 청소년특별회의는 온라인 미디어 매체를 활용한 소셜네트워크서비스(SNS) 청소년 특별회의 페이지를 개설・운영하는 등 청소년 정책의 수요자인 청소년들의 접근성을 용이하게 하여 소통을 강화해 나가고 있다.

2) 청소년참여위원회

(1) 목적 및 기능

청소년참여위원회는 여성가족부를 비롯하여 지방자치단체에 설치·운영 중인 청소년참여기구로서, 청소년 정책의 형성과 집행, 그리고 평가를 통해 청소년 친화적 정책을 구현하고, 청소년의 권익 증진을 도모한다. 또한 청소년이 자신의 삶을 주체적으로 설계하고 이를 통해 성장할 수 있도록 제도화하는 역할을 수행한다. 또한 청소년참여위원회는 1998년 「제2차 청소년육성 5개년계획」 중 청소년의 정책참여기회 확대 분야의 세부사업으로 제시되면서 시작되었다.

2012년 2월에는 기본적 권리로서의 청소년 참여권의 중요성을 부각하여 「청소년복지 지원법」에 있던 '청소년의 자치권 확대' 근거법령을 「청소년 기본법」으로 이관하였으며, 이후 국가 및 지방자치단체의 청소년참여위원회 구성·운영 의무가 법제화되었다(「청소년 기본법」 2017. 12. 12. 개정, 2018. 6. 13. 시행).

청소년참여위원회는 운영하는 주체별로 일부 차이가 있다. 또한 이사회를 거쳐 청소년 정책을 모니터링하고, 청소년 의견 제안을 비롯한 정책자문 등 다양한 활동을 전개하고 있다. 이러한 활동은 청소년의 권리 신장과 민주시민으로 성장하는 것을 육성하고 있고, 나아가 사회성을 향상시키고 있다.

(2) 활동내용

청소년참여위원회의 활동내용은 운영주체별로 다소 차이가 있으나, 정기·임시회의를 통한 청소년 관련 정책의 모니터링, 청소년 의견 제안과 정책자문, 각종 토론회·워크숍 개최 및 리더십 훈련 프로그램 참여 등 다양한 활동을 하고 있다. 이러한 청소년참여기구 활동은 개인적으로 청소년 자신의 잠재 역량을 개발하고 사회성을 향상시키는 한편, 사회적으로 청소년의 권리 신장과 건전한 민주시민으로의 육성에 기여하고 있다.

2018년 12월 기준 청소년참여위원회는 여성가족부, 특별시·광역시·도 및 시·

군 · 구(자치구)에 총 230개가 구성 · 운영되고 있으며, 지방자치단체에 따라 '청소년자치위원회', '차세대위원회' 등의 명칭으로 운영되기도 한다. 위원회별 운영규모는 10~30명 내외이며, 공개모집, 기관 추천, 청소년 선거 등 다양한 방식을 통해 구성된 4,500여 명의 청소년이 2018년 현재 활동하고 있다.

2022년 10월 기준 청소년참여위원회는 여성가족부, 특별시 · 광역시 · 도 및 시 · 군 · 구(자치구)에 총 243개가 운영 지원되고 있으며, 지방자치단체에 따라 '청소년자치위원회', '차세대위원회' 등의 명칭으로도 운영되고 있다. 위원회별 운영규모는 10~30명 내외이며, 공개모집, 기관추천, 청소년 선거 등 다양한 방식을 통해 구성된 4,100여 명의 청소년이 2022년 현재 활동하고 있다. 2022년 청소년참여위원회 운영예산은 17개 시 · 도에서 각 1천만 원(국비 5백만 원, 지방비 5백만 원), 216개 시 · 군 · 구에서 각 2백 80만 원(국비 1백 40만 원, 지방비 1백 40만 원)을 지원하고 있다.

〈표 12-12〉 연도별 청소년참여위원회 운영지원 현황(국고 미지원 포함) (단위: 개)

연도	2014	2015	2016	2017	2018	2019	2020	2021	2022
운영개소	197	204	216	221	230	239	239	240	243

출처: 여성가족부(2022).

3) 청소년운영위원회

(1) 목적 및 기능

청소년운영위원회는 공공 청소년수련시설에 청소년들로 구성된 운영위원회를 구성함으로써 청소년이 주체가 되어 운영하도록 유도함과 동시에 청소년수련시설 운영위원회의 운영현황을 평가하여 인센티브를 부여함으로써 실질적인 청소년 참여를 유도하고, 청소년들로 구성된 운영평가위원회의 활성화를 통하여 청소년 중심의 평가 · 자문 체계를 마련한다는 목적을 가지고 만들어졌다.

청소년운영위원회는 1998년도 「제2차 청소년육성 5개년계획」의 정책기조는 청소년의 자율・참여를 장려하는 방향으로 변화되었다. 이를 바탕으로 2000년도부터 전국에 청소년수련시설을 설치, 운영하게 되었으며, 2004년부터는 「청소년활동 진흥법」 제정으로 법적 근거가 확실히 마련되어 빠른 속도로 설치되었다.

청소년운영위원회의 설치 목적은 청소년이 중심이 되어 운영할 수 있도록 청소년의 의견과 욕구를 반영하고 있다. 현재 청소년운영위원회는 청소년수련시설의 심의 및 평가 등을 통해 운영 전반에 걸쳐 참여한다. 또한 프로그램을 직접 기획하면서 지역 내 청소년 행사에 참가하는 등의 활동을 펼치고 있다.

(2) 활동내용

청소년운영위원회는 청소년수련시설(청소년수련관, 문화의 집 등)의 사업, 프로그램 등 운영에 대하여 청소년의 시각에서 청소년이 바라는 의견 제시와 자문, 평가 등의 활동 등 청소년수련시설과 연계된 지역 내 청소년으로 구성하여 수련 시설의 운영방향, 사업계획 심의평가 등 시설운영 전반에 참여한다. 또한 정기회의(청소년 제안 정책토의 등) 참석, 지역별 캠페인, 토론회, 워크숍 등을 개최하는 활동을 통해 청소년 전용시설로서의 목적에 부합하도록 이용 청소년뿐만 아니라 지역 청소년들의 욕구와 의견을 반영하여 시설이 운영될 수 있도록 모니터링하고 지역 청소년들의 자치활동을 활성화시키는 것을 유도하는 역할을 하며, 나아가서는 수련시설에서의 청소년 활동 참여를 활성화시키기 위해 다양한 청소년 활동을 기획, 운영하는 역할도 하고 있다.

청소년운영위원회는 10인에서 20인 이내의 청소년으로 구성되며, 위원의 임기는 1년이다(「청소년활동 진흥법 시행령」 제3조). 2018년 현재 청소년운영위원회는 전국 305개소에서 총 5,000여 명의 청소년이 참여하여 활동하고 있다.

〈표 12-13〉 2022년 청소년운영위원회 운영지원 현황 (단위: 개)

서울	부산	대구	인천	광주	대전	울산	세종	경기	강원	충북	충남	전북	전남	경북	경남	제주	계
45	15	10	13	7	11	8	2	64	34	17	15	18	16	15	17	24	331

출처: 여성가족부(2022).

4) 청소년프로그램 공모사업(참여 분야)

'청소년프로그램 공모사업(참여 분야)'은 자신이 거주하는 지역사회의 문제점을 분석하고, 이를 개선하기 위한 프로그램을 청소년이 직접 기획·실천하는 사업이다. 2007년부터 시작된 이 사업은 청소년을 대상으로 사회구성원 관계 개선, 청소년 권익 증진 등 지역사회에서 청소년의 건강한 변화를 만들어 낼 수 있는 사업을 대상으로 사업비를 지원하는 프로그램이다. 2012년에 참여·활동·보호 분야별로 운영되었던 공모사업을 통합·운영하고 있으며, 2012년부터 참여·활동·보호 분야별로 운영되던 청소년프로그램 공모사업을 통합함에 따라 '청소년프로그램 공모사업' 내 '참여분야'로 운영해 오고 있다. 2022년에는 청소년프로그램 공모사업을 통하여 46개 참여프로그램이 선정되어 활동하였다.

5) 청소년증 발급

청소년증은 2003년에 도입된 제도로서, 해당 연령에 대한 신분 확인을 마치면 다양한 할인혜택을 제공받고 이를 통해 다양한 문화시설에서 할인혜택을 제공받는 등의 문화체험 기회를 보장받는다.

청소년증은 2004년에 「청소년복지 지원법」에서 만 9세 이상 18세 이하의 청소년 중 신청자에게 발급하는데, 청소년 우대 및 청소년증 발급에 관한 근거규정을 마련한 후 본격적으로 시행되었다. 2017년에는 선불형 교통카드 기능이 추가된 청소년증을 발급하여 대중교통시설 및 편의점 등 해당 교통카드사의 가맹점에서 결제 및 충전을 할 수 있도록 하였다.

2008년부터는 이용 청소년의 편의 증진을 위해 '청소년증 발급 진행 알리미 서비스'를 도입하여 접수 및 배송 직후에 발급 진행 상황을 문자메시지(SMS)로 안내하고 있다. 2011년에는 청소년증 재발급 시 주소지와 관계없이 전국 읍·면·동 주민센터에서 신청할 수 있도록 하여 청소년의 편의를 증대하였다. 2014년에는 청소년증 신규 발급 신청기관을 전국으로 확대하고 청소년 본인뿐만 아니라 대리인도 신청할 수 있도록 개선하였으며, 청소년증을 등기우편으로도 수령할 수 있도록 하였다. 2017년에는 선불형 교통카드 기능이 추가된 청소년증을 발급하여 대중교통 시설 및 편의점 등 해당 교통카드사의 가맹점에서 결제 및 충전을 할 수 있도록 하였고, 2018년에는 온라인에서 청소년증의 분실 및 분실철회 신고와 더불어 재발급 신청이 가능하도록 개편하였다. 청소년증을 소지한 경우 국가 또는 지방자치단체가 운영하는 수송시설, 문화시설 등의 시설 이용료를 면제받거나 일부 할인받을 수 있으며, 기타 민간이 운영하는 일부 시설을 이용하고자 하는 경우에도 할인혜택을 받을 수 있다. 또한, 청소년증은 위의 경제적인 혜택 외에도 대학입시 · 검정고시 · 각종 경시대회, 병원, 투표소 등에서 신분확인 시 활용이 가능하다.

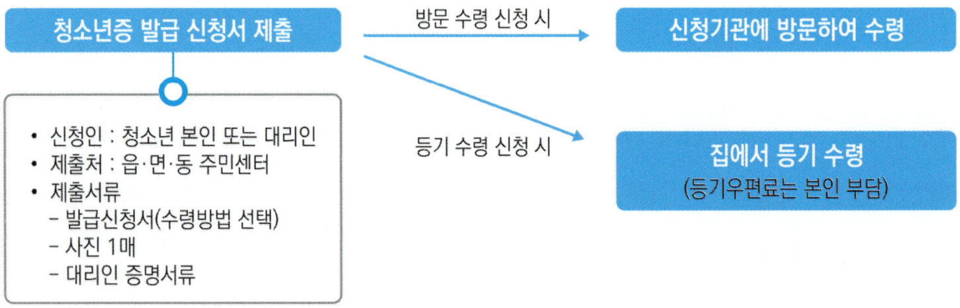

[그림 12-4] 청소년증 발급 절차

출처: 여성가족부(2018).

5. 주요 청소년 지원사업

1) 지역아동센터 운영

(1) 지역아동센터 개념

방과후 돌봄서비스 제공기관인 지역아동센터는 아동의 건전한 성장을 위해 안전한 보호, 학습지도, 지역사회 연계 등의 통합적 복지 서비스를 제공하고 있다. 지역아동센터는 2004년 895개소에서 2011년 3,985개소로 급격히 증가하였으며, 2021년 말 기준으로 4,295개소가 운영 중이다.

지역아동센터는 우리사회에서 방임되거나 어려움에 처한 아동을 위해서 2004년 「아동복지법」을 개정하여, 지역아동센터와 공부방을 아동복지시설로 규정하면서 지원을 실시하게 되었다. 당시에는 주로 공부방이라는 명칭으로 지역아동센터가 운영되었다.

지역아동센터는 2004년도에 895개소에서 2011년까지 3,985개소로 급격히 증가했다. 2017년 4,189개소로 최근 5년간 증가세가 안정화되었다. 시·도별 개소수를 살펴보면 경기도가 783개소로 가장 많고, 서울 450개소, 전남 379개소 등으로 나타나고 있다.

현재 지역아동센터는 「아동복지법」 제52조 제1항 제8호에 따른 아동복지이용시설로서, 돌봄과 보호, 교육 및 놀이가 필요한 아동에게 방과후 돌봄 프로그램을 운영한다. 또한 보호자와의 지속적인 의사소통과 지역사회 내의 연계를 통해 통합적인 복지 서비스 제공을 위해 노력한다.

〈표 12-14〉 지역아동센터 서비스 영역

서비스 영역	세부 프로그램
보호	일상생활 관리, 위생건강 관리, 급식지도, 생활안전지도, 안전 귀가 지도 등
교육	숙제지도, 교과 학습지도, 예체능 활동, 적성교육, 인성·사회성 교육, 자치회의 및 동아리 활동 등
문화	관람·견학, 캠프·여행, 행사 등
정서지원	상담(연고자, 아동 상담, 정서지원 프로그램), 가족 지원(보호자 교육, 가정방문 등)
지역사회연계	홍보, 지역사회 내 인적·물적 자원 연계 지원

출처: 보건복지부(2022).

지역아동센터는 아동의 심리적인 부분에서의 안정과 신체 및 사회성 발달을 위한 다양한 프로그램을 운영한다. 최근에는 지역사회 연계를 통한 서비스를 적극적으로 설계하여 운영하기도 한다. 또한 위기상황에 놓인 아동을 대상으로 보호프로그램을 운영하기도 한다.

(2) 지역아동센터 이용현황

지역아동센터의 증가와 더불어 이용 아동 수도 매년 지속적으로 증가하였다. 지역아동센터를 이용하는 아동 수는 2004년 법제화 당시 23,347명이었으나 2017년에는 108,578명으로 약 5배가량 증가하였다. 2017년 기준 학년별 현황은 초등학교 저학년(1~3학년) 54,716명, 초등학교 고학년(4~6학년)이 37,102명, 중학생은 12,561명으로 나타났다. 장애·다문화·탈북아동 등 특별관리 아동도 지속적으로 증가하여 2017년 기준, 장애아동 2,588명, 다문화가정 아동 16,358명, 탈북아동 424명으로 전체 아동 중 17.8%를 차지하고 있다. 경제상황 유형별로는 수급자 및 차상위 아동이 49.2%, 다문화 및 장애아동이 8.1%, 조손 및 한부모가정 아동이 6.3%, 다자녀 가정이 10.7%, 맞벌이 가정이 11.2%를 차지하고 있다.

지역아동센터를 이용하는 아동 수는 2004년 법제화 당시 23,347명이었으나 2021년에는 106,746명으로 5배가량 증가하였다. 2021년 기준 학년별 이용 아동 현황은 초등학교 저학년(1~3학년) 38,471명, 초등학교 고학년(4~6학년) 44,260명, 중학생 18,064명, 고등학생 3,800명, 미취학 아동 2,067명, 학교 밖 청소년 84명 순으로 나타났다.

〈표 12-15〉 연도별 · 학년별 지역아동센터 이용 아동 현황 (단위: 명)

구분		2018년	2019년	2020년	2021년
전체	소계	109,610	108,971	106,510	106,746
	남	55,873	55,770	54,483	54,722
	여	53,737	53,201	52,027	52,024

구분			2018년	2019년	2020년	2021년
미취학 아동		소계	1,798	2,146	1,900	2,067
		남	852	1,050	962	1,035
		여	946	1,096	938	1,032
초등학생	전체		87,501	87,775	83,691	82,731
	저학년	소계	43,438	44,094	40,199	38,471
		남	22,214	22,516	20,422	19,564
		여	21,224	21,578	19,777	18,907
	고학년	소계	44,063	43,681	43,492	44,260
		남	22,427	22,350	22,236	22,620
		여	21,636	21,331	21,256	21,640
중학생		소계	16,321	15,531	17,207	18,064
		남	8,260	8,010	8,895	9,449
		여	8,061	7,521	8,312	8,615
고등학생		소계	3,902	3,443	3,578	3,800
		남	2,079	1,802	1,906	2,018
		여	1,823	1,641	1,672	1,782
학교밖		소계	88	76	134	84
		남	41	42	62	36
		여	47	34	72	48

출처: 보건복지부(2022).

(3) 지역아동센터 예산 지원 현황

지역아동센터의 긍정적 역할 및 기능에 대한 사회적 인식 제고와 시설 증가에 따라 정부 지원도 지속해 증가하였다. 2022년에는 4,261개 시설에 대해 월평균 644만 원의 운영비를 국고보조금으로 지원하였다.

〈표 12-16〉 연도별 지역아동센터 지원 규모 및 운영 현황

구분	2018년	2019년	2020년	2021년
편성 개소(개소)	4,124	4,135	4,148	4,148
개소당 지원 단가(만 원/월)	516	529	569	619

출처: 보건복지부(2022).

정부는 지역아동센터의 기능을 강화함과 동시에 서비스 수준의 향상을 위하여 종사자들에게 매년일정 시간의 교육 이수를 의무화하고 있으며 시설에 대하여 주기적으로 평가를 하고 있다. 아울러 타 부처에서 시행 중인 초등돌봄교실, 청소년방과후아카데미 등과 연계 체계를 구축하여 수요자 중심의 효율적인 방과후 돌봄서비스를 제공하고 있으며 지역사회 돌봄 안전망을 지속해 강화해 나가고 있다.

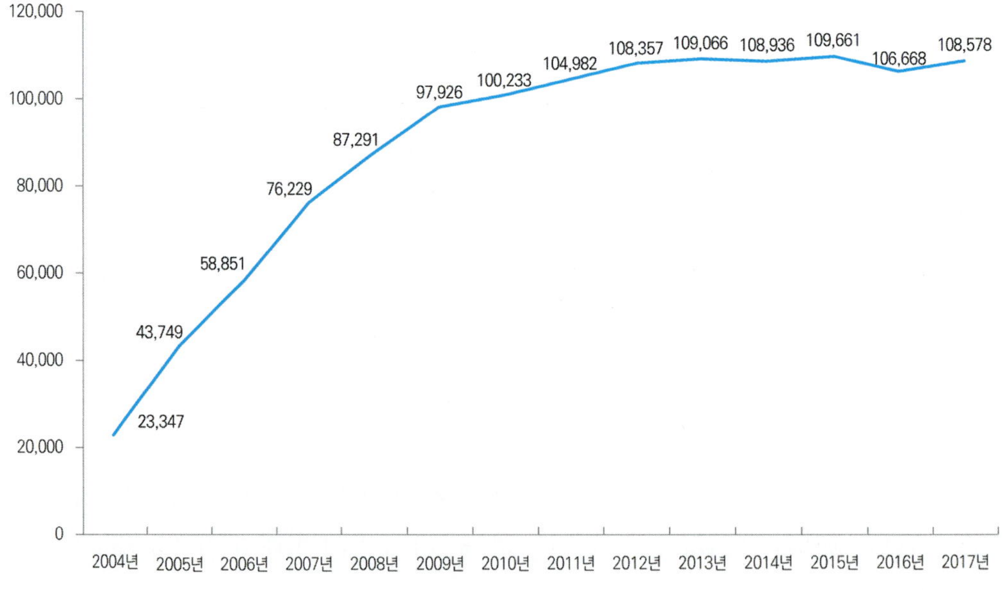

[그림 12-5] 연도별 지역아동센터 이용아동 현황

출처: 보건복지부 · 지역아동센터중앙지원단(2017).

지역아동센터의 긍정적 역할 및 기능에 대한 사회적 인식 제고와 시설 증가에 따라 정부지원도 지속적으로 증가하고 있다. 2017년에는 4,113개 시설에 대해 월평균 473만 원을 지원하였으나, 아직은 턱없이 부족한 지원 수준이다.

또한, 지역아동센터의 증가에도 불구하고, 종사자의 처우가 열악하고 이로 인해 운영 역량 등의 어려움을 갖고 있어, 현실적 수준에서의 지원 정책이 요구된다.

2) 드림스타트 사업(취약계층 아동 통합서비스 지원)

스타트 사업은 외국에서 시작된 아동의 공평한 출발선을 위한 사회복지 프로그램이다. 우리나라 역시 드림스타트(Dream Start)라는 명칭으로 아동의 공평한 출발선을 만들고 이에 대한 지원을 통해 빈곤의 대물림을 멈추기 위해 시작되었다. 즉, 취약계층 아동의 건강한 성장과 발달을 지원하는 것이 드림스타트 사업인 것이다. 이러한 드림스타트는 아동에 대한 집중적 투자를 통하여 빈곤의 악순환을 끊을 수 있는 복지사업의 필요성이 대두되면서 2007년 희망스타트라는 이름의 시범사업을 시작으로 도입되었다. 이후 2008년 드림스타트로 사업명을 변경하고 정부의 국정과제로 채택되면서 급속도로 확산되었다.

특히 드림스타트 사업은 아동을 위한 맞춤형 통합서비스를 제공하는 사업으로 기존 우리나라 사회복지 프로그램에서는 운영하지 않았던 모델이었다. 이러한 지원을 통해 부모에게는 자녀 양육에 대한 부담을 경감시키고, 아동의 전인적인 발달을 도모한다.

주요 지원대상은 0세부터 만 12세(초등학교 6학년 이하)의 취약계층 아동 및 그 가족으로서, 복지욕구조사 및 양육환경 및 아동발달 사정을 통해서 대상 아동을 선정한다. 단, 만 12세 이상의 아동이라도 초등학교 재학생인 경우 사업 대상에 포함하고 있다. 국민기초생활 수급가정 및 차상위계층 가정, 한부모가정, 조손가정, 학대 및 성폭력피해아동 등을 우선 지원하는 것을 원칙으로 하고 있다.

〈표 12-17〉 드림스타트 서비스 유형 및 서비스별 프로그램

서비스 영역	서비스 내용
신체/건강 서비스	• 건강검진 및 예방(신체 및 건강검진, 예방접종, 치과검진 및 관련 교육, 건강교육, 클리닉, 응급처치 및 영양 관련 교육 등) • 건강관리(질병 관련 치료지원 등)
인지/언어 서비스	• 기초학습(기초학력 검사, 기초학력 배양, 독서지도, 경제교육 등) • 학습 지원(교구 재활용학습, 공부방, 도서관 운영, 보충학습, 예체능, 학습지 지원 등)
정서/행동 서비스	• 사회정서(사회성 발달, 정서발달, 아동권리교육, 아동학대 예방, 성폭력 예방, 다문화 관련 교육, 진로지도 등) • 심리 행동(심리 상담 및 치료, 인터넷 중독 상담 및 치료) • 보호(돌봄 기관 연계, 야간 보호 및 교육 등), 문화 체험
부모 및 가족, 임산부 서비스	• 부모 교육(상담 및 교육, 자녀 발달, 양육, 자조 모임 등) • 양육지원(다문화가정 지원, 취미, 여가, 안전 및 건강지원 등) 및 산전 산후 관리 등

출처: 보건복지부(2022).

이러한 제반 서비스를 효과적으로 제공하기 위해서는 지역사회 공공 · 민간 자원을 최대한 효율적으로 연계하는 것이 관건이다. 이를 위해 드림스타트 사업은 지방자치단체가 직접 설치 · 운영하는 공공 전달 체계를 통해 공공과 민간이 공동으로 사업을 수행하는 체계를 갖추었다. 보건복지부가 정책 결정, 재정 지원 등 사업을 총괄하고 있으며, 각 지자체는 드림스타트 수행기구를 만들어 3인의 전담공무원과 4~7인 이상의 아동 통합서비스 전문 요원(아동통합사례관리사)을 배치하여 통합서비스를 제공하고 있다. 사업 수행에 필요한 공간이나 서비스는 기존 지역 인프라를 활용하는 것을 원칙으로 하고 있다. 한편 시 · 군 · 구 드림스타트 설치 · 운영 지원, 전담 인력 교육, 운영모델 연구 · 개발, 사업 평가, 후원 개발 및 홍보 등의 아동 통합서비스 실무 지원을 위해 2019년 8월부터 아동권리보장원에 통합서비스 지원 사업의 운영지원 업무를 위탁하여 운영하고 있다.

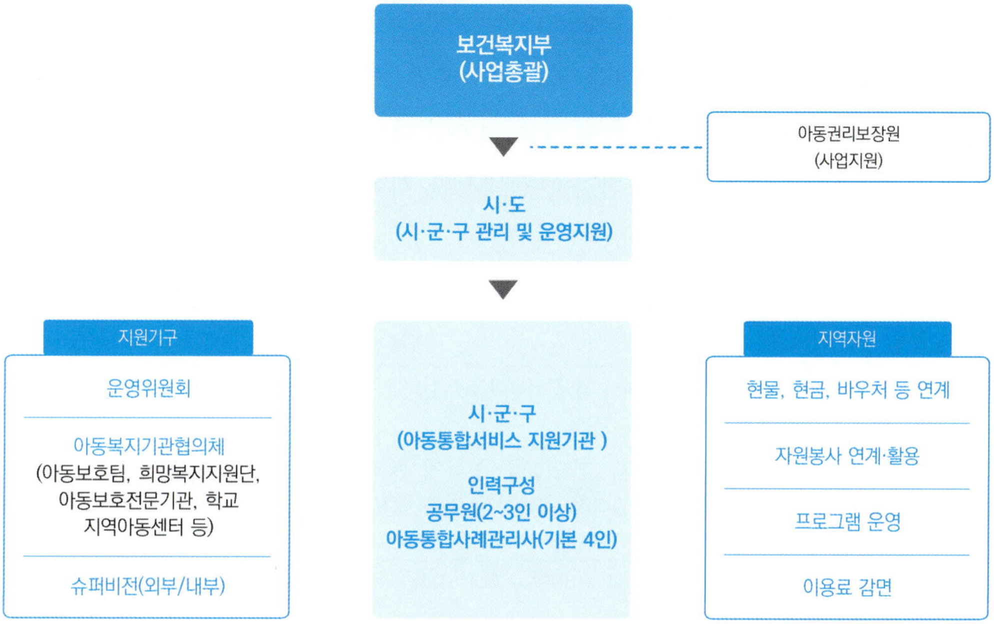

[그림 12-6] 드림스타트 사업추진체계

출처: 보건복지부(2022).

통합형 사례관리란 서비스의 통합과 전달체계의 통합을 뜻한다. 먼저 서비스의 통합은 아동의 전인적 발달을 위해 필요한 신체/건강, 인지/언어, 정서/행동의 총 3개 영역에 대해 통합서비스를 제공한다는 것을 의미한다. 전달체계의 통합이란, 민간과 공공 영역 전달체계의 통합으로 민간 전문인력(아동 통합사례 관리사/보건, 복지, 보육 전문가)과 전담공무원이 함께 사업을 진행하는 것을 의미한다. 만성적인 고위험 대상자의 경우, 개별조직에서 제공하는 서비스 자원 및 전문성의 한계에 부딪힐 수 있으며, 또한 각 기관에서 제공되는 서비스가 중복될 우려가 있으므로 서비스를 효과적으로 제공하기 위해서는 통합적 사례관리가 필수적이다. 맞춤형 사례관리란 단순히 서비스를 모아 사례관리 대상자에게 제공하는 수혜적 복지 개념을 지양하고, 아동과 가정의 상태에 따라 개별 맞춤형 사례관리를 한다는 의미이다. 이에 드림스타트 사업에서는 대상 아동과 가정을 선정할 때, 우선 양육환경 및 아동 발달 사정을 하여 대상을 선별하고, 선별된 시점에서부터 위기 개입, 집중사례관리, 일반사례 관리, 비사례관리 대상으로 사례관리등급을 구분하여 통합서비스 한다. 또 동 등급에 따라 재사정 주기 및 사례회의(사례점검) 주기를 정하여 대상자의 양육 환경, 제공되는 서비스의 진행 상황을 정기적으로 점검하여 적정한 서비스가 이루어지도록 하고 있다.

〈표 12-18〉 드림스타트 사례관리의 특징

특징	내용
예방적 사례관리	• 문제가 심각해진 뒤의 사후 치료와 개입보다는, 문제의 조기 발견 및 개입을 통한 예방과 보호의 사례관리를 지향
통합적 사례관리	• 서비스의 통합: 신체 · 건강/인지 · 언어/정서 · 행동 서비스 • 방법론의 통합: 개별실천, 집단실천, 가족 실천, 지역 사회 실천 • 민간과 공공의 전달 체계의 통합
맞춤형 사례관리	• 일률적이고 정형화된 서비스 제공이 아니라, 아동 및 가족별 개별화된 서비스를 제공

출처: 보건복지부(2022).

3) 여성청소년 보건위생물품 지원

여성청소년 보건위생물품 지원은 여성청소년의 건강한 성장을 지원하기 위하여 경제적으로 어려운 여성청소년에게 보건위생물품(생리대)을 지원하는 사업이다. 2016년 보건위생물품 가격 상승을 계기로 일부 여성청소년이 보건위생물품 대신 인체에 유해한 대체용품을 사용하는 것이 알려져 사회문제화되면서 여성청소년의 건강권 보장에 대한 사회적 공감대가 형성되면서 사업이 시작되었다.

여성청소년 생리용품 지원은 여성청소년의 건강한 성장을 지원하기 위하여 경제적으로 어려운 여성청소년에게 생리용품을 지원하는 사업이다. 2016년 경제적 어려움으로 인하여 일부 여성청소년이 생리용품 대신 인체에 유해한 대체용품을 사용하는 경우가 사회 문제화되면서 여성청소년의 건강권 보장에 대한 사회적 공감대가 형성되어 사업이 시작되었다. 2016년 9월 보건복지부에서 보건소를 통한 전달체계를 활용하여 현물로 지원하기 시작하였으며 2018년부터 여성가족부로 사업이 이관되었다. 여성가족부는 시 · 군 · 구를 통해 생리용품 지원을 지속하였으며, 2019년부터는 여성청소년이 선호하는 생리용품을 직접 구매할 수 있도록 바우처 지원 방식을 도입하였다.

〈표 12-19〉 여성청소년 생리용품 지원대상 및 내용

구 분	2016년 9월~2017년	2018년~2022년 현재
주무부처	보건복지부	여성가족부
지원자격	중위소득 40% 이하(생계, 의료 급여 수급자), 지역아동센터 등 시설	• 「국민기초생활 보장법」에 따른 생계, 의료, 주거, 교육 급여 수급자 및 법정 차상위계층 • 「한부모가족지원법」 제5조 및 제5조의2에 따른 지원 대상자
지원연령	만 11~만 18세 여성청소년	만 9~만 24세 여성청소년
지원방법	읍 · 면 · 동 주민센터 방문 신청	읍 · 면 · 동 주민센터 방문 또는 온라인 · 모바일* 신청 * 복지로 누리집(www.bokjiro.go.kr), 앱
지원방법	• 2016~2017년: 현물 지급	• 2018년: 현물 지급 • 2019년 ~: 생리용품 전자바우처 지원
지원금액	-	• 2019년: 월 최대 126천 원 • 2020년: 월 최대 132천 원 • 2021년: 월 최대 138천 원 • 2022년: 월 최대 150천 원

출처: 여성가족부(2022).

4) 청소년방과후아카데미 운영

청소년방과후아카데미 사업의 목적은 방과 후 홀로 시간을 보내는 저소득 · 맞벌이 · 한부모 등 돌봄 취약계층 가정의 초등학교 4학년부터 중학교 3학년에 해당하는 청소년에게 학습능력 배양 · 체험활동 · 급식 · 건강관리 · 상담 등 종합적인 학습 · 복지 · 보호 서비스를 제공하여 청소년이 건강하게 성장할 수 있도록 지원하는 것이다.

〈표 12-20〉 청소년방과후아카데미 사업개요

<table>
<tr><th>구분</th><th>내용</th></tr>
<tr><td>사업목적</td><td>방과후 홀로 시간을 보내는 취약계층 가정의 청소년들에 대한 학습능력 배양 · 체험활동 · 급식 · 건강관리 · 상담 등 종합 학습 지원 및 복지 · 보호를 통해 건전한 성장 지원</td></tr>
<tr><td>사업대상</td><td>저소득 · 맞벌이 · 한부모가정 등 방과후 돌봄이 필요한 청소년(초4~중3)
<table>
<tr><th>구분</th><th>2005년</th><th>2012년</th><th>2013년</th><th>2014년</th><th>2015년</th><th>2016년</th><th>2017년</th></tr>
<tr><td>개소 수(개소)</td><td>46</td><td>200</td><td>200</td><td>200</td><td>244</td><td>250</td><td>250</td></tr>
<tr><td>인원(명)</td><td>2,350</td><td>8,060</td><td>8,200</td><td>8,091</td><td>9,490</td><td>9,745</td><td>9,773</td></tr>
<tr><td>연인원(명)</td><td>225,600</td><td>2,095,600</td><td>2,205,800</td><td>1,962,492</td><td>2,325,050</td><td>2,368,035</td><td>2,345,520</td></tr>
</table>
</td></tr>
<tr><td>시행주체</td><td>여성가족부와 지방자치단체 공동운영</td></tr>
<tr><td>설치시설</td><td>청소년수련관, 청소년문화의집, 공공시설 등</td></tr>
<tr><td>사업기간</td><td>2018. 1~12월 연중 상시 실시(토요일, 방학 중에도 운영)</td></tr>
<tr><td>사업</td><td>260개소(기본형: 1개소 40명, 1개반 20명) 운영</td></tr>
<tr><td>예산</td><td>개소당 1.5억 원(국비지원율: 서울 30%, 지방 50%)</td></tr>
</table>

출처: 여성가족부(2018).

청소년방과후아카데미는 2005년 '방과후 청소년 생활지원 종합대책'의 목적으로 46개소에서 시범운영을 시작하여 2006년부터(100개소) 전국 단위 지자체 보조사업으로 운영하고 있다. 지역 특성과 현장의 수요를 반영하여 2008년에는 농산어촌형을, 2011년에는 장애형과 다문화형 등 신규 운영 모형을 개발 · 운영하는 한편, 2016년에는 초등학교 4학년부터 중학교 2학년이었던 기존의 참여 대상을 중학교 3학년까지 확대하였고, 2020년에는 기존의 취약계층 중심 사업에서 보편적 복지 서비스로 확장하기 위하여 한부모 · 다문화가정 등의 청소년이 폭넓게 참여할 수 있도록 소득 기준을 폐지하였다. 최근에는 양적 성장과 더불어 사업의 질적 성장을 위하여 프로그램의 내용적 측면에서 다각화를 시도하고 있다. 제4차 산업혁명 시대 도래에 따라 청소년에게 요구되는 역량을 강화하기 위하여 '창의융합 인재 양성 프로그램'을 개발 · 운영하고(2018년 10개소 시범운영, 2019년 전국 확대), 청소년이 자기 주도적으로 자신의 소질과 적성에 맞는 진로를 찾아갈 수 있도록 맞춤형 진로 정보연계 및 체험활동을 지원하는

'진로체험형 방과후 아카데미'를 개발하여 운영(2019년 9개소 시범운영, 2020년 전국 확대)하였다. 2020년도부터 코로나19 확산에 따라 학교 휴교 등 돌봄 공백이있는 청소년 대상 긴급 돌봄을 지원하고, 2021년부터는 신규 유형 모형(주말형)을 추가하여 방과후 돌봄사각지대 해소를 위해 노력하였다. 2022년에는 코로나19 유행이 계속되는 상황에서도 운영 인프라인 운영기관을 전년대비 10개소(3.0%)를 확대하였고, 참여 청소년(실인원)은 914명(7.0%)이 늘어나는 등 운영 활성화에 노력하였다.

〈표 12-21〉 청소년방과후아카데미 사업개요

<table>
<tr><th>구분</th><th>내 용</th></tr>
<tr><td>사업목적</td><td>돌봄취약계층 가정의 청소년들에게 방과후 보충학습・체험활동・급식・건강관리・상담 등 종합적인 서비스를 제공하여 청소년의 전인적인 성장 지원, 가정의 사교육비 및 양육 부담 완화</td></tr>
<tr><td>사업대상</td><td>방과후 돌봄이 필요한 청소년 초4 ~ 중2(2015년까지), 초4 ~ 중3(2016년부터)
<table>
<tr><th>구분</th><th>2013년</th><th>2014년</th><th>2015년</th><th>2016년</th><th>2017년</th><th>2018년</th><th>2019년</th><th>2020년</th><th>2021년</th><th>2022년</th></tr>
<tr><td>개소 수(개소)</td><td>200</td><td>200</td><td>244</td><td>250</td><td>250</td><td>260</td><td>280</td><td>304</td><td>332</td><td>342</td></tr>
<tr><td>인원(명)</td><td>8,200</td><td>8,091</td><td>9,490</td><td>9,745</td><td>9,773</td><td>10,742</td><td>11,584</td><td>12,341</td><td>13,145</td><td>14,059</td></tr>
</table></td></tr>
<tr><td>시행주체</td><td>여성가족부와 지방자치단체 공동 운영</td></tr>
<tr><td>설치시설</td><td>청소년수련관, 청소년문화의집, 공공시설 등</td></tr>
<tr><td>사업기간</td><td>2022. 1.~12.(1일 4시간, 방학 포함 연중 시행)</td></tr>
<tr><td>사업규모</td><td>342개소 운영</td></tr>
<tr><td>지원 예산</td><td>개소 당 평균 174백만 원(유형마다 상이, 국비지원율: 서울 30%, 지방 50%)</td></tr>
</table>

출처: 여성가족부(2022).

5) 가정위탁 지원

가정위탁이란, 부모의 질병・가출・이혼・수감・실직・사망・학대 등의 사유로 친가정에서 아동을 키울 수 없을 경우, 위탁가정에서 일정 기간 아동을 양육했다가 다시 친가정으로 복귀할 수 있도록 지원하는 제도이다. 보호대상아동의 보호를 위하여 성범죄, 가정폭력, 아동학대, 정신질환 등의 전력이 없으며 법이 정하는 기준에 적합한 가정에 보호대상아동을 일정 기간 위탁하는 것(「아동복지법」 제 3조)이다.

가정위탁보호사업의 목적은 아동과 친부모의 재결합을 통한 가정해체 방지와 요보호아동을 보호·양육하길 희망하는 가정에 위탁함으로써 가정적인 분위기에서 건전한 사회인으로 성장할 수 있도록 지원하는 것이다.

가정위탁보호사업 필요성은 요보호아동의 이익을 최우선으로 고려한 보호방식 추구, 가정해체 방지 및 친가정의 양육능력을 회복하도록 지원, 요보호아동의 발생 원인에 따른 개별적이고 전문적인 개입, 소년소녀가정세대 아동들을 실질적으로 보호하기 위한 방안 마련, 시설보호와 소년소녀가정보호의 한계를 보완, 아동을 양육하고 있는 조부모 및 친인척의 양육능력 강화, 위탁아동의 자립지원을 통한 건강한 사회구성원 양성이다.

가정위탁과 입양의 차이점으로는 입양은 아동의 친권을 포기하고 입양부모의 호적에 입적시켜 친자녀로 양육하지만, 가정위탁은 원가정 복귀를 목적으로 하기 때문에 위탁부모는 아이의 주민등록상 주소지를 이전하여 동거인의 자격으로 아이를 양육하게 된다.

위탁가정이 되기 위한 자격조건

(「아동복지법 시행규칙」 제2조 위탁가정의 기준)

1. 위탁아동을 양육하기에 적합한 수준의 소득이 있는 가정
2. 위탁아동에 대해 종교의 자유를 인정, 건전한 사회구성원으로 자랄 수 있도록 양육과 교육이 가능한 가정
3. 25세 이상(부부인 경우 부부 모두)으로 위탁아동과의 나이 차이가 60세 미만인 경우(특별시장·광역시장·도지사·특별자치도지사 또는 시장·군수·구청장이 위탁아동을 건전하게 양육하기에 적합한 환경이라고 인정하는 경우에는 그러하지 않음)
4. 자녀가 없거나 자녀(18세 이상 제외)의 수가 위탁아동을 포함하여 4명 이내
5. 가정에 성범죄, 가정폭력, 아동학대, 정신질환 등의 전력이 있는 사람이 없을 것
6. 그 밖에 보건복지부장관이 필요하다고 인정하는 기준

조건에 모두 부합하고, 가정위탁을 희망하는 사람은 반드시 예비위탁부모교육을 받아야 함.

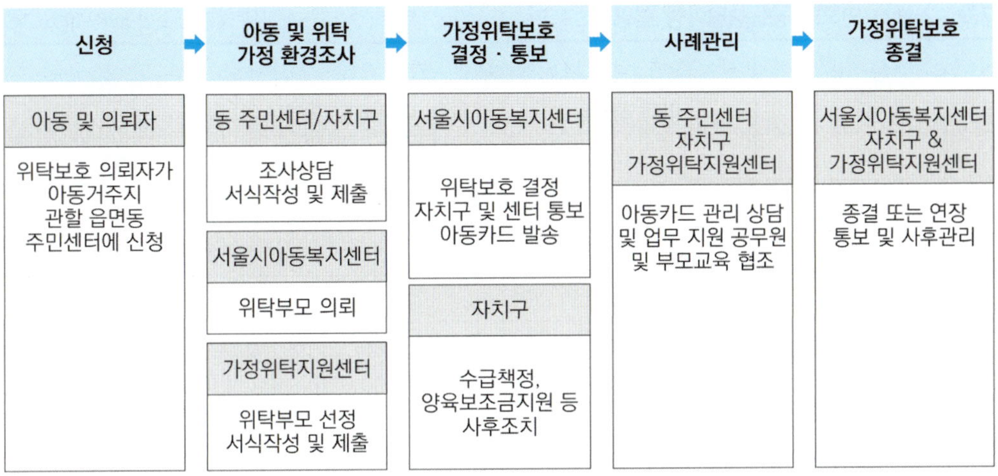

[그림 12-7] 일반가정위탁 신청절차(서울시 시준)

출처: 서울시 아동복지센터 홈페이지.

6) 공동생활가정(그룹홈) 보호

공동생활가정은 5~7명으로 아동을 구성하여 가정 형태를 띄는 보호체계이다. 이를 통해 정서적인 안정과 사회적응능력을 키울 수 있다. 2004년 1월 「아동복지법」 개정으로 아동복지시설 종류로 편입되었다. 가정과 유사한 환경을 제공하여야 한다는 정책 방향에 따라서 보호대상아동 발생 시 가정위탁과 아동공동생활가정에 우선 배치하도록 지방자치단체에 권고하고 있다. 이에 따라 아동공동생활가정 수는 2016년 510개에서 2017년 533개로 확대되었고, 보호아동 수도 2016년 2,758명에서 2017년 2,811명으로 늘어났다. 정부에서는 아동공동생활가정 종사자 인건비와 시설운영비를 지원하고 있다.

〈표 12-22〉 연도별 공동생활가정 현황

(단위: 개소, 명)

연도	시 설		보호인원
	아동그룹홈	학대 피해아동 쉼터	
2009	397	-	1,993
2010	416	-	2,127
2011	460	-	2,241
2012	489	-	2,438
2013	480	-	2,481
2014	476	-	2,588
2015	480	46	2,636
2016	457	53	2,758
2017	476	57	2,811
2018	493	65	2,872
2019	505	73	2,949
2020	520	74	3,126
2021	518	98	3,100

출처: 보건복지부(2022).

7) 청소년 특별지원

청소년 특별지원은 보호자가 없거나 실질적으로 보호자의 보호를 받지 못해 사회·경제적으로 어려움을 겪고 있는 위기청소년 중 다른 제도 및 법에 따른 지원에서 제외된 청소년에게 현금 급여 또는 관련 서비스를 직접 지원하는 사업이다. 위기청소년 특별지원 사업은 시·군·구를 통한 전달 체계를 활용하며, 청소년 본인 또는 그 보호자, 교원, 사회복지사, 청소년지도사 등이 행정복지센터에 신청하면 소득 조사, 청소년복지심의위원회의 심의 등을 거쳐 지원 여부를 결정하게 된다.

〈표 12-23〉 특별지원 종류 및 지원내용

지원 종류	지원 내용	지원 금액
생활지원	의식주 등 기초생계비와 숙식 제공 등의 비용 지원	월 65만 원 이하('22년 8월부터)
건강지원	신체적·정신적으로 건강하게 성장하기 위하여 요구되는 건강검진 및 치료 등을 위한 비용 지원	연 200만 원 이하
학업지원	학업을 지속하는 데 필요한 교육 비용 지원	월 15만 원 이하(수업료, 학교운영비) 월 30만 원 이하(검정고시, 학원비)
자립지원	취업을 위한 지식·기술·기능 등 능력을 향상하는 데 필요한 훈련비 지원	월 36만 원 이하
법률지원	폭력이나 학대 등으로 위기 상황에 있는 청소년에게 필요한 법률상담 및 소송비용 지원	연 350만 원 이하
상담지원	청소년의 건강한 발달을 도모하기 위한 심리·사회적 측면의 상담에 필요한 비용 및 서비스 지원	월 30만 원 이하 (심리검사비 연 40만 원 별도)
활동지원	운영위원회가 필요하다고 인정하는 활동 비용	월 30만 원 이하
그 밖의 지원	운영위원회가 예산의 범위 안에서 필요하다고 인정한 지원	위 제시 내용과 근접한 유형의 지원 상한액을 참조하여 지원 규모 결정

출처: 여성가족부(2022).

8) 디딤씨앗통장(CDA)

최근 양극화 심화에 따른 빈곤층 증가, 가족해체 등으로 인한 취약계층 아동들의 증가가 심각한 사회적 문제로 대두되고 있다. 이러한 사회적 문제로 미래 성장 동력인 아동들에게까지 '빈곤의 대물림'이 이어지는 것을 방지하고 저소득층 아동의 자립 의지 함양을 위하여 2007년 4월부터 '아동 발달 지원 계좌(Child Development Account: CDA)'사업을 시행하고 있다. 아동 발달 지원 계좌는 국민이 쉽게 이해할 수 있고 친근감을 느끼도록 2009년 1월부터 '디딤씨앗통장'이라는 대국민 브랜드 명칭을 사용하고 있다.

디딤씨앗통장은 도움이 필요한 보호대상아동(시설보호·가정위탁·소년소녀가정·공동생활가정·장애인거주시설 아동) 및 기초생활수급 가구 아동들을 대상으로 지원한다. 이들에게 단순히 개인 용돈이나 물품을 주는 것이 아니라 만 18세 이후 경제적으로 자립할 수 있도록 최소한의 초기 비용 마련에 도움을 주고자 하는 자산 형성 지원 제도이다. 보호대상아동은 만 0~17세까지, 기초생활수급 가구 아동은 만 12~17세까지 가입할 수 있고, 2022년부터 아동이 후원 등을 통하여 일정 금액 적립 시 정부가 적립 금액의 1:2의 매칭 금액을 적립(2021년까지는 1:1)하여 저축액이 세 배가 되도록 한다. 정부지원금액은 2016년까지 월 최대 3만 원 한도였으나 2017년부터 4만 원, 2020년에는 5만 원으로 확대되었고, 2022년에는 매칭 비율이 1:2로 증가함에 따라 정부지원금액 역시 월 최대 10만 원으로 확대되었다. 또한, 2011년부터 저소득 가구 아동의 자립지원을 위해 기초생활수급 가구 아동이 지원대상으로 포함되었다. 디딤씨앗통장으로 모인 저축은 '학자금', '취업 훈련', '주거 마련' 등 자립을 위한 목적으로만 사용된다. 디딤씨앗통장이 기존의 기부와 다른 것은 일반 후원자의 나눔 실천에 국가가 동참한다는 것이다. 예를 들어, 일반 후원자가 아동의 디딤씨앗통장에 매월 5만 원을 후원하면 국가에서 추가로 10만 원을 적립하여 총 15만 원이 아이들의 디딤씨앗통장에 적립된다. 즉, 기부한 후원금이 세 배가 되어 아이들에게 꿈과 희망을 줄 수 있는 '희망 주머니' 역할을 하게 된다. 디딤씨앗통장은 단순히 자립을 위해 저축액을 늘리는 것에 그치지 않고, 아동들에게 목표와 계획에 맞게 돈을 사용하도록 하는 경제 교육 효과도 있으며, 아동 스스로 디딤씨앗통장을 통해 사회진출을 위한 목표 설정 및 경제적 자립 의지를 함양할 수 있다는 장점이 있다.

〈표 12-24〉 연도별 디딤씨앗통장 저축 현황

연도	지원아동 수*(명)	월평균 적립금(원)	월평균 매칭금(원)	적립금 누계(억 원)		
				아동	정부	계
2010	34,608	29,416	22,535	377	308	685
2011	41,180	30,903	23,175	510	409	919
2012	46,703	31,792	24,057	670	527	1,197
2013	51,670	35,172	25,356	854	660	1,514
2014	56,479	36,601	26,006	1,063	808	1,871
2015	61,000	38,247	26,559	1,297	970	2,267
2016	70,417	39,196	26,485	1,564	1,151	2,715
2017	71,457	42,416	31,224	1,876	1,381	3,257
2018	81,412	46,970	32,538	2,244	1,636	3,880
2019	80,770	52,515	33,688	2,665	1,906	4,570
2020	74,685	65,013	39,632	3,179	2,219	5,397
2021	68,481	66,034	41,379	3,669	2,526	6,195

주: *만기(18세) 후 통장 보유 아동 제외, 연도 말 기준.
출처: 보건복지부(2022).

youth welfare | chapter 13

청소년복지의 발전방향과 과제

[학습목표]

1. 청소년복지의 발전방향에 대해 학습한다.
2. 청소년복지정책의 개선방향에 대해 학습한다.
3. 청소년복지의 과제에 대해 확인한다.

1. 청소년복지의 발전방향

1) 청소년복지의 내실화

우리나라는 「청소년 기본법」에 근거해 1993년부터 5년마다 범정부적 차원의 중장기 청소년정책기본계획을 수립·추진해 왔다. 2017년까지 추진된 「제5차 청소년정책기본계획」은 '청소년이 행복한 세상, 청소년이 꿈꾸는 밝은 미래'를 비전으로 '청소년의 역량 함양 및 미래 핵심인재 양성', '청소년의 자기 주도적 참여와 권리증진', '청소년의 균형 있고 조화로운 성장', '청소년의 안전하고 건강한 생활환경'을 목표로 설정하였다.

이를 기반으로 정부는 그동안 안전한 청소년활동 환경 구축을 통한 청소년활동 기반 강화, 청소년 체험활동의 다양화로 건강한 성장지원, 청소년정책 참여의 기회 확대, 보호 사각지대에 있던 학교 밖 청소년 지원 강화, 청소년 대상별 맞춤형 보호·치료지원 강화, 청소년정책 총괄·조정 기능 강화를 위한 제도적 기반 마련 등의 뚜렷한 성과를 거두어 왔다. 이러한 성과에도 불구하고 청소년 인구의 지속적인 감소, 가족구조의 다양화와 가족 기능의 위축, 뉴미디어와 통신기술의 급격한 발달에 따른 매체환경의 급변과 이로 인한 청소년의 유해환경 노출 위험 증가, 제4차 산업혁명 시대의 도래, 청년 노동시장의 위축 및 고용 불안 등 청소년을 둘러싼 사회·경제적 환경이 변함에 따라 청소년정책이 새롭게 전환되어야 할 필요성이 대두되었다. 이와 더불어 청소년의 참여 및 권리의 중요성에 대한 우리 사회의 이해와 관심의 부족, 공급자 중심의 수요예측과 계획에 의한 청소년 프로그램의 전개, 위기 청소년의 예방·보호·자립을 위한 종합적이고 충분한 지원의 부족, 지역 중심의 성과 지향적 청소년정책 추진체계 미흡 등 「제5차 청소년정책기본계획」의 추진과정에서 나타난 한계를 극복하기 위한 범정부 차원의 포괄적이고 종합적인 청소년정책의 필요성이 꾸준히 제기되었다.

〈표 13-1〉「제6차 청소년정책 기본계획(2018~2022)」 비전, 목표 및 중점과제

구분				
비전	현재를 즐기는 청소년, 미래를 여는 청소년, 청소년을 존중하는 사회			
	▲			
정책목표	청소년 참여 및 권리증진	청소년 주도의 활동 활성화	청소년 자립 및 보호 지원 강화	청소년정책 추진체계 혁신
	청소년 주도의 지원적·협업적 청소년정책으로의 전환			
	▲			
중점과제 (12)	청소년 참여 확대	청소년활동 및 성장지원체계 혁신	청소년 사회안전망 확충	청소년정책 총괄·조정 강화
	청소년 권리증진 기반 조성	청소년체험활동 활성화	대상별 맞춤형 지원	지역 중심의 청소년정책 추진체계 강화
	청소년 민주시민 성장 지원	청소년 진로교육 지원 체제 강화	청소년 유해환경 개선 및 보호 지원 강화	청소년지도자 역량 제고

출처: 여성가족부(2018).

우리나라 청소년복지 발달과정에서 살펴보았듯이 우리나라 청소년복지는 선별주의적 청소년복지시기(1960~1970년대), 보편주의적 청소년복지 도입기(1980~1990년대), 보편주의적 청소년복지 확대기(2000년 이후)로 발달해 왔다. 즉, 요보호 청소년의 복지증진과 일부 문제청소년의 선도와 보호에 초점을 두는 것에서 수련활동을 통한 모든 청소년의 건전육성과 「청소년활동 진흥법」 및 「청소년복지 지원법」 등의 제정을 통한 모든 청소년의 복지증진에 초점을 두는 것으로 변화되어 왔다. 그러나 모든 청소년이 실제적으로 도움이 되는 청소년복지서비스의 혜택을 누리고 있는가를 질문한다면 그에 대한 답변은 긍정적이지 못할 것이다.

제공되고 있는 보편적 서비스도 크게 제한되어 있을 뿐만 아니라 제공되고 있는 보편적 서비스에 대한 접근성도 상당히 낮은 편이다. 모든 청소년이 실제적으로 도움

을 받을 수 있도록 의무교육의 확대, 무상급식의 제공, 학교사회복지 및 청소년활동의 제도화, 청소년 진로지도 및 자립지원 서비스의 제도화 등 보편적 서비스를 확대하고 내실화하는 것이 필요하다.

모든 청소년에게 복지서비스를 제공하는 보편적 복지의 중요성은 최근에 논의되고 있는 사회투자국가의 관점에 의해 뒷받침된다. 선진국에서는 1990년대부터 인적자원개발의 중요성을 감안하여 미래 국가 성장동력에 대한 사회적 투자를 아동・청소년 정책으로 수렴시켜 나가고 있다. 아동・청소년에게 사회적 투자를 확대하는 정책방향은 전체 아동・청소년의 신체적・정신적 건강과 기본역량을 향상시켜 궁극적으로 미래 성장동력으로서 사회발전에 기여하게 할 것이다.

2) 예산 및 전문인력의 확충

현재 다양한 형태의 청소년 지원기관이 상존하고 있다. 각각 설립배경의 차이는 있지만, 본질적으로 청소년의 건강한 성장을 도모하기 위해 설립되었다고 볼 수 있다. 그러나 이러한 본질적인 목적을 달성하는 데 있어서는 적합한 예산지원과 이를 기반으로 전문인력이 요구되는데, 현실적으로는 적합한 예산이 주어지지 않고 있다. 따라서 청소년 관련 복지시설이 본래의 기능을 충분히 수행하기 위해서는 중앙정부와 지방정부의 적절한 예산이 지원되어야 할 것이다. 이를 통해 사업의 완성도를 높일 수 있을 뿐만 아니라 서비스 품질을 보장할 수 있다.

3) 청소년 특성에 맞는 개발적인 접근의 강화

청소년복지의 발달과정을 살펴보면, 청소년이 가지고 있거나 발생시키는 문제를 해결하는 데 초점을 맞춘 문제 대응적인 접근에서 문제가 발생하기 전에 예방에 초점을 맞추는 예방적 접근으로의 변화를 들 수 있다. 최근에는 청소년의 긍정적인 발달에 초점을 맞추는 개발적인 접근이 두드러지며, 최근 우리나라 청소년복지에서는 개발적인 접근이 강화되고 있다. 청소년기에 갖추어야 할 핵심역량을 키우기 위해서는 이러한 개발적인 접근을 통한 강화가 필요한데, 이를 위해서는 학교교육과 학교 밖 활동을 역량 중심 학습체계로 개편할 필요가 있다. 또한 이를 위해서는 학교와 지역사회 간의 확고한 연계체계가 구축되어야 할 것이다.

2. 청소년복지정책의 과제

청소년복지정책은 각 분야별로 구성된 전문가의 지식과 경험을 통해 확장될 수 있으며, 이를 기반으로 효율성을 극대화할 수 있다. 특히, 복지 제공자 혹은 공급자와 복지 수급자 간 상호 공감적이고, 유기적인 연계가 극대화될수록 성공적인 예측이 가능하다. 또한 청소년복지서비스의 전달체계를 긍정적으로 개선하고, 청소년들의 삶의 질을 향상시키고, 이를 통해 청소년들을 미래사회의 주역으로 성장시킬 수 있는 사회적 노력을 통해 성공적으로 청소년복지정책이 마련될 수 있을 것이다. 이를 위해서 다음과 같은 몇 가지 정책적 방안이 요구된다.

첫째, 청소년복지서비스의 개선에서 청소년의 요구에 부응하는 정책적 변화가 요구된다. 이를 위해서 현재의 요보호 중심의 정책에서 일반적인 전체 청소년 대상으로 청소년복지정책을 확대할 필요가 있으며, 이러한 보편성을 강화하기 위하여 실질적이고, 전략적인 정책적 변화가 필요하다.

둘째, 제도의 개선을 통하여 청소년복지서비스 체계를 강화할 필요가 있다. 이러한 정책환경을 구축하기 위해서는 청소년 관련법과 사회복지서비스법이 상호 연계되고 통합할 수 있는 법으로 구축되어야 그 효율성을 확보할 수 있을 것이다. 현재 산재되어 있는 정책체계의 통합적 구축을 통한 조직성과를 강화하기 위한 방법으로서는 청소년복지서비스의 이원적 전달체계를 단일화하여 전문적이고 효율적인 체계로 구축하여야 하며, 청소년 관련 기관들을 조정 및 관리할 수 있는 단일 관리체계의 시스템으로 통합하는 전담기구를 통해 그 행정적 효율성을 확보해야 할 것이다.

1) 청소년복지정책 전달체계 정비

청소년복지에 있어서 보편적 복지 확대 및 내실화, 개발적 접근을 강화하기 위해서는 청소년복지정책 추진체계가 정비되어야 한다. 특히 제한된 청소년 영역이 아니라 교육, 복지, 보건, 노동 등 청소년 관련 영역을 포괄하고 종합적으로 연계・조정하는 기능을 강화하는 것이 필요하다.

우리나라 청소년복지 추진체계의 정비에 있어서도 현재의 청소년 정책 관계기관 협의회의 기능보다는 기획을 비롯한 입안 및 종합・조정기능을 대폭 강화하는 것이 필요하다. 이를 통해 실질적인 청소년복지의 질적인 부분을 담보해 낼 수 있을 것이다. 현재 우리나라 청소년 정책의 수립과 결정은 여성가족부에서 관장하고 있으며 실질적 전달은 행정안전부의 전달체계로 이루어지고 있다. 이러한 이원적 구조가 초래하는 문제점은 중앙부처의 정책 추진 의도가 명확하게 집행기관으로 전달되기 어려워 실제 수행기관에서 사업의 어려움이 발생하기도 한다. 그리고 청소년 업무를 집행하는 일선기관의 인사, 예산, 통제 및 지도감독은 행정안전부가 관장하기 때문에 본래의 정책의도와는 다르게 집행되어도 이에 대한 적절한 조치를 취하기가 어려운 실정이다.

따라서, 청소년 정책 전달체계의 개편이 필요하다. 현재도 공공전달체계를 구축하고 있지만, 각 정책 및 사업에 따라 담당하고 있는 부서가 통일되어 있지 않고, 부서와 담당자의 잦은 변경으로 인해 전문성 부족, 중・장기적인 활동 및 운영의 어려움 등의 문제들이 발생하기도 한다. 이러한 문제를 해결하기 위해 현재의 전달체계를 하나의 통합된 구조로의 변경과 함께 유관부처와의 협업을 통해 문제를 해결하고자 하는 노력이 필요할 것이다.

2) 청소년 참여의 활성화

청소년을 대상으로 하는 청소년복지에서 청소년이 주체가 되는 청소년복지로의 변화가 이루어지고 있으며, 이러한 맥락에서 청소년 참여의 중요성이 강조되고 있다. UN은 1985년을 '세계 청소년의 해'로 정하면서 청소년 참여를 강조한 이후 지속적으로 청소년들의 적극적인 참여를 강조해 왔다. 관련하여 청소년들의 참여를 위한 여섯 가지 구체적인 행동을 제안한 바 있다. 내용은 다음과 같다.

① 청소년이 의사결정에 참여할 수 있는 기회를 높이기 위해 정보에 대한 접근권을 향상시킬 것
② 청소년이 자신의 권리와 책임을 배울 수 있는 기회를 강화하고, 사회적 참여를 향상시키며, 완전한 참여를 방해하는 장애물을 제거할 것
③ 재정적 · 교육적인 지원과 청소년활동 장려를 통해 청소년 단체를 원조하고 활동을 촉진할 것
④ 청소년의 관심사에 영향을 주는 국가정책과 계획을 수립하고, 이행하며, 평가하는 데 청소년의 기여를 고려할 것
⑤ 청소년 단체들 사이의 국가적이나 지역적으로 국제적 협력과 교류를 장려할 것
⑥ 국제적인 포럼에 청소년의 참여를 강화하도록 정부에 요청할 것

우리나라에서도 1998년 제2차 '청소년육성 5개년계획'을 통해 청소년 참여가 정책적으로 다루어지기 시작한 이후 「청소년 기본법」, 「청소년복지 지원법」, 「청소년활동 진흥법」을 기반으로 청소년특별회의, 청소년참여위원회, 청소년운영위원회를 설치하여 청소년의 참여기회를 확장 및 제공하고 있다. 그러나 여전히 청소년 참여에 대한 사회적 인식 수준은 낮고, 소수의 청소년만이 대표 자격으로 참여하는 형태여서 한계를 지니고 있기도 하다.

청소년 참여를 활성화시키기 위해서는 형식상의 참여가 아닌 평범한 청소년들이

자신들의 일상적인 삶에 영향을 주는 과정에 의미 있게 참여할 수 있는 기회가 제공되어야 한다. 비록 청소년의 참여능력이 부족하더라도 참여의 과정이 가지는 교육적 가치를 고려하여 학교와 지역사회에서부터 청소년들이 참여할 수 있는 기회를 적극적으로 마련해야 할 것이다. 한 나라의 공동체 구성원으로서의 권리와 의무를 이해하고 사회에 적극적으로 참여하며 공동체 이익에 기여하고자 하는 의식과 행동을 시민성이라고 한다. 이러한 시민성을 함양하는 것은 청소년에게 요구되는 중요한 발달과업이다. 그러나 입시 위주의 교육으로 인하여 우리나라 청소년의 시민성 수준은 높지 않다. 기존 연구에 따르면 가정과 학교, 지역사회로 구성된 사회적 맥락이 청소년의 시민성 형성에 영향을 미치는 것으로 나타나고 있는데, 즉 지지적이고 수용적인 가족관계와 친밀하고 상호 호혜적인 교우관계, 비교과 학교활동, 지역사회 참여활동 등이 청소년의 시민성 형성에 긍정적인 영향을 미치는 것으로 나타나고 있다. 따라서 우리나라 청소년의 시민성을 증진하기 위해서는 가족 및 교우와의 관계를 건강하게 확장시키는 프로그램을 실시하고 학교의 적극적인 학생회 활동, 동아리나 특별활동, 지역사회 봉사활동을 활성화시키는 것이 필요하다. 이를 통해 청소년 시민성의 증진이 확대될 것이다.

3) 청소년 세대의 새로운 역할 부여

다가오는 새로운 시대에는 청소년들이 주도적 역할을 하게 되는 시대이다. 또한 청소년들은 사회 변화의 주역으로서 보다 나은 사회발전을 위해 원동력이 될 주체적 세력이다. 보다 나은 사회라 함은 구체적으로는 국민들의 최저생활이 보장되고, 빈부격차가 완화되는 사회이며, 사회적 약자에게 더 많은 기회가 주어지는 사회이다. 이는 광의로 본다면 사회정의가 실현되는 사회라 할 수 있는데, 이는 사회구성원들이 각자의 위치에서 억울하다고 느끼지 않는 사회, 박탈감을 느끼지 않는 사회를 의미한다. 청소년들은 학교성적을 올리기 위해서 공부를 하는 것이 아니라 이러한 사회를 만들기 위해서 공부해야 한다. 자신이 하는 일에 자부심과 성취감을 느낄 수 있고, 그 일이 자신에게 즐거움을 가져다줄 것이다. 이를 위해 현세대를 살아가는 청소년들은 전문인으로서 능력을 발휘할 수 있도록 훈련과 실력을 쌓아야 한다. 또한 사회적 연대감을 가지고 자신이 살고 있는 곳에서 지역공동체를 만들기 위해서는 시대와 상황에 맞는 리더십을 길러야 한다.

또한 학생의 입장에서 스스로 문제해결 방법을 제안하여 학교환경을 변화시키는 데 보다 적극적인 주체가 되어야 할 것이다. 청소년들은 미성년자로서 앞으로 더욱 성장하고 발전해야 하지만, 사회를 주도하는 차세대 주역으로서 그 의무와 권리를 동시에 행사할 수 있어야 한다.

아울러 이를 위해 학교사회복지를 강화해야 한다. 대부분의 청소년들이 가장 많은 활동시간을 보내는 장소가 학교이다. 관련해서 학교사회복지는 가장 접근성이 뛰어난 청소년복지 분야라고 할 수 있다. 또한 학교라는 울타리는 비교적 안정적인 현장으로 단발적이고, 일시적인 서비스를 제공하기보다는 지속적인 서비스가 가능하다. 이는 효과성을 높이는 요인이 될 수 있다. 이러한 장점을 지닌 학교사회복지를 제도화하기 위해 그동안 사회복지계뿐만 아니라 학생, 학부모, 교사 및 교육행정가, 입법관계자 등을 대상으로 학교사회복지에 대한 인식을 제고하고 법제화하려는 노력이 수행되어 왔다. 학교사회복지제도를 효과적으로 운영하기 위해서는 학교사회복지사의 역량강화를 위한 종합적인 교육 및 연수체계를 구비하여야 할 것이다.

4) 청소년 자립 확대를 위한 프로그램 운영

청소년복지의 주요한 목표 중 하나는 청소년의 사회적 자립이다. 부모와 보호자에 의존하지 않고 스스로 사회구성원으로서의 건강한 삶을 살아갈 수 있게 하는 것이다. 현재 청소년의 사회적 자립을 위하여 다양한 서비스와 프로그램들이 시행되고 있으나, 종합적인 체계를 갖추지 못한 채 단편적으로 시행되고 있다.

청소년을 위한 종합적 자립지원체계를 구축하기 위해서는 진로탐색 및 진로준비를 위한 진로지원사업, 직업능력 향상을 위한 취업지원사업, 문화적 역량을 기르기 위한 문화사업 등을 주요 사업으로 하는 청소년진로지원센터를 설립하여 운영하는 것이 필요하다. 청소년의 사회적 자립을 위한 다양한 프로그램들이 존재하고 있으나 대부분의 프로그램들은 효과성이 검증되지 않은 채 보급되고 반복 시행되고 있다. 청소년에게 실제적인 도움을 주기 위해서는 증거기반의 실천이 필요하다. 증거기반의 실천이라 함은 효과성이 검증된 프로그램을 기반으로 하는 실천을 말한다. 이러한 실천을 하기 위해서는 모델 프로그램의 발굴과 보급을 위한 체계가 필요하다.

5) 다문화청소년을 위한 복지서비스 강화

외국인노동자 및 결혼이주여성의 증가로 인하여 우리 사회에 다문화 배경을 가진 청소년의 수가 점점 더 증가하고 있다. 다문화청소년을 우리 사회에 잘 통합시키는 것은 중요한 과제이며, 이러한 맥락에서 다문화청소년의 적응을 돕는 서비스를 강화할 필요가 있다. 우리나라의 다문화청소년을 위한 서비스가 나아갈 방향은 다음과 같다.

① 다문화청소년마다 각자 처한 상황과 욕구가 다를 수 있음을 감안하여 그에 걸맞은 서비스를 제공하는 것이 바람직하다. 즉, 이주 원인, 체류기간, 사회·경제적 배경, 한국어 능력, 학업성취 수준, 서비스 욕구 등을 고려하여 맞춤식 서비스를 제공할 필요가 있다.

② 다문화청소년의 상황과 욕구에 맞는 다양한 서비스를 제공하기 위해서는 공공 및 민간 단체의 연계 협력이 활발히 이루어져야 한다. 심리적 안정을 위한 다양한 상담 프로그램, 자아존중감 향상 프로그램, 학교적응 프로그램, 진로지도 프로그램, 학습지원 프로그램, 주말체험 프로그램, 학부모 지원 프로그램 등의 다양한 서비스를 제공하기 위해서는 지역사회의 민간단체와 공공영역인 지방자치단체 및 학교와의 연계가 강화되어야 할 것이다.

③ 미국의 경우 한 민간단체가 보건복지부의 지원으로 전 미국의 이주 아동과 청소년을 위한 프로그램에 대한 종합정보체계를 구축하고 체계적으로 관리하고 있다. 우리나라도 다문화청소년을 위한 서비스 및 프로그램에 대한 종합정보체계를 구축하고 관련기관들이 이 정보체계를 잘 활용할 수 있도록 도와야 할 것이다.

④ 다문화청소년의 성장과 발달에 있어 언어 습득 및 학업성취는 매우 중요하다. 미국에서 이주 청소년들의 영어 습득 및 학업성취도 향상을 위하여 연방, 주, 교육청 및 학교의 체계적인 지원이 이루어지고 있는 것처럼 우리나라에서도 다문화청소년의 한국어 습득과 학업성취도 향상을 위해서 교육부와 지역교육청 및 학교의 체계적 지원이 이루어져야 할 것이다.

참고문헌

강명숙(2012). 학생인권조례 제정의 교육적 의의1. 법과인권교육연구, 5(2), 1-15.

강영걸 · 박성복(2008). 사회복지조사론. 학현사.

교육부 · 한국교육개발원(2015). 교육통계연보. 세종: 교육부.

교육부 · 한국직업능력개발원(2015). 2015년 학교 진로교육 실태조사 결과.

김순영(2017). 청소년의 51쌔이용이 성태도 및 성행동에 미치는 영향: 자기개방성 매개효과를 중심으로. 중앙대학교 석사논문.

김영인 · 최윤진 · 구정화(2016). 청소년인권과 참여. 한국방송통신대학교 출판문화원.

김영진 · 김태영(2017). 학교폭력의 현실과 개선을 위한 정책방안. 법학연구, 20(2), 1-26.

김유현 · 김유미(2023). 청소년의 학업 스트레스와 진로성숙도: 학교유대감과 주관적 안녕감의 매개효과. 학습자중심교과교육학회.

김은영 · 이상희(2023). 청소년채팅 상담자의 채팅 상담 경험에 대한 합의적 질적 연구. 한국상담심리교육복지학회.

김지연 · 정소연(2014). 가출청소년 보호지원 실태 및 정책과제 연구. 서울: 한국청소년정책연구원.

김향초(2007). 미국의 독립생활 프로그램에 대한 이해. 한국청소년쉼터협의회.

김향초(2015). 청소년복지론. 학지사.

남미애 · 홍봉선(2009). 성매매 청소년 교육수강제에 참여하는 청소년의 현황 및 사회적 피해경험에 관한 연구. 청소년학연구, 16(2), 63-94.

노혜련(2009). 학교사회복지의 통합적 실천방법: 강점관점 사례관리. 학생권리와 학교사회복지. 서울: 한울아카데미.

노혁(2000). 가출여자청소년의 성상품화방지를 위한 지역사회 협력방안. 학교사회사업, 3, 한국학교사회사업학회.

대검찰청(2016). 범죄분석.

대검찰청(2017). 범죄백서.

명재신 · 윤성인(2017). 학교 밖 청소년 소재 파악 및 연결방안 연구. 청소년학연구, 24(5), 311-330.

미래창조과학부(2015). 2014년 인터넷중독 실태조사. 세종: 미래창조과학부.

민가영(2004). 청소년 문화와 성매매. 청소년 성보호 전문지도자 교육. 청소년보호위원회.

배주미 · 김동민 · 정슬기 · 강태훈 · 박현진(2010). 2010년 전국청소년위기 실태조사. 한국청소년상담원.

범죄백서(2016). 법무연수원.

신은주 외(2014). 탈성매매여성의 자활경험에 따른 성장과 변화. 한국여성인권진흥원.

신혜진(2023). 청소년의 그릿(grit)이 사이버비행에 미치는 영향. 한국교정복지학회.

여성가족부(2016). 2016 청소년백서.

여성가족부(2017). 2017 청소년백서.

여성가족부(2018). 2018 청소년백서.

여성가족부(2022). 2022 청소년백서.

여성가족부(2017a). 2016년 청소년매체이용 및 유해환경 실태조사.

여성가족부(2017b). 2016년 청소년매체이용 및 유해환경 실태조사 분석보고서.

윤태현(2017). 회복적 정의를 통한 학교폭력예방 및 대책의 발전방안연구. 소년보호연구, 30(2), 89-122.

이래혁(2023). 학교 밖 청소년의 부모방임이 우울을 통해 미래지향에 미치는 영향: 학업중단 기간에 따른 차이를 중심으로. 한국학교사회복지학회.

이원숙(2014). 사회복지실천론. 학지사.

이유진(2015). 아동 · 청소년 성보호 대책에 관한 연구. 한국청소년학회 학술대회, 17-35.

이주배경청소년의 상담의 특수성. 2023. 한국청소년상담복지개발원.

이해경 · 방기연(2016). 성교육과 상담. 양서원.

정규석 · 김영미 · 김지연(2016). 청소년복지의 이해. 학지사.

조선미(2023). 청소년 진로계획의 분야별 성별차이. 한국여성정책연구원.

조선미(2023). 청소년의 희망 직업과 성별 차이. 한국여성정책연구원.

주석진(2010). 학교 현장에서의 자원관리 및 네트워킹을 위한 실천 노하우. 전라남도학교사회복지사협회 교육자료집.

주석진(2011). 인터넷 중독과 학교사회복지 실천. 이담

주석진 · 조성심 · 라미영 · 방진희 · 엄경남 · 이종익 · 전구훈(2013). 학교사회복지론. 양서원.

질병관리본부(2016). 2016년 청소년 건강행태 온라인조사.

통계청(2015). 장래인구추계. IMD 교육경쟁력 분석보고서. e-나라지표.

통계청(2016). 2016사회조사결과.

통계청(2019). 인구동태통계연보. 통계청.

통계청 · 여성가족부(2015). 청소년 통계.

통계청 · 여성가족부(2017). 2017 청소년 통계.

통계청 · 여성가족부(2022). 2023 청소년 통계.

하영자 · 박희현(2023). 학교 밖 청소년의 정신건강과 인지적 정서조절전략의 군집에 따른 진로결정수준 및 진로준비행동. 한국청소년상담복지개발원.

한국문화예술교육진흥원(2016b). 학교 문화예술교육 실태조사.

한국성폭력상담소(2016). 2016년 한국성폭력상담소 상담통계 및 상담 동향분석.

한국인터넷진흥원(2016). 2016년 스마트폰 이용실태 조사.
한국인터넷진흥원(2017). 2016 인터넷 이용실태 조사.
홍봉선 · 남미애(2013). 청소년복지론 제4판. 공동체.

관계부처합동(2016). 스마트폰 · 인터넷 바른 사용 지원 종합계획(안)(2016~2018).
국가법령정보센터 http://www,law.go.kr
새 정부 청년정책 추진을 위한 범정부 계획 발표자료(2022). 국민권익위원회
위키백과 http://ko.wikipedia.org

찾아보기

저자 소개

▍이세형

성균관대학교 사회복지학과 졸업
서울시립대학교 사회복지학과 석사 및 박사

現) 신구대학교 사회복지과 교수
前) 한미글로벌(주) 기업사회공헌재단 총괄부장, 사회복지공동모금회 서울지회 배분사업팀 과장, KBS강태원복지재단 총괄팀장, 경희대학교 공공정책대학원 객원교수

〈주요활동〉
한국다문화복지학회 위원
한국사회복지학회 위원
경기사회복지공동모금회 배분위원
서울시 지방보조금 심의위원
성남시지역사회보장협의체 전문위원
노원교육복지재단 배분심사위원
서울시복지재단 장애인지역통합전문가 양성과정 설계위원
국가직무능력표준(NCS) 개발위원
서울시 사회복지기금 평가위원
한국에너지재단 기금사업 심사위원장
서울시 복지상 최우수상 수상(사회복지사 부문, 2014)

〈주요 논문 및 연구실적〉
2024. 지역밀착형 사회복지관 성과지표 개발을 위한 핵심요인 탐색(주저자). 미래사회(국내 등재지)
2024. 청운면 사회보장특구 지원사업(공동연구). 경기복지재단
2023. 경기도 S시 기업사회공헌활동 평가지표 개발연구(주저자). 경기연구원(국내 등재지)
2023. 장애인복지관 이용료 적정성 연구(책임연구). 보건복지부 · 한국장애인복지관협회
2022. 지역밀착형 사회복지관 전문가 인식조사 및 평가지표설계(책임연구), 서울시복지재단
2022. 아산시 발달장애인 특화사업장 운영 중장기 계획 수립(공동연구). 아산시
2022. 성남시 지역사회보장계획 수립 연구(공동연구). 성남시지역사회보장협의체
2022. 여주장애인종합복지관 인권친화적 시설 구축 연구(책임연구). 여주시장애인종합복지관
2021. 성남시 기업사회공헌활동 평가체계 구축방안(책임연구). 성남시사회복지협의회
2021. 발달지연 아동 지원체계 구축 연구(책임연구). 여주시영유아발달지원단
2020. 강서구 종합사회복지관 효율성분석(책임연구). 강서복지재단
2020. 지역아동센터 아동의 스트레스가 공격성에 미치는 영향과 자아존중감의 매개효과(공동연구). 경기연구원(국내 등재지)
2020. 성남시 기업사회공헌활동 활성화 방안연구 : 비영리기관과 기업과의 파트너십 구축 방안 연구(책임연구). 성남시사회복지협의회
2019. 성남시 노인 대상 커뮤니티케어 체계 구축을 위한 지역사회 돌봄 자원 간 협력방안 연구(책임연구). 성남시사회복지협의회
2018. 기업 임직원 봉사활동 경험에 관한 질적연구. 경기연구원
2018. 서울시「장애인복지사무」성과평가지침 설계. 서울시
2016. 해피빈「단체 투명성」평가지침 설계. 네이버·해피빈
2015. 국가직무능력표준(NCS) 사회복지영역(지역사회분석, 사회문제) 집필. 직업능력개발원

[개정판]

청소년복지론

1판 1쇄 발행 — 2020년 2월 25일
2판 1쇄 발행 — 2024년 3월 5일

저 자 - 이세형
발 행 인 - 강철원
발 행 처 - 양성원
주 소 - 경기도 파주시 검산로 173번길 29-12
전 화 - 031-946-3861(代)
팩 스 - 031-946-3864
이 메 일 - tnwpub@naver.com
홈페이지 - tnwpub.co.kr
출판등록 - 2015년 8월 31일 제 2015-000211 호

ISBN 979-11-6126-577-3

정가 23,000원